LES ARGONAUTIQUES ORPHIQUES

COLLECTION DES UNIVERSITÉS DE FRANCE
publiée sous le patronage de l'ASSOCIATION GUILLAUME BUDÉ

LES ARGONAUTIQUES ORPHIQUES

TEXTE ÉTABLI ET TRADUIT
PAR
FRANCIS VIAN
Professeur à l'Université de Paris X

Cinquième tirage

PARIS
LES BELLES LETTRES
2023

Conformément aux statuts de l'Association Guillaume Budé, ce volume a été soumis à l'approbation de la commission technique, qui a chargé M. Pierre Chuvin d'en faire la révision et d'en surveiller la correction en collaboration avec M. Francis Vian.

95 boulevard Raspail, 75006 Paris
www.lesbelleslettres.com

Premier tirage 1987

ISBN : 978-2-251-00389-4
ISSN : 0184-7155

NOTICE

I

L'ŒUVRE

L'orphisme dans le poème

Le poème se présente comme un récit composé par Orphée à l'intention de son disciple, Musée fils d'Antiophémos [1], fiction fréquente dans les écrits orphiques [2]. Le fils d'Oiagros et de la Muse Calliope (v. 1375 s.) situe son aventure argonautique au seuil de sa vieillesse (v. 105) [3], ce qui lui permet de rappeler ses tribulations et ses œuvres antérieures. Il est déjà descendu aux Enfers par la bouche du Ténare pour l'amour de son épouse dont le nom est passé sous silence [4]. Puis, sous l'effet de l' « aiguillon » de Bacchos

N.B. Pour les abréviations, on se reportera aux p. 67-71.

1. *AO*, 7, 308, 858, 1191, 1347. Sur Antiophémos, cf. Paus., 10, 5, 6 ; 10, 12, 11 ; *Souda*, *s.* Μουσαῖος ; A. Henrichs, *Cronache Ercolanesi*, 5, 1975, 13, n. 41 s.

2. O. Kern, *Orph. fragm.* (1922) [= ci-dessous Kern], F 61 ; 245 ; 247, 3 s. ; 271 ; 285, 1 (et p. 404, *s.* Μουσαῖος). Les *Hymnes orphiques*, de leur côté, s'ouvrent sur une adresse à Musée.

3. Ce motif d'Orphée finissant paisiblement ses jours dans sa patrie est isolé : K. Ziegler, dans *Real-Encykl.* 18 (1939), *s.* *Orpheus* [= ci-dessous Ziegler[1]], 1282, 51-1283, 21.

4. *AO*, 41 s., 91-93. Quand il quittera les Argonautes, Orphée

et d'Apollon (v. 9 s.), il a été frappé d'une démence inspirée qui l'a contraint à errer par le monde jusqu'en Libye et en Égypte (v. 101-103) ; à cette occasion, il a fait aux hommes des révélations divines et, en particulier, enseigné aux Égyptiens un Discours Sacré sur Osiris (v. 32, 43-45, 102). Il vient à peine d'être guéri de sa folie et de rentrer dans sa Thrace natale quand Jason requiert son aide ; à contre-cœur, mais sans résistance, il cède à l'ordre du destin et se remet en route (v. 97-109). Le poète utilise ce cadre biographique pour placer en prélude un véritable catalogue de poèmes orphiques.

I. L'œuvre majeure, qui donne lieu à un sommaire détaillé, est une théogonie suivie d'une anthropogogie (v. 12-32), thème qui sera rappelé aux v. 421-431. Malgré ce doublet, ces vingt-et-un vers présentent des difficultés qui tiennent à l'obscurité de certaines allusions, à l'état du texte et surtout à l'ordre déroutant dans lequel nous les lisons. S'il paraît peu douteux que le v. 28 ne soit pas à sa place, on est tenté de mettre en question toute la composition des v. 17-32. Mais on voit mal comment un pareil bouleversement a pu se produire au cours de la transmission du texte et il n'est pas exclu que le poète lui-même en soit responsable : n'a-t-il pas brisé l'ordonnance du catalogue des Argonautes qu'il lisait chez Apollonios, à seule fin de faire preuve d'originalité ? J'ai donc conservé dans l'édition le texte transmis ; mais, dans la présentation qui va suivre, je restitue l'ordre qui me semble sinon primitif, du moins logique. Un *excursus* donne aux p. 197-198 le texte ainsi reconstruit ; il signale en outre une variante, peut-être moins satisfaisante pour l'esprit, mais qui permettrait d'expliquer les accidents paléographiques responsables du texte transmis.

1. V. 12-16 (∼ v. 421-427). Orphée commence par

retournera au Ténare pour sacrifier aux dieux infernaux avant de regagner la Thrace (v. 1363-1376).

énumérer la succession des principes primordiaux de l'univers : le Chaos [1], puis Chronos [2], qui engendre l'Éther [3] et Éros-Phanès [4], lequel est à son tour le père de Nyx [5]. Les v. 421-427 ne mentionnent parmi eux que Chaos et Éros, mais ils apportent deux compléments importants : après le Chaos se mettent en place Ouranos, Gé et Pontos (ou Thalassa) ; après Éros, qui est le véritable géniteur de toutes choses, interviennent Cronos, puis Zeus qui reçoit la royauté divine. Cette théogonie diffère à certains égards des autres théogonies orphiques [6] : elle passe sous silence le fameux œuf cosmique et accueille en revanche des éléments hésiodiques [7]. Le poète paraît néanmoins sur-

1. Noter la périphrase Χάους... ἀνάγκην. Ananké est un des principes fondamentaux chez les Orphiques : Kern, F 54 ; 126 ; 162. Cf. M. L. West, *The Orphic Poems* (1983), 194-198, 231.

2. Cronos dans les manuscrits. La confusion se retrouve ailleurs dans les *Orphica* ; mais ici elle n'est pas le fait du poète qui mentionne au v. 426 le véritable Cronos.

3. Kern, F 54 ; 60 ; 65 s. ; 70. Dans ces textes, Chaos est souvent le frère d'Éther et non le prédécesseur de Chronos : cf. West, *o. c.*, 234.

4. Kern, F 37 ; cf. F 70, où Chronos façonne pour Éther l'œuf d'où naîtra Phanès. Éros-Phanès, qui occupe une place essentielle dans les théogonies orphiques, a des généalogies diverses ; selon certains, il est issu d'Éther : Kern, F 73 s.

5. Nyx est habituellement antérieure à Phanès ; cf. cependant Kern, F 98 (Phanès violant sa fille Nyx : pour une explication de cette apparente contradiction, cf. West, *o. c.*, 208) ; dans Kern, F 107, le règne de Nyx succède à celui d'Ériképaios (= Éros-Phanès).

6. Sur ces théogonies en général, cf. K. Ziegler, dans *Real-Encykl.* 18 (1939), *s. Orphische Dichtung* [= ci-dessous Ziegler[2]], 1342-1370 (bibliographie, col. 1342 s.) ; M. L. West, *The Orphic Poems* (1983) ; — sur la théogonie des *AO*, cf. R. Keydell, *Real-Encykl. ibid.* [= ci-dessous Keydell[4]], 1335, et, antérieurement, A. Boulanger, *Bull. Ass. G. Budé*, 1929, nº 22, 37-45.

7. Place primordiale attribuée au Chaos ; apparition d'Ouranos, de Gé et de Pontos (Hés., *Th.*, 126-128, 131 s. ; la conjecture proposée au v. 423 des *AO* pour des raisons métriques aurait pour avantage de restituer le terme attendu de Pon-

tout tributaire de la *Théogonie rhapsodique* au prélude de laquelle il se réfère dans son propre prélude [1].

2. La deuxième section retrouve, à mon avis, sa cohérence si on la lit dans l'ordre suivant : v. 21-23, 28, 17-20, 31.

a) V. 21-23. Le sommaire commence par les enfances de Zeus auprès de Rhéa (v. 21[a]), si on corrige l'énigmatique τηθείαν en τιτθείαν [2]. Après quoi se produit la naissance de Dionysos-Zagreus. L'événement est préparé par la mention du dessein que la Grande Mère (Rhéa-Cybèle) trame au sujet de Zeus et de Perséphone. Selon une tradition conservée par les auteurs chrétiens, Zeus avait violé sa mère Déméter, ou plutôt Déméter-Cérès-Rhéa [3], et engendré Perséphone qui, violée à son tour par son père, avait donné naissance à Dionysos-Zagreus [4]. Les v. 22 s. visent un plan ourdi par Rhéa soit pour favoriser l'union de Zeus soit plutôt pour tenter de l'éviter [5].

tos) ; royautés successives de Cronos et de Zeus. Cf. H. Buse, *Quaest. Hesiodeae et Orphicae* (diss. Halle, 1937), 69, 78, 96.

1. *AO*, 1 ~ Kern, F 62, 1 ; 4 ~ Kern, F 62, 4. Cf. Ziegler², 1351 ; West, *o. c.*, 186 (n. 21), 231.

2. Un « servage » de Zeus n'est pas connu. On ne peut guère envisager de sauver le texte en faisant de Ζηνός un génitif objectif, malgré A. Krueger, *Quaest. Orphicae* (diss. Halle, 1934), 68. West, *o. c.*, 37, traduit : « the nursing of Zeus ».

3. Clém. Alex., *Protr.*, 2, 15 s. ; Arnobe, *Adv. gent.*, 5, 20, 32, 35, 37 ; cf. Kern, F 58 ; 153. L'identification de Gé, Déméter et Rhéa remonte au papyrus de Derveni (ɪᴠ[e] s. av. J.-C.) : cf. A. Henrichs, *Cron. Erc.*, 5, 1975, 19, qui cite d'autres parallèles ; West, *o. c.*, 81 s., 93 s. C'est à la suite de ce viol, qui avait suscité le courroux de la déesse, que Déméter avait reçu le nom de Brimô ; sur Rhéa-Cybèle-Brimô, voir aussi Théodoret, *Graec. affect. cur.*, 1 (Migne, *Patr. gr.*, t. 83, p. 796 b).

4. Outre Clém. Alex., *l. c.*, voir les textes réunis par Kern, F 210.

5. Comparer Nonnos, *Dion.*, 6, 104-154 (Déméter cachant sa fille dans une grotte de Sicile) ; Kern, F 151 et 191 (les Courètes, serviteurs de Rhéa, sont préposés à la garde de Coré). Cf. Krueger, *Quaest. Orph.*, 53 s.

b) V. 28. On aimerait situer ici les prophéties de Nyx relatives à Bacchos. Le v. 28 brise en effet la connection entre deux vers concernant les Cabires et leur domaine [1]. Une telle prophétie n'est pas attestée [2] ; mais, chez Nonnos (*Dion.*, 6, 1-103), Déméter, inquiète au sujet de sa fille, va pareillement consulter le devin Astraios qui lui révélera l'avenir.

c) Les v. 17-20 font suite chronologiquement à ces préliminaires. Ils rapportent d'abord la naissance d'un fils de Brimô, évidemment Bacchos [3] ; puis les œuvres « destructrices » (ou « mystérieuses ») des Géants, c'est-à-dire le démembrement de Bacchos ; enfin la création de l'humanité. Le sens général de ces vers est éclairé par le bref résumé donné dans la seconde théogonie (v. 428-430) [4]. Mais le détail exige un commentaire. Le terme de Γιγάντων étant assuré dans les deux passages [5], on admettra que le poète confond les Titans

1. Cf. West, *o. c.*, 99, n. 56. Je remercie l'auteur de m'avoir fait part de cette observation avant la publication de son ouvrage.

2. Cependant une prophétie relative à Dionysos (Kern, F 232) pourrait être rapportée à Nyx, comme le suggère West, *o. c.*, 99s. En tout cas, la Nuit orphique est une divinité oraculaire : Kern, F 154 ; 164 (et p. 380, *s.* Νύξ).

3. Cf. *AO*, 429, où Brimô désigne Perséphone comme dans Lyc., 698 (Obrimô) : Krueger, *o. c.*, 44-48 ; Keydell[4], 1335, 38 ss. On connaît le fameux et énigmatique cri rituel poussé à Éleusis : ἱερὸν ἔτεκε πότνια κοῦρον Βριμὼ Βριμόν (Origène, *C. haer.*, 5, 8 ; Migne, *Patr. gr.*, t. 16, p. 3151). D'après Tzetzès, à Lyc., 698, l'épiclèse s'expliquerait parce que Perséphone avait été violée par Hermès. Cette curieuse variante vient peut-être d'une mauvaise interprétation de la tradition selon laquelle le caducée d'Hermès aux serpents entrelacés symbolise l'union de Zeus et de Rhéa sous la forme de serpents (Athénagoras, *Legatio*, 20). Or c'est également sous cet aspect que Zeus s'est uni à Perséphone.

4. Les ὁπλότεροι μάκαρες désignent évidemment la jeune génération des Olympiens. Sur le sens de κρίσις, qui fait difficulté, voir la note au v. 428.

5. Malgré une irrégularité métrique au v. 18 : cf. Vian[2], 137 ; West, *o. c.*, 165, n. 87 ; et déjà Keydell[4], 1335, 40 ss.

et les Géants [1]. La tradition qui fait naître la race (ou une race) humaine des cendres des Titans foudroyés par Zeus après le démembrement de Dionysos est constante chez les Orphiques [2]. De son côté, Ovide (*Mét.*, 1, 151-162) rapporte qu'après la mort des Géants, la Terre avait créé de leur sang une race humaine impie que Zeus anéantit plus tard grâce au déluge [3]. On notera qu'Ovide, comme les *Hymnes orphiques* (texte cité à la p. 10, n. 2), admet une succession de deux races, dont la plus ancienne se rattache aux Géants ou aux Titans. Or c'est la même conception qu'expriment les v. 19-20. Dès lors, le sens du v. 18 s'éclaire malgré la singularité d'ἐστάξαντο : ce moyen vaut un actif intransitif et l'on traduira : « les Géants qui, funestement, tombèrent goutte à goutte d'Ouranos », c'est-à-dire « naquirent des gouttes du sang d'Ouranos » [4]. Le poète s'inspire sur ce point d'Hésiode (*Th.*, 183-186), comme d'autres poèmes orphiques [5].

d) Les acteurs principaux des v. 17-20 sont Bac-

1. Même confusion chez Servius et l'un des *Mythographi Vaticani* : cf. Kern, F 213.

2. Kern, F 34 s. ; 107 ; 140 ; 208-211 ; 214-220 ; *HO*, 37, 1-2 Τιτῆνες... | ἡμετέρων πρόγονοι πατέρων. Cf. Ziegler², 1354, 28-1355, 25 ; 1358, 48-1359, 41 ; West, *o. c.*, 164-166.

3. Traditions voisines : Lyc., 1356 (Ligures nés du sang des Géants) ; Dion de Pruse, *Or.*, 30, 26 (où les Géants sont nommés à côté des Titans). Servius, à Virg., *Buc.*, 6, 41, est tributaire d'Ovide.

4. Sur l'emploi de στάζω dans ce contexte, cf. Alcée, fr. 441 Lobel-Page ; AR, 2, 1213 ; 3, 851 ; 4, 1516 ; fr. 4 Powell ; et, en outre, les textes cités dans les *loci sim.* Λυγρόν est adverbe et σπέρμα sert d'apposition à la proposition relative. Cf. Buse, *Quaest. Hes. et Orph.*, 96, n. 1 ; et déjà la note d'Eschenbach (sauf en ce qui concerne la construction de λυγρόν).

5. Kern, F 63. On note des analogies, au moins formelles, avec une tradition que Julien (*Lettres*, 89, 292 ab) rapporte à d' « anciens théurges » (Orphiques ?) : σταγόνων αἵματος ἱεροῦ πεσουσῶν ἐξ οὐρανοῦ (Bidez, ἐξ ὧν που *cod.*) τὸ τῶν ἀνθρώπων βλαστήσειε γένος.

chos et la Perséphone « mystique ». Aussi est-il tentant de placer à la suite le v. 31, qui fait figure d'isolé, du moins si l'on admet la correction proposée pour le second hémistiche : Athéla est le nom « mystique » d'une Perséphone monstrueuse [1], de même que Praxidiké [2].

3. La troisième partie semble comporter elle aussi une interversion de vers. La logique suggérerait l'ordre suivant : v. 26-27, 24-25, 29 [3]. Sa première section, qui se rattache aisément à ce qui précède, concerne le rapt de Perséphone et Déméter Thesmophoros. Le rapt a été chanté plusieurs fois par les Orphiques [4], qui connaissent aussi la Thesmophoros (Kern, F 145). La deuxième section réunit les Cabires, les Dactyles Idéens, les Corybantes et deux de leurs domaines, Lemnos et Samothrace [5]. Le v. 24, qui est corrompu, fait difficulté. Il y est question de la lacération de deux personnages dont l'un est Héraclès. Dans la mise en

1. Cf. Vian², 139, d'après Athénag., *Legatio*, 20, 2 (et 17, 4). Sur Athéla, cf. West, *o. c.*, 73, 220.

2. Hypostase de Perséphone d'après *HO*, 29, 5. Une imprécation de Cyrène (IIIe s. av. J.-C.) mentionne Πραξιδίκα κώρα μεγαλήτορ(ος) Ἀγλαοκάρπου (= Déméter) : cf. J. et L. Robert, *Bull. épigr.*, 1964, nº 574. Sur d'autres aspects de Praxidiké ou des Praxidikai, voir *Kleine Pauly*, 4, 1972, 1123 ; ajouter J. et L. Robert, *Bull. épigr.*, 1942, nº 115 (inscription de Lindos) ; F. Vian, *Origines de Thèbes*, 1963, 107 (déesses béotiennes du serment) ; L. Robert, *Journ. des Sav.*, 1978, 45 (traditions lyciennes) ; P. Roesch, *Études béotiennes* (1982), 214-216 (les Praxidikai d'Haliarte).

3. Voir cependant les observations de P. Chuvin dans l'*excursus*, p. 198.

4. Kern, p. 115-130 ; Ziegler², 1395-1398, § XXI ; N. J. Richardson, *Hom. Hymn to Demeter* (1974), 77-86.

5. Tous sont mentionnés dans les *Orphica*. Cabires : Kern, T 42, 105, 249 a ; *HO*, 38. Dactyles Idéens : Diod. Sic., 5, 64 ; Kern, T 42, 193 ; *HO*, prol., 22. Corybantes : Kern, T 209, 223 ; F 56 (p. 136), 191 ; *HO*, prol. 20 ; 38-39 ; Ziegler², 1411, § XXIV, 20.

ordre — hypothétique — qui est présentée ici, je renonce à une conjecture antérieure [1] pour lire avec M. L. West Κασμίλου ou Καδμίλου (καὶ μήλου *codd.*). En ce cas, le vers mentionnerait le Cabire Casmilos et Héraclès en sa qualité de Dactyle Idéen [2]. Tous deux sont ici à leur place. Sans doute ignore-t-on leur « lacération » et ce qu'il faut entendre précisément par ἄμυξις ; mais l'un des Corybantes était tué et décapité par ses deux frères et les gens de Thessalonique imploraient un Cabire *cruentus* avec des « mains sanglantes » (*cruentis manibus*) [3].

4. La théogonie s'achève sur deux indications isolées. Le v. 30 cite Chypre, Aphrodite et Adonis qui ne sont pas ignorés des Orphiques [4]. Le v. 32 est plus intéressant. Il fait état des thrènes chantés par les Égyptiens à l'occasion de la mort d'Osiris ; or le catalogue qui suit s'achève pareillement sur le Discours Sacré des Égyptiens (v. 43-45). L'insistance est remarquable : elle est en rapport évident avec le séjour effectué par Orphée en Égypte et pourrait même suggérer que l'auteur du poème est d'origine égyptienne. Les *Orphica* connaissent bien cet épisode de la vie d'Orphée [5]. Mais tous les auteurs s'accordent à dire

1. Vian², 138. Je corrigeais καὶ Βήλου et je voyais dans le vers une allusion à Héraclès-Bêl-Melqart. Cf. maintenant West, *o. c.*, 37.

2. Cf. Diod. Sic., 5, 64 ; Kern, T 193. L'hypothèse a été déjà formulée par Krueger, *Quaest. Orph.*, 52-56.

3. Clém. Alex., *Protr.*, 2, 19, 1 ; Firm. Mat., *De errore prof. rel.*, 11, p. 27, 5-11 Ziegler ; Arnobe, *Adv. nat.*, 5, 19 ; *HO*, 39, 6-8. Lucien, *Dial. Dieux*, 12, 1, fait allusion aux blessures que s'infligent les Corybantes. Sur les Corybantes de Thessalonique et de Samothrace, cf. J. Pörner, *De Curetis et Corybantibus* (Diss. phil. Hall., 22, 2), 315-320 ; Susan G. Cole, *Theoi Megaloi : the Cult of the Great Gods at Samothrace* (1984).

4. Kern, T 121 ; *HO*, prol., 41 ; 55-56.

5. Kern, T 86, 96-98, 99 a-100, 103 ; F 293 ; p. 299 s. (§ 14). Cf. Ziegler¹, 1265 ; Ziegler², 1408 ss., § XXIV, 14, qui

qu'Orphée a puisé sa science chez les prêtres égyptiens et qu'il a rapporté en Grèce les mystères d'Isis et d'Osiris en se contentant de les attribuer à Déméter et à Dionysos. Or, si le v. 43 est équivoque, le v. 102 déclare explicitement que le fils de Calliopé « a révélé des choses sacrées aux hommes en Libye et en Égypte »[1]. Une telle prétention n'étonne pas chez un poète qui aime prendre le contre-pied de la tradition et surtout attribuer un rôle exceptionnel à son héros.

II. Les v. 33-46 se réduisent à un catalogue des œuvres qu'Orphée a composées pour l'édification de son disciple. On peut se borner à les énumérer en signalant les principaux parallèles orphiques.

1. V. 33-37. Mantique : ornithomancie, hiéroscopie ou haruspicine, oniromancie, conjuration des présages et prodiges[2], astrologie (et astronomie). Cf. Kern, T 87-89, 107 ; p. 267-296 (§§ 7-8) ; Ziegler², 1400-1406 (§ XXIII), 1412 et 1416 (§§ XXIV, 25 et 43).

2. V. 38. Rites de purification. Cf. les Καθαρμοί (?) : Kern, p. 300-304 (§ 16) ; Ziegler², 1410 (§ XXIV, [16]).

3. V. 39. Propitiation des dieux et des morts. D'après Keydell⁴, 1335 s., le vers pourrait se référer aux *Hymnes orphiques* ainsi qu'à la *Lyra*, qui traitait peut-être de l'évocation des morts ; cf. Ziegler², 1412 (§ XXIV, 24).

4. V. 40-42. Descente aux Enfers. Sur la Κατάβασις εἰς Ἅιδου orphique, cf. Kern, T 62-67, 69-75 ; p. 304-

doute de l'existence d'un authentique Ἱερὸς λόγος [Αἰγύπτιος] auquel se référerait notre poète.

1. Ἐκλοχεύω, outre son sens propre (v. 129), signifie « émettre » un discours (v. 253). Les corrections admises par Ziegler¹, 1265, 30 ss., ne s'imposent pas.

2. Au v. 37, λύσις signifie « conjuration » plutôt qu' « interprétation » (Liddell-Scott, Bailly) : cf. Kern, F 3 (= Plat., *Rép.*, 2, 364 e) et 232 (Dionysos Lyseus est dit λύσεως... αἴτιος).

307 (§ 17) ; Keydell[4], 1336 ; Ziegler[2], 1391-1395 (§ XX)[1].

5. V. 43-45. Cf. ci-dessus p. 12 s. (§ I 4).

Après ce prélude, dont le caractère orphique est évident, le personnage d'Orphée et l'orphisme, entendu au sens large, apparaissent comme un placage maladroit sur le récit. Orphée demeure extérieur au groupe des Argonautes et ne prend des initiatives qu'en cinq occasions : il initie ses compagnons aux mystères de Samothrace (v. 466-470) ; il les détourne par ses chants (ἀποτροπίοις ἐνοπαῖς) des délices de Lemnos (v. 480-483) et de l'attrait que les Sirènes exercent sur eux (v. 1270-1290) [2] ; grâce à la science qu'il tient de sa mère, il les sauve des roches Kyanées (v. 680-711) et leur interdit d'aborder sur l'île de Déméter d'où nul ne revient (v. 1197-1206). Ailleurs, son rôle demeure considérable, voire décisif, notamment lors de la conquête de la toison où il supplante Médée [3] ; mais il n'intervient jamais qu'à la demande des Argonautes [4] et n'apparaît pas comme un guide moral. Le fait est d'autant plus remarquable que le poème esquisse une éthique, à vrai dire, élémentaire. En tant que narrateur, Orphée proclame la toute-puissance du destin [5].

1. L'expression rappelle Virg., *Géorg.*, 4, 467-469 ; *Én.*, 6, 120. Les deux poètes pourraient transposer le prélude de la Κατάβασις : Ziegler[2], 1391, 38-54.

2. Épisode qui n'a rien d'orphique.

3. P. Chuvin note justement qu'Orphée rejette dans l'ombre les devins qui tenaient une place importante chez Apollonios, Idmon, Mopsos et surtout Phinée que le poète présente comme un odieux criminel justement châtié par les Argonautes.

4. Mise à flot d'Argô (v. 237-277) ; serment des Argonautes (v. 303-354) ; joute musicale avec Chiron (v. 406-441) ; participation aux événements de Cyzique (v. 592 s., 616 s.) ; conquête de la toison (v. 941-1015).

5. Mention des Moires, d'Ananké ou d'un terme similaire : v. 106, 107, 142, 525, 656, 711, 722, 775, 879, 1110, 1195, 1287 s., 1311, 1360, 1362.

Il réprouve l'amour ou évite d'y faire allusion : il dépouille l'épisode d'Hylas de toute connotation érotique [1] ; il condamne la passion de Médée sans apporter les mêmes atténuations qu'Apollonios [2]. Il souligne plus fortement que son prédécesseur la malédiction qui pèse sur les Argonautes après le meurtre d'Apsyrtos [3]. Mais, en tant qu'acteur, il ne se conduit guère en directeur de conscience, sinon à Lemnos, quand il arrache ses compagnons aux séductions de Cypris. Par la suite, en revanche, il n'intervient pas pour empêcher les Argonautes et Médée de tuer le fils d'Aiétès par traîtrise, ni pour dénoncer leur crime ou le réparer par des καθαρμοί. Lorsqu'il procédera enfin aux rites d'expiation, ce sera à la suggestion de Circé (v. 1232 s., 1363-1367).

Cependant le poème contient des allusions ou des développements qu'on peut rattacher plus ou moins à un orphisme abâtardi et qui complètent le prélude. Je les récapitule dans l'ordre des rubriques distinguées ci-dessus.

I 1. La théogonie est résumée aux v. 419-431, comme on l'a vu. Le chant d'Orphée relatif à la dispute entre Zeus et Poseidon qui aboutit à la création des îles (v. 1274-1283) relève d'une cosmogonie qui pourrait être orphique [4].

I 2. Une partie de cette section traitait de Βακχικά. Si la mention des « caps sacrés du seigneur Dionysos »

1. Voir la note aux v. 629-657. Cependant l'affection d'Héraclès pour le jeune garçon est évoquée explicitement dans le catalogue (v. 226-229).

2. V. 866-869 (Médée est frappée par la flèche de l'Érinys et non par celle d'Éros), 878-885, 906, 1016 (?), 1030, 1171-1175, 1226, 1340. Un seul passage contredit cette tendance générale : Aphrodite est présentée comme la garante du mariage par Arété (v. 1321-1324).

3. Voir ci-dessous, p. 29 s.

4. Voir la note au v. 1283.

en Espagne (v. 1244) demeure obscure, Orphée se réfère explicitement à un poème relatif au Callichoros (v. 731-732), un fleuve près duquel Dionysos, au retour des Indes, avait célébré des orgies et des pannychies mystiques selon Apollonios [1]. En outre, les deux présents reçus par Orphée sont des attributs dionysiaques : la nébride [2] et le cothurne [3].

I 3. Le rapt de Coré, simplement mentionné au v. 26, est plus longuement rapporté aux v. 1188-1196, avec certains détails rares [4] et référence à un poème antérieur. Orphée fait d'autre part fonction de mystagogue à Samothrace (v. 467-470) [5].

II 1. Mantique : on relève un présage apporté par un oiseau (v. 694-703), deux songes prémonitoires (v. 539-555, cf. 601 ὀνειροπόλον διὰ πύστιν ; v. 776-785). Il s'agit de « scènes typiques » ou de thèmes argonautiques qui n'ont rien d'orphique. Plus curieuse est la figure hybride d'Ancaios de Pleurôn : il est normal que ce futur pilote d'Argô connaisse le cours des astres et des planètes, mais il est singulier qu'il soit présenté comme un astrologue capable de prédire l'avenir (v. 207-209) [6].

II 2-3. Les v. 38-39 sont abondamment illustrés au cours du poème. Orphée est, par excellence, le

1. AR, 2, 904-910 ; cf. ma note *ad loc.* (C.U.F., t. 1, p. 219, n. 2). Les *AO* identifient à tort ce Callichoros avec le Parthénios situé plus à l'est.

2. V. 448 s. ; la forme νεϐρῆν ne se retrouve que dans Kern, F 238, 8.

3. V. 592 s. ; cf. *HO*, 6, 2, et les parallèles cités *ad loc.* par Quandt.

4. Voir p. 41 et les notes aux v. 1196 et 1202.

5. Épisode connu d'AR, 1, 915-921, et d'autres auteurs. Chez Val. Fl., 2, 437 s., c'est le prêtre Thyotès qui initie les navigateurs.

6. Il n'est guère plausible de transférer le v. 209 après le v. 191, à la fin de la notice, déjà longue, qui est consacrée au devin Idmon.

prêtre des Argonautes et les scènes rituelles où il officie sont complaisamment développées. Il procède au sacrifice au cours duquel les Argonautes se lient par un serment solennel (v. 308-354). Il participe aux rites destinés à apaiser l'âme de Kyzicos (v. 546-551, 568 ss., et notamment v. 572-575), ainsi qu'à l'institution du culte propitiatoire de Rhéa (v. 552-554, 601 ss. et notamment v. 605, 616 s.) [1] ; il purifie les Argonautes (v. 1230-1233, 1363-1367). Avec le concours de Médée, il accomplit les rites qui auront pour effet d'évoquer hors des Enfers Hécate, Pandore et les trois Poinai ou Érinyes (v. 950-982). Son dernier acte est l'immolation d'une victime aux dieux infernaux (v. 1370-1372). Les hymnes occupent une place importante dans ces scènes, comme il sied à Orphée (v. 333-352, 616 s., 1001-1005, 1367 s.). En outre, les pratiques rituelles sont décrites avec une extrême minutie [2] : on notera surtout la liste des ingrédients qui sont mêlés au sang des chiots (v. 960-962) ; elle complète celle des simples qui poussent dans l'enceinte d'Artémis Mounychia (v. 911-923) ; toutes deux pourraient provenir d'un traité de botanique d'inspiration orphique [3]. Les Olympiens sont en général absents de ces cérémonies, à l'exception de Poseidon [4] ; les dieux honorés sont en marge du panthéon officiel : Rhéa, Mounychia, Hypnos et les divinités infernales. Certaines pratiques confinent à la magie ou à la théurgie : Orphée a le pouvoir d'imposer sa volonté à la divinité ; il suscite l'intervention d'Hypnos et provoque l'ouverture des

1. Noter au v. 554 l'expression ἱλασμοῖς ἱεροῖς.

2. Cette minutie est traditionnelle dans ce genre de scènes depuis Homère ; mais les précisions apportées par les *AO* n'appartiennent pas au registre épique habituel.

3. Sur ce genre d'œuvres, cf. Kern, p. 326-330 (§ 34) ; Ziegler², 1416 (§ XXIV, 42). Le πόλιον (v. 919) se retrouve dans Kern, F 319.

4. Sur la raison de cette exception, voir ci-dessous p. 23.

portes d'Artémis Mounychia en même temps qu'il déchaîne les puissances infernales [1].

II 4. Catabase. Cf. les v. 91-93 (et les v. 83-95 qui assimilent l'expédition des Argonautes à une descente aux Enfers), 1370-1372.

Même si le caractère proprement orphique de certains articles de cette liste est contestable [2], il paraît clair que le poète connaît assez bien les écrits qui se réclament d'Orphée et que son témoignage n'est pas dénué d'intérêt [3].

Les *Argonautiques orphiques* et Apollonios.

La source de la majeure partie des *AO* est Apollonios de Rhodes [4]. Tantôt l'auteur paraphrase ou résume son modèle, tantôt il manifeste son originalité en s'opposant à lui ou en développant des épisodes que celui-ci a négligés.

La comparaison des deux catalogues (AR, 1, 23-227 ; *AO*, 118-229) illustre bien sa méthode. Apollonios recense cinquante-quatre Argonautes. Les *AO* réduisent ce nombre à cinquante-et-un (y compris

1. V. 950-987, 1001-1006. La scène qui se déroule devant l'enceinte appelle de nombreux rapprochements avec les papyrus magiques égyptiens : A. D. Nock, *Journ. Hell. Stud.*, 46, 1926, 50-53. Orphée se comporte à la façon du théurge Maximos d'Éphèse, le maître de Julien, qui avait le pouvoir de faire rire la statue d'Hécate et de provoquer l'allumage de ses torches (Eunape, *Vie des philos.*, 7, 2, 7-10 [475]) : cf. Keydell[5], 3.

2. On a laissé de côté les passages où Orphée charme la nature entière par ses chants : v. 72-74, 259-265 (exhortation à Argô), 431-439, 704-707 (les Kyanées dociles au chant d'Orphée). Ce thème n'est pas propre à l'orphisme.

3. Voir Keydell[3], 81 s., qui critique sur ce point A. Boulanger, *Bull. Ass. G. Budé*, 1929, n° 22, 30-46 (notamment p. 38).

4. Consulter surtout H. Venzke, *Die orphischen Argonautika in ihrem Verhältnis zu Apollonios Rhodios* (diss. Berlin 1941). L'étude, que la mort n'a pas permis à son auteur de mener à son terme, s'arrête au v. 801.

Orphée) : elles éliminent Érybôtès, Clytios et Iphitos (les deux héros d'Oichalie), ainsi que Laocoon ; elles ajoutent un énigmatique Éneios fils de Caineus. Si l'on suppose que l'Actoridès du v. 138 dissimule le nom d'Argos Alectoridès (ou Arestoridès), dont la présence est de toute façon assurée d'après la suite du poème, on note cinquante noms communs aux deux épopées. Mais, alors qu'Apollonios respecte un ordre géographique dans son catalogue, notre poète bouleverse l'énumération de parti-pris. Parfois il conserve l'unité de certains groupes : Castor et Pollux, les trois fils d'Hermès (Aithalidès, Érytos, Échion), les trois fils de Pérô (Laodocos, Talaos, Areios), Méléagre et Iphiclos, Idas et Lyncée, Astérios et Amphion, Zétès et Calaïs. Ailleurs, au contraire, il brise cette cohérence : il sépare Pélée de Télamon ; Amphidamas, des autres Arcadiens Képheus et Ancaios ; le Locrien Eurytion, de Ménoitios et d'Oïleus. La raison n'en apparaît pas, sauf lorsqu'il clôt son catalogue sur Hylas après l'avoir commencé par Héraclès. Tantôt les notices consacrées à chaque héros résument ou complètent celles d'Apollonios, tantôt elles sont entièrement nouvelles [1]. Divers transferts sont opérés : Gyrtôn, domaine de Corônos, est attribuée à l'Athénien (?) Phaléros ; l'Argien Idmon devient Thessalien et reçoit pour mère Antianeira qu'Apollonios mentionne à propos de la triade des fils d'Hermès. D'une façon plus surprenante, le Néléide Périclyménos paraît transporté de Pylos en Chalcidique ; mais il faut sans doute accuser ici la transmission du texte [2]. Bref, le catalogue révèle tour à tour un plagiaire, un inventeur à l'imagination courte, parfois aussi, néanmoins, un auteur capable d'érudition.

Ces trois aspects caractérisent l'ensemble de l'œuvre du poète. Jusqu'au v. 772, il suit pas à pas les deux

1. Pour plus de détails, se reporter aux notes.
2. Voir la note au v. 138.

premiers chants d'Apollonios et n'en modifie l'ordonnance que rarement : aux v. 56-117, il rétablit la succession chronologique des événements ; il intervertit la mise à flot d'Argô et le choix du chef (v. 237-302) et il introduit à sa place logique la scène du serment d'alliance (v. 303-354). Les modifications sont ensuite de moindre importance : le récit proprement dit des navigations est rejeté après la visite à Chiron (v. 366-454) et l'escale à Samothrace précède le séjour chez les Lemniennes, au mépris de la géographie. Dans cette trame empruntée à Apollonios, plusieurs épisodes importants sont d'abord insérés à la gloire d'Orphée ; mais, à partir du v. 455, les interventions de celui-ci se font plus rares et plus discrètes jusqu'au franchissement des roches Kyanées (v. 680-711) où il redevient pour un temps le protagoniste. On notera d'ailleurs que le poète, après s'être attardé sur les premières aventures des Argonautes, passe très vite sur leurs navigations depuis le départ de Cyzique jusqu'au Phase : il condense en 144 vers (v. 629-772) des événements qu'Apollonios contait en 1495 vers.

Parvenu en Colchide, il se sépare de son prédécesseur. Il passe sous silence toute la matière du chant III qu'il se contente de résumer librement aux v. 858-886. Il ne retient que la rencontre entre les Argonautes et Aiétès (v. 773-857), mais en s'inspirant d'une autre source, comme on le verra. Après quoi intervient la conquête de la toison (v. 887-1021), épisode original, malgré divers emprunts faits aux chants III et IV d'Apollonios.

Le voyage du retour suit un itinéraire que le poète hellénistique avait écarté. Les réminiscences deviennent donc naturellement sporadiques. Chez les deux auteurs, les dieux déroutent Argô de son itinéraire normal après le meurtre d'Apsyrtos (cf. p. 29). Le halage d'Argô sur les côtes de l'Océan boréal (v. 1088-1142) rappelle vaguement le transport du navire à dos d'homme dans les sables de Libye ; la poutre parlante de la nef se manifeste (v. 1155-1170) comme dans AR, 4, 580-592, mais pour rendre un oracle de contenu différent. C'est seulement quand les deux itinéraires se rejoignent à nouveau que le poète revient, assez librement d'ailleurs, à sa première source : escale chez Circé (v. 1207-1239), passage de Charybde (substitut des Planctes) et intervention de Thétis (v. 1253-1263), épisode des Sirènes (v. 1264-1290), escale à Corcyre et mariage de Médée (v. 1291-1346). Les treize vers suivants résument AR, 4, 1223-1730 ; puis le poète retrouve son indépendance dans les derniers vers de son récit.

Ce démarquage continuel d'Apollonios indispose le lecteur ; mais on doit rendre cette justice à l'auteur qu'il l'avoue. Il ne peut donc être taxé de « faussaire » ou de « mystificateur »[1]. A trois reprises, il donne clairement à entendre qu'il résume un prédécesseur (histoire des Lemniennes, événements de Colchide antérieurs à la conquête de la toison, aventures en Libye et en Méditerranée orientale). Bien qu'il ne le nomme pas, la référence est explicite. Son intention est donc de *corriger* Apollonios, et non de faire croire que son épopée remonte aux temps légendaires. Sans doute le titre est-il équivoque et il a abusé les lecteurs jusqu'au XVIIIe siècle[2] ; mais Ὀρφέως Ἀργοναυτικά ne signifie peut-être pas autre chose que « les aventures argonautiques d'Orphée » ou « les Argonautiques racontées par Orphée ». Le récit est fait à la première personne comme celui de l'*Alexandra* de Lycophron : rien de plus. Il n'y aurait de véritable mystification que si le poème était donné pour une œuvre authentique d'Orphée, ce que son contenu n'autorise pas à affirmer[3].

1. Termes employés par R. Keydell[5], 3.

2. Voir les scholies aux v. 643, 663, citées par Vian[1], 42. La note liminaire du manuscrit K attribue le poème à Orphée de Crotone, à la suite de la *Souda*. Sur cet Orphée, cf. Kern, T 177.

3. Voir par exemple la préface, prêtée à Cornelius Nepos,

Les autres sources des v. 47-1035. Bien que le poète soit presque exclusivement tributaire d'Apollonios, au moins dans la première partie de son œuvre, il lui arrive de quitter son modèle, non pour s'abandonner à sa propre fantaisie, mais pour s'inspirer d'autres traditions, dont certaines sont connues par la poésie latine. Voici un recensement des principaux passages qui attestent ces contaminations avec plus ou moins de certitude.

1. Les v. 56-69, qui rapportent les préliminaires de l'expédition, semblent être un résumé incolore de Val. Fl., 1, 22-95. La plupart des similitudes sont peu significatives, car elles remontent à un fonds commun (oracle mettant Pélias en garde contre un membre de sa famille ou contre Jason nommément, ordre perfide donné par le roi à Jason, construction d'Argô par Athéna). Mais quelques détails retiennent l'attention : Jason adresse une prière à Héra ; Héra et Athéna interviennent conjointement ; Argô est considérée comme le premier navire, ou du moins le premier navire à affronter une mer inconnue. Les deux auteurs ignorent d'autre part le thème célèbre de Jason μονοσάνδαλος [1].

2. Argô, dont la quille est immobilisée par les algues, ne consent à glisser dans les eaux qu'après y avoir été invitée par Orphée (v. 237-277). Chez Silius Italicus (11, 469-472), Argô, présentée aussi comme le premier navire, refuse d'entrer dans la mer et c'est Orphée qui, par son chant, attire la mer jusqu'à elle [2].

3. Le serment d'alliance est prêté par les Argo-

qui vise à authentifier la traduction latine de l'*Historia de excidio Troiae* de Darès de Phrygie.

1. Cf. Venzke, 28 s.

2. Cf. aussi Stace, *Théb.*, 5, 341-344. Chez Val. Fl., 1, 187, Orphée se borne à jouer de la lyre au moment de la mise à flot. Cf. Venzke, 49 s.

nautes avant l'embarquement (v. 303-354). C'est sa place logique, comme le confirment d'autres traditions [1]. Apollonios le rejette au chant II où il ne lui consacre que quelques vers (2, 715-719) ; il introduit au contraire, au moment du départ, une scène d'altercation à laquelle Orphée met fin en célébrant l'harmonie cosmique (1, 496-515).

4. Poseidon et les dieux de la mer sont invoqués au cours de cet épisode (v. 333-352). Les Argonautes formulent une prière analogue avant de prendre la mer chez Val. Fl., 1, 188-203. Les circonstances et le contenu des prières sont différents. Mais on observera que Poseidon est pratiquement absent de l'action chez Apollonios, alors que les *AO* lui accordent une certaine place (cf. encore v. 1367 s.) [2].

5. Chez Valerius Flaccus (1, 252-273), un banquet réunit les Argonautes au moment du départ et Chiron descend du Pélion pour y assister en compagnie du petit Achille que son père Pélée prend dans ses bras à cette occasion. La scène n'est pas sans rappeler la visite que les héros font au Centaure dans les *AO* (v. 355-454). Cet épisode offre des analogies plus précises avec un passage de Silius Italicus. Dans son catalogue des musiciens célèbres, le poète latin mentionne Chiron, sa lyre (*chelys*), son antre du Pélion et le jeune Achille

1. D'après l'une d'elles, Jason sacrifiait avant le départ à Zeus Hétaireios : cf. mon éd. d'Apollonios, C.U.F., t. 1, p. 17, n. 3, et, en général, les p. 15-17, 48 s., 124 ; sur ces *Hétairideia*, cf. W. Baege, *De Macedonum sacris* (Diss. phil. Hal., 22, 1), 4 s. Au contraire, selon Diod. Sic., 4, 53, le serment des Argonautes était juré au moment de la dislocation, à l'initiative d'Héraclès ; il était précédé par un sacrifice d'action de grâces à Poseidon.

2. Cf. Venzke, 55. L'absence de Poseidon est assez naturelle, puisqu'il est le père de Pélias ; cependant, déjà chez Pindare (*P.*, 4, 204-210), les Argonautes fondent un sanctuaire de Poseidon non loin de Byzance, avant de franchir les roches Kyanées.

qu'il élève (11, 449-452). Il évoque aussitôt après Orphée (11, 459-472) charmant la nature entière et amenant la mer sous la quille d'Argô (cf. ci-dessus § 2). Le thème d'Orphée attirant à lui les bêtes, les rivières et les montagnes est banal ; le fait qu'on le retrouve dans les *AO*, 431-439, serait dépourvu de signification si les deux poètes n'avaient en commun le détail rare de l'oiseau oublieux de son nid [1]. En outre, par une curieuse coïncidence, les v. 453-458 de Silius Italicus attribuent à Chiron une théogonie, thème qu'Orphée choisit précisément dans sa joute musicale avec le Centaure dans les *AO* (v. 420-431) [2].

6. L'épisode de Cyzique (v. 490-628) est présenté sous une forme plus simple que chez Apollonios. Dans l'ensemble, il peut avoir été tiré intégralement du texte et des scholies des *Argonautiques*. Un détail néanmoins doit avoir une autre provenance : la mention de l'autel dressé sur le rivage en l'honneur de Rhéa Peismatié et l'*aition* qui explique son érection [3].

7. Aux v. 667-679, le poète prend le contre-pied d'Apollonios quand il rapporte la légende de Phinée. Ni les scholies des *Argonautiques* ni la tradition mythographique commune ne rendent compte de sa version qu'il a certainement empruntée à une source indépendante [4].

8. A la fin du périple du Pont Euxin (v. 741-756), la relation d'Apollonios est sûrement complétée soit

1. Sil. It., 11, 467 $\sim$ *AO*, 439. Texte cité dans les *loci similes*.

2. Sur ce passage, cf. Venzke, 56 s., et ci-dessous p. 27, n. 2.

3. Voir la note aux v. 618-628. Venzke, 69 s., découvre, entre le récit des *AO* et Val. Fl., 3, 1-469, des analogies qui ne sont pas convaincantes : Rhéa est courroucée de la mort de Kyzicos chez Apollonios comme dans les *AO*, alors qu'elle provoque sa mort chez Valerius Flaccus.

4. Voir la note aux v. 667-679. Sur les raisons qui ont déterminé le choix d'une version défavorable à Phinée, cf. p. 14, n. 3.

à l'aide d'une œuvre géographique soit plutôt à partir du récit dont le poète s'inspirera pour le retour des Argonautes [1].

9. Aux v. 773-801, les *AO* abandonnent Apollonios pour suivre une tradition dont on retrouve les éléments au chant V de Valerius Flaccus. Le poète latin imagine deux songes, celui d'Aiétès (v. 232-253) et celui de Médée (v. 330-341) qui provoquera sa rencontre avec Jason. Les thèmes communs sont nombreux : crainte éprouvée par les Argonautes à leur arrivée en Colchide : *AO*, 774 ~ Val. Fl., 298-312 [2] ; songe prédisant le destin de Médée : *AO*, 777-785 ~ Val. Fl., 335-341 (mais ce songe évoque toute la destinée future de Médée et non pas seulement son départ de Colchide) ; réveil brusque et angoisse après le songe : *AO*, 786-788 ~ Val. Fl., 245, 330-332, 342 ; purification dans le Phase : *AO*, 790-792, 799-801 ~ Val. Fl., 332 s., 342 s., 398 s. (mais les *AO* utilisent aussi AR, 2, 1273 s.) ; rencontre avec les Argonautes : *AO*, 802 ss. ~ Val. Fl., 351 ss. ; transfiguration de Jason par Héra : *AO*, 806-808 ~ Val. Fl., 364-373 (mais voir aussi AR, 3, 919-925) [3].

10. Les traditions relatives aux fils de Phrixos sont nombreuses. D'après certaines, ils réussissaient à gagner la Grèce par leurs propres moyens ; Apollonios innove en imaginant qu'ils rencontrent les Argonautes au cours de leur voyage dans le Pont Euxin [4]. Dans les *AO*, 860-865, comme chez Val. Fl., 5, 461-463, ils vivent encore chez Aiétès à l'arrivée de Jason.

1. Voir ci-dessous p. 31-37, et les notes aux v. 733-756, 745-753.

2. L'alternative formulée par Jason aux v. 769-772 se retrouve chez AR, 3, 171-193, et chez Val. Fl., 5, 314-325. Mais le héros hésite d'abord sur la conduite à tenir (v. 767 s.), motif qui n'est connu que de Val. Fl., 5, 302-312.

3. Sur ce passage, cf. Venzke, 105 s.

4. Voir mon éd. d'Apollonios, C.U.F., t. 1, p. 170 s.

Ils ne jouent d'ailleurs qu'un rôle très effacé dans les deux poèmes ; du moins Argos est-il qualifié d'ἐυμμελίης dans *AO*, 861, ce qui peut faire référence à l'aristie qu'il accomplit dans la guerre contre Persès chez Val. Fl., 6, 542-556.

11. La grande scène de la conquête de la toison (v. 887-1021) utilise diverses sources, dont certaines peuvent être orphiques, pour décrire la forteresse d'Artémis Mounychia, recenser la flore du bois sacré et énumérer les rites magiques d'évocation. Mais on ne saurait dire si ces éléments sont tirés d'un récit argonautique.

12. Aux v. 1022-1035 qui introduisent le Retour, plusieurs traditions sont maladroitement combinées. Le meurtre d'Apsyrtos a lieu en Colchide, comme dans plusieurs versions anciennes [1] ; mais, selon ces dernières, Apsyrtos est un jeune enfant que Médée et ses compagnons tuent et dépècent pour couvrir leur fuite. Au contraire, l'Apsyrtos des *AO* est, comme chez Apollonios (et Valerius Flaccus), un adulte qu'Aiétès veut mettre à la tête de son armée (v. 1024 s.). Par une curieuse imprudence, il se rend seul, de nuit, chez les Argonautes pour y rencontrer sa sœur et périt ainsi dans une embuscade : on retrouve là quelques rudiments de la scène qu'Apollonios situe dans l'estuaire adriatique de l'Istros. Le cadavre est jeté ensuite dans le Phase, apparemment sans être dépecé, et le courant l'emporte sur une île du Pont Euxin qui recevra son nom. On discerne ici le souvenir de la tradition qui localise le tombeau d'Apsyrtos à Apsaros, ville (et non île !) de la côte sud-est du Pont [2].

De ce recensement, il ressort que le poète a eu accès à des sources autres qu'Apollonios et ses scholiastes.

1. Cf. *ibid.*, t. 3, p. 8, n. 2.

2. Arrien, *Pér. P. Eux.*, 7 ; Procope, *Guerre des Goths*, 4, 2, 12 et 14 Haury. La ville aurait porté d'abord le nom même d'Apsyrtos.

L'une de celles-ci pourrait être Valerius Flaccus avec qui on constate plusieurs concordances : voir les §§ 1, 4, 5, 9, 10 [1]. Mais il faut tenir compte aussi des analogies, parfois plus précises, avec les *Puniques* de Silius Italicus (§§ 2 et 5), un poème que l'auteur des *AO* n'avait aucune raison particulière de lire [2]. Aussi paraît-il plus vraisemblable de supposer une source commune aux deux poètes latins et aux *AO* [3]. A l'appui

1. D'autres rapprochements sont trop vagues pour avoir quelque valeur : *AO*, 175-178 ~ Val. Fl., 1, 445-450 (Venzke, 43 ; la mention d'Admète amène le rappel du servage d'Apollon, mais les deux poètes utilisent différemment cette tradition banale) ; *AO*, 237 ~ Val. Fl., 1, 149 (Venzke, 50 ; étonnement des Argonautes en présence du navire) ; *AO*, 458-461 ~ Val. Fl., 2, 6-9 (les arguments de Venzke, 62, ne sont pas convaincants) ; *AO*, 467 ~ Val. Fl., 2, 432 s. (Venzke, 64 ; effroi inspiré par les mystères de Samothrace) ; *AO*, 576-578 ~ Val. Fl., 3, 340-342 (Venzke, 76 ; offrandes d'Hypsipylé utilisées lors des funérailles de Kyzicos) ; *AO*, 691 ~ Val. Fl., 4, 694 s. ; *AO*, 694 s. ~ Val. Fl., 4, 682 ; *AO*, 706 ~ Val. Fl., 4, 644 s. (Venzke, 85 ; divers détails relatifs au passage des roches Kyanées).

2. Le chant XI de Silius Italicus pose un problème de texte. W. C. Summers, *Class. Rev.*, 14, 1900, 305-309, déplace les v. 453-458 (théogonie rapportée à Chiron) pour les insérer après le v. 290 ; il a été suivi par J. Duff (éd. Loeb, 1927 ; rééd., 1961). L'hypothèse aurait deux conséquences importantes : elle conduirait à penser que le poète des *AO* est *directement* tributaire du texte fautif de Silius et donc que le remaniement du chant XI des *Puniques* est antérieur à notre poème. Mais les arguments de Summers ne sont pas décisifs : voir l'appendice consacré à la question par Michel Martin dans l'édition de la C.U.F. (je remercie son auteur de me l'avoir obligeamment communiqué avant publication).

3. Thèse de l'influence directe de Valerius Flaccus sur les *AO* : W. C. Summers, *Study of the Arg. of Val. Fl.* (1894), 13 (*non uidi*) ; M. Rovira Soler, *Cuadernos de Filol. clás.*, 14, 1978, 171-206 (contestable sur de nombreux points). — Thèse de la source commune : Venzke, 110 s. (et les passages cités ci-dessus) ; approuvé par Keydell[5], 3 (le savant ne prenait pas parti dans Keydell[4], 1334, article contemporain de la dissertation de Venzke, mais composé avant sa publication), et par H. Herter, *Gnomon*, 21, 1949, 72.

de cette thèse, on peut invoquer un argument qui semble avoir été négligé jusqu'ici. La concordance la plus évidente entre Valerius Flaccus et les *AO* concerne le songe d'Aiétès que le poète latin dédouble (songes d'Aiétès et de Médée). Or Apollonios compose une scène analogue au chant IV. Comme Médée et Aiétès, Circé a un songe qui l'effraie ; elle va se purifier au bord de la mer et rencontre à cette occasion les Argonautes (4, 662-685). Le schéma est identique, ce qui suggère qu'Apollonios dépend de la même source que les deux autres auteurs. On est dès lors amené à penser que le poète tardif des *AO* a connu, directement ou non, des Argonautiques antérieures à celles d'Apollonios et que, dans un cas au moins, il en est le témoin le plus fidèle [1]. L'analyse du Retour paraît confirmer l'hypothèse.

Le retour des Argonautes.

Dans les v. 1036-1249, auxquels il faut sans doute adjoindre les v. 745-756, le poète abandonne Apollonios pour une tradition qui remonte pour nous à Timée (IVe s. av. J.-C.) et dont le souvenir se conserve chez Skymnos de Chios (début du IIe s. av. J.-C.) et Diodore de Sicile [2]. Selon ces auteurs, les Argonautes, pensant qu'Aiétès leur interdisait le passage par le Bosphore, remontent le Tanaïs ; puis, après avoir halé leur navire jusqu'à un autre fleuve [3], ils

1. On se gardera évidemment de rapporter tous les éléments signalés ci-dessus à une source antérieure à Apollonios. C'est ainsi que H. Herter, *Rhein. Mus.*, 91, 1942, 227, n. 2, peut avoir raison de penser contre Venzke, 56, que l'épisode de Chiron est d'inspiration hellénistique.

2. Timée, 566 F 85 Jacoby (= Diod. Sic., 4, 56) ; Skymnos, fr. 5 Gisinger (dans *Real-Encykl.*, 3 A, 1927, *s. Skymnos*), cité par schol. AR, 4, 282-291 b (texte amélioré par H. Fränkel, *Noten zu den Arg. d. Ap.*, 1968, 475). Cf. aussi Pline, *Hist. nat.*, 3, 22 ; Avienus, *Descr. orbis*, 253 s.

3. Ce fleuve est le Chésynos (la Dvina ?), qui se jette dans

descendent vers l'Océan boréal et, de là, regagnent la Méditerranée en contournant l'Europe par l'ouest jusqu'à Gadeira (Cadix). Ils effectuent ainsi, en sens inverse, le trajet suivi par Pythéas de Marseille (vers 330 av. J.-C.) depuis Gadeira jusqu'aux bouches nordiques du Tanaïs [1].

C'est, à peu de choses près, l'itinéraire adopté par notre poète. Mais les Argonautes, au lieu de gagner directement le Tanaïs par la mer, commencent par remonter le Phase à contre-courant. Cette bizarrerie a une double origine. D'après une tradition archaïque, dont Pindare garde le souvenir (*P.*, 4, 251), le navire atteignait l'Océan oriental en passant par le Phase, considéré apparemment comme un simple canal reliant le Pont à la mer extérieure [2]. Les *AO*, qui utilisent une géographie plus complexe, présentent cette « remontée » du fleuve comme une erreur de navigation provoquée par le courroux des dieux après le meurtre d'Apsyrtos [3]. Elles s'inspirent alors d'Apollonios : après la mort du fils d'Aiétès, Héra, secondée par la voix prophétique d'Argô, déroute ses protégés pour les conduire chez Circé et apaiser ainsi la colère de Zeus (4, 557-591). Une différence toutefois : dans notre poème, les dieux sont des dieux vengeurs et c'est eux qui, en déroutant les Argonautes, les

l'Océan boréal et dont la source dans les monts Rhipées est voisine de celle du Tanaïs selon Marcien d'Héraclée, 2, 39.

1. Pythéas, fr. 7*a* Mette (= Strab., 2, 4, 1 [104]). La rencontre n'est pas fortuite, car Skymnos fait plusieurs emprunts à Pythéas.

2. Sur cette version orientale, voir mon éd. d'Apollonios, C.U.F., t. 3, p. 16, n. 4.

3. Certains termes tels que ἀμπλακίῃ (v. 1040), ἀφραδέσιν (v. 1042, cf. v. 1043) et ἄτῃ (v. 1144) sont ambigus et pourraient faire croire que c'est par pure ignorance ou étourderie que les Argonautes se trompent de route ; mais le contexte ne laisse aucun doute sur leur signification morale. Je remercie P. Chuvin d'avoir attiré mon attention sur cet aspect important du récit du Retour.

accablent sous d'innombrables épreuves pour les châtier[1].

Une autre divergence, plus apparente que réelle, sépare le récit des *AO* de celui de Timée. D'après les v. 1065-1082, il semble que les héros, une fois arrivés à l'extrémité septentrionale du marais Méotis, trouvent un cours d'eau qui coule en direction du nord. Le passage est obscurci par une lacune[2] ; néanmoins, il n'y a pas lieu de s'étonner que le poète fasse paradoxalement remonter vers le nord ce fleuve qui ne peut être que le Tanaïs. Le citateur de Skymnos déclare lui-même que les Argonautes « font route par le Tanaïs jusqu'à la grande mer (= l'Océan) » et il précise que le charroi d'Argô n'était mentionné que dans une digression. Pythéas, de son côté, attribue au Tanaïs un estuaire nordique, de même qu'Antonios Diogène[3]. Apollonios joue sur la même équivoque à propos de l'Istros (Danube) : il déclare explicitement que le fleuve prend sa source dans les monts Rhipées, ce qui ne l'empêche pas de le qualifier de « bras nordique de l'Océan », ὕπατον κέρας Ὠκεανοῖο[4].

1. Les dieux mentionnés sont Zeus et Thémis (v. 1035), les immortels (v. 1066), enfin le Soleil, père d'Aiétès (v. 1362). Le texte fait de nombreuses allusions aux épreuves des héros : v. 1059, 1071, 1083, 1088 s., 1184, etc. La poutre parlante d'Argô dénonce si explicitement l'instigatrice du crime, Médée aux coupables amours (v. 1172 ; cf. v. 1030), que ses compagnons sont sur le point de la jeter à la mer (v. 1155-1177).

2. Voir la note au v. 1066.

3. Les héros des *Merveilles d'au-delà de Thulé* gagnent l'Océan boréal par le Pont, la Caspienne, les monts Rhipées et les « bouches (ἐκβολάς) du Tanaïs » : cf. Photios, *Bibl.*, p. 109 a (éd. R. Henry, t. 2, p. 141). R. Henry traduit ἐκβολαί par « source », ce qui est plus rationnel, mais sans doute inexact. En tout cas, le terme est équivoque. Les Anciens ont parfois confondu le marais Méotis et la mer Caspienne qui passait elle-même pour communiquer avec l'Océan nordique : voir ci-dessous p. 31, n. 2.

4. AR, 4, 282, 286 s. Cf. Aristote, *Mét.*, 2, 2, 354 b 16-17 :

1) Du Phase à l'Océan.

Ce schéma d'ensemble est complété par des précisions géographiques, ethnographiques et mythologiques [1]. Les confins orientaux du Pont sont parcourus d'après les *AO* (v. 749-750) par un réseau hydrographique complexe : l'Araxès d'où sont issus trois fleuves, le Thermodon, le Phase et le Tanaïs. En effet, les géographes, confondant plusieurs cours d'eau, mentionnent dans cette région un Araxès aux bras multiples [2]. Selon les uns, le Tanaïs serait l'un de ses bras [3] ; d'autres identifient son cours supérieur à celui du Phase [4] ou le relient à celui-ci par l'intermédiaire du Lycos [5] ; certains enfin confondent le Thermodon avec l'Araxès [6] ou avec le Lycos [7].

« certains soutiennent que les fleuves non seulement s'écoulent dans la mer, mais aussi découlent d'elle ».

1. Voir en général J. R. Bacon, *Class. Quart.*, 25, 1931, 172-183, qui examine les développements géographiques des v. 460-498, 729-756, 1038-1143. L'article apporte une utile contribution à l'étude de la géographie des *AO*, même si ses conclusions sont contestables. On peut en dire autant de l'article plus récent de E. D. Phillips, *Class. e Med.*, 27, 1966, 178-194.

2. Cf. Hérod., 1, 202 ; Strab., 11, 8, 6 (512). Cette hydrographie fantaisiste s'explique parce qu'on a confondu le Tanaïs (Don) avec l'Iaxartès (Syr Daria) ; de même, on confondait la Caspienne où se jette l'Araxès, la mer d'Aral où se jette l'Iaxartès, et le marais Méotis, débouché du Tanaïs. Cf. Herrmann, *Real-Encykl.*, 9, 1 (1914), 1181-1189, *s.* Iaxartes ; 4 A, 2 (1932), 2163, 39-2164, 4, *s.* Tanais.

3. Aristote, *Mét.*, 1, 13, 350 a 24 s. ; Hécatée d'Abd., 264 F 13 Jac. = [Skymn.], 865-869.

4. La source du Phase est située dans les monts d'Arménie comme celle de l'Araxès : Xén., *Anab.*, 4, 6, 4 ; Ératosthène, III B 75 Berger (= schol. AR, 2, 399-401 a) ; Strab., 11, 2, 17 (498) ; Dion. Pér., 694. En outre le Tanaïs et le Phase paraissent avoir été d'abord confondus et considérés comme un canal reliant le Pont à l'Océan et séparant l'Europe de l'Asie : J. Bolton, *Aristeas of Proconnesus*, 1962, 56 ss.

5. AR, 4, 132-135 ; cf. ma note, C.U.F., t. 3, p. 151.

6. Métrodoros, 184 F 1 Jac. (= schol. AR, 4, 131-135 b).

7. Ératosthène, III B 84 Berger (= Strab., 11, 14, 7) ; cf. Dion. Pér., 772-774.

Le Phase, qui joue seul un rôle dans la narration, est caractérisé par son impétuosité et ses tourbillons (v. 1032 s.)[1] ; cependant son cours supérieur, que les Argonautes remontent, traverse une plaine (v. 1044) : le Caucase et le paysage montagneux évoqué aux v. 1047 s. paraissent ne constituer qu'un décor factice. En tout cas, le fleuve communique en amont avec le marais Méotis et la mer (le Pont Euxin) par le paisible Sarangès (v. 1050-1054). Ce type de réseau fluvial rappelle celui qui relie le Phase à l'Araxès selon Apollonios (cf. ci-dessus). Si on se reporte à une carte, ce Sarangès correspond à peu près à l'Hypanis du Kouban qui se jette dans le Pont à travers des marais proches du marais Méotis : son cours supérieur jouxte le bassin du Phase, ... à condition de négliger le Caucase[2]. Le nom attribué à ce fleuve-canal est celui d'un cours d'eau situé beaucoup plus à l'est, en Drangiane[3]. La confusion a pu être facilitée par la présence d'une ville de Saraké située sur le Phase à 160 stades de son embouchure[4]. D'ailleurs, comme on le verra, de tels transferts sont fréquents dans la géographie des *AO*.

1. Comparer AR, 2, 401, 1261.

2. Hypothèse de Bacon, *l. c.*, 179. Les Argonautes passent par le Bosphore pour pénétrer dans le marais Méotis (v. 1055-1058), alors qu'ils descendent un fleuve qui se jette directement dans celui-ci (v. 1052-1054). Cette anomalie s'explique par la topographie du delta de l'Hypanis : voir la carte 1 dans Strabon, C.U.F., t. 8 (livre 11). Phillips, 178 ss., préfère assimiler le Sarangès au Manych, affluent plus nordique du Don.

3. Arrien, *Inde*, 4, 8 (= Mégasthénès, fr. 20, 8 Schw.) ; Polyen, *Strat.*, 1, 1, 3. Dans la même région vivent les Sarangai (Hérod., 3, 93) ou Zarangae (Pline, *Hist. nat.*, 6, 48 et 94 ; cf. Arrien, *Anab.*, 3, 25, 8 ; 6, 17, 3), à rapprocher peut-être des Salangoi de Nonn., *Dion.*, 26, 61 ; 30, 312 : cf. P. Chuvin, *Myth. et géogr. dans les Dion. de Nonnos* (Paris, thèse dactyl., 1983), t. 1, p. 320 s.

4. Ptol., 5, 9, 5 cf. R. Kiepert, *Forma orb. ant.* (1909) pl. 7.

Il faut en signaler un, dès maintenant, qui est particulièrement digne d'attention. A l'occasion du passage du Bosphore, le poète rappelle que le détroit a été ouvert jadis par « le Titan voleur de bœufs » qui l'a franchi sur un taureau (v. 1056-1058). L'expression désigne vraisemblablement Héraclès ravisseur des bœufs de Géryon [1]. Héraclès est nommé Titan dans les *Hymnes orphiques* (12, 1) et divers récits le menaient en Scythie au retour de son expédition [2]. Si le Bosphore cimmérien est en général associé aux aventures d'Iô, des Géryonides rapportent qu'Héraclès a franchi un détroit avec l'aide ou à cause d'un taureau [3]. Il faut ajouter que le v. 1048 mentionne l' « étroite Érythie », une vallée (?) du Caucase. Or Érythie est le nom de l'île de Géryon ; on la situe en général près des Colonnes d'Héraclès et de Tartessos ; mais des auteurs anciens contestaient cette localisation. Tout porte à croire que les *AO* conservent les débris d'une tradition qui transférait la Géryonide du côté du Caucase ; Lucain, 3, 277-279, serait donc tout à fait fondé à affirmer que le marais Méotis est le rival des Colonnes d'Hercule [4].

1. Cf. M. Mayer, *Giganten u. Titanen* (1887), 181 s. ; Bacon, *l. c.*, 179. — Puisque le poète paraît confondre Titans et Géants (cf. p. 9 s.), ce Titan pourrait être aussi le Géant Alkyoneus qui emmena d'Érythie les vaches du Soleil selon Apollod., *Bibl.*, 1, 6, 1 (P. Chuvin).

2. Hérod., 4, 8-10 ; cf. C. Robert, *Heldensage* (1921), 475 s.

3. L'épisode se situe en général dans le détroit de Messine : Hellanicos, 4 F 111 Jac. ; Timée, 566 F 90 Jac. ; Apollod., *Bibl.*, 2, 5, 10, 10.

4. Hérod., 4, 8, écrit : « Géryon, disent les Scythes, habitait hors du Pont » ; cette précision surprend dans un passage où l'historien affirme aussitôt après qu'Érythie se trouve près de Gadeira ; est-ce un souvenir d'une tradition pontique ? On notera aussi que la Géryonide fait intervenir un fleuve Anthémous dont il existe un homonyme voisin de Dioscuriade sur le Pont (Pline, *Hist. nat.*, 6, 15) ; faut-il en rapprocher l' « île au gazon fleuri » située au confluent du Phase et du Sarangès selon *AO*, 1050 ?

La suite de l'itinéraire appelle moins de remarques. Depuis le Bosphore Cimmérien, les Argonautes remontent le marais Méotis (v. 1059-1064), puis s'engagent sur une voie d'eau (le « Tanaïs ») dont le courant les mène jusqu'à l'Océan. En cours de route, ils franchissent les défilés des monts Rhipées (v. 1078-1081), cette gigantesque chaîne mythique de montagnes que les Anciens situaient en arc de cercle au nord de l'Europe [1].

Quatre listes de peuples ponctuent cette partie de la narration. La première est double : elle achève d'une part de recenser les nations qui occupent la rive méridionale du Pont et complète ainsi la liste donnée par Apollonios (v. 755 s.) ; elle mentionne d'autre part les Colques et leurs voisins immédiats (v. 751, 753), dont certains participeront à l'expédition de Corcyre (v. 1302). Les trois listes suivantes concernent l'arrière-pays colque (v. 1045-1047) [2], les alentours du marais Méotis (v. 1060-1064) et la région traversée par le « Tanaïs » (v. 1073-1077, 1082). Au total, trente-quatre peuples sont nommés, auxquels on ajoutera les Errauoi cités seulement au v. 1302.

Un nombre important d'entre eux sont attestés dans les régions traversées par les héros : les Philyres, les Sapeires, les Byzères (v. 755 s.), les Colques et les Hénioques (v. 751), les Cercètes et les Sindes (v. 1046), les Méotes, les Gélons, les Sauromates, les Gètes et les Arimaspes (v. 1060-1063), les Scythes, les Taures, les

1. Plus à l'ouest, les Rhipées constituent la frontière orientale du pays des Cimmériens (v. 1123). Sur ces montagnes, cf. Kiessling, dans *Real-Encykl.*, 1 A, 1 (1914), *s.* Ῥίπαια ὄρη ; et, récemment, J. Desautels, *Rev. Ét. Gr.*, 84, 1971, 289-296. Le Tanaïs et l'Istros y prennent leur source : Aristote, *Mét.*, 1, 13, 350 b 6-10 ; AR, 4, 287, et schol. *ad loc.* ; Lucain, 3, 273 ; Pline, *Hist. nat.*, 4, 78 ; cf. Herrmann, dans *Real-Encykl.*, 4 A, 2 (1932), *s. Tanais*, 2163, 10-34.

2. Cette liste complète en fait la précédente, puisque les Charandaioi figurent dans les deux.

Nomades et les Hyperboréens (v. 1074 s.). On leur adjoindra peut-être les Abasges (v. 751) et les Hylaioi (v. 1062), dont les noms sont restitués par conjecture [1]. Les Bathychaites ou Longs-Cheveux (v. 1061) pourraient être les Issédons [2] ; les Bouonomes ou Bouviers (v. 1045) ont été assimilés aux Moschoi ; ils forment en tout cas couple avec les « Arkyes agriculteurs » qui font songer aux Agroi ou aux Scythes Laboureurs (Arotères) ou Paysans (Géôrgoi) [3]. Les noms des Pactaioi et des Arctioi (v. 1073) conviennent bien à des peuples du grand nord. Les localisations sont parfois arbitraires : c'est ainsi que les Taures et les Arimaspes ont été permutés [4].

Le poète fait état aussi de peuples asiatiques disséminés autour de la Caspienne ou plus au sud, de même qu'il a transféré le Sarangès au voisinage du Pont. C'est le cas pour « le peuple caspien » (v. 1077) localisé sur les rives du « Tanaïs » [5], pour les Sigynnes

1. 'Αβάσγων est une conjecture pour 'Αραξῶν, faute due sans doute à la mention voisine de l'Araxès (v. 749) ; on connaît cependant des Araxoi en Illyrie. Au v. 1062, Γυμναίους semble être une réminiscence de γυμνοί (v. 1045) et fausse le mètre, de même que la conjecture Λιμναίους qui serait par ailleurs excellente ; sur les Hylaioi de la région d'Olbia, cf. Kiessling, dans *Real-Encykl.*, 9, 1 (1914), *s. Hylaia.*

2. Cf. Aristéas, fr. 3 Merkel et Bolton, 'Ισσηδοὶ χαίτῃσιν ἀγαλλόμενοι ταναῇσι. Leur nom est formé en tout cas comme celui d'autres peuples de cette région : voir par ex. les Mélanchlaines (Hérod., 4, 107).

3. Cf. Hérod., 4, 17 s. ; [Skymn.], 842, 846 ; Strab., 11, 2, 11 (495).

4. Outre les articles particuliers de la *Real-Encyklopädie*, la plupart de ces peuples sont recensés, avec bibliographie, dans l'article de Chr. M. Danoff, Suppl. 9 (1962), *s. Pontos Euxeinos*, 1011-1027 (carte aux col. 869 s.). Voir aussi la mise à jour récente de J. G. F. Hind, *Journ. Hell. Stud.*, *Archeol. Reports*, 1983/84, 71-97.

5. Il est inutile de corriger Κάσπιον en Τράσπιον d'après Hérod., 4, 6, Τράσπιες (peuple scythe). On notera que les héros

(v. 756)[1] et les Napates (v. 755)[2], sans doute aussi pour les alliés des Colques nommés Charandaioi et Chindaioi (v. 753, 1047, 1302)[3]. A côté de ces derniers sont nommés les Οὖροι (v. 753), *hapax* derrière lequel J. R. Bacon voudrait reconnaître les Huns, Οὖνοι, que Dion. Pér., 730, situe près des Κάσπιοι ἄνδρες[4]. Le même vers mentionne les Solymes, peuple à demi mythique ordinairement localisé en Lycie et en Pisidie. Mais les théories anciennes sur la géographie homérique peuvent cautionner ce transfert : Strabon note qu'Homère « a transporté dans l'Océan ce qu'il emprunte au Pont » dans le chapitre même où il observe que l'*Odyssée* situe les monts Solymes au bord de l'Océan (1, 2, 10 [21]).

Quelques noms enfin demeurent mystérieux ou paraissent corrompus : les Kécryphes (v. 1062)[5], les Lélies (v. 1073) et les Errauoi (v. 1302). Au v. 1045, γυμνοί peut être une simple épithète et le texte transmis

d'Antonios Diogène passent par la Caspienne pour aller du Pont aux bouches nordiques du Tanaïs.

1. Cf. Strab., 11, 11, 8 (520). Hérod., 5, 9, 1, et AR, 4, 320, les localisent au contraire dans le bassin de l'Istros.

2. Conjecture pour ναέτας. Il s'agit d'un peuple scythe ; l'orthographe varie selon les auteurs : Diod. Sic., 2, 43, 3 ; Pline, *Hist. nat.*, 6, 21 et 50 ; Steph. Byz., *s.* Νάπις.

3. Rapprocher les fleuves Chindrum et Charinda et le peuple des Chrendoi : cf. Tomaschek et Weissbach, dans *Real-Encykl.*, 3, 2 (1899), *s. vv.* Ces noms pourraient venir aussi d'Arabie où existent un lieu-dit Charandra et le peuple des Chindénoi : cf. Tomaschek, *ibid.*, *s. Charandaioi et Chindaioi* ; Streck, *Real-Encykl.*, Suppl. 1 (1903), 288.

4. Autres conjectures : Σύρων (Eschenbach), d'après Soph., fr. 638 Radt ; Οὔργων (Hermann), d'après Strab., 7, 3, 17. On pourrait envisager aussi les Ὧροι (Strab., 15, 2, 7 ; Pline, *Hist. nat.*, 6, 98) ou Ὠρεῖται qui habitent en fait au Bélouchistan : cf. O. Stein, *Real-Encykl.*, 18, 1 (1939), *s.* Oreitai ; P. Pédech, *Historiens compagnons d'Alexandre* (1984), 133, 136.

5. La conjecture τε Γρύφας τε (Schoenemann) est exclue. Elle suppose une *correptio* de l'υ, et les Griffons, traditionnellement opposés aux Arimaspes, ne sont pas un peuple.

invite à interpréter de même ἄρσωπας à côté d' Ἀρίμασπας (v. 1063) [1].

2) Le périple océanique. Parvenus à l'estuaire boréal du « Tanaïs », les Argonautes longent d'abord, en direction de l'ouest, la partie de l'Océan nommée « mer de Cronos », « mer morte » (v. 1081 s.), ou encore « mer gelée » ou « paresseuse » [2]. L'absence totale de vent interdit l'usage de la voile [3] ; la rame elle-même est inefficace, parce que l'eau est aussi peu profonde que le long du rivage de la Syrte [4]. D'autres textes sont plus explicites ou plus

1. Γυμνοί qualifie un peuple dans Dion. Pér., 965. — Ἄρσωπες, analogique d'ἀρσίπους, signifie « à l'œil levé » ou « placé en haut ». Or les Arimaspes ont un œil unique sur le front : Aristéas, fr. 5 Kinkel (= 3 Bolton) ; Hérod., 3, 116 ; 4, 27, al. La forme Ἀρίμασπας est un *hapax* ; mais l'orthographe des noms de peuples est sujette à variation. La conjecture de Hermann Ἀριμασπά τ' ἔθνη n'a pour elle que le parallèle Τιβαρηνά τ' ἔθνη (v. 741) et elle contraint à corriger λαῶν en λαόν.

2. Strab., 1, 4, 2 (= Pythéas, fr. 6 a Mette) Πεπηγυῖα Θάλαττα ; Pline, *Hist. nat.*, 4, 94 s., 104 (= Timée, 566 F 74 Jac. ; Pythéas, fr. 11 b M. ; Hécatée d'Abd., 264 F 14) *mare concretum* ; Tac., *Germ.*, 45, et *Agric.*, 10 *mare pigrum*. Cf. Dion. Pér., 32-34 (cité dans les *loci sim.*) ; Avienus, *Descr. orbis*, 54-60 ; et, en général, A. Franke, dans *Real-Encykl.*, 17, 1 (1936), *s. Nordsee* ; H. Treidler, *ibid.*, Suppl. 10 (1965), 352-356, *s.* Κρόνιον πέλαγος.

3. V. 1102-1104, 1129 ; cf. Avienus, *l. c.* L'absence de vent qui caractérise les régions boréales prend même une signification morale : Galéné, la divinité de la mer calme, de la bonace, préside à la paix et à la concorde qui règnent sur le peuple des Macrobies ; cf. v. 1116 et la note *ad loc.*

4. Τέναγος (v. 1094) est emprunté à AR, 4, 1237, 1264. Cf. Tac., *Agric.*, 10 *mare... graue remigantibus* ; Avienus, *Ora marit.*, 117-129. Les v. 1083-1086 suggèrent que les Argonautes n'auraient pu regagner le rivage si le courant du « Tanaïs » les avait entraînés au large. Leur épuisement (v. 1088-1091) n'a pas été causé par la navigation sur le fleuve dont le courant emportait le navire (v. 1070) ; sans doute ont-ils dû d'abord essayer de ramer sur l'Océan.

fabuleux : l'Océan boréal serait encombré d'algues [1] ou son eau aurait même consistance qu'une méduse [2]. Les Argonautes sont donc contraints de haler le navire depuis le rivage, de même que, dans d'autres traditions, ils devaient le porter à travers les sables de la Libye [3] ou le haler du Tanaïs vers un autre fleuve [4]. L'Océan boréal s'étend jusqu'à un cap (v. 1129, ἀγκών), dans lequel on reconnaîtra le *Promunturium Rusbeas* de Pline [5]. Au-delà commence l'Océan Atlantique (v. 1169) sur lequel souffle à nouveau le vent et qui permettra de naviguer à la voile.

Le périple nordique comporte quatre stations. Les Hyperboréens, à l'estuaire du « Tanaïs », font l'objet d'une simple mention (v. 1077, 1082). Ce sont leurs voisins occidentaux, les Macrobies, qui héritent de leurs caractéristiques habituelles : sagesse, félicité, longévité (v. 1105-1118) [6]. Leur nom est porté en général par des Éthiopiens ou des Indiens [7] ; mais Eustathe l'attribue aussi aux Hyperboréens [8]. Viennent ensuite les Cimmériens (v. 1119-1127). La géographie ancienne les situait plutôt en Scythie ; mais le poète s'accorde sur ce point avec Homère [9] et il

1. Avienus, *Ora marit.*, 122-124.

2. Strab., 2, 4, 1, rapportant sur un ton ironique les impostures de Pythéas (fr. 7 a M.). Cf. Phillips, 183-186.

3. Chez Pindare et Apollonios. Voir mon éd. d'Apollonios, C.U.F., t. 3, p. 59, n. 3-4.

4. Cf. ci-dessus p. 28.

5. Pline, *Hist. nat.*, 4, 95 (et 2, 167). Il s'agit du cap Skagens à l'extrémité septentrionale du Danemark : cf. A. Franke, dans *Real-Encykl.*, Suppl. 6 (1935), *s. Rusbeas* ; Phillips, 186.

6. Voir la note au v. 1109.

7. Éthiopiens : Hérod., 3, 17 ; Pomp. Mela, 3, 85 ; Pline, *Hist. nat.*, 6, 190 ; 7, 27. Indiens : Pline, 7, 28 (d'après Ctésias) ; Taprobane (Ceylan) : Ps.-Callisthène, 3, 7.

8. Eust., à Dion. Pér., 558.

9. λ 13-19 ; cf. les schol. *ad loc.* et Eust., 1379, 29 ; 1671, 39. Sur ce transfert des Cimmériens chez Homère, cf. Strab., 1, 2, 9 (20).

rejoint en outre l'opinion de ceux qui identifiaient les Cimmériens de la fable avec les Cimbres [1]. D'après la notice géographique qui accompagne leur mention, leur pays, constamment privé de soleil, est délimité à l'est par les monts Rhipées [2], à l'ouest par les Alpes et au sud par Phlégra. Il n'est pas étonnant que les Alpes soient considérées comme le prolongement des Rhipées, puisque certains pensaient qu'il s'agissait d'une seule et même montagne [3]. Phlégra surprend davantage. Très tôt, ce lieu mythique, où s'est livré le combat des dieux contre les Géants, a été identifié à Pallène en Chalcidique [4] ; mais cette double dénomination suppose une contamination. D'autres récits devaient rejeter la Gigantomachie hors du monde habité, au bord de l'Océan. C'est du moins ce que suggèrent Callimaque ainsi que la tradition selon laquelle la Terre avait enfanté la Gorgone pendant le combat [5]. Les *AO* gardent peut-être un débris de cette version [6].

Dans l'*Odyssée*, la « demeure d'Hadès » et ses fleuves infernaux se trouvent au pays des Cimmériens (κ 508-515 ; λ 13-22). De même, dans notre poème, le pays des morts fait suite à celui des Cimmériens. Sa des-

1. Strab., 7, 2, 2 ; Diod. Sic. 5, 32, 4 (= Poseidonios, 87 F 116 Jac.). Le cap *Rusbeas* (cf. ci-dessus) est situé chez les Cimbres.

2. Les Rhipées sont associés à un Κάλπιος αὐχήν. Bacon, *l. c.*, 180, conjecture inutilement Κάσπιος. Je préférerais Κάρπιος, par référence au peuple des *Carpi*, car les Rhipées sont parfois confondus avec les Carpates : cf. Bacon lui-même, 181.

3. Poseidonios, 87 F 48 Jac. ; Protarchos, dans Steph. Byz., *s.* Ὑπερβόρεοι. Voir Kiessling, dans *Real-Encykl.*, 1 A, 1 (1914), *s.* Ῥίπαια ὄρη, 909-913.

4. Hérod., 7, 123, note cette équivalence, sans doute d'après Hécatée de Milet ; mais elle peut remonter à [Hés.], *Cat.*, 43 a 65 Merk.-West (conj.).

5. Eur., *Ion*, 989 (les Gorgones vivent d'ordinaire au bord de l'Océan) ; Call., *Hymnes*, 5, 7-12.

6. Mais Phlégra est ici une haute montagne, alors que les autres textes en font une plaine.

cription est confuse et gâtée. On y relève en tout cas l'Achéron qui coule dans une contrée glacée, un noir marais où il paraît se jeter (celui du Styx ou l' Ἀχερουσία λίμνη dont il va être question ?), enfin la présence plus étrange d'arbres qui ploient sans cesse sous leurs fruits (v. 1130-1135). Cette évocation est plus ou moins homérique et, somme toute, traditionnelle [1]. C'est dans ce cadre que se dresse la ville d'Hermioneia, habitée par « les plus justes des hommes » [2] qui bénéficient à leur mort de faveurs exceptionnelles (v. 1136-1142). Cette ville, qui se substitue à la Κιμμερίων πόλις anonyme de l'*Odyssée* (κ 14), n'est autre que la réplique d'Hermioné d'Argolide : celle-ci aussi est proche d'une bouche infernale, d'une Ἀχερουσία λίμνη et d'un fleuve qualifié de Chrysorhoas comme l'Achéron des *AO* [3] ; ses habitants sont pareillement dispensés de payer leur obole à Charon [4]. Le transfert d'Hermioné sur les bords de l'Océan a été facilité par la présence de la tribu des Hermiones en Germanie [5].

La partie atlantique du périple comporte encore

1. Homère mentionne en κ 510-515, l'Achéron, des arbres « qui perdent leurs fruits », et le vacarme des fleuves infernaux (cf. *AO*, 1133 παταγῇ ?). Le passage rappelle plus précisément le pays des Bienheureux aux arbres chargés de fruits d'or dont parle Pindare : voir la note au v. 1135.

2. Thème ethnographique fréquent ; cf., par exemple, M. Rostowzew, *Skythien u. Bosporos*, 1 (1931), 80 s., 84.

3. Paus., 2, 31, 10 (Chrysorhoas) ; 2, 35, 10.

4. Call., fr. 278, et le commentaire de Pfeiffer ; Strab., 8, 6, 12 (373) ; Eust., à B 560 (286, 44 ss.).

5. Pomp. Mela, 3, 32 ; Pline, *Hist. nat.*, 4, 100 ; Tac., *Germ.*, 2. La graphie *Hermiones* est donnée par Pomp. Mela et Pline ; mais l'orthographe correcte est *Herminones*. Voir aussi Claudien, *In Ruf.*, 1, 123-128, où le pays homérique des morts est situé au bord de l'Océan et aux confins de la Gaule. Des traditions analogues concernent les Iles des Bienheureux océaniques identifiées à l'île de Brittia ou Brettania où les âmes accèdent grâce à de mystérieux passeurs : Proc., *Guerre des Goths*, 4, 620 a-b, 624 b ; Tzetzès, schol. à Lyc., 1200, p. 346 Scheer ; Phillips, 187 s.

quatre points de repère : les îles d'Ierné (v. 1166, 1181), l'île de Déméter (v. 1187-1206), le pays de Circé (v. 1207-1239), enfin la région des Colonnes d'Héraclès, proche de l'estuaire du Tartessos et des Caps Sacrés de Dionysos (v. 1242-1245), sans doute identiques aux Caps Sacrés mentionnés dans les prophéties d'Argô (v. 1167). Ierné, connue peut-être dès le ve s. av. J.-C., est à proprement parler l'Irlande [1], mais désigne ici plutôt l'ensemble des îles Britanniques [2]. L'île de Déméter appartient à la tradition orphique qui situait le rapt de Coré au bord de l'Océan [3] ; de fait, Strabon, suivant Artémidore, signale près de la Bretagne une île consacrée à Déméter [4]. La « terre Lyncéenne » de Circé n'est pas connue et Λυγκαῖον pourrait être corrompu [5]. On se souviendra du moins que, d'après certains auteurs anciens, Homère avait pratiqué l'*exokéanismos*, le transfert au bord de l'Océan, de Circé [6] et que, selon une tradition anonyme, la magicienne avait quitté la Colchide pour se réfugier dans une île déserte de l'Océan [7]. Apollonios la localise au bord de la mer Tyrrhénienne, mais il ajoute qu'elle y est venue, montée sur le char d'Hélios, ce qui suppose une contamination avec une tradition analogue à celle des *AO* [8]. La dernière sta-

1. Abondante bibliographie dans l'article *Hibernia* du *Kleine Pauly*, 2 (1967).

2. Cf. J. B. Bury, *Klio*, 6, 1906, 85, n. 3.

3. Kern, fr. 43.

4. Strab., 4, 4, 6 (198), d'après Artémidore. Il pourrait s'agir d'une île proche de l'estuaire de la Vilaine ou de l'île de Sein d'après F. Lasserre, C.U.F., t. 2, p. 216. Cf. aussi Phillips, 188 s.

5. La faute pourrait être due à la proximité de Λυγκεύς (v. 1188), placé aussi en début de vers. Lire Κιρκαῖον ? Un glossateur interprète λυγκαῖον comme un synonyme de λυγαῖον, « ténébreux » : voir l'apparat critique.

6. Strab., 1, 2, 10 (21), paraît admettre une localisation occidentale. Homère situe en fait Circé en Extrême-Orient (μ 3-4).

7. Diod. Sic., 4, 45. Le texte ne précise pas davantage.

8. AR, 3, 309-313 ; voir ma note, C.U.F., t. 2, p. 122.

tion océanique pose moins de problèmes. Les Colonnes d'Héraclès sont célèbres, de même que la ville et le fleuve Tartessos [1]. Seuls, les « Caps Sacrés de Dionysos » font difficulté. D'après le texte (v. 1243 s.), ils ne se trouvent pas sur la façade atlantique de la péninsule ibérique comme deux autres « Caps Sacrés » célèbres, le cap Saint Vincent et le cap Trafalgar [2]. Je croirais volontiers que le poète se fait l'écho d'une œuvre de propagande bacchico-orphique qui donnait ce nom au rocher même de Gibraltar pour concurrencer la tradition héracléenne. On attribuait pareillement au dieu l'érection de colonnes en Inde symétriques de celles qu'Héraclès avait dressées aux confins occidentaux du monde [3].

3) Le périple méditerranéen. Apollonios redevient désormais la source principale, mais non exclusive. Les Argonautes rencontrent sur leur route la mer de Sardaigne [4], les « golfes des Latins » et les « Iles ausoniennes », puis la côte tyrrhénienne de l'Italie du sud (v. 1248 s.) [5]. Ils passent le détroit de Messine, appelé par erreur « détroit de Lilybée » [6] et atteignent la Sicile (v. 1250-1252). L'épisode

1. Tartessos se trouve au nord de Gadeira (Cadix), sur le delta du Guadalquivir.

2. Sur ces deux caps, cf. A. Schulten, éd. d'Avienus, *Ora marit.* (2e éd., 1955), 106 et 120.

3. Strab., 3, 5, 6 (171 s.) ; Dion. Pér., 623-626, 1164 s. Dion. Pér., 450, situe inexactement Gadeira entre les Colonnes d'Héraclès et paraît placer dans la même région le cap Sacré (v. 561 s.). Tout se passe comme si Tartessos, les Colonnes d'Héraclès et les Caps Sacrés de Dionysos désignaient, sous trois noms différents, le détroit de Gibraltar.

4. Cf. AR, 4, 633 (et ma note *ad loc.*). Il s'agit du golfe du Lion et de la côte ligure.

5. Cf. les *loci sim.* Les îles ausoniennes doivent être les îles du Latium (notamment celle qu'Apollonios attribue à Circé en 4, 590, 660, 846) et de Campanie.

6. Le cap Lilybée est en réalité à l'extrémité occidentale

des Planctes est remplacé par celui de Charybde (v. 1253-1263) ; mais, comme chez Apollonios, les héros sont sauvés par Thétis [1]. La tradition homérique, conservée par Apollonios, est ici modernisée : Charybde n'est plus le monstre qui avale et rejette la mer trois fois par jour (μ 104-106, 235-243), mais le gouffre tourbillonnaire que les auteurs récents situent près de Tauroménion [2]. C'est seulement alors qu'intervient la joute musicale entre Orphée et les Sirènes (v. 1264-1290) qu'Apollonios localisait, comme la plupart des auteurs, en Campanie [3] : la variante adoptée ne se retrouve que chez Hédylé et chez Nonnos [4]. De Sicile, les héros arrivent à Corcyre, sans transition comme chez Apollonios (v. 1291-1296) [5]. L'épisode phéacien (v. 1294-1344) est librement inspiré de la même source [6], de même que le rapide sommaire des v. 1345-1359 [7]. Le poète ne s'en sépare que dans les derniers

de la Sicile. La confusion a son origine dans [Opp.], *Cyn.*, 1, 272-275, où le poète, avant de mentionner Encelade sous la Sicile, parle des Σικελοί, Λιλυβήιον οἵ τε νέμονται. Son imitateur en a déduit que Λιλυβήιον était une métonymie pour « Sicile ».

1. Cf. AR, 4, 783-864, et surtout 920-964. Thétis intervient par affection pour Pélée, alors qu'elle obéit, à contre-cœur, aux ordres d'Héra chez Apollonios.

2. Cf. notamment Strab., 6, 2, 3 (268) ; Opp., *Hal.*, 5, 215-220 ; et en général H. Herter, *Symb. Osl.*, 35, 1959, 44 s. La mention de l'Etna et d'Encelade, qu'Apollonios ignore, peut venir de la même source : Oppien associe Charybde à Typhon enseveli sous l'Etna ; cf. aussi Justin, 4, 1.

3. AR, 4, 891-919.

4. Hédylé, *ap.* Athénée, 7, 297 b (= *Suppl. Hell.*, fr. 456) ; Nonn., *Dion.*, 13, 312-315. P. Chuvin, *Myth. et géogr. dans les Dion. de Nonnos* (Paris, thèse dactyl., 1983), 63 s., met cette variante en rapport avec la légende sicilienne de Perséphone. Les Sirènes sont parfois situées au nord du cap Pélôron.

5. AR, 4, 979-994.

6. Voir les notes.

7. V. 1346 (Ambracie) ∼ AR, 4, 1228 ; v. 1348 (Syrte) ∼ AR, 4, 1235 (et 1232-1619) ; v. 1350-1352 (la Crète et Talôs) ∼ AR, 4, 1636-1693 ; v. 1353-1359 (rocs Mélantiens, Sporades, Anaphé) ∼ AR, 4, 1694-1730.

vers (v. 1360-1376). Si le sacrifice au cap Ténare est conforme à la légende d'Orphée [1], on comprend moins que les rites expiatoires exigés par le meurtre d'Apsyrtos soient célébrés au cap Malée : seul, le sacrifice à Poseidon y est à sa place [2]. L'auteur a peut-être voulu prendre le contre-pied du proverbe fameux : Μαλέας δὲ κάμψας ἐπιλάθου τῶν οἰκάδε. Le cap Malée marque la fin des errances d'Argô, alors que, d'ordinaire, c'est à partir de là que commence l'aventure. Quelle que soit l'origine de cette version, elle présente l'avantage d'être plus naturelle que celle d'Apollonios chez qui la digression libyenne est totalement étrangère à l'action, puisque les meurtriers ont déjà été purifiés et qu'Alkinoos a tranché en faveur de Jason et de Médée.

4) Vue d'ensemble sur le Retour.

Le Retour est la partie la plus originale du poème. Il utilise une tradition qui remonte, dans ses grandes lignes, au moins à Timée. On ne saurait affirmer que l'auteur a eu accès à une source très ancienne, influencée par la géographie ionienne [3] : il a pu n'en connaître qu'un remaniement récent apparenté au roman d'Antonios Diogène. En tout cas, il se plaît à transférer les dieux, les héros, les peuples et les noms de lieux hors de leur cadre géographique

1. C'est par la bouche infernale du Ténare qu'Orphée était descendu chez Hadès : v. 41 ; cf. Virg., *Géorg.*, 4, 467-470 ; Ov., *Mét.*, 10, 13 ; Sén., *Herc. Oeta*, 1061-1063 ; *Herc. fur.*, 587.

2. Poseidon a un sanctuaire au cap Malée : Eur., *Cycl.*, 294 ; Paus., 3, 23,2.

3. C'est l'avis de Kiessling, dans *Real-Encykl.*, 1 A, 1 (1914), *s.* Ῥίπαια ὄρη, 859. J. R. Bacon, *Class. Quart.*, 25, 1931, 172-183, distingue deux sources : un vieux poème orphique dont Eschyle se serait inspiré dans son *Prométhée* pour raconter les errances d'Iô et un récit pseudo-géographique peut-être influencé par Diod. Sic., 4, 56. E. D. Phillips, *Class. e Med.*, 27, 1966, 178-194, prétend même retrouver dans le périple des *AO* des traditions remontant au deuxième millénaire.

habituel (*ectopismos*) et, en particulier, à les rejeter aux confins de l'Océan (*exokéanismos*) : on l'a noté ci-dessus à propos d'Artémis Mounychia, de Circé, du fleuve Sarangès, de divers toponymes (Érythie, Hermioneia) et de plusieurs peuples (les Caspiens, les Solymes, les Cimmériens, sans doute aussi les Charandaioi et les Chindaioi). A cet égard, il est l'un des rares témoins qui permettent d'illustrer la théorie de l'*ectopismos* et de l'*exokéanismos* qu'ont soutenue de nombreux érudits homérisants dans l'antiquité, notamment Ératosthène, Démétrios de Skepsis, Cratès de Mallos et, dans une certaine mesure, Strabon [1]. A ce point de vue, son poème mérite de retenir l'attention.

Le poète. Son époque.

La personnalité du poète nous échappe. Sa narration est maladroite ; son œuvre, dépourvue d'inspiration. Sa langue, par ses vulgarismes et ses étrangetés, suggère qu'il n'est qu'à demi hellénisé. Il vise gauchement à l'archaïsme et ne réussit parfois qu'à composer de véritables centons [2]. Il n'est pourtant pas dépourvu de culture : on a vu qu'il met en œuvre des traditions rares, même dans les parties du poème où il suit Apollonios pas à pas. Il lui arrive de se souvenir de Pindare ou d'employer la langue des Tragiques, parfois aussi celle de la prose.

D'après G. Hermann, il aurait vécu avant Nonnos

1. C'est Strabon qui fournit les principaux renseignements sur cette théorie en discutant les points de vue de ses prédécesseurs : cf. 1, 1, 10 ; 1, 2, 9-15, 37-38, 40 ; 7, 3, 6 (et voir dans le t. 1 de la C.U.F. la notice de G. Aujac, p. 7, 13-15, 19, 21-22). Pour Ératosthène, cf. H. Berger, *Geogr. Fragm. des Eratosthenes* (1880), p. 24-33. Voir aussi les *Histoires* d'Olympiodore de Thèbes (ve s. ap. J.-C.) résumées dans Photios, *Bibl.*, 63 a (= Henry, t. 1, p. 186).

2. Étude essentielle : J. Rosenboom, *Quaest. de Orphei Argonauticorum elocutione* (Diss. phil. Hall., 9, 1888). Je l'ai mise largement à contribution dans les *loci similes*.

et après Quintus de Smyrne. Il ignore en effet la réforme métrique du premier et, d'autre part, l'emploi libre des pronoms οἱ et σφιν, qu'on observe sporadiquement depuis Homère, se serait développé à l'époque tardive, et notamment chez Quintus, avant de se généraliser dans les *AO* [1]. En réalité, l'abus que le poète fait des pronoms (οἱ, σφιν, mais aussi μιν) lui est propre et ne se situe pas au terme d'une évolution. Quant au critère métrique, il a peu de valeur, en raison de la médiocrité de l'œuvre et de son caractère archaïsant. On croira plutôt, avec R. Keydell [2], que les *AO* ont connu aussi bien Nonnos que Quintus, à en juger par certains traits de vocabulaire et par la similitude de certaines expressions [3]. Si ces analogies ne remontent pas à un fonds commun, ce qu'on ne saurait exclure, le poème pourrait donc être postérieur à la première moitié du ve siècle ap. J.-C. Peut-on se risquer en outre à l'attribuer à un auteur vivant en Égypte, comme Nonnos ? L'indice signalé plus haut (p. 12) n'autorise qu'une faible présomption. Une autre observation présente plus d'intérêt, bien qu'elle n'éclaire pas le problème chronologique en l'état actuel de nos connaissances. Le poète lisait les *Hymnes orphiques*, ce qui ne surprend pas [4] ; mais, par surcroît, il fait d'abondants emprunts aux *Hymnes homériques* [5], ce qui est plus remarquable, car ces hymnes n'ont eu qu'une diffusion restreinte dans l'antiquité [6]. La coïncidence incite à croire qu'il disposait déjà d'un recueil hymno-

1. G. Hermann, *De aetate scriptoris Argonauticorum dissertatio*, annexée à l'édition des *Orphica* (1805), 673-826.
2. Keydell[4], 1333, 31-51.
3. Voir les *loci similes.*
4. Ce recueil a pu être composé en Asie Mineure aux environs de 200 ap. J.-C. : cf. Keydell[4], 1330, § VI ; 1332, § VIII.
5. Cette filiation a été bien montrée par A. Ludwich, *Königsberger Studien*, 1 (1887), 63-76.
6. Cf. Allen-Halliday-Sikes, *The Homeric Hymns* (2e éd., 1963), p. lxiv-lxxxii.

logique, embryon et ancêtre du *Corpus* grâce auquel précisément sa propre œuvre est venue jusqu'à nous. Malheureusement, l'histoire de la formation de ce *Corpus* est encore trop mal connue pour qu'on ose aller au-delà de cette simple constatation [1].

II

TRADITION MANUSCRITE ET IMPRIMÉE

Tradition manuscrite. Comme on vient de le rappeler, le poème a été transmis par l'intermédiaire d'un *Corpus* hymnologique qui réunissait, dans cet ordre, les Hymnes orphiques, les Hymnes de Proclos, les Hymnes homériques et ceux de Callimaque. Les *AO* servaient en quelque sorte de prologue au recueil. Le manuscrit, qui est la source unique de notre tradition pour l'ensemble de ces œuvres [2], n'est connu que par des copies du xve et du xvie siècle, exception faite d'un manuscrit des *AO* qui remonte au dernier quart du xive siècle (K).

On a recensé cinquante-deux manuscrits des *AO*, auxquels il faut ajouter un manuscrit acquis par Ant. Askew au xviiie s. et aujourd'hui perdu. Je leur ai consacré récemment une étude à laquelle je me permets de renvoyer [3]. Je me limiterai ici aux seules indi-

1. On ne possède pas de *testimonia* des *AO*. Seuls deux vers (v. 112, 339) sont cités dans le *De metris* attribué à Dracon de Stratonice. Mais cette œuvre est une falsification du xvie siècle et les deux citations viennent de Constantin Lascaris : voir l'éd. de G. Hermann (1812), p. viii-xix.

2. Sauf pour les *Hymnes homériques* qui bénéficient du célèbre *Mosquensis* devenu le *Leidensis* XVIII 33 H (22).

3. *Revue d'Histoire des Textes*, 9, 1979, 1-46 (= Vian[1]).

cations nécessaires à l'intelligence de l'apparat critique.

Le prototype Ψ, dont le texte est gravement gâté en maints endroits, peut être reconstitué à l'aide de sept manuscrits qui ont été copiés sur lui, d'une manière indépendante, au cours du XVe siècle. Ce sont les manuscrits suivants, cités dans un ordre approximativement chronologique :

- A *Ambrosianus gr.* 120 (B 98 sup.) : vers 1420-1428 ;
- ζ famille très cohérente de quatorze manuscrits, dont j'ai retenu deux témoins,
  - Q *Vaticanus Palatinus gr.* 179 (antérieur à 1459), et
  - D *Laurentianus* 70, 35 (vers 1450-1460) ;
- N *Ambrosianus gr.* 517 (M 52 sup.) : vers 1450-1500 ;
- θ manuscrit perdu connu par deux apographes :
  - M *Matritensis* 4562, copié par Constantin Lascaris en 1464, et
  - O *Vaticanus gr.* 1384, daté de 1466 ;
- V *Vaticanus gr.* 1691 : antérieur à 1468 ;
- F *Laurentianus* 32, 45 : antérieur à 1489 ;
- H *Ambrosianus gr.* 425 (H 18 sup.) : fin du XVe ou début du XVIe siècle.

L'état de Ψ s'étant progressivement dégradé au cours du XVe siècle, les manuscrits les plus récents comportent un nombre croissant de mutilations, surtout en fin de ligne. En outre, la valeur de ces apographes est inégale. La famille ζ corrige abondamment le texte et en élimine certaines particularités (notamment vingt-et-un οἱ aberrants). Les copistes de N et de V sont des illettrés : ils commettent beaucoup de fautes de transcription, mais s'abstiennent de toute diorthose fâcheuse. F et H ont parfois utilisé des « éditions » récentes.

A côté de ces sept (ou neuf) manuscrits, un témoin occupe une place à part :

K *Laurentianus Conv. Soppr.* 4 : vers 1388.

Ce manuscrit, qui ignore les autres parties du *Corpus* [1], est antérieur à tous les autres. Il concorde pour l'essentiel avec les copies de Ψ et n'apporte que peu d'éléments nouveaux à l'établissement du texte ; mais les premiers folios de son modèle étaient altérés en début et en fin de ligne, ce qui n'est pas le cas des autres manuscrits, pourtant plus récents. Il est donc issu d'une source autre que Ψ, mais toutefois très proche de celui-ci. En raison de sa position originale, l'apparat critique le distingue des copies de Ψ et note par le sigle Ω l'accord entre K et Ψ [2].

Les autres manuscrits n'offrent d'intérêt que par leurs conjectures. A la famille ζ appartiennent :

P *Parisinus gr.* 2763 (antérieur à 1488), et
ν *Parisinus Suppl. gr.* 132, copié par Ange Vergèce en 1565 [3].

Du manuscrit O provient :

c *Placentinus Bibl. Comm.* 10 (postérieur à 1466) [4].

La plupart des *recentiores* se rattachent à M. Ils constituent trois groupes qui représentent, sommairement parlant, des « éditions » successives, chacune étant issue de la précédente :

a) les manuscrits appartenant à l'atelier de Constantin Lascaris et de Georges Valla, dont trois sont mentionnés :

1. C'est le cas aussi pour N et O.
2. J'ai modifié sur ce point la présentation adoptée dans Vian[1].
3. Le manuscrit n'a pas de sigle dans Vian[1], où ν reçoit une affectation différente.
4. Les leçons de *c* ne sont signalées que si elles ne figurent pas en O.

e *Estensis gr.* 114, copié par G. Valla ;

T *Estensis gr.* 39, copié peut-être par Michel Lygizos ;

b *Bononiensis Bibl. Univ.* *2612, copié par C. Lascaris ;

b) un groupe de manuscrits, originaire de Crète, dont le chef de file, dû à Antoine Damilas, est

E *Scorialensis* Σ III 3 (vers 1480-1485),

dont deux descendants sont cités pour certaines conjectures :

B *Bruxellensis* 18170-73 (vers 1490) [1],

U *Vindobonensis phil. gr.* 153 (vers 1490) ;

c) les « éditions » élaborées dans le *scriptorium* de Georges et de Démétrios Moschos à la fin du xve siècle et au début du siècle suivant. Leurs conjectures ont fait attribuer à ces manuscrits, depuis le xviiie siècle, une autorité qu'ils n'ont pas. Trois d'entre eux ont été spécialement retenus et leur accord noté par l'abréviation Mosch. (sans exposant) :

Mosch.^{G} *Ashburnhamianus* 1443, copié par Georges Moschos vers 1496 ;

Mosch.^{R} *Leidensis XXIII Ru* 10 (*Ruhnkenianus*) ;

Mosch.^{S} *Marcianus gr.* 604, copié peut-être par Démétrios Moschos.

Le cas échéant, sont mentionnés, en raison de leurs conjectures propres, trois autres manuscrits issus de Mosch.^{G} :

Mosch.^{L} *Leidensis Vossianus gr.* Q 59 ;

Mosch.^{i} et Mosch.^{j}, deux manuscrits inachevés réunis dans le *Monacensis gr.* 494.

La présente édition étant la première qui repose sur une étude de l'ensemble de la tradition manus-

1. Le réviseur de B s'accorde souvent avec les manuscrits « moschiens » ; en ce cas, il n'est pas mentionné dans l'apparat critique.

crite, j'ai cru utile de mentionner assez largement les variantes de M, de E et des manuscrits « moschiens » pour donner une idée de l'évolution du texte à l'époque de la Renaissance. Mais il va de soi que l'éditeur doit se fonder exclusivement sur K et sur Ψ.

Éditions imprimées. L'*editio princeps* a été publiée par Ph. Junta à Florence, en 1500, d'après un manuscrit de la famille ζ. Son texte est reproduit avec des modifications mineures dans les éditions des Aldes (Venise, 1517 ; réimpr. 1534), de Junta (Florence, 1519 ; réimpr. 1540), de A. Cratander (Bâle, 1523) et de Farrea (Venise, 1543). Les deux éditeurs suivants apportent une contribution critique qui est loin d'être négligeable : H. Estienne (Paris, 1566)[1] et Eschenbach (Utrecht, 1689). C'est J. M. Gesner qui a eu le premier le mérite de prendre en considération deux manuscrits (L et le manuscrit d'Askew aujourd'hui perdu) dans son édition qui fut publiée après sa mort par G. Chr. Hamberger (Leipzig, 1764) [2]. Désormais un nombre croissant de manuscrits, malheureusement tous récents, seront utilisés dans les principales éditions ultérieures : J. G. Schneider (Iéna, 1803), G. Hermann (Leipzig, 1805) [3], E. Abel (Leipzig, 1885) et G. Dottin (Paris, Belles Lettres, 1930) [4].

1. Les *AO* figurent dans le corpus intitulé *Poetae graeci principes heroici carminis*. Le texte de H. Estienne est reproduit par J. Lect dans ses *Poetae graeci veteres carminis heroici scriptores* (Genève, 1606). La contribution principale de H. Estienne se trouve dans ses annotations publiées par Eschenbach (= Steph.[2]).

2. L'éditeur de Gesner publie aux p. 412 s. une collation de P due à Ruhnken.

3. On peut signaler pour mémoire les éditions de G. H. Schäfer (Leipzig, Weigel, 1818) et de la collection Tauchnitz (1829 ; réimpr. 1876).

4. Je n'ai pas réussi à me procurer l'édition de A. Ph. Kanakis (Syros, Phreris, 1971). D'après la recension de Georgountzos, *Platon*, 33, 1971, 393 s., elle ne reproduit que les 733 premiers

Traductions. Les *AO* ont été traduites en vers latins par Leodrisio Crivelli, disciple et ami de François Philelphe, peut-être dès 1459, en tout cas avant 1464, date de la mort du pape Pie II à qui l'œuvre est dédiée [1]. Cette traduction repose sur un texte proche de celui de θ et elle présente des concordances significatives avec les conjectures de O et de *c*. Elle a été imprimée, d'abord sans nom d'auteur, par Jean-Baptiste Pius avec les *Argonautiques* de Valerius Flaccus (Bologne, 1519 ; réimprimée par les Aldes à Venise en 1523), puis par Cratander avec les *AO* (Bâle, 1523). Réimprimée plusieurs fois par la suite, elle figure notamment dans les *Orphica* de G. Hermann. Elle n'est connue jusqu'à présent que par les éditions imprimées qui dénaturent souvent le texte original [2].

Autres traductions : R. Perdrier, trad. latine (Bâle, 1555) ; Eschenbach (1689) et Gesner (1764), trad. latines dans les éditions mentionnées ci-dessus ; K. A. Kütner, trad. allemande (Mitau, 1772 ; réimpr. en 1784 et 1786) ; C. Ch. Tobler, trad. allemande en vers (Bâle, 1784) ; J. H. Voss, trad. allemande (Heidelberg, 1806) ; Fr. Schaldemose, trad. danoise (Copenhague, 1823) ; E. Falconnet, trad. française (dans les *Petits poèmes grecs* ; Paris, 1838 ; réimpr. en 1875) ; K. Seidenadel, trad. allemande en vers (Bruchsal, Progr. des Progymnasiums, 1873) ; E. Ottino, trad. italienne (Turin, 1874) ; G. Dottin, trad. française

vers du texte, mais donne une traduction en vers de l'ensemble du poème.

1. Manuscrits : *Ferrariensis* II 135 (N.A. 5), fol. 125-133 ; *Holkhamensis* 433, fol. 1-29 ; *Ottobonianus lat.* 823, fol. 125-156 ; *Riccardianus* 684, fol. 3-30 ; *Vaticanus gr.* 35, fol. 54-92.

2. J'étudie en détail l'histoire du texte de la traduction de L. Crivelli dans un article de la *Revue d'Histoire des Textes* (à paraître). F. Hillmann, *De arte critica in Orph. Arg.* (diss. Leipzig, 1883), 49-74, a confronté l'édition imprimée de cette traduction avec les manuscrits des *AO* qu'il connaissait.

(dans son édition de 1930) ; A. Ph. Kanakis, trad. en grec moderne (Syros, Phreris, 1971).

La présente édition. La numérotation des vers est celle de l'édition Dottin, la seule qui corresponde exactement à l'ordre des vers de l'archétype [1]. En raison de l'état du texte, l'apparat critique signale assez généreusement les conjectures modernes, soit en raison de leur intérêt soit pour avertir qu'elles doivent être abandonnées à mon avis [2]. J'ai de mon côté fait plus de place que de coutume à la conjecture, en m'efforçant toutefois d'observer la prudence nécessaire. Au reste, je ne doute pas que le texte édité appellera de nombreuses améliorations : mon ambition principale a été de donner un état aussi exact que possible de la tradition manuscrite [3].

Au terme de cette notice, je ne veux pas manquer d'adresser des remerciements tout particuliers au Professeur M. L. West, qui m'a généreusement communiqué une gerbe d'excellentes conjectures dont j'ai largement tiré profit, ainsi qu'à mon collègue Pierre Chuvin, dont la révision attentive m'a permis d'apporter à cette édition de nombreuses et utiles retouches.

PARTICULARITÉS GRAMMATICALES

La morphologie et la syntaxe des *Argonautiques Orphiques* comportent de nombreuses particularités. S'il n'est pas possible d'en faire ici le recensement complet, il a paru

1. Abel donne la même numérotation sauf pour les passages où des vers ont été intervertis par les éditeurs : v. 233-234, 497-498, 760-767.

2. Les conjectures destinées à normaliser le dialecte ont été en revanche omises sauf exception : cf. ci-dessous p. 54.

3. Naturellement, les *orthographica* dépourvus d'intérêt ont été omis.

nécessaire de signaler brièvement les plus remarquables et de justifier par là même, éventuellement, le texte adopté.

I. DIALECTE

Les manuscrits présentent souvent des formes non épiques. Ce mélange dialectal se retrouve dans les *Hymnes orphiques*, les *Oracles Sibyllins* et ailleurs. Il convient donc de ne pas l'éliminer, comme l'ont fait Hermann et Abel, d'une façon plus ou moins systématique ; une correction n'a été admise que s'il paraît vraisemblable que la banalisation est le fait des copistes. En conséquence, on trouvera : l'ᾱ au lieu de l'η ; des gén. masc. de la 1re décl. en -ου (5 ou 6 cas), voire en -α (v. 57, gén. « dorien ») ; le dat. pl. en -αισι (44 cas) à côté d'-ῃσι et, inversement, la désinence -ῃς (6 cas) au lieu d'-αις ; cinq contractions de εο en ου au lieu de ευ ; divers atticismes (754, 823 λεών ; 442 νεώς ; 255 στερροῖσιν [?], 1249 Τυρρηνάς ; 1038, 1206 εὐθύ [= ἰθύ]). J'ai même conservé Εἰνοσίγαιος (1278, 1367), qui est attesté dans les *Oracles Sibyllins*, bien que la forme normale apparaisse au v. 203.

II. MORPHOLOGIE DU SUBSTANTIF ET DE L'ADJECTIF

On signalera en particulier :

1) 1re décl. : 180 τρηχείην (attesté ailleurs) ;

2) 2e décl. : 186 (?), 1101, 1233 κρόκαλος/ον (= κροκάλη : voir la note au v. 186) ; 1113 φορβά (= φορβάς) ;

3) 3e décl. : acc. sg. 341 ἀχλύα (désinence fréquente dans ce type de mots à l'époque tardive) ; 597, 1097 μήρινθα ; — dat. sg. 271 τρόπῐ ; — acc. pl. 1063 Ἀρίμασπας ; 404 κρεῖα (analogique de l'hom. κρειῶν) ; — dat. pl. 471 ὀφρῦσιν ou ὀφρύσσιν (d'après νέκυσσι ?) ; 611 λάασι (cf. AR, Nonn. κεράασι ; Nonn. κράασι) ; 925 κλαδεῶσιν (cf. Léon. Tar.,

Grég. Naz.) ; 1266 χηραμόνεσσιν (analogique d'ἀκρεμόνεσσιν ?) ;

4) formes indéclinables : 1250 ἠχέτα ; 1279 Κυανοχαῖτα (hom.) ; cf. 971 περιμήκετα (corrompu) [1] ;

5) emploi du comparatif au lieu du superlatif : 291, 851 ;

6) emploi de l'adverbe au lieu de l'adjectif pour les besoins du mètre : 515, 1103 ; cf. 1224 (vers corrompu).

III. MORPHOLOGIE DU VERBE

A. *Formations rares, insolites ou tardives.*

1. Formations en -άζομαι : 552 σεβάζομαι ; -άθω : 572 κατεκείαθον ; 767, 1155 πονείαθον [2] ; -άνω : 901 ἱστάνω ; -νυμαι : 83, 564 (ὑπο)δέχνυμαι ; -σκω : 16, 1359 (ἐπι)-κλήσκω [3].

2. Divers : 1067 ἀποβλύει (= -ύζει) ; 929 ἐθείρεται (cf. Hésych.) ; 581 θάσσοντι (cf. Hésych.) ; 183, 1022 ὀπώπεεν/ον (cf. Euphorion) ; 1308 ὤχρειε (d'après l'hom. ὠχρήσαντα, mais avec la valeur transitive). Ἐτέτμετο (364) doit sans doute être écarté, de même qu'ὅμαρτεν (511).

B. *Voix.*

1. Actif :

— substitué au moyen : 328 γεύω ; 408, 418, 1277 δηρίω ; 990, 1026 ἐπείγω ; 305, 1333 μητίω ; 166 πορεύω ;

— valant un passif : 370, 638, 765 καταφαίνω ; 380 τράφον (parallèles hom.) ;

— insolite : 114 στείνω.

1. Sur ces formes, cf. Vian[4], 126, n. 83.
2. Sur ces formes, cf. Vian[2], 150.
3. Sur ces formes, cf. Vian[2], 137 s.

2. Moyen :

— substitué à l'actif : 473 ἀιστόομαι ; 435 θρώσκομαι ; 1151 κελαρύζομαι (cf. Hésych.) ; 191 μυθίζομαι (cf. Périctioné, la Néoplatonicienne) ; 18 στάζομαι ; 1318 τείσεσθαι (? voir la note).

— valant un passif : 1087 βιησαμένη (voir la note) ; 211 σίνομαι.

C. *Aoriste.*

1. Ao. en -ξα : 849 κεάξαι ; 1004 κλῆξα (mais 616 κλῆσαι) ; cf. les ao. rares ἔλεξα, λέξαι (8, 732) et ἔλξατε (258).

2. Ao. sigmatiques rares : 717, 726 (?) ἐπενεισάμεθ(α) ; 251 τιτηνάμενος (mais 1274 τιταινόμενος, dans une formule similaire).

3. Ao. 1 remplaçant l'ao. 2 : 644 ἀλίτησεν ; 118 εἶδα ; 132 εἰσέδρακα ; 521 ἔπεσαν ; 666 κατένηραν (contamination de κατήναρον et de κατενήρατο).

4. Ao. 2 remplaçant l'ao. 1 : 327 ἐπένειμον (à corriger).

5. Ao. mixtes. Ces formes sont attestées par Ω ou par Ψ aux v. 617, 655, 658, 670, 1152, et ont été introduites par quelques *recentiores* aux v. 604, 662, 771, 1232. Il n'est pas certain que les premières remontent à l'auteur ; cependant des optatifs du type καλέσσοι sont attestés chez Apollonios de Rhodes, Quintus de Smyrne, Apolinaire de Laodicée et Nonnos (cf. R. Keydell, *Nonni Dion.*, 1, 47* s.). On note en outre φίλετο (510, 721) au lieu de φίλατο.

6. Divers : 1262 ἔκδυτο (analogique de l'inf. hom. ἐκδῦμεν) ; 986 ἔπτατο (servant d'ao. à πετάννυμι) ; 984 ἤραρεν (servant d'ao. à ἀείρω).

D. *Parfait et plus-que-parfait.*

La forme κεκμηκότ(α) (250, 1146) résulte sans doute d'une banalisation du texte : cf. les variantes attestées en Λ 802 ; Π 44 ; AR, 3, 1341 ; 4, 116 ; et κεκμηκῶσιν donné par un manuscrit récent en *AO*, 439.

L'ao. 2 δέδαεν prend valeur de pl.-q.-pf. au v. 126 ; une

correction δεδάει ne s'impose pas : cf., pour les faits hom., P. Chantraine, *Gramm. hom.*, 1, 438 s. De même ὄπωπε (1188) vaut un pl.-q.-pf. comme chez Nonnos.

E. *Duel.*

Pour les besoins du mètre, le duel remplace le pluriel aux v. 820, 845, 1091, 1338 (?) [1]. Sur cet emploi, cf. *HHAp*, 456, 487, 501 (et la note d'Allen-Halliday) ; Weinberger, 276 s. ; Vian, à AR (C.U.F.), t. 1, p. 68, n. 2.

IV. PRONOMS PERSONNELS DE LA TROISIÈME PERSONNE

Ces pronoms donnent lieu à des emplois très libres ou franchement aberrants ; en outre, comme les adjectifs possessifs (cf. § V), ils peuvent faire pléonasme à côté du substantif.

1. ἑ régulier : 878, 1081, 1216 ; — pléonastique : 1358 [2] ; — valant σφεας : 805.

2. σφε = ἑ : 1212 [3] ; — σφέας = ἑαυτάς : 1288.

3. μιν (νιν dans les mss en 778, 938, que je garde en me fondant sur *HHAphr.* 280) régulier : 784 conj., 1044, 1256, 1328 conj. ; — pléonastique : 731, 938, 1174, 1194, peut-être aussi 778, 1236 [4]. Il faut sûrement éliminer μιν au v. 739, peut-être aussi au v. 770, bien que ἥ μιν ait un

1. En 815, ἔηστον est un duel authentique ; mais sa désinence est irrégulière.

2. Le modèle du passage (AR, 4, 1717) suggérerait de corriger 'Ανάφην δέ τε.

3. Au v. 1321, la conjecture de Hermann σφ' doit être écartée, car les v. 1321-1324 énoncent une sentence générale.

4. Les deux passages font difficulté. Au v. 778, μιν paraît annoncer ἀστέρα au v. 781. Au v. 1236, il fait pléonasme avec ξεινήια, alors qu'on attend un datif d'attribution ; mais ἀλλ' ὑμῖν, au lieu d'ἀλλά μιν, est amétrique et ἀλλ' ὔμμ', conjecturé par Weinberger, est peu plausible.

parallèle au v. 1174 et puisse être une « formule » mécaniquement transposée d'Homère (Π 436 ; Φ 62 ; λ 496 ; ο 305 ; χ 167)[1].

4. οἱ, attesté 68 fois, est le terme le plus énigmatique du poème. G. Weinberger, qui a réexaminé le dossier après Hermann[2], a formulé les conclusions suivantes : (*a*) οἱ est toujours un datif ; (*b*) comme σφιν, il sert indifféremment pour le singulier et le pluriel ; (*c*) il peut faire fonction de pronom réfléchi (non réfléchi au v. 936) de la 1re et de la 2e personne du pluriel. Personnellement, je serais moins restrictif en ce qui concerne le troisième point. Voici le classement qui me paraît le plus vraisemblable :

a) pronom de la 3e pers. sg. ou pl. :

— emplois « normaux » : (sg.) 275, 298, 503, 546, 578, 807, 1200 (= νήσῳ), 1201 (= νήσῳ), 1360 ; — pléonastique : 267, 675 ; — (pl.) = σφιν : 253, 656 (2e ex.), 818, 1333 ; — pléonastique : 299, 773 ; — = ἀλλήλοις : 231, 1277 ;

— emplois « normaux » régis par une préposition ou un préverbe : (sg.) 226 (? voir la note), 656 (1er ex.), 868, 926, 1136 ; — (pl.) 1181 ;

— datif de possession, souvent pléthorique : (sg.) 56, 270, 271, 533, 589, 788, 813, 1028 ; — (pl.) 526, 684, 1141, 1272, 1331 ;

— datif d'intérêt, souvent explétif : (sg.) 58 (« pour/contre Jason »), 67 (« pour Héra »), 249 (« à la demande de Jason »), 530 (« comme l'aurait souhaité Tiphys » ; peut-être possessif), 775 (« dans son propre intérêt »), 1026 (« pour obéir à Aiétès ») ; — (pl.) 245 (« pour le malheur des Argonautes »), 495 (οἱ πλώουσιν), 693 (« pour les Argonautes » : voir la note), 1035 (« pour leur propre malheur »), 1102 (« pour leur venir en aide »), 1309 (« pour complaire aux Colques »), 1311 (« pour les Colques ») ;

— οἱ « explétif », valant κατὰ θυμόν ou *sibi* (Weinberger) :

1. Ἦ μὲν, conjecturé par West, paraît sans parallèle. Keydell[1], 63, estime que μιν doit être conservé partout (sauf au v. 739). Sur μιν proleptique, voir les exemples, parfois contestables, réunis par G. Chryssafis, *Theocr. Id. XXV* (1981), 179 ; cf. aussi Eudocie, *S. Cypr.*, 2, 451.

2. Cf. Hermann, 773-811 ; Weinberger, 283-295.

(sg.) 173, 296, 534, 1352 ; il s'agit en fait d'une extension du datif d'intérêt ;

b) pronom de la 1re ou 2e pers. sg. : οἱ = τοι « éthique » (« vois-tu », « si cela t'intéresse ») aux v. 836, 838 (cf. N 811 ∼ *AO*, 838) [1] ;

c) οἱ = ἡμῖν :

— datif « régulier » : 936 ; — datif d'intérêt : 394 (« à ce que nous vîmes ») ; 734, 764, 1209 (« pour notre bonheur ») ; 1256 (« pour notre malheur »), 1264 (emploi analogue à celui de 1209) ; — datif « explétif » ou possessif : 889 (renforce κατὰ θυμόν) ;

d) οἱ = ὑμῖν :

— datif possessif : 283 ; — datif d'intérêt : 291 (« pour vous commander »).

Alors que ἐμοί/μοι et σοι/τοι sont attestés respectivement 17 et 9 fois, les pluriels correspondants sont pratiquement absents : ἄμμιν est corrompu au v. 1328 ; pour ὑμῖν, cf. 846 = 853. Cette absence est certainement en rapport avec l'extension de l'emploi de οἱ. On observera d'autre part que οἱ tend à devenir une simple particule alternant par exemple avec δή (693 ∼ 864) ou ποθ' (267 ∼ 1157) ; cf. aussi 394 καί οἱ ∼ 501 δὴ τότε. Ailleurs il est une simple commodité métrique : 1277 ὥς ποτέ οἱ δήρισαν ∼ θ 76 ὥς ποτε δηρίσαντο [2].

5. σφιν est attesté 9 fois ; mais il est fautif ou suspect aux v. 169 et 1252.

a) pronom de la 3e pers. pl. :

— datif « normal » : 700 (= ἀλλήλαις ; περί est sans doute adverbe) ; — datif de possession : 1271 (« leur voix ») ; — pléonastique : 469 (texte peu sûr), 1323 ; — datif réfléchi d'intérêt : 646 (« voyant venir à elles ») ; 1294 (« pour eux », pratiquement explétif).

b) pronom de la 3e pers. sg. (cf. Liddell-Scott, *s.* σφεῖς, B II) : 911 (désigne la δεινὴ θεός du v. 909) [3].

1. On aimerait rétablir τοι dans les deux vers.
2. La 68e occurrence de οἱ (731) doit sans doute être corrigée.
3. La métrique ne rend pas compte de la répartition entre

V. ADJECTIFS POSSESSIFS

Ἑός, ὅς, σφός, σφέτερος sont interchangeables. Ἑός sert pour le pluriel (356, 439, 1285) ; inversement, σφός et σφέτερος servent pour le singulier ; tous peuvent équivaloir à ἡμέτερος (réfléchi) : 349, 891, 940, 1144. Le cas échéant, ils sont explétifs ou pléonastiques : 356, 728, 865.

VI. SYNTAXE DES CAS : LE DATIF

Comme les autres épopées tardives, les *AO* usent librement du datif. Ce cas remplace l'accusatif avec προσηύδα (280), le génitif avec μέλεται (381) ; il exprime, entre autres, la manière (1255) et la cause (560, voir la note ; 1305). Il s'emploie avec les verbes de mouvement au lieu de l'accusatif avec ou sans préposition : 269, 373, 669 (?), 713 (?), 715, 802, 817, 863, 1067, 1120s., 1355 ; cf. aussi 1290 (tour analogue dans AR, 3, 414 s.) [1]. Un même verbe régit souvent deux datifs de signification différente : (*a*) avec ἐπεσσομένοισι, 94 s., 298, 454, 627 s. ; (*b*) autres cas (l'un des datifs marque en général le lieu), 102, 125 s., 256 s., 267 s., 320, 395 s., 1116 s., 1296.

VII. EMPLOI DES PRÉPOSITIONS

On observe deux tendances contradictoires.

1. Le poète abuse volontiers des prépositions et des

σφιν et οἱ pluriel : en neuf cas, οἱ pourrait être remplacé par σφι(ν) ; l'inverse est possible aux v. 469, 1294.

1. Cf. Vian[3], 459 et n. 46.

préverbes : par ex., 245, 247, 250, 255, etc.[1] Par souci de *variatio* ou pour les besoins du mètre, il emploie indifféremment un tour avec ou sans préposition : comparer 251 ~ 1274 ; 265 ~ 707 ; 382 ~ 398, 441 ; de même, εἰρεσίῃσι (4 ex.) alterne avec ὑπ' εἰρεσίῃσι (9 ex.). La préposition peut être renforcée par un adverbe ou un préverbe pléonastique : 75 (= 633), 253, 440 s., 566 s., 717, 892 s., 983 s., 1197 s. Ailleurs le génitif adnominal est souligné par ἀπό : 574, 952 ; voir aussi le tour fréquent du type μοῦνον ἀπ' ἀνθρώπων (93).

2. Inversement, la préposition attendue est souvent omise dans les compléments de lieu. Lieu où l'on va (acc.) : 60, 79, 433, 557, 696, etc. ; (dat.) : cf. ci-dessus, § VI. Lieu d'où l'on vient (gén.) : 533, 548, 558, 578, etc. Lieu où l'on est (dat.) : 78, 81, 89, 102, etc.

Comme chez Nonnos, ὑπέρ tend à se substituer à ἐπί dans le sens de « sur » (avec contact). Devant consonne, les mss offrent onze εἰς contre seize ἐς : la normalisation pratiquée par les *recentiores* et certains éditeurs (Hermann, Abel) ne se justifie pas.

VIII. SUBORDONNÉES ET SUBORDONNANTS

On trouvera une bonne étude dans la dissertation de G. Weinberger. Je me limite à quelques notes :

1. Interrogation indirecte construite avec l'infinitif : 285. Cf. Flav. Jos., *Ant. Jud.*, 1, 15, 45 ; *Guerre des Juifs*, 4, 631 ; Liddell-Scott, *s.* τίς, 1798^{b} ; et les exemples réunis par C. A. Lobeck, *Phryn. ecl. nom.* (1820), 772, et par H. Ljungvik, *Studien zur Sprache der Apokryphen Apostelgesch.* (diss. Upsal, 1914), 40. Rapprocher les inf. de style indirect des v. 85-86, 91-96 (au v. 94, ἀρέσθαι peut être un inf. à valeur d'impératif), et, au style direct, 476 τί... εἰπεῖν ; (cf. Weinberger, 313, n. 3). Voir aussi les v. 778-785, où sont mêlés le style direct et le style indirect.

1. La préposition superflue est parfois fautive ou suspecte (voir l'apparat critique) : 63, 80, 169, 469, 538, 540, 817, 834, 893.

2. Dans l'interrogation indirecte, πῶς paraît alterner avec ὡς : 875, 1349. Cf. Flav. Jos., *Guerre des Juifs*, 4, 493 s. ; W. Peek, *Lex. zu den Dion. d. Nonn.*, *s.* πῶς III. En outre, le pronom relatif peut remplacer le pronom interrogatif : 34, 391 ; cf. Weinberger, 306-313.

3. La proposition finale concurrence la proposition complétive : 98, 249, 407, 796 (?), 943, 1004 s. (?).

4. Τῆμος, τόθι, τόφρα sont employés comme subordonnants, même sans nécessité métrique : 347, 366, 628, 939, 1246, 1303.

5. Ὅταν est suivi de l'indicatif : 9. Cette construction, bien attestée en prose, par ex. chez Polybe, se retrouve en poésie : cf. A. Gow-D. Page, *Garland of Philip*, v. 1668 (et la note) ; W. Peek, *Griech. Versinschr.*, 1, 1113a, 8 ; QS, 9, 360 (marqué à tort de la *crux* dans mon édition) ; Tzetzès, *Chil.*, 4, 111.

IX. MOTS INVARIABLES ET PARTICULES

1. Δέ est renforcé par une particule superflue : αὖ (192, 218, 248, etc.) ou τε (74, 988, 1042, 1091) ; il peut être remplacé par αὖ (139, 146, 1126) ou αὖτε (160, 202, 1124 conj.). Il sert, le cas échéant, à unir deux participes (667, 1128) ou deux infinitifs (1025). Δέ *apodotikon* est fréquent : 235, 279 (si on lit ἐπεί θ'), 318, 351, 490, 650, 1066 (? passage gâté), 1089, 1096 (? passage gâté), 1120 (voir la note), 1343 [1].

2. La locution adverbiale ἐν δ' (ἄρα) sert souvent de liaison : 155, 210, 293, 311 (conj.), 456, 490, 612, 619, 645, 803, 897, 898, 911, 914, 920, 926, [929], 1138, 1170, 1183, 1205, 1300 ; cf. aussi 1123 ἐν μὲν γάρ [2]. L'existence d'une locution ἂν δ' (ἄρα) (570, 1077, 1240) est plus douteuse.

3. Ἐπεί a la valeur d'ἔπειτα aux v. 184, 324, 677, 680 ;

1. Cf. Weinberger, 269 ; Vian², 144.

2. Cf. Vian², 156, n. 66. L'origine du tour se trouve peut-être dans *HHAp.*, 444. Au v. 272, ἐν a valeur de préverbe.

peut-être aussi au v. 316, si on refuse d'admettre ici un δέ *apodotikon* [1].

4. Κεν. Le poète affectionne ὄφρα κε ; il omet en revanche la particule modale dans la proposition principale à l'irréel suivie d'εἰ μή [2]. En outre, les mss attestent sept κε(ν) explétifs dans des propositions à l'indicatif : 473, 607, 816, 824, 846, 927, 1235. On peut les éliminer (voir l'apparat critique) ; mais il convient d'être prudent chez un auteur qui admet beaucoup de tours insolites. D'ailleurs, l'emploi aberrant de κε est fréquent dans les mss d'Homère (par ex. Β 238 ; Γ 176 ; Ε 394 [3] ; Ξ 484 ; Σ 118 ; Φ 587 ; Χ 435 ; β 86, 104 (= τ 149 ; ω 139) ; γ 255 ; δ 546, 599 (Aristarque) ; κ 103 ; ξ 163, 198 ; σ 263 ; ω 88) et se retrouve ailleurs (AR, 2, 389 *codd.* ; G. Kaibel, *Epigr.*, 271, 5-6 ; Eudocie, *S. Cypr.*, *passim*).

5. Τε est un renforcement de δέ (cf. § IX 1) ou du coordonnant : ἠδέ τε (547), τε ἰδέ (259), τ' ἠδέ (276, 509, 574, 913, 1239), τε καί (*passim*). Par contre, il garde sa valeur généralisante dans les propositions relatives : 311, 493 conj., 744, 792, 901 conj., 1010, (1050 conj.), 1053 conj., [1104], 1121, 1202, 1372 ; cette valeur est encore sensible aux v. 170, 236 et 660. C'est une raison de plus pour ne pas corriger κε en τε au v. 607 [4]. Il semble d'autre part que la conjonction ἐπεί τ', rare chez Homère, soit admise en concurrence avec ἐπεί ῥ' aux v. 278 (conj.), 455, 1178 [5].

7. Τοι, pronom ou particule (datif éthique) intervient dans les discours (1148, 1164, 1227), dans les adresses à Musée (73, 308, 732, 1347) et dans les digressions qui sont censées s'adresser aussi à Musée (177, 745, 1068, 1116). A côté de ces emplois « réguliers » [6], τοι intervient trois

1. Cf. Vian², 143 s. Aux exemples cités, ajouter Eudocie, *S. Cypr.*, 1, 147.

2. Cf. Weinberger, 257 s., 273-275.

3. Κεν est confirmé par le *P. Alex.* 200 : A. Carlini, *Pap. lit. gr.* (1978), 101.

4. Au v. 861, ὅν ῥά τ' ἔτικτε (ὅν ῥα ἔτ. Ω) est sans doute moins bon que ὅν ποτ' ἔτ. : cf. 135, 194.

5. Cf. Weinberger, 267 s. ; Vian², 155, n. 43.

6. Chez Apollonios, τοι n'apparaît en dehors des discours que dans deux adresses au lecteur (1, 727 ; 2, 841).

fois dans la narration : 234 (lire τε), 522 (lire τότ'), 1312 (adresse à Musée ?).

8. En début de phrase, l'asyndète qui n'est ni justifiée ni excusée (par ex. par la présence de μέν) est attestée aux v. 148, 170 (texte gâté ?), 689, 915 (voir la note au v. 914), 981, 1020, 1033 (?), 1298, pour ne citer que les cas certains ou les plus probables. A l'intérieur d'une énumération, elle se combine librement à la coordination : 31, 37, 148, 339, 428 (ou 429 ?), 486, 573-575, 750, 753 (cf. 1302), 918-921, 1077 (?). Sur ce type rare de coordination, cf. M. L. West, *Class. Rev.* 14, 1964, 258 (avec bibl.) ; A. Gomme-F. Sandbach, *Menander : a Commentary* (1973), 139 (note à *Dysc.*, 26).

9. Les particules γάρ, δέ, τε sont souvent en troisième ou quatrième position, en général avec un groupe comportant un substantif accompagné d'une préposition et/ou d'une épithète : 242, 317, 343, 458, 516, 562, 693, 891 (cf. Vian[4], 113), [932 (cf. *ibid.*, 117 s.)], 978, 1037, 1160, 1219, 1254, 1258. — Autres cas : adverbe + verbe (1320, 1323) ; adverbe + substantif (560) ; complément + verbe (771, 1033 conj.) ; εἰ μὴ γάρ (1167 : cf. Aristoph., *Guêpes*, 653). Cas litigieux corrigés pour diverses raisons : [272], 817, 873, 1099.

BIBLIOGRAPHIE

I. ÉDITIONS

Flor.	éd. de Philippe Junta, Florence, 1500.
Ald.	éd. des Aldes, Venise, 1517.
Crat.	Andreas Cratander, Bâle, 1523.
Steph.	H. Estienne, Paris, 1566.
Esch.	A. Ch. Eschenbach, Utrecht, 1689.
Gesn.	J. M. Gesner, Leipzig, 1764.
Schneider	J. G. Schneider, Iéna, 1803.
Herm.	G. Hermann, Leipzig, 1805 (réimpr. 1971).

Herm.[2]	*corrigenda* de Hermann, *ibid.*, p. XI-XIX.
Abel	E. Abel, Leipzig, 1885.
Dottin	G. Dottin, Paris, 1930.

II. CRITICA ANTIQVIORA

Auteurs de notes critiques antérieurs à l'éd. de Hermann et mentionnés dans l'apparat critique.

Bernard : J. St. Bernard, éd. de Palladius, *De febribus*. Leyde, 1745.

Burmann : P. Burmann, *Catalogus Argonautarum*, annexé à l'éd. de Valerius Flaccus. Leyde, 1724 (non paginé ; p. lxxxix-cxliv dans l'éd. de 1781).

Canter : W. Canter, *Novarum lectionum libri quatuor*. Bâle, 1re éd. 1564.

Dorv. : J. P. d'Orville, *Animadversiones in Charitonem*, t. 2. Amsterdam, 1750.

Hemsterhuys : T. Hemsterhuys, note à l'éd. J. Alberti d'Hésychius, t. 1 (Leyde, 1746), *s.* ἐπιμαίεσθαι.

Heringa : A. Heringa, *Observationum criticarum liber singularis*. Leeuwarden, 1749.

Heyne : C. G. Heyne, notes critiques mentionnées dans l'éd. Schneider.

Holste : L. Holste (mort en 1661), *Notae et castigationes postumae in Steph. Byz.* Leyde, 1684.

Jens : J. Jens, *Lectiones Lucianeae*. La Haye, 1699.

Perdrier : R. Perdrier, notes annexées à sa traduction latine des *AO*, Bâle, 1555, p. 179-181.

Pierson : J. Pierson, *Verisimilium libri duo*. Leyde, 1752.

Ruhnken[1] : D. Ruhnken, *Epistola critica I*. Leyde, 1749.

Ruhnken[2] : D. Ruhnken, *Epistola critica II*. Leyde, 1751.

Ruhnken[3] : réédition augmentée des deux *Epistolae*, annexée à l'édition de l'*Hymne hom. à Déméter*. Leyde, 1782.

Sanctam. : J. Saint-Amand (mort en 1754), notes manuscrites signalées dans l'éd. Abel.

Schoenemann : C. T. G. Schoenemann, *De geographia Argonautarum*. Göttingen, 1788.

Schrader[1] : J. Schrader, éd. de Musée, *Hérô et Léandre*. Leeuwarden, 1742.

Schrader[2] : id., *Observationum liber*. Franeker, 1761.

Schrader[3] : id., *Liber emendationum*. Leeuwarden, 1776.

Sloth. : B. Slothouwer, *Tirocinium criticum in veteres auctores Graecos*. Leeuwarden, 1792.

Steph.[2] : annotations de H. Estienne publiées dans l'éd. Eschenbach (1689).

Steuchus : A. Steuchus (Steuco), *De perenni philosophia*. Lyon, 1540.

Thunmann : J. E. Thunmann, ap. J. G. Schneider, *Neue Philol. Bibl.* 4, 1778, 297-301.

Toup : J. Toup, *Curae novissimae... in Suidam*. Londres, 1775.

Tyrwhitt : Th. Tyrwhitt, éd. des *Lithica* orphiques. Londres, 1781.

Visconti : E. Q. Visconti, *Il museo Pio-Clementino*, t. 6. Rome, 1792.

Voss : compte rendu par J. H. Voss des éditions de Schneider et de Hermann dans la *Jenaische Allgemeine Lit.-zeitung*, 2 (nos 138-143), 1805, 489-536 [1].

Wakefield : G. Wakefield, *Silva critica*, 3 vol. Cambridge, 1789-1792.

Wesseling[1] : P. Wesseling, *Observationum variarum libri duo*. Amsterdam, 1727.

Wesseling[2] : id., éd. de Diodore de Sicile, t. 1, p. 166. Amsterdam, 1745.

1. Ce compte rendu, à la fois polémique et très détaillé, n'a guère été utilisé que par Abel qui lui a fait quelques emprunts. Je l'ai connu moi-même tardivement et j'ai eu la satisfaction d'y retrouver certaines conjectures que j'avais faites d'une façon indépendante.

III. ÉTUDES ET NOTES CRITIQUES

Les travaux concernant la tradition manuscrite sont notés de l'astérisque. Les abréviations utilisées dans le corps de l'ouvrage et notamment dans l'apparat critique sont mentionnées entre crochets.

E. Abel, *Wochenschrift f. klass. Philol.*, 5, 1888, 841-844 (compte rendu de Rosenboom).

J. R. Bacon, « The Geography of the Orphic Arg. », *Class. Quart.*, 25, 1931, 172-183. [Bacon]

Th. Bergk, *Philologus*, 16, 1860, 584 s. [Bergk]

G. H. Bode, *Quaestiones de antiquissima carminum Orphicorum aetate, patria atque indole.* Göttingen, 2e éd., 1838.

A. Boulanger, « L'orphisme dans les *Arg.* d'Orphée », *Bull. Assoc. G. Budé*, 1929, nº 22, 30-46.

H. Buse, *Quaestiones Hesiodeae et Orphicae.* Diss. Halle, 1937. [Buse]

H. Fränkel, *Amer. Journ. of Philol.*, 65, 1944, 393-398 (compte rendu de Venzke). [Fränkel]

L. Früchtel, *Philol. Wochenschrift*, 63, 1943, 6-8 (compte rendu de Venzke).

E. Gerhard, *Lectiones Apollonianae.* Leipzig, 1816. [Gerhard]

*A. Guttmann, *Zur Handschriftenkunde der Orph. Arg. I.* Königl. Gymn. zu Königshütte, Progr. 178 (1887).

H. Herter, *Gnomon*, 21, 1949, 68-73 (compte rendu de Venzke). [Herter]

*Fr. Hillmann, *De arte critica in Orph. Arg. factitanda capita duo.* Diss. Leipzig, 1883. [Hillmann]

K. Hoffmann, *De Ps.-Orphei catalogo Argonautarum.* Diss. Erlangen, 1888.

I. G. Huschke, *Commentatio de Orphei Argonauticis.* Rostock, 1806. [Huschke[1]]

Id., « Lectiones in Orphei Argonautica », *Zeitschr. f. die Alt.-wiss.*, 3, 1836, 1213-1221. [Huschke[2]]

*J. Kambitsis, « Sur deux manuscrits des *Arg. orph.* », *Mélanges Kapsomenos* (Thessalonique, 1975), 61-68.

O. Kern, *De Orphei Epimenidis Pherecydis theogoniis quaestiones criticae.* Diss. Berlin, 1888.

Id., *Orpheus.* Berlin, 1920.

Id., *Orphicorum fragmenta.* Berlin, 1922 (réimpr. 1963). [Kern]

R. Keydell, *Quaestiones metricae de epicis graecis recentioribus.* Diss. Berlin, 1911 (= *Kleine Schriften*, 1982, 1-70). [Keydell[1]]

Id., *Byz.-Neugriech. Jahrbücher*, 8, 1929/1930, 189-191 (compte rendu de l'éd. Dottin) (= *Kl. Schr.*, 635-637). [Keydell[2]]

Id., *(Bursians) Jahresbericht ü. d. Fortschr. d. klass. Alt.-wiss.*, 230, 1931, 80-82 (= *Kl. Schr.*, 112-114). [Keydell[3]]

Id., dans *Real-Encykl.*, 18, 2 (1942), 1333-1338, *s.* Orphische Dichtung. [Keydell[4]]

Id., *Geistige Arbeit*, 9, 1942, n° 1, 3 (compte rendu de Venzke). [Keydell[5]]

A. Krüger, *Quaestiones orphicae.* Diss. Halle, 1934. [Krüger]

A. Ludwich, *Berl. Philol. Wochenschrift*, 5, 1885, 1218-1222 (compte rendu de l'éd. Abel). [Ludwich[1]]

Id., « Zu den Orphischen Argonautika », *Neue Jahrbücher f. klass. Philol.*, 135, 1887, 647-648. [Ludwich[2]]

Id., « Streifzüge in entlegenere Gebiete der griech. Lit.-gesch. », dans *Königsberger Studien*, 1, 1887, 61-82. [Ludwich[3]]

A. D. Nock, « Notes on Beliefs and Myths », *Journ. Hell. Stud.*, 46, 1926, 50-53.

E. D. Phillips, « The Argonauts in Northern Europe », *Class. e Med.*, 27, 1966 (1969), 178-194. [Phillips]

A. Platt, « Orphica », *Journ. of Philol.*, 26, 1899, 69-80 [Platt[1]] ; *ibid.*, 33, 1914, 265-269. [Platt[2]]

G. Pompella, *Index in Orphei Argonautica.* Hildesheim-New York, 1979. [Pompella]

J. Rosenboom, *Quaestiones de Orph. Arg. elocutione* (Diss. philol. Hall., 9, 1888, 67-128). [Rosenboom]

M. Rovira Soler, « Datación de la Argonáutica órfica por su relación con la de Valerio Flacco », *Cuadernos de Filol. clasica*, 14, 1978, 171-206.

J. Schamp, « L'hexamètre du *Lapidaire* orphique : pour une étude métrique des Orphica », *Rev. Philol.*, 55, 1981, 73-90.

C. Schenkl, conjectures mentionnées dans l'éd. Abel [Schenkl[1]] et par Weinberger [Schenkl[2]].

*F. Schubert, « Eine neue Handschrift der Orph. Arg. », *Sitz.-ber. d. Ak. Wiss. Wien*, Phil.-hist. Cl., 98, 1881, 449-485. [Schubert]

J. Sitzler, *Neue Philol. Rundschau*, 1886, n° 11, 161-167 (compte rendu de l'éd. Abel). [Sitzler]

H. Van Herwerden, *Ad poetas graecos*, *Mnemosyne*, N.S. 14, 1886, 19-22. [Herwerden]

H. Venzke, *Die Orphischen Argonautika in ihrem Verhältnis zu Apollonios Rhodios.* Diss. Berlin, 1939, publiée en 1941. [Venzke]

*F. Vian, « La tradition manuscrite des *Arg. Orph.* », *Rev. Hist. Textes*, 9, 1979, 1-46. [Vian[1]]

Id., « Notes critiques aux *Arg. Orph.* », *Illinois Class. Stud.*, 6, 1, 1981, 136-156. [Vian[2]]

Id., « Le passage des roches Kyanées dans les *Arg. Orph.* », *Mélanges É. Delebecque* (Univ. de Provence, 1983), 451-463. [Vian[3]]

Id., « La conquête de la toison d'or dans les *Arg. Orph.* », *Koinônia*, 6, 2, 1982, 111-128. [Vian[4]]

G. Weinberger, *Quaestiones de Orphei quae feruntur Argonauticis* (Diss. Philol. Vindob., 3, 1891, 239-317). [Weinberger]

*Id., *Studien zu spätgriechischen Epikern.* Progr. Iglau, 1900. [Weinberger[2]]

*C. Wessely, « Die Wiener Handschrift der orph. Arg. », *Philologus*, 48, 1889, 379-384, 573-576 ; 49, 1890, 748-751.

M. L. West, *per litteras* (1983). [West]

Id., *The Orphic Poems*. Oxford, 1983.

G. Wiel, *Observationes in Orphei Argonautica.* Diss. Bonn, 1853. [Wiel[1]]

Id., *Observationes in Orphei Arg. : partes II-III-IV.* Progr. d. Rhein. Ritterakad., Bedburg, 1861, 1862, 1866. [Wiel[2-3-4]]

K. Ziegler, dans *Real-Encykl.*, 18, 1 (1939), *s.* Orpheus. [Ziegler[1]]

Id., *ibid.*, 18, 2 (1942), *s.* Orphische Dichtung, 1341-1417. [Ziegler[2]]

G. Zoëga, *Abhandlungen.* Göttingen, 1817. [Zoëga]

ABRÉVIATIONS

Certains auteurs, cités très souvent, sont désignés par les sigles ou abréviations ci-dessous :

AO	*Argonautiques orphiques.*
AP	*Anthologie Palatine.*
APl	*Anthologie* de Planude.
AR	Apollonios de Rhodes.
HH	*Hymnes homériques* (numérotation de l'éd. Allen-Halliday-Sikes). Les hymnes longs sont désignés explicitement : *HHAp.*, *HHAphr.* (ou *HHVen.*), *HHDém.* (ou *HHCer.*), *HHHerm.* (ou *HHMerc.*).
HO	*Hymnes orphiques* (éd. Quandt[2]).
Nonn.	Nonnos, *Dionysiaques.*
Nonn., *Per.*	Nonnos, *Perioché* (sommaire des *Dionysiaques*).
Nonn., *Par.*	Nonnos, *Paraphrase.*
O.	*Orphicorum fragmenta*, éd. Kern (suivi de T = *testimonia*, ou de F = *fragmenta*). Ce sigle est réservé aux *loci similes* et à l'apparat critique ; la notice et les notes renvoient à « Kern ».
QS	Quintus de Smyrne.

Dans les *loci similes* et dans l'apparat critique, les autres abréviations sont soit celles du Liddell-Scott-Jones soit des abréviations latines plus explicites. Le nom des éditeurs de fragments (= F) est précisé sauf pour Eschyle (Mette), Hésiode (Merkelbach-West) et Pindare (Snell-Mähler).

AVERTISSEMENT CONCERNANT LES *LOCI SIMILES*

Un mot abrégé a exactement la même forme que dans le vers correspondant des *AO*, compte non tenu de l'élision ou du ν éphelcystique. L'expression « cf. *AO*, 75 » renvoie à un parallèle dans le poème ; l'expression « cf. ad 453 » signale que l'ensemble des parallèles internes ou externes sont réunis au v. 453.

On a omis les formules homériques trop banales (ex. : αὐτὰρ ἔπειτα, ἀλλ' ὅτε δή). Outre les expressions parallèles, on signale parfois des termes isolés, rares ou remarquables, en particulier pour AR, *HO* et *O*. On s'est efforcé de noter les réminiscences les plus directes : c'est ainsi qu'on renvoie à AR, si le poète paraît en dépendre plutôt que de la source de celui-ci (en général Homère) ; mais les faits sont souvent complexes : le poète utilise volontiers une expression homérique qui lui a été inspirée par AR.

SIGLA

Ω codicum K et Ψ communis stirps.
K Laurentianus Conv. Soppr. 4 : circa 1388.
Ψ codex deperditus e quo fluxerunt :

- A Ambrosianus gr. 120 (B 98 sup.) : circa 1420-1428.
- ζ codicum familia inter quos citantur :
  - Q Vaticanus Pal. gr. 179 : ante 1459.
  - D Laurentianus 70, 35 : circa 1450-1460.
- N Ambrosianus gr. 517 (M 52 sup.) : circa 1450-1500.
- θ codex deperditus e quo descripti sunt :
  - M Matritensis 4562 : a Constantino Lascari descriptus anno 1464.
  - O Vaticanus gr. 1384 : anno 1466.
- V Vaticanus gr. 1691 : ante 1468.
- F Laurentianus 32, 45 : ante 1489.
- H Ambrosianus gr. 425 (H 18 sup.) : s. xv ex.-s. xvi.

Codices recentiores qui nonnumquam respiciuntur :

P Parisinus gr. 2763 : ante 1488. } e stirpe ζ.
φ Parisinus Suppl. gr. 132 : anno 1565. } e stirpe ζ.

c Placentinus Bibl. Comm. 10 : post 1466. } e cod. O descriptus.

e	Estensis gr. 114 : circa 1466.	e cod. M stirpe.
T	Estensis gr. 39 (α. T. 9. 2) : circa 1467.	
b	Bononiensis Bibl. Univ. * 2612 : post 1464.	
E	Scorialensis Σ III 3 : circa 1480-1485.	e cod. M stirpe.
B	Bruxellensis 18170-73 : circa 1490.	e cod. E stirpe.
U	Vindobonensis phil. gr. 153 : circa 1490.	
Mosch.	Georgii et Demetrii Moschi codicum GRS consensus.	e stirpe E descripti, sed correcti et contaminati.
Mosch.^{G}	Ashburnhamianus 1443 : circa 1496.	
Mosch.^{R}	Leidensis XXIII Ru 10 : s. xvi in.	
Mosch.^{S}	Marcianus gr. 604 : s. xvi in.	
Mosch.^{L}	Leidensis Voss. gr. Q 59 : circa 1500.	e cod. Mosch.^{G} stirpe.
Mosch.$^{i-j}$	Monacensis gr. 494, continens *AO*, 1-139 (Mosch.^{i}) et *AO*, 1-307 (Mosch.^{j}) : s. xvi in.	

Crivelli	Leodrisii Crivelli uersio latina (circa 1459-1464) e codd. Ferrar. II 135, Holkham. 433, Ottobon. lat. 823, Riccard. 684, Vatic. gr. 35.
Crivelli*	eiusdem uersionis editio princeps (Bononiae, 1519).

LES ARGONAUTIQUES ORPHIQUES

O Seigneur * qui règnes sur Pythô, Archer qui frappes au loin, Prophète qui reçus pour lot le roc du Parnasse à la cime abrupte *, je célèbre ta puissance. En retour, accorde-moi la noble gloire et dépêche en mon âme ta parole véridique *, afin que, pour les races sans nombre des mortels, j'entonne un chant aux accents harmonieux, sous la dictée de la Muse et avec l'aide de ma solide cithare.

Car c'est pour toi maintenant, ouvrier de la lyre, chantre d'aimables mélodies, que mon cœur m'incite à dire ce que jamais auparavant je n'ai dévoilé, lorsque, harcelé par l'aiguillon de Bacchos et du Seigneur Apollon, je révélais leurs traits terrifiants *, remèdes pour

1-46. *Prélude.* Sur l'adresse à Musée (v. 7) et sur le catalogue des œuvres orphiques (v. 12-46), voir la Notice, p. 5-14.

2. Voss, 513, corrige κορυφὴν... πέτρης, certainement à tort : voir les *loci sim.* Il y a hypallage (cf. la note au v. 421), à moins qu'on ne considère ἠλιβάτου κορυφῆς comme un génitif qualificatif (cf. la note au v. 232).

4. Fin de vers gâtée. 'Ωδήν est exclu en raison d'ἀοιδήν (5). Le choix est difficile entre αὐδήν (Ψ ?) et ὀμφήν (K), car les deux termes sont synonymes et désignent également le chant d'Orphée (431, 707 ∼ 88, 265, 1001), la voix d'Argô (1170 ∼ 1178) ou toute autre voix prophétique (60 ∼ 190). 'Ομφήν s'autorise de Kern, F 62, 4 : cf. p. 8, n. 1, et les *loci sim.* ; mais, les premières pages du modèle de K étant mutilées, on peut supposer que ὀμφήν est une conjecture (d'après 1178 ?).

10. Voir *Notes complémentaires*, p. 175.

ΟΡΦΕΩΣ ΑΡΓΟΝΑΥΤΙΚΑ

Ὦναξ Πυθῶνος μεδέων, ἑκατηβόλε, μάντι,
ὃς λάχες ἠλιβάτου κορυφῆς Παρνασσίδα πέτρην,
σὴν ἀρετὴν ὑμνῶ · σὺ δέ μοι κλέος ἐσθλὸν ὀπάσσαις ·
πέμπε δ' ἐπὶ πραπίδεσσιν ἐμαῖς ἐτυμηγόρον αὐδήν,
ὄφρα πολυσπερέεσσι βροτοῖς λιγύφωνον ἀοιδὴν
ἠπύσω Μούσης ἐφετμαῖς καὶ πηκτίδι πυκνῇ.
Νῦν γάρ σοι, λυροεργέ, φίλον μέλος ἀείδοντι
θυμὸς ἐποτρύνει λέξαι τά περ οὔ ποτε πρόσθεν
ἔφρασ', ὅταν Βάκχοιο καὶ Ἀπόλλωνος ἄνακτος

Loci sim. **1** *O*. F 62, 1 ὦ. ... ἑ. (et θ 339 ; *HHAp*. 140) || Π 234 Δωδώνης μ. ; cf. *AO*, 137 || *HO*, 34, 4, μάντι (eadem sede) || **2** Nonn. 40, 83 Παρνησσίδι πέτρῃ ; ἠ. ... π. : cf. ad 262^{a} || **3** κ. ἐ. ὀ. : cf. *AO*, 298 ; κ. ἐ. : cf. ad 453 ; κ. ... ὀ. : cf. Θ 141, al. κῦδος ὀπάζει || **4** ἐτ. αὐ. : cf. *AO*, 1178 ; de re, cf. *O*. F 62, 5 || **5** QS, 13, 339 π. βροτοῖσι (ex B 804, al.) || *HHMerc*. 478 λ. ἑταίρην (de lyra) || **8** θ 45 θ. ἐποτρύνησιν ἀείδειν (et Pind. *O*. 3, 38) || **9** A 36, al. Ἀπόλλωνι ἄνακτι ; cf. *AO*, 188.

Titvlvs ὀρφέως ἀργοναυτικά ΚζΑΝΗΕ τὰ ἀ. τοῦ ὀ. V ὀ. ποιητοῦ ἀ. M ὀ. τοῦ μεγάλου ποιητοῦ ἀργωναυτικόν O tit. abest F || **1** ὦναξ ζθV : ναξ solum AFH ἄναξ N ὦγ K^{pr} ὦγαθξ K^{ar}|| μάντι Ψ : ///τι K^{pr} || **2** κορυφῆς Ω : -φὴν *c* Voss || παρνασσίδα Ψ : -ασίδα ζ /////σίδα K^{pr} || πέτρην Ω : -ης Voss || **4** αὐδήν ζθΗ : ὠδήν ANV (et H^{ac} ?) ὀμφήν K om. F || **7** σοι Ω : μοι M^{sl}O || ἀείδοντι [ἀοί- K] Ω : -ντα ζM^{sl}.

les hommes mortels * et nobles mystères pour les initiés : d'abord l'implacable nécessité de l'antique Chaos * et le Temps — comment celui-ci enfanta, sous l'immensité de ses anneaux*, l'Éther et l'Amour à la double nature, dieu glorieux au regard partout présent *, père illustre de la Nuit éternelle, lui que la jeune race des mortels nomme Phanès, car il apparut (*ephanthê*) le premier * — ; et la descendance * de la puissante Brimô et les œuvres funestes des Géants, triste fruit des gouttes distillées par le Ciel, semence de la race d'antan d'où naquit l'espèce des mortels qui se succèdent sur la terre infinie ; et la mise en nourrice de

11. Sur ἄκη, « remèdes », dans le sens de καθαρμοί, « mystères », cf. Héraclite, F 68 D.-Kr. (= 88 Marcovich), cité par Jambl., *Myst.*, 11 (40, 12).

12. Sur le sens d'ἀμέγαρτον, cf. E. Livrea, à AR, 4, 749.

13. Chronos (sur cette orthographe, cf. p. 7, n. 2) a l'aspect d'un serpent : cf. Kern, F 54 et 57 ; *HO*, 12, 10 (texte rétabli par M. L. West, *Class. Quart.*, 18, 1968, 290 s.) ; on peut donc conserver ὁλκοῖς (cf. 930, 993, pour le dragon de Colchide). Cependant la graphie ὑπ' des manuscrits et le contexte ne permettent pas d'écarter tout à fait la conjecture de Steuchus en faveur de laquelle on alléguera Aristoph., *Ois.*, 694 s. ἐν ἀπείροσι κόλποις | τίκτει ; Kern, F 52, 3 ὑπὸ κόλποις (et F 132, 2). La faute proviendrait d'une haplographie : υπ[οκ]ολποις.

14. Éros est διφυής, c. à d. androgyne : cf. Kern, F 81 ; *HO*, 6, 1 ; 58, 4. Il est περιωπής (*hapax*), car il possède quatre yeux : Kern, F 76 ; cf. *HO*, 6, 5 παμφαές ; comparer l'adjectif πολυωπής et l'épithète du Zeus orphique περιφεγγής (Kern, F 168, 22, var. πυριφ-). Éros reçoit d'autres épithètes au v. 424.

16. Sur l'établissement du texte aux v. 16 et 18 et la prosodie de Γιγάντων, cf. Vian², 137 s.

17. L'Appendice (p. 197-198) présente les v. 17-32 selon l'ordre qui est proposé dans la Notice, p. 6, 8-13.

κέντρῳ ἐλαυνόμενος φρικώδεα κῆλ' ἐπίφασκον,
θνητοῖς ἀνθρώποισιν ἄκη, μεγάλ' ὄργια μύσταις ·
ἀρχαίου μὲν πρῶτα Χάους ἀμέγαρτον ἀνάγκην,
καὶ Χρόνον, ὡς ἐλόχευσεν ἀπειρεσίοισιν ὑφ' ὁλκοῖς
Αἰθέρα καὶ διφυῆ περιωπέα κυδρὸν Ἔρωτα,
Νυκτὸς ἀειγνήτης πατέρα κλυτόν, ὅν ῥα Φάνητα
ὁπλότεροι κλήσκουσι βροτοί — πρῶτος γὰρ ἐφάνθη — ·
Βριμοῦς τ' εὐδυνάτοιο γονάς, ἠδ' ἔργ' ἀίδηλα
Γιγάντων, οἳ λυγρὸν ἀπ' Οὐρανοῦ ἐστάξαντο,
σπέρμα γονῆς τὸ πρόσθεν, ὅθεν γένος ἐξεγένοντο
θνητῶν οἳ κατὰ γαῖαν ἀπείριτον αἰὲν ἔασι ·

Loci sim. **10 s.** Ψ 429 s. ἔλαυνε | κέν. || Μ 280 ἀνθρ. πιφαυσκόμενος (-φασκ- u. l.) τὰ ἃ κῆλα (cf. *HHAp.* 444) ; *HHMerc.* 161 θν. ἀνθρ. || **12** Hes. *Th.* 116 πρώτιστα Χάος ; Nonn. 7, 111 πρωτογόνου Χάεος ; cf. *AO*, 421 || **13 s.** (et **16**) cf. *AO*, 424 || *O.* F 37 Ἔ. Χρόνος (Κρό- codd.) ... ἐτέκνωσε || Pap. Derveni, 4, 5 ; 9, 4 δαίμονα κυδρὸν | ... ὃς αἰθέρα ἔκθορε πρῶτος (de eodem) || **15[a]** α 300 πατ. κλ. || **15[b]-16** *O.* F 75 τὸν δὴ καλέουσι Φ., ὅτι πρ. ... φαντὸς ἐγένετο ; F 85, 2-3 Μῆτιν σπέρμα φέροντα θεῶν κλυτόν, ὅν τε Φ. | πρωτόγονον μάκαρες κάλεον (cf. F 237, 3) || **17-20** : cf. *AO*, 429 s. || **17** Βρ. : cf. *O.* F 31, 5 ; εὐδ. saepe ap. *HO* || Ε 757 (u. l.) ; Hes. F 30, 17 ; al. ἔ. ἀ. || **18 s.** Pind. *N.* 10, 81 s. σπ. ... | στάξεν ; Hes. *Op.* 736 σπερμαίνειν γενεήν (et *O.* F 183, 2 s.) || ἐξ. saepe ap. Hes. *Th.*, *Cat.* || **20** Hes. *Th.* 878 κ. γ. ἀ. (cf. *O.* F 91, 1 ; 165, 3) ; cf. *AO*, 101 || Α 290, al. αἰ. ἐόντες.

---

10 κ. ἐλ. Ψ : [uac.] νόμενος K praue corr. K[2] || ἐπίφασκον Ω : -φαυσκον Mosch.[R] (κῆλ)α πίφαυσκον Schneider, sed cf. K 202 u. l. || **11** θνητοῖς Ψ : πᾶσιν post trium litt. spatium K || μεγάλ' Pierson West : μετὰ δ' Ω || ante μ. dist. Ω et West, post μ. Pierson || ὄργια Mosch.[L] : ὅρκια Ω cf. 25, 467 || **12** χάους Ω : φάους Mosch.[G] || **13** χρόνον Mosch.[i] Zoëga : κρό- Ω || -ίοισιν ὑφ' ὁλκοῖς Steph. : -ίοισιν ὑπ' [ἐπ' K] ὁλκοῖς Ω -ίοις ὑπὸ κόλποις Steuchus || **14** κυδρὸν Ω : κυδνὸν M[sl]O || **15** φάνητα ζ : φανῆτα Ω || **16** κλήσκουσι Vian[2] : κικλήσκουσι Ω καλέουσι e[γρ] E[γρ] κλήζουσι Herm. uide 1359 || **18** γιγάντων Ω : γηγενέων e[γρ]E[γρ] Τιτάνων Pierson || ἐστάξαντο Ω : ἐτά- θH || post u. dist. ζO et Buse || **19** post τὸ πρ. dist. codd., ante τὸ πρ. Schneider et edd. recc. || **20** ἔασσι(ν) habuit Ω.

Zeus *, et le culte de la Mère coureuse des montagnes, et le dessein que, dans les monts Cybèles, elle avait tramé pour la jeune Perséphone à cause de son père, l'invincible Cronide * ; et la lacération mémorable de Casmilos * et d'Héraclès, les mystères des génies de l'Ida et la force immense des Corybantes ; et l'errance de Déméter et son grand deuil pour Perséphone et comment elle fut la Législatrice ; et les dons splendides des Cabires * et les oracles ineffables de la Nuit au sujet du Seigneur Bacchos ; et la sainte Lemnos et Samothrace la marine, Chypre l'escarpée et Aphrodite l'Adonéenne * ; les mystères de Praxidiké et les nuits d'Athélé la montagnarde (?) ; et les chants funèbres des Égyptiens et les saintes libations en l'honneur d'Osiris. Tu as appris l'art de la divination — voies multiples tracées par les bêtes et les oiseaux, agence-

21. On pourrait garder le texte transmis en supposant un *hapax* τηθεῖαν, formé sur τήθη, graphie fautive, mais attestée, pour τίτθη, « nourrice » ; cf. Liddell-Scott-Jones, *s.* τήθη.

23. Sur les monts Cybèles en Phrygie, cf. Strab., 10, 3, 12 (469) ; 12, 5, 3 (567) ; et F. Lasserre, C.U.F., t. 9, p. 121, n. 3, et p. 202. — Μητίομαι est construit avec un double accusatif : cf. σ 27 ; Kern, F 282, 6-8 ; et, pour μήδομαι, QS, 3, 199. La conjecture de Voss, 513, permettrait d'éliminer ce tour rare. Le texte de Schneider est moins satisfaisant : il donnerait à entendre que Perséphone se change en serpent pour échapper à Zeus ; mais c'est habituellement la mère qui tente, en vain, de protéger sa fille.

24. Casmilos ou Cadmilos est souvent identifié à Hermès.

27. Les Cabires protégeaient les navigateurs qui se faisaient initier à leurs mystères : cf. v. 466-470.

30. Ἀδωναῖος est un *hapax* en ce sens : l'adjectif désigne Adonaï dans *Or. Sib.*, 2, 239, et sur une amulette publiée par W. Fröhner, *Bull. Soc. des Antiqu. de Normandie*, 4, 1866, 221, l. 4. On pourrait tenter de lire Διωναίην (cf. 1323), avec synizèse ; sur ce type de synizèse, cf. Vian², 149 s.

τιτθείαν τε Ζηνός, ὀρεσσιδρόμου τε λατρείαν
Μητρός, ἅ τ' ἐν Κυβέλοις ὄρεσιν μητίσατο κούρην
Φερσεφόνην περὶ πατρὸς ἀμαιμακέτου Κρονίωνος ·
Κασμίλου τε καὶ Ἡρακλέος περίφημον ἄμυξιν,
ὄργιά τ' Ἰδαίων, Κορυβάντων τ' ἄπλετον ἰσχύν ·
Δήμητρός τε πλάνην καὶ Φερσεφόνης μέγα πένθος,
Θεσμοφόρος θ' ὡς ἦν· ἠδ' ἀγλαὰ δῶρα Καβείρων,
χρησμούς τ' ἀρρήτους Νυκτὸς περὶ Βάκχου ἄνακτος,
Λῆμνόν τε ζαθέην ἠδ' εἰναλίην Σαμοθρᾴκην·
αἰπεινήν τε Κύπρον καὶ Ἀδωναίην Ἀφροδίτην,
ὄργια Πραξιδίκης καὶ ὀρεινῆς νύκτας Ἀθηλῆς·
θρήνους τ' Αἰγυπτίων καὶ Ὀσίριδος ἱερὰ χύτλα.
Ἀμφὶ δὲ μαντείης ἐδάης πολυπείρονας οἴμους
θηρῶν οἰωνῶν τε καὶ ἣ σπλάγχνων θέσις ἐστίν,

LOCI SIM. **21 s.** Nonn. 43, 22 M. ὀρεσσινόμοιο (et ὀρεσίδρομος saepe ap. eumdem) || **23** θ 289 π. ... Κρ. || **25** Nonn. 32, 229 ἄ. ἀλκήν || **26** A 254, al. μ. π. || **27** I 528 ὡς ἦν || A 213, al. ἀ. δ. || **28** cf. e.g. *HO*, 54, 8 Βακχείου ἄ. ; Nonn., 12, 171 Βάκχος ἄναξ || **29 s.** QS, 3, 545 ζ. Λ. et cf. ad 471 s. ; ζ. ... Σ. : cf. *AO*, 466 || *HH*, 10, 5 εἰναλίης τε Κύπρου || Nonn. 33, 25 Ἀδωνιὰς... Κύπρις || **33** *HHMerc.* 533 s. μαντείην... | ... δαήμεναι ; *O.* F 271, 1 πάντ' ἐδ., Μουσαῖε || *HHCer.* 296 πολυπείρονα λαόν || **34** ω 292 θηρσὶ καὶ οἰωνοῖσιν (et QS, 1, 329 ; 3, 104 ; *O.* F 233, 1) ; cf. *AO*, 1010.

---

21 τιτθείαν Ludwich[1] : θητείαν Ω || fort. ὀρεσσινόμου cl. Nonn. 43, 22 || **22 s.** κούρην | φερσεφόνην [περ- Vc] Ω : κούρη | Φερσεφόνη Schneider κούρῃ | Φ-ῃ Voss || περὶ Ω : παρὰ Mosch.[s] || **24** Κασμίλου West : καὶ μήλου Ω μήλου ζ εὐμήλου Mosch.[GS] καὶ Βήλου Vian[2] || ἡρακλέος Ω : -κλέους A -κλῆος ζ || **25** ὄργια *c* : ὅρκια Ω cf. ad 11 || τ' (alt.) om. K || **26** φερσεφόνης Ω : περ- O || **27** θ' ὡς ἦν Ω : θ' ὁσίην Pierson || καβείρων Ψ : παρέσχε K || **28** χρησμούς Ω : θεσμούς Mosch.[R] || περὶ βάκχου Ψ : παρὰ βάκχαις K || **29** σαμοθράκην Ω : -θρήκην Herm. cf. 466 || **31** ὀρεινῆς Herm. : ἀρείνης Ω ἀρείης B[2γρ] Sitzler || νύκτας Gesn. Herm. νυκτὸς Ω μητρὸς Mosch.[GS] νῖκος Sitzler || Ἀθηλῆς Vian[2], cl. *O.* F 58 : ἀθήνης Ω || **33** ἐδάης Ω : -άην ζ || οἴμους Ruhnken[1] : ὅρμους [ὅ- N] Ω || **34** post θηρῶν add. τ' Sloth. || ἣ Ω : ἥ (i.e. ᾗ) E (?) Mosch.

ment des viscères, prédictions que révèlent, par les sentiers de la science des songes, les âmes des éphémères dont le sommeil a dompté le cœur — ; et puis les moyens de conjurer signes et prodiges, les révolutions des astres, l'expiation purificatrice — puissant recours pour les hommes de la terre —, et les rites qui apaisent les dieux comme les offrandes innombrables dues aux défunts. Je t'ai rapporté encore tout ce que j'ai vu et compris quand j'ai gagné le Ténare, route ténébreuse qui mène chez Hadès, confiant dans ma cithare, par amour pour mon épouse ; et comment j'ai enfanté le Discours Sacré des Égyptiens, quand je visitai la sainte Memphis et les villes sacrées d'Apis que le Nil ceint de la couronne de son cours puissant. De tout cela, tu as parfaite connaissance grâce aux accents sortis de ma poitrine.

Maintenant * que le taon ravageur s'est envolé dans les airs, délaissant mon corps pour les espaces du ciel, tu vas apprendre par ma voix ce que je cachais autre-

47-55. *Annonce du thème chanté et de la visite de Jason à Orphée.* Pour l'οἶστρος (47), voir la note au v. 10. Pour les v. 50-55, cf. AR, 1, 23 s. La mention de Pimpléia est remplacée par celle des monts Leibèthres situés aussi en Piérie et souvent associés aux Muses et à Orphée : cf. 1374 ; Strab., 7, fr. 18 ; 9, 2, 25 (410) ; Kern, T 223 d, 225, 249, 250 ; F 342.

ἠδ' ὅσα θεσπίζουσιν ὀνειροπόλοισιν ἀταρποῖς
ψυχαὶ ἐφημερίων ὕπνῳ βεβολημέναι ἦτορ,
σημείων τεράτων τε λύσεις, ἄστρων τε πορείας,
ἁγνοπόλον τε καθαρμόν, ἐπιχθονίοις μέγ' ὄνειαρ,
ἱλασμούς τε θεῶν, φθιμένων τ' ἐπινήχυτα δῶρα.
Ἄλλα δέ σοι κατέλεξ' ἅ περ εἴσιδον ἠδ' ἐνόησα,
Ταίναρον ἡνίκ' ἔβην σκοτίην ὁδὸν Ἄϊδος εἴσω,
ἡμετέρῃ πίσυνος κιθάρῃ, δι' ἔρωτ' ἀλόχοιο·
ἠδ' ὅσον Αἰγυπτίων ἱερὸν λόγον ἐξελόχευσα,
Μέμφιν ἐς ἠγαθέην πελάσας ἱεράς τε πόληας
Ἄπιδος ἃς πέρι Νεῖλος ἀγάρροος ἐστεφάνωται·
πάντα μάλ' ἀτρεκέως ἀπ' ἐμῶν στέρνων δεδάηκας.
Νῦν δ', ἐπεὶ ἀερόφοιτος ἀπέπτατο δήιος οἶστρος
ἡμέτερον δέμας ἐκπρολιπὼν εἰς οὐρανὸν εὐρύν,
πεύσῃ ἀφ' ἡμετέρης ἐνοπῆς ⟨ὁπόσ⟩α πρὶν ἔκευθον·

Loci sim. **36** I 9 ἄχεϊ... βεβολημένος ἦ. ; *Or. Sib.* 1, 301 ὕ. βεβολημένοι (cf. ζ 2) ; cf. *AO*, 542 || **37** *O.* F 247, 24 ἄ. τε (ἄστροιο u. l.) πορείης ; cf. *AO*, 207 s. || **38** ἁ. ... κ. : cf. ad 1232 ; ἁ. : cf. *HO*, 18, 12 || Hes. *Op.* 822 ἐ. μ. ὄ. || **39** ἐ. δ. : cf. *AO*, 312 || **41** λ 150 ἔβη δόμον Ἄ. εἴ. || **42** ἡ. π. κ. : cf. *AO*, 265, 707 || **43** *O.* F 245, 5 (= 247, 6) λ. θεῖον ; cf. Orphicorum Ἱεροὺς Λόγους (p. 140-248 Kern) || **44** Φ 58 Λῆμνον ἐς ἠ. || **45** κ 195 π.... ἐστ. ; cf. *AO*, 1190 || **46** Β 10 π. μ. ἀτρ. || **47** *HO*, 71, 10 s. θεά, λίτομαί σε... | ψυχῆς ἐκπέμπειν οἶστρον ἐπὶ τέρματα γαίης (cf. *O.* F 232, 5) ; Nonn. 11, 192 φοιτητῆρι... οἴστρῳ ; 14, 326 μενεδήιον οἶστρον ; ἠερόφοιτος saepe ap. *HO* et Nonn. || **48** Γ 364, al. εἰς οὐ. εὐ. ; cf. *AO*, 687, 1021 || **49** κ 147 ἐνοπήν τε πυθοίμην ; cf. *AO*, 260.

---

35 ἀταρποῖς ζ : -πούς Ω || **36** ἐφημερίων ζM[pc]O : -ίαν Ω || βεβολημέναι Ψ : -νοις K || **37** τεράτων Ω : -άων Mosch.[G] || **41** ταίναρον Ω : Ταινάρου Gesn. || **43** ἠδ' ὅσον Ψ : [uac.] ον K || λόγον Vrat. Rehd. 35 (felici errore) : λόχον Ω || **44** Μέμφιν ἐς om. K, spatio relicto || πελάσας Ω : περάσας Mosch.[G] || **45** ἀπϊ [uac.] πέρι K || ἐστεφάνωται Ψ : -νηται K || **49** ὁπόσα West : ἃ Ω || ἔκευθον Ω : ἐκέκευθον M[sl].

fois, comment un jour, atteignant la Piérie et les hautes cimes des Leibèthres, le chef des héros et des demi-dieux vint me supplier de l'assister, à bord de sa nef hauturière, dans son expédition * vers des tribus inhospitalières, jusque chez le peuple opulent et scélérat sur lequel régnait Aiétès, fils du Soleil qui éclaire les mortels.

Pélias * craignait en effet que les décrets des dieux ne lui ravissent un jour, par la main de l'Aisonide, le pouvoir royal *. Et, au fond de son cœur, il tramait pour lui insidieusement une route d'embûches * : il lui enjoignait de rapporter de Colchide la toison d'or dans la Thessalie, pays des poulains. Lui, dès qu'il eut entendu l'inique parole, tendit les mains vers la vénérable Héra pour l'invoquer, car c'était elle qu'il honorait entre tous les Bienheureux. La déesse, aussitôt, exauça ses prières, dans sa sollicitude, car elle estimait et aimait plus que tous les autres mortels ce héros à la force prodigieuse, l'illustre fils d'Aison.

52. Νόστος a ici clairement le sens d' « expédition ». Sur cet emploi chez Apollonios, cf. F. Vian, *Rev. Ét. Anc.*, 75, 1973, 92 s.

56-69. *Préliminaires.* Le passage présente des analogies avec le développement correspondant de Valerius Flaccus : voir la Notice, p. 22. Pour les v. 56-60, cf. aussi Pind., *P.*, 4, 71 s. ; AR, 1, 5-17. Sur l'affection d'Héra pour Jason, cf. μ 72 ; AR, 3, 66.

57. J'ai défendu la correction de Ludwich dans Vian[2], 139. Mais M. L. West objecte avec raison : « ὄπις θεῶν is ingenious, but has the *appearance* of a conjecture. I would retain ὄπισθεν ». Θέσφατα peut en effet être le sujet proleptique de καθέλῃ. Le génitif dorien Αἰσονίδα surprend : bien que la forme elle-même ne soit pas pindarique, peut-être le poète veut-il signifier par ce dorisme qu'il s'inspire ici de la *IV*^{e} *Pythique*.

58. Ἠπεροπεύειν τι (au lieu de τινά) paraît être une construction isolée. Δόλου équivaut à une épithète : cf., par ex., Opp., *Hal.*, 2, 117 δόλου... θύρετρα, et en général R. Keydell, *Nonni Dion.*, 1, 57*. Cette valeur du génitif se retrouve aux v. 573 (voir la note), 1334.

ὥς ποτε Πιερίην Λειβήθρων τ' ἄκρα κάρηνα
ἡρώων τε καὶ ἡμιθέων πρόμος εἰσεπέρησε,
λισσόμενός μ' ἐπίκουρον ἑοῦ νόστοιο γενέσθαι
ποντοπόρῳ σὺν νηὶ πρὸς ἄξενα φῦλ' ἀνθρώπων,
ἔθνος ἐς ἀφνειὸν καὶ ἀτάσθαλον ᾧ ἔνι κραῖνεν
Αἰήτης, υἱὸς φαεσιμβρότου Ἠελίοιο.
Θέσφατα γὰρ Πελίας δειδίσσετο μή οἱ ὄπισθεν
χειρὸς ὑπ' Αἰσονίδα καθέλῃ βασιλήιον ἀρχήν.
Καί οἱ ὑπὸ πραπίδεσσι δόλου τρίβον ἠπερόπευε·
τάσσε γὰρ ἐκ Κόλχων κῶας χρύσειον ἐνεῖκαι
Θεσσαλίην εὔπωλον. Ὁ δ', ὡς κλύεν ἔκνομον αὐδήν,
χεῖρας ἐπαντείνας ἐπεκέκλετο πότνιαν Ἥρην·
τήνδε γὰρ ἐκ μακάρων περιώσια κυδαίνεσκεν.
Ἡ δ' ἄφαρ εὐχωλῇσιν ἐφέσπετο κηδομένη περ·
ἔξοχα γὰρ μερόπων ἠγάζετο καὶ φιλέεσκε
δεινοβίην ἥρωα, περικλυτὸν Αἴσονος υἷα.

Loci sim. **50** ἄ. κ. : cf. ad 433 s. || **51** ἡ. τε κ. ἡ. : cf. Hes. *Op.* 159 s. || πρ. saepe ap. Nonn. || **53** ποντ. ... ν. : cf. ad 1100 || ἄ. φ. : cf. *AO*, 756 || γ 282 φ. ἀ. ; cf. *AO*, 1007 (et 1072) || **54** ἔθν. ἐς ἀφν. : cf. *AO*, 1106 || ᾧ ἔνι κρ. : cf. *AO*, 718 s. || **55** κ 138 φ. Ἠελίοιο || **56 s.** Pind. *P.* 4, 71 s. θέσφατον ἦν Πελίαν | ἐξ... Αἰολιδᾶν θανέμεν χείρεσσιν || β. ἀ. : cf. *AO*, 427 || **58** Nonn. 2, 7, al. δόλον ἠπεροπῆα || **59** AR, 1, 4, al. χρύσειον... κ. ; cf. *AO*, 765 s., 834, 853 || **60** QS, 1, 685 ὁ δ' ὡς κλ. ; cf. *AO*, 595 || κλ. ... αὐ. : cf. ad 1178 || **61** Pind. *O.* 7, 65 χ. ἀντεῖναι ; cf. *AO*, 332 || A 551, al. πότνια Ἥρη || **62** AR, 3, 1326 π. θυμαίνεσκεν || **63** σ 178, al. κ. π. (περ eadem ui) || **64** E 61 ἔ. ... μιν ἐφίλατο || **65** π. Αἴ. υἷα : cf. *AO*, 1176 ; Αἴ. υἷα : cf. *AO*, 297, 305 et uide ad 491 ; Σ 326 περικλυτὸν υἱόν ; AR, 1, 331, al. Αἴ. υἱός.

---

50 τ' Ω : κατ' A || **51** om. ζ || εἰσεπέρησε Schneider : ἐξεπ- Ω || **54** ἔνι uel ἐνὶ codd. : fort. ἔπι cl. 718 || **56** ὄπισθεν Ω : ὄπις θεῶν Ludwich[2] || **57** αἰσονίδα Ω : -ίδης Wiel[2] || **59** κῶας χρύσειον Gerhard, cl. 890 : χρ. κ. Ω || **63** δ' ἄφαρ Wiel[1] : δὲ παρ' Ω || **64-133** in K desunt, una scheda amissa ; ad 134 λείπει add. K[2].

Alors, appelant Tritogénie, elle lui donnait ses ordres et celle-ci *, pour la première fois, lui construisit un vaisseau de chêne, le premier qui sut, avec ses rames de sapin, franchir les abîmes salés et parcourir les routes de la mer *.

Puis *, une fois qu'il eut réuni les plus nobles princes, le divin Jason se hâtait vers la Thrace, pays des poulains ; il arriva chez moi au moment où j'apprêtais ma cithare ciselée pour épancher en ton honneur un chant aux accents de miel et charmer les bêtes, les reptiles et les oiseaux. Quand il eut pénétré dans mon antre aimable, de sa poitrine velue, il tira ces mots d'imploration :

« Orphée, cher enfant de Calliopé et d'Oiagros, qui règnes en Bistonie sur les Cicones riches en agneaux *, salut, puisque j'arrive pour la première fois aux retraites de l'Haimos *, près du cours du Strymon et des hautes vallées du Rhodope. J'ai reçu du sort, parmi

67. Plutôt que καί οἱ (*codd.*) ou ἤ οἱ (Hermann), on attendrait ἤ καί (cf. E 62), qui semble exclu en raison du vers suivant.

69. Héra s'adresse à Athéna (cf. AR, 3, 7-111) qui construit la nef Argô (cf. AR, 1, 19, 109-112, *al.* ; *AO*, 266-268). Argô est présentée ici comme le premier navire : la mer sera appelée « vierge » aux v. 87 et 264. Cette version est déjà attestée chez Eur., *Andr.*, 864 s. ; cf. H. Herter, *Rhein. Mus.*, 91, 1942, 244-249. Apollonios l'écarte, mais ne l'ignore sans doute pas : cf. C.U.F., t. 3, p. 83, n. 4. Elle est admise par Valerius Flaccus et Silius Italicus (cf. la Notice, p. 22, §§ 1-2) et signalée par la schol. à AR, 1, 1-4 e. La suite du récit la contredit, puisque les Colques et les Phéaciens ont une flotte.

70-117. *Jason chez Orphée.* Thème esquissé par AR, 1, 32-34.

78. Kikôn, fils d'Apollon et de Rhodopé (*Etym. Magn.*, 513, 37) est le père de Bistôn (Philostephanos, selon schol. AR, 2, 704). Les Cicones habitent la région d'Abdère, alors que Leibèthres se trouve au pied de l'Olympe. Comme Apollonios (cf. C.U.F., t. 1, p. 240, *N.C.* à 1, 34), le poète mentionne les deux principales régions qui sont en rapport avec Orphée.

79. Αἱμόνιος désigne ici le mont Haimos, au nord du Rhodope, et non l'Haimonie ou Thessalie. Même confusion dans

Καί ῥα καλεσσαμένη ἐπετέλλετο Τριτογενείῃ·
καί οἱ φηγινέην πρῶτον τεκτήνατο νῆα,
ἣ καὶ ὑπ' εἰλατίνοις ἐρετμοῖς ἁλιμυρέα βένθη
πρώτη ὑπεξεπέρησε, τρίβους δ' ἤνυσσε θαλάσσης.
'Αλλ' ὅτε δὴ συνάγειρεν ἀγακλειτοὺς βασιλῆας,
Θρῄκην εἰς εὔπωλον ἐπείγετο δῖος 'Ιήσων·
καί μ' ἐκίχανε χέλυν πολυδαίδαλον ἐντύνοντα,
ὄφρα κέ τοι μέλπων προχέω μελίγηρυν ἀοιδήν,
κηλήσω δέ τε θῆρας ἰδ' ἑρπετὰ καὶ πετεηνά.
'Ηνίκα δ' εἰς ἄντρον πολυήρατον εἰσεπέρησε,
μείλιχον ἐκ λασίων στέρνων ἀνενείκατο φωνήν·
« 'Ορφεῦ, Καλλιόπης τε καὶ Οἰάγρου φίλε κοῦρε,
Βιστονίῃ Κικόνεσσι πολυρρήνοισιν ἀνάσσων,
χαῖρ', ἐπεὶ Αἱμονίους ὀχεὰς πρώτιστον ἱκάνω,
Στρυμονίους τε ῥοὰς 'Ροδόπης τ' αἰπεινὰ πρὸς ἄγκη.

Loci sim. **67** E 62 τ. νῆας || **69** QS, 5, 246 (πόντον) ὑπεκπερόωσιν || **70** ρ 370, al. ἀγακλειτῆς βασιλείης ; cf. *AO*, 399, 1319, 1371 || **71** δ. 'Ι. : cf. *AO*, 592, 806 || **73** *HH*, 19, 18 ἐπιπροχέουσ(α)... μελίγ. ἀ. (et *HHAp*. 519) ; cf. *AO*, 420 || **74** *Or. Sib.* 1, 207 ἑ. καὶ π. (cf. Theoc. 15, 118) || **75** ἄ. π. : cf. ad 110 (et [Orph.] *Lith.* 18 ἐς π. ἄ.) ; ἄ. ... εἰ. : cf. *AO*, 1375 || **76** Nonn. 37, 456 λασίου στέρνοιο ; cf. *AO*, 201 || AR 3, 635 ἀ. φ. (saepe ap. Nonn. et al.) ; cf. *AO*, 843 et uide ad 769, 818 || **77** AR, 1, 23-25, al. ; *O.* T 23 s., F 49, 1-2 ; cf. *AO*, 1375 s. || **78** AR, 1, 34 Πιερίῃ Βιστῶνί τε (u.l.) κοιρανέοντα ; *Souda*, s. 'Ορφεύς· 'Ο. Κικοναῖος (cf. *O.* T 197, 223) || AR, 1, 49 εὐρρήνεσσιν ἀ. || **79 s.** *O.* T 33 *Haemon et Rhodopen* (cf. F 49, 25 et Ouid. *Met.* 10, 77).

---

67 καί οἱ Ψ : ἥ οἱ Herm. || πρῶτον ζΟΕ : -τα Ψ fort. πρώτη || **68** εἰλατίνων ἐρετμῶν V || **69** τρίβους Ψ : -βον θ || ἤνυσσε Gesn. : -υσε Ψ || **70** ξυνάγειρεν H Mosch.^{R} || **72** ἐκίχανε Ψ : ἔκιχε(ν) *e*^{γρ}E^{mg}H^{mg} || χέλυν Herm. : κιθάρην (ex gl.) Ψ || ἐντείνοντα N || **73** τοι ΨM^{sl} : σοι θ || **74** ἰδ' Ψ : ἠδ' ζM^{ac} || πετεηνά Ψ : -εεινά θ || **79** αἱμονίους Ψ (cf. 80, 632) : -ίας Abel || ὀχεὰς Schneider : ὀχέας Ψ || **80** στρυμονίους Ψ (cf. u. praec.) : -ίας Schneider.

les Minyens, un sang noble entre tous, moi, le Thessalien, fils d'Aison ; et je souhaite être ton hôte *. Allons, ami, fais-moi bon accueil et écoute mes paroles d'une oreille bienveillante. Accède à ma prière : viens à bord de la nef Argô au fin fond du Pont Axin, sur le Phase puissant * ; montre-nous les sentiers de la mer vierge ; sers de guide à ces héros * qui attendent ta cithare et ta voix divine dans l'espoir que tu seras leur auxiliaire dans les communs périls sur le large. Car, à naviguer vers ces tribus barbares, ils n'y songent pas en ton absence ; n'es-tu pas déjà le seul homme au monde à avoir pénétré dans les ténèbres vaporeuses jusqu'au plus profond de l'abîme, jusqu'aux fondements de la terre vénérable *, et à avoir trouvé le chemin du retour * ? Au nom de ce passé, consens à partager

Sil. It., 10, 11 ; Hippolyte, *Refut. omn. haer.*, 5, 8, 13 ; 5, 9, 8 (pp. 91 et 99 Wendland). Ce sens de l'adjectif, que ne note pas le Pape-Benseler, a échappé à A. D. Nock, *Class. Quart.*, 20, 1926, 41-42. — Cette géographie est approximative si πρὸς, dont la place est étonnante, est correct : pour qui vient de Thessalie, l'Haimos n'est pas *dans la direction du* Strymon et du Rhodope, mais au-delà.

82. Εὔχομαι pourrait se traduire ici par « je proclame solennellement » ; mais le sens de « souhaiter » s'impose au v. 839.

85. Le Pont Axin ou mer Inhospitalière est devenu ensuite par euphémisme le Pont Euxin (Hospitalier). — Sur le sens d'ἐρυμνός, cf. Vian², 140. Parmi les emplois anormaux de cet adjectif, ajouter Simmias, fr. 1, 7 Powell (*codd.*).

87. L'hom. ἐπιήρανος, « agréable », a pris un sens nouveau sous l'influence du tour ἐπίηρα φέρειν ; comparer *AP*, 9, 41 (Théon).

92. Λιτῆς est garanti par les parallèles (cf. *loci sim.*). Son sens est inconnu ; la traduction s'inspire de la glose d'Hésychius. Sur κευθμῶν désignant les Enfers, cf. les textes réunis par K. Dilthey, *Rhein. Mus.*, 27, 1872, 408.

93. Les descentes aux Enfers d'Héraclès et de Thésée son, donc postérieures. — Sur les infinitifs des v. 93 et 94, cf. p. 61t § VIII 1.

Εἰμὶ δ' ἐγὼ Μινύαισι πανέξοχον αἷμα λελογχώς,
Θεσσαλὸς Αἰσονίδης· ξεῖνος δέ σοι εὔχομαι εἶναι.
Ἀλλά, φίλος, πρόφρων μ' ὑποδέχνυσο καὶ κλύε μῦθον
μειλιχίαις ἀκοαῖς καὶ λισσομένῳ ὑπάκουσον,
Ἀξείνου πόντοιο μυχοὺς καὶ Φᾶσιν ἐρυμνὸν
νηὶ σὺν Ἀργῴῃ πελάσαι δεῖξαί τε θαλάσσης
παρθενίης ἀτραπούς, ἐπιήρανον ἡρώεσσιν
οἵ ῥα τεὴν μίμνουσι χέλυν καὶ θέσκελον ὀμφήν,
ἐλπόμενοι ξυνῶν πελάγει ἐπαρηγόνα μόχθων —
οὐ γὰρ δὴ πλῶσαι πρὸς βάρβαρα φῦλα μέδονται
νόσφι σέθεν· καὶ γάρ ῥα ποτὶ ζόφον ἠερόεντα,
νείατον εἰς κευθμῶνα, λιτῆς εἰς πυθμένα γαίης,
μοῦνον ἀπ' ἀνθρώπων πελάσαι καὶ νόστον ἀνευρεῖν —·

Loci sim. **81** *HH*, 7, 56 εἰ. δ' ἐ. || **82** ε 450 ἱκέτης δέ τοι εὔ. εἶ. ; cf. *AO*, 839 || **83** Ι 480, al. με πρ. ὑπέδεκτο || Γ 86 κέκλυτέ μευ... | μ. ; cf. *AO*, 1191 || **84** λ. ὑ. : cf. ad 965 s. || **85** AR, 2, 984 Πόντον ἐς Ἄξεινον ; cf. *AO*, 785 || AR, 2, 1246 μυχὸς... Πόντου ; cf. *AO*, 747 (u.l.) || Φ. ἐ. : cf. *AO*, 894, 1052 || **86 s.** AR, 1, 319, al. Ἀ. ... ν. ; cf. *AO*, 224, 533 s., 619, 879 || AR, 1, 361 δείξειν τε πόρους ἁλός (et μ 25 s.) ; Greg. Naz. *Or.* 18, 31 (351) (= *PG*, t. 35, p. 1024) πλέοντί μοι τὸ παρθενικὸν πέλαγος (alio sensu) ; cf. *AO*, 263^{b}-264 || **88** Nonn. *Par.* 3, 49, al. θ. ὀ. ; cf. *AO*, 190, 265, 1001 (et 707) || **89** ζ. ... ἐ. μ. : cf. ad 348 || **90** Nonn. 23, 3, al. β. φ. || **91** Μ 240, al. π. ζ. ἠ. || **92** *HHMerc.* 229 εἰς κ. || Alex. Aet. F 1, 2 Powell λιτὴ... γαῖα (et Hesych. λιτὴ χθών) || *O.* F 21a, 3 (= 168, 4) πυθμὴν γ. ; cf. *AO*, 423 || **93** μ. ἀπ' ἀ. : cf. *AO*, 183 et uide ad 949.

---

81 μινύαισι M^{pc}O : -ύεσσι Ψ || **82** σοι Ψ : τοι E (cf. ω 114) || **85** ἀξείνου Ψ : εὐξ- NO || φᾶσιν N : φά- Ψ ut solet || ἐρυμνόν Ψ (cf. 894) : ἐραννόν Heringa, cl. 790 || **86** πελάσαι Ψ : πλεῦσαι Huschke[2] || **87** ἐπιήρανον Pierson (cf. 98) : -ατον Ψ (ex 75) || **88** θέσκελον Ψ : θέσφατον θ || **89** ἐλπόμενοι Ψ : ἐλδό- Ruhnken[3] || ξυνῶν B Mosch.^{GR} (cf. 348) : ξυνὸν [ξὺν V] Ψ || **90** πλῶσαι Ψ : πλεῦσαι Mosch.^{G} || **92** κευθμῶνα λιτῆς Ω : -μῶν' ἔτλης Platt[1].

avec les Minyens leurs peines et leur gloire, afin de rester dans la mémoire des générations à venir *. »

Et moi, en réponse, je lui adressai ces mots :

« Aisonide, pourquoi faut-il que tu me fasses cette prière et que tu me demandes d'aller en Colchide pour servir de guide aux Minyens à bord de ta nef au bon gaillard sur la mer vineuse ? N'ai-je pas déjà connu assez de peines, assez d'épreuves quand je parcourais la terre immense et ses villes et qu'en Égypte et en Libye, j'allais révéler aux mortels les décrets des dieux ? Ma mère * ne m'a-t-elle pas délivré des errances et du taon ? Ne m'a-t-elle pas ramené dans ma demeure pour y trouver le terme de la mort pendant la triste vieillesse ? Mais il est impossible de se dérober aux arrêts du sort : la volonté des Destins me presse, car elles ne sont pas méprisables, les Prières, ces filles de Zeus Suppliant. Je vais partir sur l'heure pour me joindre à la jeune troupe des princes et des demi-dieux. »

Alors je quittai mon antre aimable et me mis en

95. Ἐπεσσόμενος est fréquent chez Nonnos ; autres exemples dans Liddell-Scott-Jones ; pour les *AO*, voir les *loci sim.*

104. La Muse Calliopé.

ὧν ἕνεκα ξυνήν τε δύην Μινύαισιν ἀρέσθαι
καὶ κλέος, ἀνθρώποισιν ἐπεσσομένοισι πυθέσθαι. »
Τὸν μὲν ἐγὼ μύθοισιν ἀμειβόμενος προσέειπον·
« Αἰσονίδη, τί με ταῦτα παραιφάμενος ἐρεείνεις,
ὄφρα κεν ἐς Κόλχους Μινύαις ἐπιήρανος ἔλθω,
νηὶ σὺν εὐσέλμῳ πλεύσας ἐπὶ οἴνοπα πόντον;
Ἤδη γάρ μοι ἅλις καμάτων, ἅλις ἔπλετο μόχθων,
ὡς ἱκόμην ἐπὶ γαῖαν ἀπείριτον ἠδὲ πόληας,
Αἰγύπτῳ Λιβύῃ τε βροτοῖς ἀνὰ θέσφατα φαίνων.
Καί μ' ⟨ἀπ'⟩ ἀλητείης τε καὶ ἐξ οἴστρου ἐσάωσε
μήτηρ ἡμετέρη, καί ῥ' εἰς δόμον ἤγαγεν ἁμόν,
ὄφρα τέλος θανάτοιο κίχω μετὰ γήραϊ λυγρῷ.
Ἀλλ' οὐκ ἔσθ' ὑπαλύξαι ἃ δὴ πεπρωμένα κεῖται·
Μοιρῶν ἐννεσίῃσιν ἐπείγομαι, οὐ γὰρ ἄτιμοι
Ἱκεσίου Ζηνὸς κοῦραι Λιταί. Ἵξομαι ἤδη
ὁπλοτέροις βασιλεῦσι καὶ ἡμιθέοις ἐνάριθμος. »
Καὶ τότε δὴ λίπον ἄντρον ἐπήρατον ἠδ' ἐπέρησα

Loci sim. **94-95**[a] Υ 21 ὧν ἕ. ξυν- || ἀ. | ... κλ. : cf. ad 453 || **95**[b] Β 119, al. καὶ ἐσσομένοισι π. ; orac. ap. Herod. 6, 77 ἐπεσσομένων ἀνθρώπων ; Call. *Epigr.* 50, 3 ἐπ. ὁρᾶσθαι ; cf. *AO*, 298, 454, 610, 627 || **96** Γ 437 τὴν δὲ... μ. ἀ. π. || **97** AR, 1, 463 (= 4,355) Αἰ., τίνα... ; || **99** β 414, al. ἐυσσέλμῳ ἐπὶ ν. ; Stesich. F 192, 2 Page νηυσὶν εὐσέλμοις || Η 88, al. πλέων ἐ. οἴ. π. || **101** γ. ἀπ. : cf. ad 20 || **102** *Or. Sib.* 3, 208 Αἰ. Λ. τε || AR, 2, 315 ἀνθρώποις... θ. φαίνειν || **104** *HHMerc.* 267 ἡμετέρης... μητρός ; cf. *AO*, 682 s. || **105** Ι 416 τ. θ. κιχείη || Ε 153, al. γ. λ. || **106** Μ 327 (κῆρες) ἃς οὐκ ἔστι φυγεῖν... οὐδ' ὑ. || Γ 309 πεπρωμένον **ἐστίν** || **107** Μ. ἐ. : cf. ad 297 || **108** AR, 4, 700 Ζ. ... Ἱκεσίοιο || Ι 502 Λ. ... Διὸς κ. || **109** ὁ. β. : cf. *AO*, 454 || **110** ν 103, **347** ἄ. ἐπήρ. ; cf. *AO*, 75.

---

94 ἕνεκα E (cf. 832) : -κεν Ψ || μινύαισιν ζM[pc] : -ύεσσιν Ψ || **95** om. ζ || ἐπ- NVE : ἐπ' Ψ || **99** πλεύσας Ψ : fort. πλώσας || **101** ὡς Sloth.[2] : ὧν Ψ || **103** μ' ἀπ' West : με Ψ ῥά μ' Herm. || **104** ῥ' Ψ : μ' A || ἁμόν Ruhnken[3] : ἄλλον Ψ || **106** δὴ ζANFH δεῖ Vθ.

route avec ma phorminx ; j'arrivai, d'un pas rapide, auprès des Minyens sur les rivages de Pagases. C'est là qu'était assemblée la troupe des vaillants Minyens : leur foule couvrait la grève et la rive de l'Anauros. Dès qu'ils m'aperçurent au débouché du chemin, ils s'empressèrent de se lever : chacun avait la joie au cœur *. Et je leur adressais la parole pour m'enquérir du nom de ces preux *.

Tout d'abord *, je vis la Force du divin Héraclès qu'Alcmène avait enfanté de son union avec Zeus le Cronide, alors que le Soleil dévorant éclipsait par trois fois sa lumière, laissant une longue nuit s'étendre de toute part * ; et Tiphys l'Hagniade, le pilote de la longue nef : celui-ci, qui était alors le voisin du peuple siphéen de Thespies sur les rives du Termessos, venait

116. Les Argonautes assemblés (113) attendent, couchés sur la grève (114 στεῖνον) ; à l'arrivée d'Orphée, ils se lèvent, ἤγερθεν, à rattacher à ἐγείρω : cf. Vian[2], 141, et ma note à AR, 1, 666 (C.U.F., t. 1, p. 81, n. 1).

117. Dans la *Nékyia* homérique, Ulysse est censé interroger chaque femme (λ 229, et surtout 234 ἐρέεινον). Mais, au lieu d'un dialogue, on n'a qu'une énumération dont la plupart des termes sont introduits par ἴδον. Notre poète s'inspire de ce passage et c'est sans doute ce qui justifie ἐμυθεόμην ; la conjecture de Ludwich demeure néanmoins séduisante.

118-229. *Catalogue des Argonautes.*

121. Cf. AR, 1, 122-131. Le poète rappelle que Zeus a prolongé pendant trois jours la nuit au cours de laquelle il s'est uni à Alcmène. — L'emploi et la construction d'ἐλείπετο sont singuliers ; cf. cependant Plot., 2, 3, 5, où λείπειν signifie « devenir invisible » en parlant de la lune ; voir aussi Vian[2], 141. — Σείριος qualifie le soleil dans Lyc., 397, et peut-être déjà dans Archiloque, fr. 85 Lasserre. — Bien que δολιχή soit répété au vers suivant, il paraît mieux en situation que δνοφερή. — Pour le sens d'ἐπιμαίομαι, cf. Vian[4], 119, n. 42.

αὐτῇ σὺν φόρμιγγι καὶ εἰς Μινύας ἀφίκανον
λαιψηροῖσι πόδεσσιν ὑπὲρ Παγασηίδας ἀκτάς.
Ἔνθα δ' ἀριστήων Μινυῶν λόχος ἠγερέθοντο·
στεῖνον δὲ ψαμάθους ὁμάδῳ ῥηγμῖνά τ' Ἀναύρου.
Ἀλλ' ὅτε δή μ' ἐνόησαν ἀταρπιτὸν ἐξανύοντα,
ἀσπασίως ἤγερθεν, ἐγήθεε δ' ἦτορ ἑκάστῳ.
Αὐτὰρ ἐμυθεόμην ἐρεείνων ἄνδρας ἀρίστους.
  Πρῶτα δὲ εἶδα βίην Ἡρακλῆος θείοιο
ὃν τέκεν Ἀλκμήνη Ζηνὶ Κρονίωνι μιγεῖσα,
ἦμος ὅτε τρισσὴν μὲν ἐλείπετο σείριος αἴγλην
Ἠέλιος, δολιχὴ δ' ἐπεμαίετο πάντοθεν ὄρφνη·
Τῖφύν θ' Ἁγνιάδην, δολιχῆς ἰθύντορα νηός·
Θεσπιέων δ' ὅ γε τῆμος ἐφ' ὕδασι Τερμησοῖο

Loci sim. **111** I 194, al. αὐ. σ. φ. || *HHVen.* 75 ἐς κλισίας... ἀφίκανε || **112** O 269 λαιψηρὰ πόδας... ἐνώμα || AR, 4, 1781 ἀ. Π. || **113** AR, 1, 229 ἀριστῆας Μινύας ; cf. *AO*, 565 || M. λ. : cf. *AO*, 590 || AR, 1, 228 ἠγ. ; cf. etiam *AO*, 230 ἐς λόχον ἠγ. || **115** [Theoc.] 25, 156 καρπαλίμοισι (cf. *AO*, 112 λαιψηροῖσι) τρίβον ποσὶν ἐξανύσαντες || Nonn. 18, 321 ἀ. ἤνυε || **116** η 269 γήθησε δέ μοι... ἦ. || **117 s.** λ 234 s. ἐγὼ δ' ἐρέεινον ἁπάσας (in catalogi initio) ... | ... πρώτην... ἴδον || E 541 ἄ. ἀ. || Σ 117 βίη Ἡ. (et AR, 1, 122) || O 25 Ἡ. θ. ; cf. *AO*, 226 || **119** *HHMerc.* 3 s. ὃν τέκε Μαῖα | ... Διὸς ἐν φιλότητι μ. (cf. etiam *AO*, 219 s.) ; Hes. *Th.* 943 s. Ἀλκ. δ' ἄρ' ἔτικτε βίην Ἡρακληείην | μιχθεῖσ' ἐν φιλότητι Διός || *HHMerc.* 312 Z. Kρ. || **120** AR, 4, 267, al. ἦ. ὅτ(ε) || **122-124** AR, 1, 105 s. Τῖφυς δ' Ἁγνιάδης Σιφαέα κάλλιπε δῆμον | Θ. || **122** ἰθ. : cf. ad 1204 || **123** AR, 1, 36, al. ἐφ' ὕ. Ἀπιδανοῖο || Hes. *Th.* 5 Τερμησ(σ)οῖο (u. l.)

---

111 εἰς Ψ : ἐς E || **113** Μινυῶν Steph. : -ύων Ψ || **114** στεῖνον O : στεινὸν Ψ στείνων West || δὲ Sanctam. : δὴ Ψ et West || ψαμάθους Schneider : -θου Ψ || ῥηγμῖνα ζ$N^{pc}M^{sl}$O : ῥιγ- Ψ || **117** ἐμυθεόμην Ψ : ἐγὼ πυθόμην Ludwich[2] || **120** τρισσῆς... αἴγλης prop. Vian[2] || **121** δολιχὴ Ψ : δνοφερή Sloth., cl. QS, 2, 568 || **122** θ' Ἁγνιάδην Esch. : τ' ἀγν- Ω || δολιχῆς Ω : ἀλίης Voss, cl. 236 || **123** τερμησοῖο Crivelli E : τελμησοῖο Ψ -μισοῖο ζ Περμησσοῖο Schneider.

de quitter son fleuve * ; mieux que quiconque, il savait diriger un navire dans le hurlement des rapides rafales * grâce aux mille ressources de son art *. Je découvris Castor le dresseur de chevaux et Pollux * et Mopsos de Titaros que l'épouse d'Ampyx, Arégonis, avait mis au monde sous le chêne de Chaonie * ; et Pélée l'Aiacide, le brillant fils d'Aigina, qui régnait sur les Dolopes dans la fertile Phthie *. Je remarquai aussi la triple progéniture glorieuse d'Hermès : Aithalidès qu'avait enfanté la très glorieuse Eupolémeia, fille de Myrmidon, dans la rocheuse Alopé ; puis Érytos et le bel Échion que jadis, dans la couche de la Nymphe Laothoé, fille de Mérétos, avait engendré le seigneur du Cyllène, Argeiphontès

124. Voir *Notes complémentaires*, p. 175.

125. Voir *Notes complémentaires*, p. 175.

126. Cf. AR, 1, 105-108. La notice transpose celle d'Apollonios et la complète par une indication géographique tirée d'Hésiode (*Th.*, 5) : le Termes(s)os ou Permes(s)os (les deux variantes sont attestées dans le texte d'Hésiode et ailleurs) est un fleuve qui prend sa source dans l'Hélicon, arroseThespies et se jette dans le lac Copaïs. Telmes(s)os, leçon des manuscrits, est une ville de Carie : une faute de copiste est plus probable qu'une erreur du poète.

127. Cf. AR, 1, 146-150.

129. Cf. AR, 1, 65-66. Le poète innove en donnant pour mère à Mopsos une Arégonis inconnue et en le faisant naître « sous le chêne de Chaonie », donc à Dodone. Cette précision explique la science prophétique du héros, mais heurte la géographie, puisque Titaros comme le fleuve Titarésios se trouve en Thessalie.

131. Cf. AR, 1, 90-94. Télamon (v. 184-186) est séparé de Pélée, alors qu'Apollonios mentionne conjointement les deux frères. Ceux-ci sont les petits-fils d'Aiginé et non ses fils : le poète a mal compris sa source où Aiginé désigne l'île et non la Nymphe éponyme qui fut l'amante de Zeus et la mère d'Aiacos (P. Chuvin).

ἄγχουρος λαοῖς Σιφαέσι ῥεῖθρον ἄμειϐεν,
ὃς περὶ μὲν βύκταισι καὶ ἀργήεσσιν ἀέλλαις
νῆα κατιθύνειν δέδαεν πολυμήτιδι τέχνῃ.
Κάστορά θ' ἱππόδαμον Πολυδεύκεά τ' εἰσενόησα
καὶ Μόψον Τιταρῆθεν ὃν Ἄμπυκι νυμφευθεῖσα
Χαονίην ὑπὸ φηγὸν Ἀρηγονὶς ἐξελόχευσε·
Πηλέα τ' Αἰακίδην, Αἰγίνης ἀγλαὸν υἱόν,
ὃς Δολόπεσσιν ἄνασσεν ἐνὶ Φθίῃ ἐριϐώλῳ.
Τρισσὴν δ' Ἑρμείαο κλυτὴν εἰσέδρακα γένναν,
Αἰθαλίδην ὃν ἔτικτε περικλυτὸς Εὐπολέμεια,
Μυρμιδόνος θυγάτηρ, Ἀλόπῃ ἐνὶ πετρηέσσῃ,
ἠδ' Ἔρυτον καὶ καλὸν Ἐχίονα τούς ποτε Νύμφῃ
Λαοθόῃ Μερετοῖο παρευνηθεὶς ἐλόχευσε
Κυλλήνης μεδέων, χρυσόρραπις Ἀργειφόντης.

Loci sim. **124** ῥ. ἄ. : cf. *AO*, 792 || **125** AR, 1, 101, 138 ὅς περὶ, et γ 112 περὶ μέν || β. : cf. ad 1102 s. || ἀ. ἀ. : cf. *AO*, 685 || **126** Ψ 317 ν. ... ἰθύνει ; cf. *AO*, 730, 1085 || *HHMerc.* 483 τ. ... δεδαημένος || **127** cf. ad 947 || **128** AR, 1, 65 Μόψος Τιταρήσιος, 1083 Μόψος τ' Ἀμπυκίδης || **129** Χ. ὑ. φ. : cf. Ouid. *Met.* 10, 90 || **130** Φ 189 Πηλεύς Αἰακίδης || Β 736, al. ἀγλαὸς υἱός ; cf. *AO*, 491, 989, 1016 || **131** Ι 484 Δ. ἀνάσσων || Ι 363 Φθίην ἐρίϐωλον ; AR, 1, 94 ἐν Φθίῃ ἐριϐώλακι (u. l.) || **132-137** AR, 1, 51-56 Ἑρμ., Ἔρυτος καὶ Ἐχίων, Αἰθαλίδης, Μ. κούρη... Εὐ., Μενετηΐδος (fort. leg. Μερετ-) || **133** Π 180 τὸν ἔτ. ; cf. *AO*, 861 || **136** Nonn. 10, 214 λόχευσε παρευνηθεῖσα || **137** *HHMerc.* 2 Κ. μεδέοντα ; cf. *AO*, 1 || κ 331, al. χρ. Ἀ.

---

124 λαοῖς Σιφαέσι ῥεῖθρον Pierson, praeeunte Esch., cl. AR, 1, 105 : λαοῖσι φαεσ(σ)(ε)ίρ(ε)ιθρον Ψ || **126** δέδαεν ζΝθF : -αε A -ας V -αας H δεδάει Herm. || **127** θ' Ψ (ex Γ 237 ?) : fort. δ', sed cf. 197, 207 || **130** τ' Ψ : δ' V || υἱόν Ψ (cf. 297) : υἷα legitur u. 65, 1016 || **133** περικλυτὸς ANFH : -τὴ ζθV cf. 219, 474 || **135** Ἔρυτον Ald. : εὔρ- Ω || ἐχίονα H Mosch.[GR] (p.c.) : ἐγχ- Ω (cf. AR, 1, 52 E) || **136** μερετοῖο Ω (cf. Hyg. *Fab.* 14, 3 *Mereti*) : μενε- NHP[pc]B[pc] (cf. AR, 1, 56 Μενετηΐδος).

à la verge d'or *. Argos fils d'Alector était arrivé,
ainsi que Corônos le mangeur de bœufs * : voisin de
156 Pellène et de Lipaxos aux belles eaux, il avait quitté
157 sa ville opulente et Colones la montagnarde *. Iphi-
clos aussi, divine lignée de Phylacos, avait surgi *,
ainsi que Boutès l'Ainétide, semblable à Phoibos au glaive d'or *. Canthos l'Abantiade était arrivé d'Eubée, lui que terrassa le Destin, lui à qui Nécessité assigna pour fin de périr en Libye et d'oublier le retour au pays *. Phaléros, fils d'Alcon, était venu du cours de l'Eilissos, lui le fondateur de la ville de Gyrtôn ceinte par la mer *. Iphitos aussi était venu à leur suite se joindre à eux, ce fils de Naubolos qui régnait sur la Phocide et sur Charadra la ville forte *. Laodocos,

137. Cf. AR, 1, 51-56. La généalogie d'Aithalidès demeure inchangée. En revanche Laothoé remplace Antianeira qui apparaît plus loin ainsi que l'Amphryssos ou Ambryssos (v. 189). Elle est qualifiée de Nymphe, titre qui convient bien à une compagne d'Hermès ; mais le poète lui conserve néanmoins le père mortel qu'Apollonios donnait à Antianeira. Le nom de celui-ci est sans doute conservé d'une façon plus correcte dans les *AO* que chez Apollonios : cf. Vian², 142.

138. Voir *Notes complémentaires*, p. 175-176.

157. Voir *Notes complémentaires*, p. 176.

139. Cf. AR, 1, 45-48. — 'Αντετόρησε n'a reçu aucune correction satisfaisante. Le poète a dû donner à cette forme homérique le sens erroné d' « aller vers », « pénétrer dans », d'où « arriver » : cf. E 337 ; et surtout K 267 ; *HHHerm.*, 178, 283.

140. Cf. AR, 1, 95-96. Boutès est Athénien selon Apollonios. Il est fils d'Ainétos, le frère de Képhalos (Apollod., *Bibl.*, 1, 9, 4) si l'on admet la conjecture de Wernicke, dans *Real-Encykl.*, 3 (1897), *s.* Butes, n° 3 ; cf. C. Robert, *Heldensage* (1921), 789, n. 7.

143. Paraphrase d'AR, 1, 77-85. Pour νόστος suivi d'un génitif, cf. ε 344 ; ψ 68.

145. Cf. AR, 1, 96-97. La fondation de Gyrtôn en Thessalie par Phaléros est à mettre en rapport avec le caractère du héros, à la fois athénien, eubéen et thessalien : cf. M. L. Trowbridge, *Real-Encykl.*, 19, 2 (1938), *s.* Phaleros 1. Mais ἁλιστεφές est une erreur géographique, car Gyrtôn est proche de Larisa : cf. AR, C.U.F., t. 1, p. 242, *N.C.* à 1, 58.

147. Voir *Notes complémentaires*, p. 176.

Ἄργος Ἀλεκτορίδης καὶ βουφάγος ἦλθε Κόρωνος,
156 ἀγχόθι Πελλήνης τε καὶ εὐύδροιο Λιπάξου
157 ἄστυ λιπὼν ἀφνειὸν ὀρειονόμους τε Κολώνας.
Ἴφικλος αὖ Φυλάκου δῖον γένος ἀντετόρησε,
Βούτης τ' Αἰνετίδης, ἴκελος χρυσάορι Φοίβῳ.
Κάνθος δ' Εὐβοίηθεν Ἀβαντιάδης ἐπέρησεν,
ὃν δὴ Μοῖρ' ἐδάμασσε, τέλος δ' ἐπέθηκεν Ἀνάγκη
φθίσθαι ὑπὲρ Λιβύης, νόστου δ' οἴκοιο λαθέσθαι.
Ἄλκωνος δὲ Φάληρος ἀπ' Εἰλισσοῖο ῥοάων
ἤλυθεν ὃς Γυρτῶνος ἁλιστεφὲς ἔκτισεν ἄστυ.
Ἴφιτος αὖ μετὰ τοῖσιν ἐφέσπετο Ναυβόλου υἱός,
Φωκίδος ὅς ῥ' ἤνασσε καὶ εὐπύργοιο Χαράδρης.
Λαοδόκος, Ταλαὸς καὶ Ἀρήιος, υἱοὶ ἄμωμοι,

Loci sim. **138** AR, 1, 111 s. Ἀ. | ... Ἀλ. (u. l.) || AR, 1, 57 ἤλυθε... K. || **157** Ξ 281 ἄ. λιπόντε ; AR, 1, 57 ἀφνειὴν προλιπών || **139** AR, 1, 45 Ἴ. Φυλάκῃ ἔνι || *HH*, 1, 2 δ. γ. (et I 538) || **140** AR, 3, 1283 εἴκελος... χρυσαόρῳ (u. l. -άορι) Ἀπόλλωνι || **141-143** AR, 1, 77 s. ἀπ' Εὐβοίης K., Ἀβ., 81 Λιβ. || **142** Σ 119, al. M. ἐδ. || Υ 369 τ. ... ἐπιθήσει || **143** ι 97 ν. τε λ. || **144** AR, 1, 96 s. Φ., Ἄλκων || Δ 91 ἀπ' Αἰσήποιο ῥ. ; cf. *AO*, 366 || **145** *HHAp*. 410 ἁλιστέφανον πτολίεθρον ; Nonn. 13, 455 ἁλ. οὖδας ἀρούρης ; cf. *AO*, 186, 1208 || **146 s.** AR, 1, 207 s. ἐκ... Φωκήων, Ἴφ. ... | N. ἐκγεγαώς || **148 s.** AR, 1, 118 s. T. κ. Ἀ., υἷε Βίαντος, | ἤλυθον ἴφθιμός τε Λεώδοκος, οὓς τ. Π. ; 2, 63 Βιαντιάδης Ταλαός.

---

138 Ἄργος Ἀλεκτορίδης Vian, post αὐτὰρ Ἀλ. Herm. et αὐτίκ' Ἀλ. Venzke : αὐτίκα δ' ἀκτορίδης Ω ; de uoce Ἀλ., cf. AR, 1, 112 u. l. || **156-157** post 138 transp. Vian || **156** λιπάξου Ψ : -πέξου ζF -πόξου V -πούρου K || **157** ὀρειονόμους Ω : ἐλειο- Mosch. || τε κολ. om. K || **139** ἀντετόρησε(ν) [-όησε F] Ω : ἀντεθόρ- O (p.c. ?) ἄντ' ἐπέρησε uel ἐπόρευσε West, Voss praeeunte || **140** Αἰνετίδης Wernicke (*Real-Encykl.* 3, *s.* Butes, n° 3) : αἰνειάδης [-νιά- K] Ω || **141** εὐβοίηθεν Ψ : ἠδήηθεν K || ἀβαντιάδης Ω : ἀκαν- NVF || **142** Ἀνάγκη Maass (*Orpheus*, 269[45]) : ἀν- edd. || **143** νόστου Mosch.[s] : -τον Ω || δ' Ω : τ' Herm. || **144** Εἰλισσοῖο Vian[2] : αἰσήποιο (ex Δ 91) Ω αἰσόποιο (uoluit Ἀσωποῖο sicut Crivelli) θ || **145** Γυρτῶνος Vian : γύρτω- Ω || **147** χαράδρης Voss : τανάγρης Ω || **148** ταλαὸς K : τ' ἀλαὸς Ψ τ' ἀγλαὸς M[sl]ON[2].

Talaos et Aréios, fils sans reproche, étaient venus,
150 Biantiades en renom qu'avait enfantés Pérô *. Il était
venu, Amphidamas, le fils d'Aléos : envoyé par un
père valeureux, il avait quitté le territoire de Tégée *.
Erginos était venu, quittant la glèbe riche en blé de
Branchos et la citadelle de la forte Milet où roulent
155 les eaux du Méandre sinueux *. Parmi eux était arrivé
158 Périclyménos, le fils de Nélée *. De Calydon qu'il avait
laissée, venait le fougueux Méléagre qu'avaient enfanté
160 Oineus et Althaia aux bras de rose. Lui aussi, Iphiclos
était arrivé, laissant le lac d'Atrax : frère d'Althaia,
il estimait plus que tous le charmant Méléagre et lui
enseignait les œuvres de vaillance *. Était arrivé aussi
Astérion, le fils de l'illustre Comètès qui habitait Pei-
résié, à l'endroit où le Pénée mêle son cours aux eaux
165 de l'Apidanos pour se jeter avec lui dans la mer *.

149. Résumé d'AR, 1, 118-121. La conjecture Βιαντιάδαι rétablit le patronyme attendu au prix d'une synizèse dont le poème semble fournir d'autres exemples : cf. Vian[2], 149-150.

151. Première partie du contingent arcadien : cf. AR, 1, 161-164. Le motif du père qui envoie son fils participer à l'expédition concerne Ancaios chez Apollonios ; il sera repris à propos de ce dernier aux v. 198 s. D'après les manuscrits, le fils d'Aléos se nomme Iphidamas et non Amphidamas : une faute de copiste paraît plus vraisemblable qu'une *variatio* intentionnelle de l'auteur (voir l'apparat critique).

154. Cf. AR, 1, 186-187. La notice d'Apollonios est complétée par les mentions de Branchos, prophète d'Apollon à Didymes, et du Méandre, peut-être d'après QS, 1, 280-286.

155. Cf. AR, 1, 156.

162. Cf. AR, 1, 190-201. Iphiclos assume le rôle de précepteur de Méléagre qui était dévolu à Laocoon par Apollonios. Le poète ajoute une allusion à Althaia inspirée d'Homère et il fait état du lac Atrax. Il commet peut-être à ce sujet une erreur géographique, car Atrax est une ville et une rivière de Thessalie proches de Larisa (cf. M. Casevitz, *Rev. Ét. Gr.*, 94, 1981, 151-159). Toutefois Pline, *Hist. nat.*, 4, 6, connaît en Étolie le peuple des *Atraces, a quibus Atrax amnis Ionio mari infunditur.*

165. Cf. AR, 1, 35-39. Le Pénée remplace l'Énipeus ; mais la géographie est respectée.

ἦλθον, Βιαντιάδαι περιώνυμοι οὓς τέκε Πηρώ.
Ἀμφιδάμας δ' Ἀλεοῦ πάις ἤλυθε· πέμψε γὰρ αὐτὸν
ἴφθιμος γενέτης Τεγέης ὅρια προλιπόντα.
Ἤλυθε δ' Ἐργῖνος, Βράγχου πολύπυρον ἄρουραν
ἐκπρολιπὼν καὶ τύρσιν ἐρυμνῆς Μιλήτοιο,
ἔνθα ῥοαὶ κλύζουσι πολυπλανέος Μαιάνδρου.
Ἐν δὲ Περικλύμενος Νηλήιος εἰσαφίκανεν.
Ἐκ δὲ λιπὼν Καλυδῶνα θοὸς Μελέαγρος ἔβαινεν,
Οἰνεὺς τόν ῥ' ἐλόχευσε καὶ Ἀλθαίη ῥοδόπηχυς.
Ἴφικλος αὖτ' ἐπέρησε λιπὼν Ἀτρακηίδα λίμνην,
σύγγονος Ἀλθαίης· περὶ δ' ἔξοχα τῖεν ἁπάντων
εὐειδῆ Μελέαγρον ἰδ' ἀγλαὰ ἔργ' ἐδίδασκεν.
Ἀστερίων δ' ἐπέρησε πάις κλεινοῖο Κομήτου,
Πειρεσιὴν ὃς ἔναιεν, ἵν' Ἀπιδανοῖο ῥεέθροις
Πηνειὸς μίσγων ξυνὸν ῥόον εἰς ἅλα πέμπει.

Loci sim. **150 s.** AR, 1, 161-164 Ἀμφ., Τεγέην, υἷε... Ἀλ., πατὴρ... ἔπεμπε || **152-154** AR, 1, 186 s. πτολίεθρον ἀγαυοῦ Μιλ. | νοσφισθεὶς Ἐ. ; cf. etiam Call. F 229 (uide Dieg.) ; QS, 1, 280-286 (Μιλήτοιο, Βράγχου, Μαι. τε ῥέεθρα) || **154** B 869 M. τε ῥοάς || **155** AR, 1, 156 Π. Ν. || **158 s.** AR, 1, 190 s. Οἰνεΐδης... ἀφορμηθεὶς Καλυδῶνος | ... Μ. ἀνήλυθε ; I 555 Ἀλθαίη || **160** AR, 1, 201 Ἴφ. || **161** ω 78 τὸν ἔξ. τῖες ἀπ. (et *HHAp.* 88) ; Σ 81 περὶ πάντων τῖον ἑταίρων || **162** *HHVen.* 15, al. ἀ. ἔ. ἐδ. || **163 s.** AR, 1, 35-37 Ἀστ., Κομήτης, Ἀπ., Πειρεσιάς... ναίων || **165** AR, 2, 401 ῥ. εἰς ἅ. βάλλει.

---

149 Βιαντιάδαι cum syniz. Vian[2], nolente Venzke : ἀβαντ- Ω (ex 141) || περιώνυμοι Ω : -μος prop. West || πηρώ Ω : τηρώ D || **150** ἀμφιδάμας M[pc] (cf. AR, 1, 161) : ἰφι- Ω (ex Ἴφιτος et ἴφθιμος u. 146, 151 ?) || Ἀλεοῦ Vian : -έου Ω || πάις Abel : παῖς Ω || **153** ἐρυμνῆς Crivelli (*celsis*) Wesseling[1] : ἐρεμνῆς Ω -μνὴν H || **156-157** uide post 138 || **158** post μελέαγρον (sic) om. ἔβαινεν K || **161** ἔξοχα τῖεν ἁπάντων Vian[2], cl. ω 78 : αὖ τίεν ἔξοχα πάντων Ω || **162** ἔργα δίδ- Mosch.[G] || **164** Πειρεσιὴν Vian : πειρεσίην M[sl]E : τει- Ω || ὃς ζM[pc] : ὅς ῥ' Ω || ἵν' Crivelli (*ubi*) Herm. : ἐπ' Ω om. E.

Eurydamas avait fait route, quittant le lac de Boibé proche du Pénée et de Mélibée qui regorge de lait *. A son tour était arrivé le fils d'Élatos, Polyphémos qui jadis, par sa vaillance, se distinguait parmi les héros *. Était venu Éneios (?), fils de ce Caineus qui, dit-on, mêlé aux Lapithes, fut terrassé par les Centaures, écrasé sous les pins et les longs fûts des sapins : il soutint le choc, planta ses genoux sans fléchir et c'est vivant qu'il descendit chez les morts dans les profondeurs de la terre *. Admète était arrivé de Phères : jadis Paian fut son esclave soumis ; il fuyait le courroux de Zeus pour avoir fait descendre chez les morts les Cyclopes avec ses flèches invincibles après le traitement indigne subi par Asclépios *. Eurytion fils d'Iros fils d'Actorion était venu, quittant l'âpre

167. Cf. AR, 1, 67-68. Le lac de Boibé remplace le lac Xynias. De fait, les deux lacs sont confondus à tort dans les scholies mutilées d'AR, 1, 67-68 a, et dans Steph. Byz., *s.* Ξυνία. Le domaine d'Eurydamas se trouve dès lors transféré du pays des Dolopes en Magnésie septentrionale, ce qui justifie les allusions à Mélibée et au Pénée. — Sur l'établissement du texte des v. 166 s., cf. Vian[2], 142 s.

169. Cf. AR, 1, 40-44.

174. La notice sur Caineus est rattachée chez AR, 1, 57-64, à Corônos que les *AO* nomment au v. 138 sans mentionner son père. Ici elle est introduite à propos d'un inconnu, Éneios, dont le nom semble corrompu. La meilleure conjecture est celle de H. Herter ἦδ' υἱός ; mais on peut douter que le fils de Caineus demeure anonyme.

178. Comme Val. Fl., 1, 445-450, le poète complète AR, 1, 49, en rappelant le servage d'Apollon chez Admète : cf. Eur., *Alc.*, 1-9 ; Apollod., *Bibl.*, 3, 10, 4.

Εὐρυδάμας δ' ἐπόρευσε λιπὼν Βοιϐηίδα λίμνην,
ἀγχόθι Πηνειοῖο καὶ εὐγλαγέος Μελιϐοίης.
Αὐτὰρ ἔπειτ' Ἐλάτοιο πάις Πολύφημος ἵκανεν,
ὃς πρίν γ' ἠνορέῃσι μετέπρεπεν ἡρώεσσιν.
† Ἠνειὸς † Καινῆος ἀφίκετο, τόν ῥά τέ φασι
μισγόμενον Λαπίθαις ὑπὸ Κενταύροισι δαμῆναι,
θεινόμενον πεύκαισι τανυφλοίοις τ' ἐλάτῃσι,
καί οἱ ἀνατλῆναι καὶ ἀκαμπέα γούνατ' ἐρεῖσαι
ζωόν τ' ἐν φθιμένοισι μολεῖν ὑπὸ κεύθεα γαίης.
Ἄδμητος δ' ἀφίκανε Φεραιόθεν, ᾧ ποτε Παιὰν
θητεύων ὑπόεικε, Διὸς δ' ἠλεύατο μῆνιν,
οὕνεκά τοι Κύκλωπας ἀμαιμακέτοισιν ὀιστοῖς
ἐν φθιμένοισιν ἔτευξ' Ἀσκληπιοῦ εἵνεκα λώϐης.
Ἤλυθε δ' Εὐρυτίων Ἴρου πάις Ἀκτορίωνος,
τρηχείην Ὀπόεντα λιπών· σὺν δ' ἤλυθεν Ἴδας

Loci sim. **166 s.** AR, 1, 67 s. Εὐρ., λίμνης, 592 Μελίϐοιαν || **168 s.** AR, 1, 40 s. Π. ἵκ. | Εἰλατίδης, πρίν || **170-174** AR, 1, 58-64 Καινεΐδης, ζωόν περ... | Κεντ. ὀλέσθαι (et 42 Λαπίθαι), ἄκαμπτος ἐδύσετο νειόθι γαίης, | θεινόμενος... ἐλ. || **170** P 674 ὅν ῥά τέ φ. || **172** π... ἐλ. : cf. *AO*, 520 ; τ. τ' ἐλ. : cf. *AO*, 607 || **173** Nonn. *Par.* 11, 167 ἀκ. γ. ; *HHAp.* 117 γοῦνα δ' ἔρεισε || **174** QS, 1, 666 ἐν φθ. ; cf. *AO*, 178 || *HHCer.* 340, 415 ὑ. κ. γ. || **175** AR, 1, 49 Φεραῖς Ἄδμ. || **176** E 34 Δ. δ' ἀλεώμεθα μ. || **178** ἐν φθ. : cf. ad 174 || **179 s.** AR, 1, 71 s. εἵπετο δ' Εὐ., Ἴ. Ἀκτορίδαο, et 69 Ἄκτωρ... ἐξ Ὀπόεντος.

166 ἐπόρευσε Ω : ἐπόρουσε O ἐπέρησε *c* || βοιϐηίδα M^{s1}E : φοιϐ- Ψ φοιϐηίδην (ην eraso) K || **167** εὐγλάγεος K (acc. correxi) : εὐλάγεος Ψ εὐπελάγεος [-γους] Mosch. || **169** ὃς πρίν γ' Vian^{2} : ὅς σφιν [ὅ σφιν] ἐν Ω || **170** Ἠνειὸς suspectum : ἠδ' υἱὸς Herter || **172** θεινόμενον Ψ : ἐπεσσύμενον (ἐπεσσύ fort. m. 2) K || τανυφλοίοις ζ Mosch.^{s} : -φλοίαις Ω || **173** οἱ, magno spatio relicto, om. K : add. K^{2} || **174** κεύθεα Ω : -θεσι Mosch.^{RS} || **177** τοι Ω : οἱ Schneider || **178** φθιμένοισιν Pierson : φθιτοῖσιν Ω || ἀσκληπιοῦ M^{pc}O Mosch.^{s} : -ιοῖο Ω || **179** Εὐρυτίων Ἴρου Esch. et Burmann, cl. AR, 1, 71 s. : ἀκτορίων ἴλου Ω || πάις Abel : παῖς Ω.

Oponte * ; avec lui étaient venus Idas et ce Lyncée qui, seul de tous les hommes, perçait de ses yeux prodigieux, jusqu'en leurs extrémités, les profondeurs de l'éther et de la mer et les abîmes du souterrain Plouteus *. Puis s'était joint à eux Télamon * que, pour l'indomptable Aiacos, la fille de l'illustre Asôpos Aigina avait enfanté sur les galets de Salamine ceinte par la mer *. Alors était venu le fils bâtard d'Abas, le puissant Idmon qu'avait mis au monde, des œuvres du Seigneur Apollon, Antianeira fille de Phérès, près du cours de l'Ambryssos ; aussi Phoibos lui avait-il fait don de l'art divinatoire et d'une voix prophétique afin qu'il pût révéler aux hommes les arrêts du destin *. Dans le nombre était venu Ménoitios d'Oponte pour partager la vie des Minyens, venu aussi le divin

180. Cf. AR, 1, 71-72. La deuxième partie du contingent locrien se trouve aux v. 192 s.

183. Cf. AR, 1, 151-155. Plouteus, au lieu de Ploutôn, est attesté à partir du *Chant funèbre en l'honneur de Bion* (v. 22, 118, 126) : cf. encore v. 1194. — Sur la forme ὀπώπεεν, voir la note au v. 1022. Je renonce à la conjecture proposée dans Vian[2], 143. Comme le remarque M. L. West, les infractions au « pont de Hermann » sont nombreuses dans le poème : cf. 215, 409, 1245 ; et 196, 381, 589, 758, 965, 977, 1212, 1281, 1325, où l'irrégularité est plus excusable.

184. Sur ἐπεί valant ἔπειτα, cf. Vian[2], 143 s.

186. Cf. AR, 1, 90-93. La notice sur Télamon est disjointe de celle sur Pélée : cf. v. 130 s. — Les manuscrits hésitent entre le régulier κροκάλη et une forme masculine ou neutre qui est attestée chez les lexicographes : Théognostos, *ap.* Cramer, *Anecd. Oxon.*, 2, 21 ; *Etym. Magn.*, *s.* κρόκαλα ; *Etym. Gud.*, p. 348, 21 Sturz. L'adjectif qui qualifie le substantif est féminin au v. 499, masculin ou neutre au v. 1101. Il paraît prudent de conserver cette *variatio*.

191. Cf. AR, 1, 139-145. Bien qu'Idmon demeure fils putatif d'Abas, il reçoit pour mère la thessalienne Antianeira par contamination avec AR, 1, 54, 56. Le poète paraît avoir voulu identifier l'Argos d'Apollonios avec l'Argos pélasgique d'Homère (B 681), où Abas passait pour avoir fondé une colonie argienne d'après Strab., 9, 5, 5 (431).

Λυγκεύς θ', ὃς τήλιστα δι' αἰθέρος ἠδὲ θαλάσσης
βένθεα καὶ Πλουτῆος ὑποχθονίοιο βέρεθρα
μοῦνος ἀπ' ἀνθρώπων δεινοῖσιν ὀπώπεεν ὄσσοις.
Αὐτὰρ ἐπεὶ Τελαμὼν συνεφέσπετο, τόν ῥ' ἐλόχευσεν
Αἰακῷ ἀτρύτῳ κούρη κλυτοῦ Ἀσωποῖο
Αἴγιν' ἐν κροκάλῃσιν ἁλιστεφέος Σαλαμῖνος.
Δὴ τότ' Ἄβαντος παῖς νόθος ἤλυθε καρτερὸς Ἴδμων,
τόν ῥ' ὑποκυσαμένη τέκεν Ἀπόλλωνι ἄνακτι
Ἀμβρύσσου παρὰ χεῦμα Φερητιὰς Ἀντιάνειρα·
τῶ καὶ μαντοσύνην ἔπορεν καὶ θέσφατον ὀμφὴν
Φοῖβος, ἵν' ἀνθρώποισιν ἀρηρότα μυθίζοιτο.
Ἤλυθε δ' αὖ μετὰ τοῖσι Μενοίτιος ἐξ Ὀπόεντος
σύγχορτος Μινύαις· ἐπὶ δ' ἤλυθε δῖος Ὀιλεύς.

Loci sim. **181** (τῆλ.) et **183**[b] : cf. *AO*, 1188 || **181 s.** B 458, al. δι' αἰ. || *HHCer.* 38 βένθεα πόντου || Θ 14 ὑπὸ χθονὸς... βέρεθρον (et Nonn. 2, 338 ; 26, 128 ; al.) || **183** μ. ἀπ' ἀ. : cf. *AO*, 93 et uide ad 949 || Hes. *Sc.* 426 δεινὸν ὁρῶν ὄσσ. || **184-186** AR, 1, 90-93 Αἰακίδαι, Αἰγίνης, Τελ., ἐν Ἀτθίδι... νήσῳ (i. e. Σαλαμίς) || **186** ἁλ. : cf. ad 145 || **187-191** AR, 1, 139-145 Ἴδ., Ἄβ. ; **1**, 54, 56 ἐπ' Ἀμβρύσσοιο (u. l.) ῥοῇσι, Ἀντιανείρης || **187** π. ν. : cf. ad 210 || **188** λ 254 ἡ δ' ὑ. ... τ. || Ἀ. ἄ. : cf. ad 9 || **189** Nonn. 11, 371, al. (Μαιάνδρου) π. χ. ; cf. *AO*, 220 || **190** θ. ὀ. : cf. ad 88 || **192 s.** AR, 1, 69 s. Μενοίτιον ἐξ Ὀπ., 74 σὺν καὶ τρίτος ἦεν Ὀ. || **193** Zenothemis, ap. *Suppl. Hell.* F 855 σύγχορτον δ' Ἀριμασποῖσιν.

---

181 λυγκεύς Ψ : λιγγεύς K || αἰθέρος Ω : ἠέρος Mosch.[R] || **182** βέρεθρα Ω : ῥέεθρα Mosch. [GR] || **183** δεινοῖσιν [-οῖς K] ὀπώπεεν [ὄπωπεν A] ὄσσοις Ω : ὄσσοις δεινοῖσιν ὄπωπε Wiel[2] δεινοῖς ὄσσοισιν ὄπωπεν Vian[2], praeeunte Platt[1] || **184** ἐπεὶ Ω : ἐπὶ E || **185** κλυτοῦ Ω : -τῆς θ -τῇ M[pr] || **186** κροκάλῃσιν K[sl]Ψ (cf. 499) : -λοισιν K Mosch.[G] (cf. 1101, 1233) || **187** καρτερὸς *c* : κρατ- Ω || **189** Ἀμβρύσσου Vian, Heringa et Fränkel praeeuntibus, cl. AR, 1, 54 u. l. : ἀμβρόσιον [-βρώσ- K[ac]] Ω Ἀμβρύσιον prop. Herm. || **190** τῶ Vian[2] : τῷ edd. priores || **193** σύγχορτος Ω : -χωρος E.

Oïleus *. L'illustre Phlias était arrivé : de son union avec Bacchos, une Nymphe avait jadis enfanté près du cours de l'Asôpos cet homme au corps parfait et à l'esprit avisé *. Képheus avait quitté l'Arcadie pour se joindre aux héros. D'Arcadie, la terre des moutons, son vieux père avait envoyé Ancaios dans leur troupe pour naviguer vers le Pont Axin : celui-là n'avait jamais jeté de chlamyde sur ses solides épaules ; c'est la peau velue d'un ours qui lui enveloppait la poitrine *. A son tour, Nauplios était arrivé, le fils chéri d'Amymônè qu'elle avait conçu dans la couche du très glorieux Ébranleur du sol : il brillait par le courage et avait même stature que les Immortels *. Euphémos du Ténare était venu, délaissant les gorges du cap

193. Seconde partie du contingent locrien : cf. AR, 1, 69-70, 74-76, et ci-dessus v. 179-180.

196. Cf. AR, 1, 115-117. Apollonios ne nomme pas la mère de Phlias.

201. Seconde partie du contingent arcadien : cf. AR, 1, 161-171, et ci-dessus v. 150-151.

204. Cf. AR, 1, 133-138. Le Nauplios du poème est le fils d'Amymônè et non plus son lointain descendant comme chez Apollonios.

Φλίας δ' ἐξίκανε περικλυτός, ὅν ποτε Βάκχῳ
Νύμφη ὑποκλινθεῖσα παρ' Ἀσωποῖο ῥοῇσι
τίκτεν ἄμωμον ἔχοντα δέμας καὶ ἐπίφρονα μῆτιν.
Κηφεύς τ' Ἀρκαδίηθε μεθ' ἡρώεσσι πελάσθη.
Ἀγκαῖον δ' ἀν' ὅμιλον ἀπ' Ἀρκαδίης πολυμήλου
πέμψε πατὴρ γηραιὸς ἐπὶ πλόον Ἀξείνοιο·
οὗτος δ' οὔ ποτε χλαῖναν ἐπὶ στιβαροῖς βάλεν ὤμοις,
ἀλλ' ἄρκτου λάσιον στέρνοις ἀμπίσχετο δέρμα.
Ναύπλιος αὖθ' ἵκανεν, Ἀμυμώνης φίλος υἱός,
ὃν τέκεν εὐνηθεῖσα περικλυτῷ Ἐννοσιγαίῳ,
ἀγλαὸν ἠνορέην, δέμας εἴκελον ἀθανάτοισι.
Ταιναριεὺς δ' Εὔφημος ἔβη, Μαλεάτιδος ἄκρης
ἐκπρολιπὼν αὐλῶνας ἁλικλύστους τε θεράπνας.

Loci sim. **194-196** AR, 1, 115-117 Φλίας (u. l.)... ἵκανεν, Διωνύσοιο, Ἀσ. || Nonn. 7, 180 παρ' Ἀσ. ῥεέθροις || Nonn. 5, 145, al. ἔχων δ. || τ 326 καὶ ἐ. μ. || **197** AR, 1, 161 K. τ'... Ἀρκ. || μ. ἡ. : cf. *AO*, 772 (et 225 ἅμ' ἡ.) || **198-201** AR, 1, 164 Ἀγκαῖος, πατ. ... ἔπεμπε, 166 γηράσκων, 168 ἄρκτου δέρος || **198** Γ 449, al. ἀν' ὅμ. || *HHMerc.* 2 Ἀρκ. π. || **199** πατ. γ. : cf. *AO*, 1228 s. || **200** ξ 520 ἐπὶ δὲ χλ. β. ; ξ 528, al. στ. βάλετ' ὤ. || **201** AR, 1, 324 δ. ... ταύροιο... ἀμπέχετ' ὤμοις (ὤμους u. l.) || Theoc. 7, 15 s. ἐκ... λασίοιο... εἶχε τράγοιο | ... δέρμ' ὤμοισι ; cf. etiam ad 76 || **202-204** AR, 1, 136-138 Ποσειδάωνι... Ἀμυμώνη... τ. εὐ. | Ναύπλιον || **202** Β 564, al. φ. υἱ. ; cf. *AO*, 503, 833 || **203** Θ 440, al. κλυτὸς Ἐννοσίγαιος || **204** AR, 1, 75 ἔξοχος ἦν. || *HHVen.* 55 δ. ἀθ. ἐοικώς ; cf. *AO*, 222 || **205** AR, 1, 179 Ταίναρον... λιπὼν Εὔ. || Μ. ἄ. : cf. *AO*, 1363 || || **206** ἁλ. τε θ. : cf. *AO*, 1208.

---

194 s. φλίας Ψ : φιλίας K || βάκχω | νύμφη Ω : νύμφη | βάκχῳ Mosch.^{G} || ἀσωποῖο Crivelli (*Asopi*) Q^{2mg} : αἰσήποιο Ω || ῥοῇσι Ω : ῥοαῖσι A || **197** τ' Ω : δ' Herm. uide ad 127 || **198** ἀγκαῖον Ψ : ἀγγαῖον K ut passim || **200** βάλεν Ω : λάβεν V βάλετ' Sitzler || **201** ἀμπίσχετο ζ Mosch. : ἀμπέσχ- K ut uid. Ψ || **204** εἴκελον Steph. : ἴκ- Ω || **205** εὔφημος Ω : ἔφημος uel ἔφηβος θ || μαλεάτιδος AM^{sl}VFH : μελεάτ- KζM μαλεώτ- NO (cf. 1363) || **206** Θεράπνας ut nomen proprium Crivelli Steph. et edd. multi.

Malée et ses demeures baignées par la mer *. Ancaios de Pleuron avait pris la route : il connaissait les cours célestes des astres et les orbites des planètes *, car il cherchait à savoir le présent et l'avenir pour les hommes *. Parmi eux était venu Palaimonios, le fils bâtard de Lernos : il avait les deux chevilles estropiées et n'était pas solide sur ses jambes ; aussi tous l'appelaient-ils fils d'Héphaistos *. Laissant les rives piséennes de l'Alphée, était venu Augias, fils du Soleil qui rayonne de partout *. Et, bien sûr, ils étaient là aussi, ces deux rejetons sans reproche, Amphion d'illustre renommée et Astérios inébranlable au combat qui avaient quitté Pellène et les domaines familiers de leur patrie *. Je vis encore les deux beaux surgeons de Borée qu'avait enfantés la fille du divin Érechthée, la célèbre Oreithyia, en s'unissant d'amour au dieu près des eaux de l'Eilissos, eux qui volaient grâce à

206. Cf. AR, 1, 179-184. Le cap Malée est associé au Ténare comme aux v. 1363-1372. — Le v. 206 est à comparer aux v. 157 et 217. Θεράπνας est plutôt un nom commun comme aux v. 950 et 1208 : cf. Voss, 515, qui rapproche Eur., *Héraclès*, 370 Πηλιάδες θεράπναι. Au contraire, Stace, *Théb.*, 3, 422, réunit le Ténare et le bourg de Thérapnai : *Taenariumque cacumen Apollineasque Therapnas.*

208. Voir *Notes complémentaires*, p. 176.

209. Véritable pot-pourri. Ancaios de Samos (AR, 1, 188) est confondu avec le boxeur étolien de l'*Iliade* (Ψ 635). Comme futur pilote d'Argô (v. 726-728), il a la connaissance des astres que possède le pilote Tiphys chez Apollonios (1, 106-108) ; mais le v. 209 lui attribue les dons prophétiques de Calchas (A 70). Ces confusions entre les différents Ancaios viennent en partie des mythographes : la scholie à AR, 1, 185-188 *c*, relative au Samien, rapporte qu'Ancaios (d'Arcadie) fut tué par le sanglier de Calydon, donc en Étolie ; Hygin, *Fab.*, 14, 16, paraît donner pour mère à cet Ancaios l'Étolienne Althaia, fille de Thestios (mais le texte n'est pas sûr).

212. Cf. AR, 1, 202-206.

214. Voir *Notes complémentaires*, p. 176-177.

217. Cf. AR, 1, 176-178.

Ἀγκαῖός τ' ἔμολε Πλευρώνιος, ὅς ῥα πορείας
οὐρανίας ἄστρων ἐδάη κύκλους τε πλανήτων·
δίζετο γὰρ τά τ' ἐόντα τά τ' ἐσσόμεν' ἀνθρώποισιν.
Ἐν δὲ Παλαιμόνιος Λέρνου νόθος ἤλυθεν υἱός·
σίνετο δὲ σφυρὰ δισσά, πόδας δ' οὐκ ἦεν ἀρηρώς·
τούνεκεν Ἡφαίστοιο γόνον καλέεσκον ἅπαντες.
Ἤλυθε δ' Ἀλφειοῖο λιπὼν Πισάτιδας ὄχθας
Αὐγείης, υἱὸς περιφεγγέος Ἠελίοιο.
Ναὶ μὴν καὶ δισσοὶ ὅρπηκες ἀμύμονες ἧκον,
Ἀμφίων κλυτόφημος ἰδ' Ἀστέριος μενεχάρμης,
Πελλήνην προλιπόντες ἰδ' ἤθεα πατρίδος αἴης.
Δισσὸν δ' αὖ Βορέου καλὸν στάχυν εἰσενόησα,
οὓς τέκ' Ἐρεχθῆος θείου κλυτὴ Ὠρείθυια
Εἰλισσοῦ παρὰ χεῦμα θεοῦ φιλότητι μιγεῖσα·
οἳ δὴ καὶ ταρσοῖσιν ἐπουατίοις πεπότηντο,

Loci sim. **207 s.** AR, 1, 188 Ἀ. ; Ψ 635 Ἀγκαῖον... Πλευρώνιον ‖ πορ. | ... ἄ. : cf. ad 37 ‖ **209** A 70 ἤδη τά τ' ἐ. τά τ' ἐσσ. ‖ **210-212** AR, 1, 202-204 Π. Λ. πάις, γενεήν γε μὲν Ἡφ., πόδε σιφλός ‖ **210** B 727, al. ν. υἱ. ; cf. *AO*, 187 ‖ **214** AR, 1, 172 Αὐ., Ἠ. ; [Theoc.] 25, 54 Αὐ. υἱ. ... Ἠ. ‖ **215** *AP*, 4, 1, 43, 47 ; 4, 4, 36 ναὶ μὴν καί ‖ **216 s.** AR, 1, 176-177 Ἀστ. ... καὶ Ἀμφ., Πελλήνης ‖ AR, 1, 1177, al. ἤ. γαίης ; B 162, al. π. αἴ. (et cf. ad 940) ‖ **218-222** AR, 1, 211 s. Ζ. αὖ Κ. τε Βορήιοι υἷες... | οὕς ποτ' Ἐρεχθηὶς... τέκεν Ὠρ., 215 Εἰλ. ‖ **219 s.** Hes. *Cat.* (pap. Turner 1, 21) Ἐρε]χθῆος θείοιο ‖ B 742 τέκετο κλυτὸς Ἱπποδάμεια ; cf. etiam ad 119 ‖ π. χ. : cf. ad 189 ‖ **221** ἐπ. : Call. *H.* 3, 91 παρουατίους (codd.) ; de re, cf. AR, 1, 219.

---

207 τ' Ω : fort. δ', sed uide ad 127 ‖ **208** πλανητῶν Schneider (acc. correxi) : πλανήτας [-ῆτας KA] Ω ‖ **213** πισάτιδας O[pr] : πισιδάτ- Ω ‖ **214** περιφεγγέος K : πυριφεγγέος [-φλεγγ- θ] Ψ res dubia ‖ **215** ὅρπηκες Ω (cf. 927) : ὄρ- NVE ‖ **217** πελλήνην [πελή- K] Ω : -νης O ‖ προλιπόντες Ω : -πόντ' ζ ‖ ἰδ' Ω : ἠδ' E ‖ **219** κλυτὴ Ω (cf. 474) : -τὸς A (cf. 133) ‖ **220** εἰλισσοῦ Ω (cf. AR, 1, 215 u. l.) : ἰλ- M[sl]O Mosch.[R] ‖ **221** ἐπουατίοις Visconti : ἐπ' οὐατ- K ὑπ' οὐατ- Ψ.

leurs ailes placées près des oreilles, Zétès et Calaïs qui avaient même stature que les Immortels *. De son côté, était arrivé de Phères Acastos, le légataire de Pélias : il brûlait de monter sur la nef Argô pour gagner le Phase inhospitalier avec les héros *. Avec le divin Héraclès était venu son compagnon, le bel Hylas : par-dessus son frais menton, un tendre duvet n'avait pas encore rougi ses blanches joues ; il était encore un jeune garçon et plaisait fort à Héraclès *.

Voilà * les héros qui s'étaient assemblés pour rejoindre le navire et former la troupe. De tout côté, ils s'interpellaient et devisaient. Ils prenaient leur repas — que d'hôtes autour de la table * ! —, assis à la file, pleins d'ardeur chacun pour l'entreprise. Une fois que leur cœur eut son content de nourriture et de boisson *,

222. Cf. AR, 1, 211-223. La conjecture ἐπουατίοις, confirmée maintenant par K, donne un sens meilleur et paraît garantie par AR, 1, 219 ἐπὶ κροτάφοισι.

225. Voir *Notes complémentaires*, p. 177.

229. Cf. AR, 1, 131-132. Οἱ ne désigne pas Acastos. Il équivaut à σφιν ou plutôt annonce proleptiquement Ἡρακλῆος : comparer le texte d'Apollonios cité aux *loci sim.*

230-279. *Mise à flot d'Argô.* Les Argonautes s'assemblent et prennent leur repas à quelque distance du navire qu'ils ne découvrent qu'au v. 236 ; pour ces v. 230-237, comparer AR, 1, 228, 317-320, 450-459. La mise à flot proprement dite contient de nombreux rappels de la scène correspondante d'Apollonios (1, 363-398) : 238^{a} ~ AR, 367 ; 239 ~ AR, 370, 375 ; 240^{b}-242^{a} ~ AR, 363-366 ; 242^{b}-243^{a} ~ AR, 383-385 ; 243^{b}, 256^{a} ~ AR, 384 ; 269 ~ AR, 377 ; 270 s. ~ AR, 388 ; 275-277 ~ AR, 392-394. Le poète imagine néanmoins une manœuvre différente : les hommes s'attellent à des câbles fixés à la poupe (v. 239 s., 242 s., 255 s.) au lieu de pousser le navire en pesant sur les rames utilisées comme leviers. L'intervention décisive d'Orphée est également ignorée d'Apollonios ; sur l'origine de ce motif, voir la Notice, p. 22.

232. Voir *Notes complémentaires*, p. 177.

233. Voir *Notes complémentaires*, p. 177.

Ζήτης καὶ Κάλαϊς, δέμας εἴκελοι ἀθανάτοισιν.
Αὐτὰρ δὴ Πελίαο Φεραιόθεν ἤλυθ' Ἄκαστος
ἀγχιστεύς· νηὸς γὰρ ἐπ' Ἀργῴας λελίητο
ἄξεινον ποτὶ Φᾶσιν ἅμ' ἡρώεσσι πελάσσαι.
Σὺν δέ οἱ ἦλθ' ἕταρος Ἡρακλῆος θείοιο,
καλὸς Ὕλας· τὸν δ' οὔ πω ὑπὲρ δροσεροῖο γενείου
ἀργεννὰς ἐρύθηνε παρηίδας ἁβρὸς ἴουλος,
ἀλλ' ἔτι κοῦρος ἔην, πολὺ δ' ἥνδανεν Ἡρακλῆι.
Οὗτοι μὲν ποτὶ νῆα καὶ ἐς λόχον ἠγερέθοντο,
καί ῥά οἱ ἄλλοθεν ἄλλος ἐκέκλετο ἠδ' ἀγόρευε.
Δεῖπνα δὲ πορσύνοντο πολυξείνοιο τραπέζης
234 ἥμενοι ἑξείης· πόθεεν δέ τε ἔργον ἕκαστος.
233 Αὐτὰρ ἐπεὶ σίτοιο ποτοῦ θ' ἅλις ἔπλετο θυμῷ,

Loci sim. **222** δ. εἴ. ἀ. : cf. ad 204 || **223 s.** AR, 1, 224 s. πάις... Ἀκ. ... Π. (et 49 Φεραῖς) || ν. ... Ἀργ. : cf. ad 86 || **225** Theoc. 13, 75 ἄξενον... Φ. || ἅμ' ἡ. : cf. ad 197 || **226 s.** AR, 1, 131 σὺν καί οἱ Ὕ. κίεν || Ἡ. θ. : cf. ad 118 || **227 s.** Theoc. 13, 72 κάλλιστος Ὕ. || Nonn. 10, 179 ἁβ. ἴ. (ex Call. F 274, 1 u. l.) ἐρευθομένοιο γεν. ; AR, 1, 791 παρθενικὰς ἐρ. π. || **229** AR, 1, 508 ἔτι κ. || **230** O 295 π. νῆας ; cf. *AO*, 482, 619 || λ. ἠγ. : cf. ad 113 || **231** ι 401, al. ἄλλ. ἄλλος || Ψ 442 (et *HH*, 7, 16) ἐκ. φώνησέν τε ; β 32 ἠδ' ἀγ. || **232** Aesch. *Pers.* 375 δεῖπνόν τ' ἐπορσύνοντο ; cf. *AO*, 499 s. (et 401) || πολ. τρ. : cf. ad 549 || **234** ι 8 ἥμ. ἑξ. ; cf. *AO*, 804 || **233** T 306 σ. ... ποτῆτος ; AR, 2, 861 s. σίτου... ποτοῖο ; cf. *AO*, 406, 637, 1239.

---

222 εἴκελοι Steph. : ἴκ- Ω || **223** Ἄκαστος Canter : ἄνακτος Ω post u. lac. prop. Pierson || **224** ἀργῴας Ω (cf. 879, 1263) : -ῴης Sanctam. (cf. 86, 534, 619) || λελίητο Pierson : γεγένητο Ω fort. μεμέλητο || **225** -σσι πελάσσαι E (cf. 86) : -σσιν ἐλάσ(σ)αι Ω (cf. Herod. 1, 199) || **226** ἕταρος Steph. : ἑτάρος Ω || ἡρακλῆος E (cf. 118) : -κλέος K -κλέεος Ψ (cf. ad 583) || **227** τὸν Ω : τῷ Steph.[2] || **228** ἀργεννὰς Steph.[2] : ἀργεννὴς [-ενὴς AθF] Ω fort. ἀρτιγενὴς || παρηίδας Steph.[2] : -δος Ω || **230** ἐς Ω : εἰς V || λόχον Ω : λόγον θ || **232** δὲ πορσ- Herm. : δ' ἐπορσ- Ω || **234** ante 233 transp. Herm. || ἥμενοι ἑξείης, magno spatio relicto, om. K : add. K[2] || πόθεεν [ἐπόθ- K] Ω (cf. 243) : πόθεον Voss, cl. 349, 457, 527 || δέ τε Wiel[1] : δέ τοι Ω μέγα ζ || **233** θυμῷ Steph.[2] : -μός Ω (cf. 406).

se levant tous ensemble du sable épais, ils se rendaient à l'endroit où attendait sur le sable la nef marine : de quel étonnement alors ils furent pris à sa vue ! Mais Argos, donnant ses ordres, conçut le dessein * de la soulever avec des rouleaux de bois et des cordages torsadés attachés à la poupe *. Il appelait à la tâche tous ses compagnons en les flattant *. Ils obéirent promptement, se défaisaient de leurs armes et attachaient autour de leur poitrine la corde de trait. Chacun pesait de tout son poids pour tirer sur-le-champ vers le flot agité l'éloquente Argô. Mais, enfoncée * dans le sable sous son poids, retenue au sol par des algues desséchées, elle restait rebelle aux bras puissants des

238. Si l'on garde νόου, le texte signifie qu'Argos obéit « aux injonctions de son esprit », c'est-à-dire qu'il se dispose à pratiquer la manœuvre habituelle, alors que l'intervention merveilleuse d'Orphée sera nécessaire. Mais la correction simple de Voss, 516, νόον, améliore le sens et élimine la construction inusitée πορσύνειν + inf. (elle doit être corrigée aussi au v. 1298). Pour νόος dans le sens de « dessein », Voss allègue β 124 ; pour πορσύνειν νόον, « concevoir un dessein », « se mettre en devoir de le réaliser », cf. AR, 2, 1050 μῆτιν πορσύνωμεν ἐπίρροθον (et 1, 802 ; 4, 967).

240. Argô avance à reculons, par la poupe, lorsqu'on la met à flot ou qu'on la hale le long de l'Océan (v. 1096 s.). Ces manœuvres aberrantes ont été suggérées par Aratos, 342-352 (et 604), qui explique longuement que la constellation d'Argô glisse dans le ciel d'une manière anormale « dans le sens de la poupe », πρυμνόθεν (v. 342 ; cf. *AO*, 240).

241. Le poète utilise une formule homérique (cf. *loci sim.*) en donnant à κυδαίνειν le sens de παραμυθεῖσθαι admis par les schol. BL à E 448.

245. Ἐγχριμφθεῖσα est glosé par ἐμπαγεῖσα en E 662.

ἀνστάντες δ' ἅμα πάντες ἀπὸ ψαμάθοιο βαθείης
ἤιον ἔνθα τ' ἔμιμνεν ὑπὲρ ψαμάθου ἁλίη νηῦς,
τήν ῥα τότ' εἰσορόωντες ἐθάμβεον. Αὐτὰρ ἔπειτα
Ἄργος ἐφημοσύναισι νόον πόρσυνεν ὀχλίζειν
δουρατέαισι φάλαγξι καὶ εὐστρέπτοισι κάλωσι
πρυμνόθεν ἀρτήσας. Κάλεεν δ' ἐπὶ μόχθον ἱκάνειν
πάντας κυδαίνων· οἱ δ' ἐσσυμένως ὑπάκουσαν·
τεύχεα δ' ἐκδύνοντο, περὶ στέρνοισι δ' ἀνῆπτον
σειραίην μήρινθον. Ἐπέβριθεν δὲ ἕκαστος
αἶψα θοὸν ποτὶ κῦμα κατειρύσαι εὔλαλον Ἀργώ·
ἡ δέ οἱ ἐγχριμφθεῖσα ποτὶ ψαμάθῳ βεβάρητο,
αὐαλέοις φύκεσσιν ἐρυκομένη ποτὶ χέρσῳ,
ἡρώων παλάμῃσιν ὑπὸ στιβαραῖσιν ἀπειθής.

Loci sim. **235** π 358 ἀνστ. ἔβαν ἐπὶ θῖνα θαλάσσης || **236** AR, 4, 319 ἁλίας... νῆας || **237** AR, 1, 550 ἐθ. εἰσορόωσαι ; Nonn. 25, 565 ὁρόωντες ἐθ. ; cf. *AO*, 440, 1015, 1219 || **238** AR, 1, 367 Ἄργου ὑποθημοσύνῃσιν (et ἐφημοσύνῃσι saepe ap. AR) || **239** φ. : cf. AR, 1, 376 || β 426 al. ἐυστρ. βοεῦσι (et AR, 1, 368 ἐυστρεφεῖ... ὅπλῳ) ; cf. *AO*, 623, 1094 †, 1096 || **240** πρ. ἀ. : cf. *AO*, 277 (et 1096) ; πρ. : cf. AR, 4, 911 ; Arat. 343 (de Argo) || **241** K 69 π. κ. || ἐσσ. ὑπ. : cf. ad 965 s. || **242** Γ 114 τ. τ' ἐξεδύοντο || **243** ἐπ. : cf. AR, 1, 384 βρίσαντες || **244** θ. ... κῦμα : cf. *AO*, 703 || ε 261 (νῆα) κατείρυσεν εἰς ἅλα || **245** *HHAp*. 439 ἀμάθοισιν ἐχρίμψατο || **246** π. χ. : cf. ad 1208 || **247** M 397, al. χερσὶ στιβαρῇσι.

---

235 δ' Ω : ῥ' Herm. frustra || **236** νηῦς plerique : ναῦς ζA || **237** τήν Ψ : τόν K || τότ' Schneider : ποτ' Ω || **238** ἐφημοσύναισι Ψ : -νῃσι KE || νόον Voss : νόου Ψ om. K || **240** ἀρτήσας Ψ : -τύσας KE || **241** ὑπάκουσαν [-σον VF] Ψ : ἐπάκουσαν K || **242** ἐκδύνοντο Ω : -ύοντο E || **243** fort. ἐπέβριθον : cf. ad 234 || δὲ Ω (cf. 328, 400, 562, 767, 1155, 1342) : δ' ἄρ' Mosch. || **245** ἡ Ω : οἱ ζA[ac] || ἐγχριμφθεῖσα NΘVFH : -ιφθ- KζA || βεβάρητο plerique : -ρυτο A[ac](?)θ || **246** φύκεσσιν Herm. : φυκέεσσιν Ω || χέρσῳ Ψ : χέρσον Mosch.[GS] χέρας K || **247** στιβαραῖσιν Ω : -ρῇσιν ζME.

héros *. Le cœur de Jason se glaça ; et, d'un œil inquiet, il me fit signe de l'aider en soutenant sans répit par mon chant l'audace et la force des hommes épuisés *. Et moi, tendant ma lyre entre mes mains, inspiré par ma mère, je composai un chant à l'harmonie charmeuse * et, de ma poitrine, j'enfantais pour eux ces accents clairs comme lis :

« Élite des héros, sang de la race minyenne, allons ! avec vos fortes poitrines, pesez sur les cordages en unissant vos clameurs ; imprimez la marque de vos pas sur le sol en tendant de toutes vos forces la pointe de vos orteils et, joyeusement, tirez la nef vers l'onde azurée * ! — Argô, faite de pins et de chênes che-

247. D'après Sil. It., 11, 469-472, Argô refuse d'aller à la mer, parce que nul navire ne s'est encore hasardé sur cet élément ; il faudra qu'Orphée fasse venir la mer « jusqu'à la poupe de sa sainte carène ». Les v. 263-265 des *AO* suggèrent que la résistance d'Argô a eu la même cause ; mais les v. 245-247 donnent une explication toute rationnelle en faisant état des algues qui immobilisent le navire.

250. 'Ορίνω : ici « exciter » et non « troubler » ; comparer [Orph.], *Lith.*, 59 « inciter à faire qqech. » avec l'infinitif.

252. Κόσμον ἀοιδῆς : outre les textes cités aux *loci sim.*, voir les parallèles réunis par J. Diggle, *Eur. Phaethon* (1970), 110 s.

258. Ἕλξετε améliorerait le sens : « (Si vous m'obéissez,) vous aurez la joie de tirer... »

Παχνώθη δ' αὖ θυμὸς Ἰάσονος· αὐτὰρ ἔμοιγε
νεῦσεν ὀπιπεύων, ἵνα οἱ θάρσος τε βίην τε
μολπῇ ὑφ' ἡμετέρῃ κεκμηόσιν αἰὲν ὀρίνω.
Αὐτὰρ ἐγὼ φόρμιγγα τιτηνάμενος μετὰ χερσί,
μητρὸς ἐμῆς ἐκέρασσ' εὐτερπέα κόσμον ἀοιδῆς,
καί οἱ ἀπὸ στηθέων ὄπα λείριον ἐξελόχευσα·
« Ἔξοχοι ἡρώων, Μινυήιον αἷμα γενέθλης,
εἰ δ' ἄγε νῦν στερεοῖσιν ὑπὸ στέρνοισι κάλωας
βρίσαθ' ὁμορροθέοντες, ἐρείσατε δ' ἴχνια γαίῃ
ταρσοῖσιν, ποδὸς ἄκρον ὑπερβλήδην τανύσαντες,
καὶ χαροπὸν ποτὶ χεῦμα γεγηθότες ἕλξατε νῆα. —
Ἀργώ, πεύκῃσίν τε ἰδὲ δρυσὶ γομφωθεῖσα,

Loci sim. **248** P 111 s. ἦτορ | παχνοῦται ; AR, 4, 1279 π. κραδίη ; cf. *AO*, 810, 1170 s., et uide ad 692 || **249** ζ 197 κάρτος τε βίη τε ; QS, 12, 261 βίης καὶ θάρσεος || **250** μ. ... ἡμ. : cf. *AO*, 704 || **251 s.** fere eadem *AO*, 1274 s. || φ 406 s. φόρμιγγος et ἐτάνυσσε... χορδήν ; Nonn. 42, 253 βάρβιτα χειρὶ τίταινε (coni.) || E 344, al. μετὰ χ. ; cf. *AO*, 382 || Σ 396, al. μητ. ἐμ. || *O.* F 14 κ. ἀ. (u. l.) et iam *HH*, 7, 59 κοσμῆσαι ἀοιδήν || **253** AR, 3, 1015 ἀ. στ. ; cf. *AO*, 818 || AR, 4, 903 ἵεσαν ἐκ στομάτων ὄ. λ. ; Γ 221 ὄ. ... ἐκ στήθεος εἵη || **254** Σ 56, al. ἔξοχον ἡ. || Nonn. 13, 44, al. αἷ. γ. (cf. T 111) || **255** QS, 13, 272 εἰ δ' ἄ. ν. (εἰ δ' ἄ., ἀλλ' ἄ. ν. hom.) || **256 s.** Nonn. 10, 361, al. ἴχνος ἐρείσας ; 4, 131 ἴχνια ταρσῶν || Nonn. 29, 266 π. ἄ. || **258** χαρ. π. χ. : cf. ad 272 || γ 153, al. νέας ἕλκομεν εἰς ἅλα (cf. AR, 1, 373) || **259** Ψ 328 ἢ δρυὸς ἢ πεύκης (unde AR, 3, 1375 s.) || Bianor, *AP*, 11, 248, 3 γομφωθεῖσαν (eadem sede).

---

248 ἰάσονος Ω (cf. 347, 1172) : ἰήσ- Mosch.^{R} || **249** ὀπιπεύων Ψ : -πτεύων Κζ Mosch. || θάρσος Ω : fort. κάρτος || **250** κεκμηόσιν E (cf. 439) : -ηκόσιν Ω (cf. 1146) || αἰὲν ὀρίνω om. K || αἰὲν Ψ : αὖθις Wiel^{2} haud male || **251** τιτηνάμενος Ω : τιταινόμ- Abel (cf. 1274) || μετὰ Ω : περὶ Mosch.^{GS} || **254** ἔξοχοι Vian^{2} : -ον Ω || μινυήιον Ω : -ύιον A || **255** στερεοῖσιν K : στερροῖσιν Ψ (cf. QS, 11, 195) || κάλωας Ψ : κάλφας K || **256** ἐρείσατε Ψ : ἐρύσ- K || **257** ταρσοῖσιν NΘVFH : -σι ΚζΑ || **258** ἕλξατε Ω : fort. -ξετε || **259** πεύκῃσίν plerique : -σί KA^{ac}Q^{ac}E || τε ἰδὲ Wiel^{1} : τ' ἰδὲ Ω τ' ἠδὲ OE || δρυσὶ KHE : -σὶν cett. || γομφωθεῖσα AE : -σαν Ω.

villés *, écoute mon appel, puisque tu l'as entendu déjà naguère, lorsque je charmais sur la cime forestière * les arbres et les rocs abrupts et qu'à ma voix ils descendaient à la mer, délaissant leurs montagnes *. Suis-moi de nouveau vers les sentiers de la mer vierge et hâte-toi de partir pour le Phase, docile à ma cithare et à ma voix divine *. »

Alors, dans un mugissement, le chêne du Tomaros entendit *, lui qu'Argos avait placé sous la quille de la nef noire sur l'ordre de Pallas. A l'instant même, Argô se souleva, allégeant sa charpente, et, rapide, glissa à la mer : dans sa hâte, elle dispersa les rouleaux placés en rangs serrés sous sa quille : un seul câble

259. Pour τε ἰδέ, cf. Hés., *Th.*, 18. Par goût pour l'archaïsme, le poète use volontiers de l'hiatus devant les anciens mots digammiques (ce qui n'est pas le cas pour ἰδέ) ; il l'admet également sans cette justification aux places suivantes : trochée III (259, 783, 1227), diérèse IV (231, 547, 1042 ; et 767 = 1155, si on lit πονήατο), trochée V (425, 861), diérèse V (513, 786, 1193, et 977, si on lit -έσσυτο). Sont à corriger les hiatus de la brève au trochée I (103), à la diérèse I (1376), au trochée IV (409) et les hiatus de la longue au temps faible aux v. 1140 et 1187.

261. Sur l'accord de l'adjectif, voir la note au v. 125.

263. Comme l'a vu Hermann, le texte de ζ est inacceptable. Orphée, qui vient d'arriver, n'a jamais eu l'occasion dans le passé de conduire Argô vers la mer ; mais, par ses chants, il a fait descendre vers le rivage les arbres avec lesquels le navire a été construit : cf. AR, 1, 25-31. — Κατά équivaut à εἰς comme chez Nonnos (cf. W. Peek, *Lexikon zu den Dion. d. Nonn.*, *s.u.*, II) ; même sens au v. 1259. — Ἀποπρολιποῦσαι est accordé avec le sujet le plus proche.

265. Sur la mer « vierge », voir la note au v. 69. Πίσυνος signifie « docile à » et non « confiant en » : cf. v. 707, et Fränkel, 394. Il garde son sens habituel au v. 42 et sans doute au v. 727.

266. Le Tomaros ou Tmaros est la montagne qui domine Dodone : Strab., 7, 7, 11 (328). AR, 1, 526 s., mentionnait le chêne de Dodone d'où Athéna avait tiré une poutre pour l'étrave d'Argô ; notre poète introduit une *variatio* érudite. La forme Τομαριάς (avec ᾱ) est propre aux *AO* ; les autres poètes, grecs ou latins, emploient la forme syncopée Tmaros avec α bref.

ἄι' ἐμῆς ἐνοπῆς· καὶ γὰρ πάρος ἔκλυες ἤδη,
ἡνίκα δένδρε' ἔθελγον ἐν ὑλήεντι κολώνῃ
πέτρας τ' ἠλιβάτους, καί μοι κατὰ πόντον ἔβαινον
οὔρε' ἀποπρολιποῦσαι· ἐπίσπεο δ' αὖτε θαλάσσης
παρθενίης ἀτραπούς, σπέρχου δ' ἐπὶ Φᾶσιν ἀμείβειν,
ἡμετέρῃ πίσυνος κιθάρῃ καὶ θεσκέλῳ ὀμφῇ. »
Δὴ τότ' ἐπιβρομέουσα Τομαριὰς ἔκλυε φηγός,
ἥν οἱ ὑποτροπίην Ἄργος θέτο νηὶ μελαίνῃ
Παλλάδος ἐννεσίῃσιν. Ἀνηέρθη δὲ μάλ' ὦκα
δούρατ' ἐλαφρίζουσα, θοὴ δ' ὠλίσθανε πόντῳ·
καί οἱ ἐπειγομένη θαμινὰς ἐκέδασσε φάλαγγας,
αἵ οἱ ὑπὸ τρόπι κεῖντο, μιᾶς σχοίνοιο ταθείσης.

Loci sim. **260 s.** cf. AR, 1, 26-31 πέτρας | θέλξαι... ἐνοπῇ ; cf. etiam *AO*, 49 || Α 453 ἤδη... ἐμεῦ π. ἔκλ. || α 246 ὑλ. (fem.) Ζακύνθῳ || **262ᵃ** Π 35 πέτραι τ' ἠλίβατοι ; cf. *AO*, 705, 1201 (et 2) || **262ᵇ-263ᵃ** Ψ 229 s. ἔβαν... | ... κ. π. (alio sensu) || AR, 1, 1285 ἀποπρολιπόντες ἔβησαν || **263ᵇ-264** θ. | π. ἀ. : cf. ad 86 s. || **265** uariat *AO*, 707 ; cf. ad 42 et 88 || **266-268** cf. *AO*, 1156 s. || ὑπ. : cf. ad 271 || Α 300, al. ν. μελ. ; cf. *AO*, 482 || Π. ἐ. : cf. ad 297 || Β 52, al. μάλ' ὦκα || **269** ἐλ. saepe ap. Nonn. || AR, 1, 377 ὀλισθαίνουσα || **270** Ρ 285 ἐκ. φ. (alio sensu) ; cf. AR, 1, 375, 388 || **271** AR, 1, 388 αἱ δ' ἄρ' ὑπὸ τρόπιδι ; cf. *AO*, 267 (cl. Opp. *Hal.* 1, 224 ὑποτρόπιος), 365.

---

260 ἄι' Heringa : αἰὲν Ω ἥνεκ' O εἵνεκ' M^{pc} || **262** καί Ω : αἵ Voss || ἔβαινον [τ' ἔβ- K] Ω : -νες ζ || **263** οὔρε' ἀποπρο- Ruhnken[2] : οὔρηα προ- [οὔρη ἀπρο- FH] Ω οὔρεα προ- QE || -λιποῦσαι Ω : -σα ζ || ἐπίσπεο ζ : ἐπέσπεο [-ετο $VH^{ac}O$] Ω || **264** Φᾶσιν Heringa : πᾶ- Ω || ἀμείβειν Ω : ἀμύνειν Mosch. || **266** ἐπιβρομέουσα ζHE : ἐπ. τότ' ἦλθε Ω || **267** οἱ om. K, add. K^{2mg} || νηὶ $ζM^{pc}O$ Mosch. : ἐν νηὶ Ω || **268** ἀνηέρθη Ω : -ηγέρθη $HM^{sl}O^{pc}E$ -ηρέθη O^{ac} || δὲ om. ζ || **270** ἐπειγομένη Ω : -νῃ H || **271** ὑπὸ τρόπι, correptione suspecta, Ω : ὑπὸ τρόπιν E et Herm. ὑπὸ τρόπιι [τροπίῃ] $Mosch.^{GR}$ ὑποτρόποι O || κεῖντο Ω : εἶντο Herm. || ταθείσης Vian : -θεῖσαι Ω.

tendu avait suffi *. Elle pénétra dans la rade * : le flot azuré s'écarta, rejaillissant à l'entour sur les rivages : Jason avait le cœur en joie. Argos sauta à bord ; Tiphys le suivit de près ; disposant tout comme il faut *, ils apprêtèrent le mât et la voile ; puis ils attachèrent les gouvernails en les fixant à la poupe et les arrimèrent avec des courroies. Ensuite ils déployèrent l'éventail des rames des deux côtés et invitaient les Minyens impatients à s'embarquer.

Mais l'Aisonide leur adressa ces paroles ailées * :

« Écoutez-moi, princes sans reproche : il ne plaît pas à mon cœur de commander à de plus vaillants que moi. A vous d'instituer pour chef celui que vous désirez en votre âme et conscience : c'est à lui qu'incombera le soin de tout diriger, quoi qu'il y ait à dire

271. Le datif insolite τρόπι avec iota bref résulte d'une utilisation maladroite du texte d'Apollonios (1, 388) : cf. Vian[2], 145, où j'ai eu cependant le tort d'alléguer les v. 927 et 1333 (voir *ad loc.*). — La conjecture ταθείσης semble nécessaire. Argô, obéissant à l'appel d'Orphée, se trouve soudain dégagée et descend d'elle-même à la mer. Cependant les hommes, auxquels Orphée s'est aussi adressé (v. 254-258), ont dû agir, si peu que ce soit ; mais, au lieu de haler le navire à grand renfort de câbles, il leur suffit d'un seul câble tendu pour mettre en branle Argô. Σχοῖνος est synonyme de κάλως (v. 239) et de σειραίη μήρινθος (v. 243) ; pour l'expression, rapprocher σχοῖνοι ἐκτεταμένοι *ap.* Hésych., *s.* πρότονοι.

272. Λιμένος est un génitif de lieu : cf. P. Chantraine, *Synt. hom.*, 58 ; Liddell-Scott-Jones, *s.* ἐμβαίνω, I 6. L'accusatif pluriel λιμένας proposé par Hermann serait également possible : cf. v. 374, 633, 1352.

275. Ἀρηρότα πορσύνοντες paraît transposer τὰ ἕκαστα... ἀλέγυναν (AR, 1, 394). Ἀρηρότα, substantivé, signifie « ce qui convenait » ; comparer v. 191 « les choses fixées par le destin ». Selon l'habitude, le navire a été mis à flot sans son armement.

280-302. *Le choix du chef.* Apollonios a placé cet épisode avant le précédent (1, 331-362).

Ἐν δ' ἄρ' ἔβη λιμένος· χαροπὸν δ' ἀνεχάσσατο κῦμα,
θῖνες δ' ἀμφέκλυσθεν· ἐγήθει δὲ φρέν' Ἰήσων.
Ἆλτο δ' ἔσω νεὸς Ἄργος, ἐφέσπετο δ' ἀγχόθι Τῖφυς·
καί οἱ ἐπαρτέα θῆκαν, ἀρηρότα πορσύνοντες,
ἱστόν τ' ἠδ' ὀθόνας· ἐπὶ δ' αὖτ' οἴηκας ἔδησαν
πρυμνόθεν ἀρτήσαντες, ἐπεσφίγξαντο δ' ἱμᾶσιν.
Αὐτὰρ ἔπειθ' ἑκάτερθεν ἐρετμοὺς ἡπλώσαντο,
εἰσβαίνειν δ' ἐκέλευον ἐπειγομένους Μινυῆας.
Τοῖσιν δ' Αἰσονίδης ἔπεα πτερόεντα προσηύδα·
« Κέκλυτέ μευ, βασιλῆες ἀμύμονες· οὐ γὰρ ἔμοιγε
ἁνδάνει ἐν πραπίδεσσιν ἀρειοτέροισιν ἀνάσσειν.
Ὑμεῖς δ', ὅν τινά οἱ κραδίη θυμός τε μενοινᾷ,
ἡγεμόνα στήσασθε, καὶ ᾧ περὶ πάντα μελήσει
σημανέειν ὅ τί κεν ῥέξαι ἔπος ἠδὲ καὶ ἔργον

Loci sim. **272** Asclep., *AP*, 5, 209, 2 χαροποῖς κύμασι (et uide Gow-Page, *Hell. Epigr.*, u. 4314) ; cf. *AO*, 258, 1267 et ad 459 || AR, 4, 1241 s. ἀναχάζεται... | ... χεῦμα || **273** Θ 559 γέγηθε δέ τε φρένα || **274** ἔ. ν. : cf. ad 529 || **275** AR, 3, 299 ἐ. θ. (et 1, 234, 333) || **277** πρ. ἀ. : cf. ad 240 || Nonn. 45, 233 ἔσφιγξαν ἱμάντας || **279** AR, 1, 1275 ἐσβαίνειν ὀρόθυνεν ; ι 177 s. ἐκέλευσα δ' ἑταίρους | ... ἀμβαίνειν || **280** Ε 242, al. ἔ. πτ. πρ. || **281** Γ 304, al. κ. μευ || β. ἀ. : cf. ad 1341 || **282** *O.* F 61, 1 ἐν π. (et Nonn. 33, 92) ; cf. *AO*, 305, 827 || Nonn. 19, 316 ἀρ. ἐρίζειν || **283** θ 204 ὅτινα κρ. θ. τε κελεύει ; [Hom.] ap. [Herod.] *Vit. Hom.* 30, 420 θ. δὲ μ. || **284** Ε 430 πάντα μ. (et AR, 1, 339, || **285** σημ. : cf. AR, 1, 343, 361 || ψ 222 ῥ. ... ἔργ. || Λ 70) ἐπέων... ἠδὲ καὶ ἔργων.

---

272 ἐν Ψ : ἂν K || λιμένος Ω : -νας Herm. || post λιμ. dist. codd. ante λιμ. Gesn. || **273** ἐγήθει Ω : -θεε West || φρέν' O^{pc} : φρένας Ω || **274** νεὸς Ψ : νεὼς K || ἀγχόθι Ω : αὐτόθι Mosch. || **275** ἐπαρτέα Schneider, cl. AR, 1, 234, 333 ; 3, 299 : ἐπ' ἄρτια Ω ἐπάρ- M^{pc}E ἐπ' ἄρμενα Huschke^{2} || **277** ἀρτήσαντες K^{pc}Ψ : -τύσ- K^{ac}E || δ' Ω : θ' Mosch.^{j} || **278** ἔπειτ' Ω : ἐπεί θ' [τ' a. c.] Mosch.^{s} || **279** Μινυῆας Vian : -ύηας Ω -ύας A || **280** τοῖσιν O Mosch.^{GR} : -σι Ω || **281** οὐ γὰρ ἔμοιγε om. K || **283** τινά οἱ Ω : τιν' ἄρα ζ || **285** σημανέειν Ω : -μαίνειν Mosch.^{R} || κεν Ω : δεῖ Wiel$^{1-2}$ || ἠδὲ Ω (cf. Λ 703) : ἠὲ West, cl. γ 99 ; δ 163 ; al.

et à faire quand nous naviguerons sur mer et quand nous débarquerons à terre *, chez les Colques comme chez les autres peuples *. Vous êtes d'ailleurs les seuls, vous les nombreux braves qui, de surcroît, vous flattez d'être issus d'une souche immortelle, à avoir entrepris ce commun travail pour conquérir la gloire *. Mais il n'y a parmi vous, je crois, ni plus fort ni plus vaillant que Sire Héraclès, et vous le savez bien vous-mêmes. »

Il dit et tous approuvaient. Alors la foule, à pleine voix, clamait que le chef des Minyens fût l'Alcide *, lui qui l'emportait, et de loin, sur tous ses compagnons. Mais le sage prince ne se laissait point persuader : il savait que le dessein d'Héra favorisait le fils d'Aison et qu'elle lui réservait une grande gloire dans les générations à venir * ; et c'est lui-même qui leur

286. Noter aux v. 285 s. trois futurs « hypercaractérisants » (même tour au v. 1318 ?) : cf. E. Schwyzer-A. Debrunner, *Griech. Gramm.*, 2, 295, § α 1 ; Fränkel, 395, n. 5 ; R. Keydell, *Gnomon*, 37, 1965, 38. Pour l'interrogative indirecte à l'infinitif, cf. p. 61 (*Gramm.*, § VIII 1).

287. Une dissymétrie du type ἤ (τε)... καί est bien attestée : par ex., Esch., *Eum.*, 521 ; AR, 2, 46 s., 890 s. ; 3, 1240-1244.

290. Μοῦνοι : aucune des conjectures proposées ne satisfait vraiment. Je reviens au texte transmis qui a l'avantage de mieux rendre compte de καὶ γάρ (comparer les v. 91, 260) : « Choisissez qui vous voulez. *En effet* vous êtes *aussi* les seuls qui... » Jason rappelle par là qu'il n'a entrepris l'expédition que contraint et forcé. — Sur le thème de la gloire, voir AR, 1, 70, 78, 100, 130, 149 s., 204-206, 224 s., et surtout Pind., *P.*, 4, 184-187.

295. Ἐν δ' ἄρα est une locution adverbiale et φωνῇ dépend directement du verbe comme en Γ 161 ; *HHDém.*, 20, 432 : cf. Vian[2], 156, n. 66. — Pour ἐπικοίρανος, comparer ἐπιβώτωρ, ἐπιβουκόλος, ἐπιποιμήν, ἐπίουρος.

298. La construction des v. 296-298 est obscure. On peut supposer qu' Ἥρης ἐννεσίῃσι est une périphrase pour Ἥρη et qu'υἱόν annonce proleptiquement le pronom οἱ : comparer A 537 et voir R. Kühner-B. Gerth, *Griech. Gramm.*, 2[4], 578. Weinberger, 263 s. (et Weinberger[2], 8) incline à donner une

πόντον ἐπιπλώσουσιν ἀφιξομένοις τ' ἐπὶ γαῖαν,
ἦτε καὶ ἐς Κόλχους καὶ ἐς ἀλλοδαποὺς ἀνθρώπους.
Καὶ γὰρ δὴ μοῦνοι σὺν ἐμοὶ πολέες τε καὶ ἐσθλοί,
οἵ ῥα καὶ ἀθανάτου ῥίζης γένος εὐχετάασθε,
ξυνὸν ἀνηρείψασθε πόνον, κλέος ὄφρ' ἂν ἄρησθε.
Ἀλλ' οὔ οἱ κάρτιστον ἀρειότερόν τε γενέσθαι
Ἡρακλῆος ἄνακτος ὀίομαι· ἴστε καὶ αὐτοί. »
"Ὣς ἔφαθ', οἱ δ' ἄρα πάντες ἐπῄνεον· ἐν δ' ἄρα φωνῇ
λαὸς ἐπερρόθεεν Μινύαις ἐπικοίρανον εἶναι
Ἀλκείδην, ὃς πᾶσι μέγ' ἔξοχος ἦεν ἑταίροις.
Ἀλλ' οὐ πεῖθον ἄνακτα πεπνυμένον, ὅς ῥά οἱ ᾔδει
Ἥρης ἐννεσίῃσι τετιμένον Αἴσονος υἱόν,
ὡς δή οἱ κλέος ἐσθλὸν ἐπεσσομένοισιν ὄπαζεν·
ὅς ῥά οἱ αὐτὸς ἔνισπεν Ἰήσονα κοίρανον εἶναι

Loci sim. **286** ε 284 π. ἐπιπλώων || ο 128 s. ἀφίκοιο | ... ἐς... γ. || **287** ξ 231, al. ἄνδρας ἐς ἀλλ. || **288** Ζ 452 π. τ. κ. ἐσθλοί || **289** ξ 199 γ. εὔχομαι ; AR, 1, 231 ἀφ' αἵματος εὐχετόωντο || **290** κλ. ... ἄρ. : cf. ad 453 || **291** Ζ 98 ὃν δὴ... κ. ... φημὶ γ. || **292** AR, 2, 1047 ἴ. κ. αὐ. (ex φ 110) || **293** Ψ 539 ὣς ἔφ. (cf. *AO*, 353, 1329), οἱ δ' ἄ. π. ἐ. ὡς ἐκέλευε (unde AR, 1, 348) ; cf. *AO*, 301, 353, 826 || **294** σ 106 ; *HHCer*. 87 κοίρανος εἶ. ; cf. *AO*, 299, 302 || **295** φ 266 π. μ. ἔξοχοι || **296** AR, 1, 345 s. οὐ... | πείσομαι || **297** AR, 3, 818 Ἥ. ἐ. ; cf. *AO*, 695 (et 107, 268, 1364) || Αἴ. υἱ. : cf. ad 65 || **298** κ. ἐσθλὸν... ὄ. : cf. ad 3, 453, et uide AR, 1, 345 || ἐπ. : cf. ad 95[b] || **299** κ. εἶ. : cf. ad 294.

286 ἐπιπλώσ(σ)ουσιν [ἐπιγλ- K] Ω : -ώουσιν H[ac] Mosch. || **287** om. K, add. K[2] || ἦτε Ψ : ἠδὲ K[2] εἴτε ζO Mosch. || καὶ (alt.) Ω : ἢ Herm. || **288** μοῦνοι Ω : -νον Sanctam. μούνῳ Gesn. || **290** om. F || πόνον M[pc]OE : -νων Ω || ἄρησθε Ω : ἄροισθε AE || **291** οἱ Ω : δὴ ζ || **293** ἄρα (pr.) Ω : ἅμα Sloth. || **294** ἐπι- Ω : ἐπὶ AHE ἔπι Gesn. || **296** ᾔδει [ἠ-] Ψ : ᾔδη [ἠ-] KE || **297** ἐννεσίῃσι Ψ : γενεσ- K || αἴ///σονος K || υἱόν Ω : uide ad 130 || **298** ὡς δή Ω : ὥς ῥά Mosch.[GS] ἠδ' ὥς noluit Weinberger || ἐπ- ζ Mosch.[R] : ἐπ' Ω || **299** ῥά οἱ Ω : τότε γ' ζ || αὐτὸς Ω : -ὸν *c*.

demanda que Jason fût le chef des cinquante rameurs, sur terre et sur mer. Tous alors approuvaient unanimement l'invite d'Héraclès et ils décidèrent que Jason fût leur chef.

Comme le Soleil *, fendant l'immensité de l'éther sur ses chevaux rapides, préparait les ténèbres de la nuit, le fils d'Aison méditait en son cœur d'imposer aux héros un engagement et des serments d'alliance afin qu'ils obéissent en les observant scrupuleusement. C'est alors, Musée, cher enfant d'Antiophémos, qu'il m'invitait à accomplir sur-le-champ un beau sacrifice.

Je fis sur le sable du rivage un tas de bois sec provenant d'un chêne vivifiant * ; par-dessus, je disposai des gâteaux (?), offrandes innombrables pour les dieux *. Alors j'égorgeai un énorme taureau, régent d'un troupeau de bœufs *, en lui levant la tête vers

valeur causale à ὡς, tout en proposant une conjecture ἠδ' ὡς qui mérite attention.

303-354. *Le serment*. L'épisode se situe à sa place normale, avant le départ, alors qu'Apollonios le transfère au cours du voyage ; voir la Notice p. 22 s. La cérémonie a lieu de nuit et prend ainsi un caractère particulièrement solennel ; l'adresse à Musée (v. 308 s.) souligne l'importance que le narrateur attribue à cette grande scène rituelle, d'inspiration peut-être orphique (voir la Notice, p. 17).

311. Le chêne est consacré à Zeus ζωογόνος : Cramer, *Anecd. Par.*, 3, 213 ; il pourvoit généreusement à l'alimentation des hommes : Hés., *Trav.*, 232 s.

312. Dans deux scènes rituelles analogues (v. 312, 957), les manuscrits mentionnent des voiles (πέπλα, πέπλους) dans lesquels on enveloppe des offrandes ou sous lesquels on officie. Le terme est amétrique dans les deux cas et on ne voit pas comment le conserver en rétablissant le mètre ; même ici, la correction de ζ, ἐν δ' ἄρ' ὕπερθε | πέπλῳ, n'est pas satisfaisante à cause d'ὕπερθε. Sur les corrections proposées, dont je m'inspire dans la traduction, cf. Vian[2], 146. On regrette néanmoins d'éliminer ainsi un détail rituel qui serait intéressant s'il était authentique.

314. Voir *Notes complémentaires*, p. 177.

πεντήκοντ' ἐρέταισιν ἀνὰ τραφερήν τε καὶ ὑγρήν.
Καὶ τότε δὴ μάλα πάντες ἐπῄνεον, ὡς ἐκέλευεν
Ἡρακλέης, καὶ θῆκαν Ἰήσονα κοίρανον εἶναι.
Ἦμος δ' Ἠέλιος τὸν ἀπείριτον αἰθέρα τέμνων
ἵπποις ὠκυπόδεσσι κελαινὴν ἔντυε νύκτα,
τῆμος ἐνὶ πραπίδεσσιν ἐμήτιεν Αἴσονος υἱὸς
πίστιν ἐφ' ἡρώεσσι καὶ ὅρκια συνθεσιάων
θέσθ', ὄφρ' ἔμπεδα πάντα φυλασσόμενοι πεπίθοιντο.
Καὶ τότε τοι, Μουσαῖε, φίλον τέκος Ἀντιοφήμου,
πορσῦναί μ' ἐκέλευε θοῶς ἱερήια καλά.
Αὐτὰρ ἐγὼ ψαφαραῖσιν ἐπ' ἠιόνεσσιν ἔνησα
κᾶλα, τά τ' ἐκ δρυός ἐστι φερεσβίου· ἐν δ' ἄρ' ὕπερθε
† πέπλα † παρκατέθηκα θεοῖς ἐπινήχυτα δῶρα.
Καὶ τότε δὴ κραντῆρα βοῶν περιμήκεα ταῦρον
σφάζον, ἀνακλίνας κεφαλὴν εἰς αἰθέρα δῖαν

Loci sim. **300** Ξ 308 ἐπὶ τρ. τε κ. ὑ. || **301** ἐπ., ὡς ἐκ. : cf. ad 293 || **302** κ. εἶ. cf. ad 294 || **303** A 475 al. ἦ. δ' ἠ. κατέδυ || *HO*, 34,11 τὸν ἀ. αἰ. (de Apolline uel Sole) || Nonn. 17, 271 Ἠέλιε... αἰ. τ. || **304** B 383 al. ἵπποισιν... ὠ. || E 310, al. κελαινὴ νύξ || **305** ἐνὶ π. : cf. ad 282 || Αἴ. υἱ. cf. ad 65 || **306** Eur. *Med.* 21 s. ὅρκους, πίστιν || B 339 συνθεσίαι τε κ. ὅ. (unde AR, 4, 1042) ; E 319 (et AR, 4, 390) συνθ. ; cf. *AO*, 350 s. || **307** β 227, al. ἔ. πάντα φυλάσσειν || **308** Σ 63, al. φ. τέκ. || **309** ρ 600 ἱ. κ. || **311** *HHMerc.* 112 s. κ. ... | ... ἐπέθηκεν || **312** ἐ. δ. : cf. *AO*, 39 || **314** τ 540 ἐς αἰ. δ. ἀέρθη.

300-302 om. K : λείπ(ουσι) τρεῖς add. K[2mg] || **300** ἐρέταισιν ζ : ἐρετμαῖσιν Ψ -τμοῖσιν NM[pc] Mosch.[G] || **301** ἐκέλευεν Ψ : -ευσεν E || **304** ἔντυε Ω : -υνε VH || **307** θέσθ' Voss, cl. 1169 : θέσθαι Ω || ὄφρ' Ω : ἵν' prop. Schneider || φυλασσόμενοι Ω : -σσάμ- E || πεπίθοιντο Ω : -θοιεν Mosch.[GR] || **308** τοι Ω : δὴ T et Voss om. A || **309** θοῶς Ω : θεοῖς Schneider || **310** ἔνησα Crivelli (*struxi*) West (cf. 954) : ἐνῆκα Ω ἐνεῖκα E || **311** κᾶλα M[pc]O : κά- Ω || **312** πέπλα Ω contra metrum : πέπλῳ ζ πολλὰ Mosch.[GR] πλάσματα Vian[2], cl. 316, 957 πέμματα West || παρκατέθηκα Ω : παρακατ- M[sl]E || post θεοῖς add. τ' West || **313** περιμήκεα Mosch.[GS] : -μηκέα OE[pc] -μηκέαν K -μυκέα Ψ.

l'éther divin pendant que je tranchai sa chair vive * ; j'en répandis le sang à la ronde sur tout le bûcher ; puis, une fois que j'eus retiré le cœur et que je l'eus placé sur les galettes * tout en faisant des libations d'huile fluide et ensuite de lait de brebis, j'ordonnai aux héros qui m'entouraient en cercle de plonger leurs piques et leurs épées à bonne poignée dans la peau et les entrailles *, de toute la force de leurs mains *. Au milieu d'eux, je plaçai, bien planté en terre, un vase d'argile plein d'une mixture aux ingrédients savamment mélangés, d'abord de la vivifiante farine d'orge de Déméter, puis du sang de taureau et de l'eau salée de la mer *. Je leur ordonnai de se couronner d'aimables rameaux d'olivier ; puis, de mes mains emplissant de mixture une coupe en or *, je fis la distribution à la ronde, afin que chacun y goûtât parmi les princes à la force insigne *. J'ordonnai à Jason d'appro-

315. L'*hapax* ζωοταμῶν est à rapprocher pour sa formation de ζωοθυτέω, ζωοθυσία.

316. Comparer Lucien, *Sacrif.*, 13 ὁ δὲ ἱερεὺς... ἀνατέμνων καὶ τὰ ἔγκατα ἐξαιρῶν καὶ καρδιουλκῶν καὶ τὸ αἷμα τῷ βωμῷ περιχέων..., ἐπὶ πᾶσι δὲ πῦρ ἀνακαύσας ; cf. aussi Hésych., *Et. Magn.* et *Souda*, *s.* καρδιωσάμενος. — Le cœur est déposé sur des galettes (πόπανα), celles qui sont peut-être mentionnées dès le v. 312, si l'on admet la conjecture πλάσματα ou πέμματα.

319. Voir *Notes complémentaires*, p. 177-178.

320. Sur l'accumulation des datifs, voir la Notice, p. 60, § VI. La conjecture de Schneider ἐρειδομένους a été généralement acceptée (Hermann, Voss, Abel) ; mais on hésite à éliminer un tour du type -μέναις παλάμῃσι, qui est familier à Nonnos.

324. Le sang de taureau passait pour être un breuvage redoutable, souvent considéré comme un poison : cf. Nic., *Alex.*, 312 ss., et J.-M. Jacques, *Nicandre de Colophon* (thèse dactyl., Paris, 1979), p. 92-93.

327. Ἐμπλήσας est attendu : cf. v. 963 ; mais ἀμπλήσας n'est pas dépourvu de parallèles : épigramme citée par Lucien, *Dips.*, 6 ; QS, 8, 131 ; Nonn., 14, 433.

328. L'expression est redondante : cf. 453 s., 598-600, 708 s., 904 s., 1102 s., 1312 s., 1350.

ζωοταμών· περὶ δ' αἷμα πυρῇ χέον ἔνθα καὶ ἔνθα.
Αὐτὰρ ἐπεὶ κραδίην ἐρύσας ποπάνοισιν ἔθηκα,
λείψας ὑγρὸν ἔλαιον, ἐπ' αὐτῷ δὲ γλάγος ἀμνῆς,
ἥρωας δ' ἐκέλευσα περισταδὸν ἀμφιχυθέντας
δούρατ' ἐπαμπήξασθαι ἰδ' ἄορα κωπήεντα
βύρσῃ τε σπλάγχνοισί τ' ἐρειδομέναις παλάμῃσι.
Θῆκα δ' ἄρ' ἐν μέσσῳ τεῦχος κυκεῶνος ἐρείσας
ὀστράκεον, τῷ πάντα περιφραδέως ἐμέμικτο,
Δήμητρος μὲν πρῶτα φερέσϐιος ἀλφίτου ἀκτή,
αἷμα δ' ἐπεὶ ταύροιο θαλάσσης θ' ἁλμυρὸν ὕδωρ.
Στέψασθαι δ' ἐκέλευσα κλάδους ἐρόεντας ἐλαίης·
καὶ τότε χρυσείην φιάλην χείρεσσιν ἐμαῖσιν
ἀμπλήσας κυκεῶνος, ἐφεξείης ἐπένειμα
γεύειν ἄνδρα ἕκαστον ἐρισθενέων βασιλήων.
Πυρκαϊῇ δ' ἐκέλευον Ἰήσονα λαμπάδα θέσθαι

Loci sim. **317** Ψ 281 ὑ. ἔλ. ; η 107, al. ἀπολείϐεται ὑ. ἔλ. || **318** QS, 3, 220 ἀμφεμάχοντο π. ; Greg. Naz. *Carm.* 2, 1, 16, 13 (*PG* 37, 1255) ἔχυντο π. ; cf. *AO*, 568 || **319** E 40, al. δόρυ πῆξεν || O 713 φάσγανα... κ. ; cf. *AO*, 980 || **320** Nonn. 23, 70 s. ἄορ ἐρείσας | ... π. ; et saepe ap. Nonn. αἰδομέναις (uel φειδομέναις uel sim.) π. || **321 s.** Nic. *Ther.* 80 τ. κεραμήιον || **323** N 322, al. Δημήτερος ἀκτήν ; Λ 631 ἀλφίτου... ἀκτήν ; Aesch. F 193, 8 φερέσϐιον Δ. ... στάχυν || **324** Nic. *Alex.* 312 ταύρου... αἷ. || μ 236, al. θαλ. ἁ. ὕ. || **325** Aesch. *Ag.* 494 κλάδοις ἐλαίας || **326** Ψ 243 χρυσέῃ φιάλῃ; Pind. *P.* 4, 193 χρυσέαν χείρεσσι λαϐὼν φιάλαν || **328** ν 7 ἀνδρὶ ἑκάστῳ || AR, 1, 41, 543 ἐρ.

315 ζωοτάμων (sic) [ζωτ- F] Ω : ζωοτάμνων ζ -τάμον E ζωοτομῶν Herwerden || πυρῇ Herm. : πυρὶ Ω || **316** ἐπεὶ Ω : ἐπὶ Gesn., frustra || ἐρύσας Schneider : θραύσας Ω || **317** γλάγος ζM^{pc}OVE : γλάσος K κλάγος [καλά- F] Ψ || ἀμνῆς M^{pc}OE : ἄμνης Ω || **319** ἰδ' Ω : ἠδ' M^{pc}E || ἄορα Crivelli (*enses*) O^{pc}E : ἄρα Ω || **320** σπλάγχνοισί τ' Gesn. : σπλάγχνοισιν [σπλάχν- AV] Ω || ἐρειδομέναις Ω : -νους Schneider || **324** αἷμα Ψ : -μος K || ἐπεὶ Ω : ἐπὶ ζE || **325** κλάδους Schneider : κύκλους Ω || ἐρόεντας Ω : -ντος H || **327** ἀμπλήσας Ω : ἐμπλ- Vian^2 || ἐπένειμα Sanctam. : -μον Ω.

cher du bûcher une torche de pin sec et la flamme divine se mit à courir en dessous. Moi, tendant alors les mains vers le flot de la mer retentissante, j'articulai de ma bouche ces paroles :

« Souverains de l'Océan et de la mer houleuse *, Bienheureux de l'abîme, et vous tous qui habitez les rivages, parmi les sables et les galets, ainsi que les plus lointaines ondes de Téthys *, c'est Nérée tout d'abord que j'invoque, le plus vieux de tous, ainsi que ses cinquante filles, toutes aimables ; puis la glauque, la poissonneuse, l'immense Amphitrite *, Protée et Phorkys et le puissant Triton, et les Vents rapides ainsi que les Brises aux ailes d'or, et les Astres qui brillent au loin * et la ténèbre de la Nuit sombre, et la lumière du Soleil qui précède la course de ses prompts chevaux *, les Génies de la mer mêlés aux Héros *, et les Dieux des rivages * et les Fleuves qui déversent leur cours dans la mer, et le Cronide en per-

333-346. Déjà chez Homère, les invocations liées aux serments s'adressent à des divinités primordiales : Γ 276-279 (Zeus, Soleil, Fleuves, Terre, puissances infernales) ; T 258-260 (Zeus, Terre, Soleil, Érinyes). Le poète a retenu presque exclusivement des dieux marins ou en rapport, de près ou de loin, avec la navigation.Il rejoint ainsi les traditions suivies par Pind., *P.*, 4, 193-196, 204-210, ou par Val. Fl., 1, 188-203 (voir la Notice, p. 23).

335. Noter le chiasme : les mentions d'Océan et de Téthys encadrent deux allusions à la mer et à ses grèves.

338. On gardera δ' corrélatif de μέν (v. 336). Γλαυκή est une épithète d'Amphitrite (cf. *loci sim.*) ; la présence de la Néréide Glauké ne s'impose pas ici : comme souvent, Amphitrite désigne la mer et en reçoit les épithètes traditionnelles.

341. Τηλεσίφαντος : variante, exigée par le mètre, de τηλέφαντος (cf. *loci sim.*) ; comparer τανύ/τανυσί-πτερος. Le poète use ailleurs de τηλεφανής (v. 537, 747, 1217).

342. Voir *Notes complémentaires*, p. 178.

343. La mention des Héros rappelle AR, 2, 1273 s. ; cf. aussi *AO*, 792.

344. Pour les dieux du rivage, cf. AR, 1, 403 s.

πεύκης ἀζαλέης· ὑπὸ δ' ἔδραμε θεσπεσίη φλόξ.
Δὴ τότ' ἐγώ, πρὸς χεῦμα πολυφλοίσβοιο θαλάσσης
χεῖρας ἐπαντείνας, τάδ' ἀπὸ γλώσσης ἀγόρευσα·
« Ὠκεανοῦ μεδέοντες ἁλικλύστοιό τε πόντου
ἐμβύθιοι μάκαρες, καὶ ὅσοι ψαμαθώδεας ἀκτὰς
ναίεθ' ἁλικροκάλους καὶ Τηθύος ἔσχατον ὕδωρ,
Νηρέα μὲν πρώτιστα καλῶ πρέσβιστον ἁπάντων
ἄμμιγα πεντήκοντα κόραις πάσαισιν ἐρανναῖς,
γλαυκὴν δ' ἰχθυόεσσαν ἀπείριτον Ἀμφιτρίτην,
Πρωτέα καὶ Φόρκυνα καὶ εὐρυβίην Τρίτωνα,
λαιψηρούς τ' Ἀνέμους Αὔραις μίγα χρυσεοτάρσοις,
Ἄστρα τε τηλεσίφαντα καὶ ἀχλύα Νυκτὸς ἐρεμνῆς
αὐγήν τ' Ἠελίοιο θοῶν προποδηγέτιν ἵππων,
Δαίμονας εἰναλίους τε μιγαζομένους Ἥρωσιν,
Ἀκταίους τε θεοὺς Ποταμῶν θ' ἁλιμυρέα ῥεῖθρα,

Loci sim. **330** Λ 494 δρῦς ἀζαλέας, ... πεύκας (cf. *AO*, 969) ‖ M 177, al. θεσπιδαὲς πῦρ ‖ **331** A 34, al. πολ. θ. ‖ **332** χ. ἐ. : cf. ad 61 ‖ Pind. *P.* 3, 2 ἀπὸ γλώσσας... εὔξασθαι (et A 249) ; cf. *AO*, 690 ‖ **334** *HO*, 24, 2 βύθιαι (de Nereidibus) ‖ **335** Nonn. 32, 52 T. ὕ. ; cf. *AO*, 1104 ‖ **336** πρέσβ. : cf. *HH*, 30, 2 ; *HO*, pr., 24 ; et *AO*, 1260 ‖ **337** ἄ. ... πάσ. : cf. ad 1145 s. ‖ *HO*, 23, 2 ; 24, 3 πεντ. κόραι(σιν) (ex Hes. *Th.* 264) ‖ ἐρ. (de persona) : cf. *HO*, 1, 1 ‖ **338** [Theoc.] 21, 55 γλαυκᾶς... Ἀμφιτρίτας (et Opp. *Hal.* 1, 791) ‖ **339** Hes. *Th.* 931 Τρίτων εὐρυβίης (= AR, 4, 1552) ‖ **340** QS, 3, 700 λαιψηρῶν ἀνέμων (ex Ξ 17) ; uide etiam Pind. *P.* 4, 195 ; *HO*, pr. 38 ; cf. *AO*, 1293 ‖ **341** Pind. F 33c, 5 τηλέφαντον... ἄστρον ; cf. *AO*, 537 ‖ Hes. *Th.* 758 N. ... ἐρ. ‖ **342** Θ 480, al. αὐγῆς... Ἠ. ‖ e.g. Pind. F 89a, 3 θοᾶν ἵ. ἐλάτειραν ‖ **343** QS, 12, 382 δαίμοσιν εἰναλίοις ‖ **344** P 749, al. ποτ. ... ῥέεθρα (cf. *AO*, 1009) ; Φ 190, al. ποτ. ἁλιμυρηέντων (cf. *AO*, 462).

---

330 θεσπεσίη Ω : -ίως N ut uid. ‖ **334** ψαμαθώδεας Ω (cf. 633) : ψαμμώ- E ‖ **335** ναίεθ' K : -ετ' Ψ ‖ **336** πρέσβιστον Schneider : -βυστον Ω cf. 1260 ‖ **338** γλαυκὴν Ω (*croceam* Crivelli) : Γλαύκην Crivelli* Schneider ‖ δ' Ω : τ' Sanctam. ‖ **339** καὶ (pr.) Ψ : τε K ‖ **340** χρυσεοτάρσοις [-σοι K] Ω : χρυσοτ- E ‖ **342** θοῶν Gesn. : ποδῶν Ω (e uoce sequ.) (Ἠελίου) πολιῶν Wiel[2].

sonne, l'Ébranleur du sol à la coiffe d'azur : que, sorti de l'onde, il vienne se porter garant de nos serments. Aussi longtemps que nous, compagnons de Jason, toujours et sans défaillance, resterons à l'aider de tout notre cœur dans les travaux communs, fasse le ciel que chacun de nous revienne vivant dans sa demeure ; mais si quelqu'un, au mépris du pacte, viole et transgresse le serment *, qu'en soient témoins la Justice redresseuse des torts et les Érinyes aux terribles présents. »

Ainsi parlai-je ; eux aussitôt approuvèrent le pacte de concorde, pleins de crainte devant ce serment, et le sanctionnèrent d'un geste de la main *.

Quand ils eurent prononcé et scellé leur serment *, ils pénétrèrent dans la carène creuse de leur nef, tous à la file ; ils déposèrent leurs armes sous les bancs * et mirent les mains aux rames *. Tiphys leur ordonna aussitôt d'arrimer la longue échelle auprès des agrès

351. Pour l'établissement du texte des v. 350 s., cf. Vian[2], 146 ; mais j'adopte maintenant ὑπερβασίῃ.

354. Il s'agit apparemment du geste mentionné aux v. 319 s.

355-454. *La visite à Chiron.* Le poète s'écarte ici d'AR, 1, 553-558, pour suivre une tradition qui s'apparente à celle de Valerius Flaccus et de Silius Italicus : voir la Notice, p. 23 s., 27 (n. 2). Sur cet épisode, cf. H. Herter, *Rhein. Mus.*, 91, 1942, 226-228.

357. Chez Apollonios (1, 530, 532, 544 s.), les armes sont placées à côté des rameurs.

358. Χεῖρας ἐρετμώσαντες : libre utilisation d'une formule (cf. *loci sim.*) dont le sens varie selon le contexte : voir peut-être une expression analogue plus développée aux v. 456 s. (mais le texte doit sans doute être amendé). L'aoriste est illogique, puisque les Argonautes vont effectuer divers travaux avant de ramer ; on hésite cependant à corriger ἐρετμώοντες ou ἐρετμώσοντες.

αὐτόν τε Κρονίδην Σεισίχθονα κυανοχαίτην
κύματος ἐκπροθορόντα μολεῖν ἐπιτάρροθον ὅρκων·
τόφρα μὲν οὖν ἐπίκουροι Ἰάσονος ἔμπεδον αἰεὶ
μίμνωμεν προφρόνως ξυνῶν ἐπαρηγόνες ἄθλων,
ζωοὶ νοστήσωμεν ἑὰ πρὸς δώμαθ' ἕκαστος·
ὃς δέ κε συνθεσίης δηλήσεται οὐκ ἀλεγίζων
ὅρκον ὑπερβασίῃ, τούτου δ' ἐπιμάρτυροι ἔστων
ἰθύντειρα Δίκη καὶ Ἐριννύες αἰνοδότειραι. »
Ὣς ἐφάμην· οἱ δ' αὐτίχ' ὁμοφροσύνῃν κατένευσαν
ὅρκια δειμαίνοντες, ἐσημήναντο δὲ χερσίν.
Αὐτὰρ ἐπεί ῥ' ὄμοσάν τε τελεύτησάν τε τὸν ὅρκον,
δὴ τότε νηὸς ἑῆς κοῖλον κύτος εἰσεπέρησαν
πάντες ἐφεξείης· ὑπὸ δὲ ζυγὰ τεύχε' ἔθεντο,
χεῖρας ἐρετμώσαντες· ἐκέκλετο δ' αὐτόθι Τῖφυς
ἐκταδίοις ὅπλοις δῆσαι παρὰ κλίμακα μακρήν,

Loci sim. **345** *O.* F 285, 2 Σεισίχθων κυανοχαίτης (et γ 6) || **347** Π 107, al. ἔμπ. αἰέν ; cf. *AO*, 610, 710 || **348** ξ. ἐπ. ἄ. : cf. *AO*, 89 ; AR, 1, 32 = 3, 1211 (ἑῶν) ἐπαρωγὸν ἀέθλων ; 1, 1039 ἐπ. || **349** Ρ 405 s. ζωὸν... | ... ἀπονοστήσειν || γ 387 ἑὰ π. δ. || **350 s.** Γ 107 μή τις ὑπ. Διὸς ὅρκια δ. ; cf. *AO*, 306 || Α 180, al. οὐκ ἀλεγίζω ; cf. *AO*, 660 || **351** α 273 θεοὶ δ' ἐ. ἔ. || **352** ἰ. Δ. : cf. Hes. *Op.* 9 δίκῃ δ' ἴθυνε, 230 ἰθυδίκῃσι || e.g. Aesch. *Th.* 975 Μοῖρα βαρυδότειρα (et ap. Orphicos ὀρθο-, παντο-, πλουτο-δότειρα) || **353** μ 303 ὣς ἔ. (cf. *AO*, 293)· οἱ δ' αὐτίκ' ἀπόμνυον ὡς ἐκέλευον || **355** = μ 304, al. || **356** paraphrasis : e.g. δ 817 ἔβη κοίλης ἐπὶ νηός || **357** λ 134, al. πᾶσι μάλ' ἐξείης || ν 20 s. κατέθηκε... ὑ. ζ. || Τ 12 τ. ἔθηκε || **358** Eur. *Med.* 4 ἐρετμῶσαι χέρας ; Nonn. 7, 185, al. χ. ἐρετμώσασα (alio sensu) || **359** κ 558, al. κλ. μ.

---

347 τόφρα Ω : ὄφρα Herm. cf. p. 62 || ἰάσονος Ω : ἰήσ- O cf. ad 248 || **348** ἐπαρηγόνες Ψ : -νος K || **349** ζωοὶ Ω : ξυνοὶ A (ex 348) || νοστήσωμεν Ω : -σαιμεν E res dubia || **351** ὑπερβασίῃ Sanctam., cl. Γ 107 : -άσιον Ω || ἐπι- Ω : ἐπὶ ζOE || -μάρτυροι Ω : -μάρτυρες *c* Mosch.[G] || ἔστων KAM (p.c. ?) O : ἔστον uel ἐστόν ζNFH ἐστιν V || **353** αὐτίχ' Herm.[2] : αὖτις Ω αὖθις θ || ὁμοφροσύνῃν Vian[2] : -νῃ Ω || **359** om. K.

étendus sur le pont *, de déployer la voile et de délier les amarres pour quitter le port. Alors Héra, l'épouse de Zeus, dépêcha le souffle d'une brise sonore et Argô se hâtait de voguer. Les princes, sans se lasser, appliquaient leurs bras et leur attention à ramer ; l'onde infinie se fendait, tandis que s'enflait l'écume des deux côtés, sous la quille *. Cependant l'Aube sacrée *, depuis le cours de l'Océan, ouvrait les portes de l'Orient, suivie de la Fille du Matin, qui apportait sa douce lumière aux mortels et aux immortels *. Alors les guettes et la cime venteuse du Pélion boisé apparaissaient du rivage. Tiphys, mettant en panne

359. L'échelle d'embarquement (cf. encore 374, 529, 636), ignorée d'Apollonios, est bien attestée dans l'iconographie argonautique ; voir par exemple la ciste Ficoroni, T. Dohrn, *Die Ficoronische Ciste* (1972), pl. 8-9, 33, ou le cratère de Ruvo, Jatta K 14, H. Sichtermann, *Griech. Vasen in Unteritalien* (1966), pl. 1, 24-33 et Dohrn, *l. c.*, pl. 32. D'une façon plus générale, voir L. Casson, *Ships and Seamanship* (1971), 251, n. 104, et fig. 90.

365. Pour l'établissement du texte des v. 360-365, voir mes remarques dans Vian[2], 147 s. ; Voss a anticipé ma conjecture ἀνοιδαίνοντος.

366. Ὄρθρος est l'annonciateur de l'Aurore : cf. ci-dessous v. 564, et Nonn., 18, 166 s. ; 31, 138 ; 37, 86 s. Sur Orthros, cf. Höfer, dans Roscher, *Myth. Lex.*, 3, 1 (1897-1902), 1218, *s.u.*, n° 2.

368. Aux v. 355-368, le poète juxtapose des lieux communs sans se soucier de la vraisemblance. Si l'on comprend que la prestation de serment ait lieu de nuit pour des raisons rituelles, il est étrange que les Argonautes n'attendent pas l'aurore pour procéder aux opérations complexes de l'embarquement et du départ. En outre, la voile est déployée et le vent se lève aux v. 360-362, alors que les Argonautes rament aux v. 363-365 comme s'il n'y avait pas de vent. On pourrait tenter une remise en ordre du texte en disposant les vers de la façon suivante : 355-360, 366-368, 363-365, 361-362. Mais ces interversions, difficiles à expliquer, ne résoudraient pas toutes les difficultés.

ἱστία δ' ἁπλῶσαι, λιμένος δ' ἐκ πείσματα λῦσαι.
Καὶ τότε δὴ λιγὺν οὖρον ἐπιπροέηκεν ἀῆναι
Ἥρη, Ζηνὸς ἄκοιτις, ἐπείγετο δ' ἐς πλόον Ἀργώ.
Οἱ δ' ἄρ' ἐπ' εἰρεσίην ἔπεχον χεῖράς τε νόον τε
ἄκμητοι βασιλῆες· ἐτέμνετο δ' ἄσπετος ἅλμη,
ἀφροῦ ἀνοιδαίνοντος ὑπὸ τρόπιν ἔνθα καὶ ἔνθα.
Τῆμος δ' ἱερὸς Ὄρθρος ἀπ' Ὠκεανοῖο ῥοάων
ἀντολίας ἤνοιγεν, ἐφέσπετο δ' Ἠριγένεια
ἡδὺ φάος θνητοῖσι καὶ ἀθανάτοισι φέρουσα.
Καὶ τότε δὴ σκοπιαί τε καὶ ἠνεμόεσσα κολώνη
Πηλίου ὑλήεντος ἀπ' ἠιόνος κατέφαινε.
Τῖφυς δ' ἀμπαύσας δισσῆς οἰήια χειρὸς

Loci sim. **360** Lib. *Or.* 11, 264 ἀπλωθέντων ἱστίων ; cf. fort. *AO*, 624 ‖ ν 77 πεῖσμα δ' ἔλυσαν ἀπὸ... ; AR, 1, 1109, al. λυσάμενοι... ἐκ π. πέτρης ; cf. *AO*, 529, 628, 652, 1241, 1344 ‖ **361-362ᵃ** γ 176 ὦρτο δ' ἐπὶ λιγὺς οὖρος (cf. *AO*, 1102, 1240) ἀήμεναι, 183 (οὖρον)... θεὸς προέηκεν ἀῆ. (cf. *AO*, 1240 ?) ; ε 268, al. οὖ. δὲ προέηκεν (cf. *AO*, 625) ; AR, 4, 1185 Ἥ. ἐπιπρ. ‖ AR, 1, 997, al. Ἥ., Ζ. ἄκ. ‖ **362ᵇ** AR, 4, 210 ἐπ. ... νηῦς ‖ **363** β 281, al. βουλήν τε ν. τε ‖ **364** Call. F 378, 2 βυθὸς ἄσπ. ἅλμης ; cf. *AO*, 689 et uide u. sq. ‖ **365** AR, 1, 542 ἀφρῷ δ' ἔ. κ. ἔ. ... ἅλμη ; 2, 585 ὑ. τρ. (et cf. ad 271) ; Eur. *Hipp.* 1210 ἀνοιδῆσάν τε καὶ πέριξ ἀφρὸν | ... καχλάζον (et QS, 14, 470) ‖ **366** et **368** T 1-2 Ἠὼς... ἀπ' Ὠ. ῥ. (cf. *AO*, 144) | ... ἵν' ἀθ. φόως φέροι ἠδὲ βροτοῖσιν ; M 242 θν. κ. ἀθ. ; Eur. *IA*, 1218 ἡδὺ... φῶς ‖ **367** ἀ. ἤν. : cf. *AO*, 564 ; Nonn. 27, 2 ἀντολίης ὤιξε θύρας ‖ **369 s.** Θ 557 ἔκ τ' ἔφανεν... σκ. καὶ... ; cf. AR, 1, 550 σκοπιῇσιν (u. l.), et *AO*, 451 ‖ **371** Nonn. 15, 98 s. al. δισσὴν | χεῖρα.

---

360 δ' (pr.) Ψ : τ' K ‖ ἁπλῶσαι Ψ : ἐκπλ- K ‖ πείσματα λῦσαι Vian² : π. θέσθαι Ω πείσματ' ἀρέσθαι Pierson (cf. 555) ‖ **361** καὶ om. K, spatio relicto ‖ -κεν ἀῆναι Voss, cl. γ 183 : -κε νέεσθαι Ω cf. 1240 ‖ **364** ἐτέμνετο Ruhnken³ : ἐτέμετο KH ἐτέτμετο ζANVF ἐπέτμ- θ ‖ **365** ἀνοιδαίνοντος Voss : ἅμ' οἰδ- Ω ‖ **367** ἐφέσπετο Mosch.ᴳ (cf. 63, 146, 274, 892) : ἐπέσπ- Ω (cf. Pind. *P.* 4, 133) ‖ **369** ἠνεμόεσσα Ω : -όωσα θ ‖ **371** ἀμπαύσας Ω : ἀγκλίνας Platt¹, cl. 1205 ‖ δισσῆς Ω : διὰ γῆς θ om. K λαιῆς Platt¹ perperam.

les gouvernails qu'il tenait de ses deux mains *, ordonna de n'effleurer que légèrement le flot avec les rames et bientôt ils arrivèrent sous l'abri de la côte *. Du navire, ils firent glisser dans le port l'échelle en bois, et les héros Minyens débarquaient, interrompant leur besogne. Devant leur foule assemblée, le meneur de char Pélée prit la parole :

« Amis, voyez le mamelon de cette guette qui fait saillie, avec son berceau d'ombrages, au milieu du promontoire * : c'est là que Chiron habite dans sa caverne, le plus juste des Centaures qui grandirent dans la Pholoé et sur les hautes cimes du Pinde *. Il s'occupe de rendre la justice et de guérir les maladies ; d'autres fois, c'est en pinçant de ses mains la cithare de Phoibos ou la phorminx sonore d'Hermès habile à faire résonner l'écaille des tortues qu'il révèle ses enseignements à tous les gens d'alentour *. C'est pourquoi Thétis aux pieds d'argent, prenant dans ses bras

371. Les gouvernails sont utiles quand on navigue à la voile ; pour aborder, le jeu des rames suffit : J. Vars, *Art nautique* (1887), 116 s. La manœuvre suggérée par les v. 371 s. est donc correcte ; mais l'expression δισσῆς οἰήια χειρός est singulière. Le génitif dépend sans doute d'οἰήια : « les gouvernails (tenus) d'une double main » ; cf. Vian², 148. Voss, à la suite de Schneider, le construit avec le verbe (« dem Steuer Ruhe von beiden Händen gebend »), comme en P 550 ; mais les tournures ne sont pas comparables.

373. Le préverbe ὑπο- est garanti par ὑπόδρομος (v. 802).

378. Voir *Notes complémentaires*, p. 178.

380. La Pholoé, demeure du Centaure Pholos, se trouve en Arcadie, dans le prolongement du mont Érymanthe. Les Centaures ne sont pas habituellement localisés dans le Pinde ; mais Homère (B 744) dit qu'ils furent chassés du Pélion chez les Aithikes et ceux-ci sont situés dans le Pinde par certains commentateurs : Strab., 9, 5, 12 et 19 ; *Lexikon des frühgriech. Epos*, s. Αἴθικες. C'est donc une indication érudite que notre poète introduit ici. — Les éditeurs les plus récents, abusés par les *recentiores*, ont fâcheusement éliminé l'archaïsme τράφον, ao. 2 actif à valeur passive.

384. Voir *Notes complémentaires*, p. 178.

τυτθὸν ὑπ' εἰρεσίῃσιν ἐκέκλετο κῦμα χαράσσειν·
καί ῥα θοῶς ἀκτῇσιν ὑπέδραμον. Ἐκ δ' ἄρα νηὸς
κλίμακα δουρατέην λιμένων ἔντοσθε χάλασσαν·
ἐκ δ' ἔβαν ἥρωες Μινύαι, παύσαντο δὲ μόχθου.
Τοῖσι δὲ μύθων ἦρχεν ὁμιλαδὸν ἱππότα Πηλεύς·
« Ὦ φίλοι, ἀθρεῖτε σκοπιῆς προὔχοντα κολωνὸν
μέσσῳ ἐνὶ πρηῶνι κατάσκιον· ἐνθάδε Χείρων
ναίει ἐνὶ σπήλυγγι, δικαιότατος Κενταύρων,
οἳ τράφον ἂμ Φολόην Πίνδου τ' αἰπεινὰ κάρηνα·
ὅς ῥα δικασπολίῃ μέλεται καὶ ἀκέσμασι νούσων,
ἄλλοτε δ' αὖ Φοίβου κιθάρην μετὰ χερσὶν ἀράσσων
ἢ λιγυρὴν φόρμιγγα χελυκλόνου Ἑρμάωνος,
πᾶσι περικτιόνεσσι διδασκαλίας ἀναφαίνει·
τῶ ῥα καὶ ἡμέτερον κοῦρον Θέτις ἀργυρόπεζα

Loci sim. **372** AR, 1, 114 ; 2, 584 ὑπ' εἰρεσίῃ(σι) ; cf. *AO*, 667, 703, 762, 1037, 1055, 1300, 1345, 1363 || Nonn. 2, 13 κ. χαράσσων ; cf. *AO*, 703 (et 1247) || **374** A 432, al. λιμένος... ἐντός || **375** ἐκ δ' ἔ. : cf. ad 636 || ἥ. M. : cf. ad 720 || A 467, al. π. πόνου || **376** B 433 τοῖς ἄρα μ. ἦ. ... ἱ. Νέστωρ ; E 420 τοῖσι δὲ μ. ἦ. ; Π 33 ἱ. Π. ; cf. *AO*, 445 || **377-378a** B 79, al. ὦ φ. || *HHCer*. 272, 298 προὔχοντι κολωνῷ ; cf. *AO*, 1273 || Θ 557, al. σκοπιαὶ καὶ πρώονες ; Nonn. 28, 206 σκ. πρηῶνα, 223 πρηῶνα κολώνης || **378b-379** Λ 832 Χ. ... δ. Κ. (cf. *AO*, 1297) || Nonn. 6, 264 ἐνὶ σπ. || **380** B 869, al. αἰ. κ. || **381** O 394 ἀκέσματ' (u. l. ἀκήμ-)... ὀδυνάων ; Aesch. *Pr*. 482 s. ἀκεσμάτων | ... νόσους || **382** Nonn. 8, 232 κ. Φοίβοιο ; 5, 102 ('Απόλλων) κιθάρῃ... ὕμνον ἀρ. || μ. χ. : cf. ad 251 s. ; κ. μ. χ. ἀ. : cf. *AO*, 398 || **383** θ 257 φ. λ. (u. l.) ; I 186, al. φόρμιγγι λιγείῃ ; cf. *AO*, 419 || **384** T 104 πάντεσσι περ. || Pind. *P*. 4, 102 διδασκαλίαν Χίρωνος || **385** I 410, al. Θ. ἀ.

---

373 ἀκτῇσιν Ψ : -τῖσιν K -τίσιν E || ὑπέδραμον — νηός om. K || **377** ἀθρεῖτε KM^{pc}OE : ἀθρῆτε Ψ || **378** ἐνθάδε Ω : ἔνθα δὲ P ἔνθα τε Herm. || **380** τράφον Ω : -φεν M^{pc}O Mosch. || ἂν (ἂμ Vian[4]) Φολόην Wakefield : ἐν φολοῇ [-όῃ A] Ψ ἐν φόλοι^{η} K || **381** ἀκέσμασι Mosch.^{G} : ἀκεύμ- Ω || **383** χελυκλόνου Abel : -όνον (sic acc.) Ω || **384** διδασκαλίας Sitzler (cf. Pind. *P*. 4, 102) : δικασπολίας Ω (ex 381) || **385** τῶ ῥα Herm. : τόφρα Ω.

notre tout jeune fils aussitôt après sa naissance, s'est rendue dans le Pélion bruissant de feuilles et l'a confié à Chiron pour qu'il le choie et l'élève de son mieux avec sa science *. J'ai en mon cœur l'envie de voir mon enfant. Allons ! amis, rendons-nous à la grotte : je veux savoir comment se comporte mon fils et de quelles vertus il est doué. »

A ces mots, il prenait le sentier et nous le suivions *. Bientôt nous entrâmes dans la ténébreuse demeure : devant nous, couché sur sa litière à même le sol, le Centaure était étendu de tout son long ; il appuyait contre le roc ses sabots de cheval, étirant ses agiles jarrets *, tandis que, debout à son côté, le fils de Thétis et de Pélée pinçait sa lyre de ses mains, charmant le cœur de Chiron *. Dès qu'il aperçut les très nobles princes, il se leva, tout joyeux, embrassa chacun et

388. Au contraire d'Apollonios (4, 816 s., 863-879), le poète ignore la brouille entre Thétis et Pélée : cf. encore 1260-1263. C'est Thétis elle-même qui confie Achille au Centaure. Cette variante est habituelle dans l'iconographie de l'époque romaine : cf. A. Kossatz-Deissmann, dans *Lex. Iconogr. Myth. Class.*, 1 (1981), *s. Achilleus*, p. 54 et nos 46-49.

392. 'Εξῖκεν est un *hapax* ; ἐξῆρχεν, préféré par Schneider et West (*contra* Hermann, Voss), s'autorise d'Homère (B 84 ; N 690), mais devrait être construit plutôt avec un génitif. — Οἱ δέ vaut une 1re personne : cf. T 324. Le tour a été suggéré par une formule du type ἡγήσατο, τοὶ δ' ἅμ' ἕποντο : cf. N 833, *al.* ; α 125.

396. Comparer la description du Cyclope en ι 298 : κεῖτ' ἔντοσθ' ἄντροιο τανυσσάμενος διὰ μήλων.

398. Cette scène rappelle des monuments figurant le jeune Achille qui s'initie à la lyre auprès du Centaure : cf. A. Kossatz-Deissmann, *l. c.*, nos 51-62 (Chiron est en général accroupi sur ses pattes postérieures).

νήπιον, ἀρτιγένεθλον, ἐν ἀγκαλίδεσσι λαβοῦσα,
Πήλιον εἰνοσίφυλλον ἔβη Χείρωνί τ' ἔδωκεν
εὖ καὶ ἐπισταμένως ἀγαπαζέμεν ἠδ' ἀτιτάλλειν·
ὃν δή μοι πόθος ἐστὶ περὶ φρένα θηήσασθαι.
Ἀλλά, φίλοι, πελάσωμεν ἐπὶ σπέος, ὄφρα ἴδωμαι
ἕξιν παιδὸς ἐμοῖο καὶ ἤθεσιν οἷσι κέκασται. »
Ὣς εἰπὼν ἐξῖκεν ἀταρπιτόν, οἱ δ' ἑπόμεσθα.
Αὐτὰρ ἔπειτ' αὐλὴν εἰσήλθομεν ἠεροειδῆ·
καί οἱ κεκλιμένος μὲν ἐπ' οὐδαίοιο χαμεύνης
κεῖτο μέγας Κένταυρος, ἀπηρήρειστο δὲ πέτρῃ
ἱππείαισιν ὁπλαῖσι τανυσσάμενος θοὰ κῶλα·
ἀγχοῦ δ' ἱστάμενος Θέτιδος καὶ Πηλέος υἱὸς
χερσὶ λύραν ἤρασσε, φρένας δ' ἐπετέρπετο Χείρων.
Ἀλλ' ὅτε δή ῥ' ἄθρησεν ἀγακλειτοὺς βασιλῆας,
ἀσπασίως ἀνόρουσε, κύσεν δ' ἄρα φῶτα ἕκαστον,

Loci sim. **386** Σ 555 ἐν ἀγκ. φέροντες ; cf. *AO*, 445 || **387** Β 757 Π. εἰν. || **388** Κ 265, al. εὖ κ. ἐπ. || Π 191 s. ἐὺ ἔτρεφεν ἠδ' ἀτίταλλεν, | ἀμφαγαπαζόμενος || **389** ι 362 περὶ φρένας ; cf. *AO*, 778, 787, 810, 1158, 1329 || **390** Θ 376 ὄ. ἴδ. || **391** λ 458 π. ἐμ. || **392** Α 326 ὣς εἰ. ; cf. *AO*, 556, 854, 1170, 1238 || ξ **1** ἐκ λιμένος προσέβη... ἀταρπόν || **393** ν 103 ἄντρον... ἠεροειδές || **394** Nonn. 17, 118 κατεκλίνοντο χαμεύναις (et Theoc. 7, 133) || **395** Π 776 κ. μ. || Nonn. 32, 139 ἐρειδομένους... π. || **396** Nonn. 39, 13 ἱππείαις... ὁπλαῖς (ex Λ 536, al.) || **397** Δ 203, al. ἀ. δ' ἱ. || Φ 139 Π. υἱ. || **398** χ. λ. ἤ. : cf. ad 382 || Ι 186 φρένα τερπόμενον φόρμιγγι || **399** ἀγ. β. : cf. ad 70 || **400** Β 164, al. φ. ἕκ.

---

388 καὶ Mosch.^{RS} : μὲν Ω || **390** ἴδωμαι K^{pc}ANVFH : -μεν K^{ac}ζθ || **391** ἐμοῖο Ω : ἐμεῖο M^{pc}VF^{pc} || **392** ἐξῖκεν Ω : ἐξῆκεν E ἐξῆρχεν Schneider || **393** ἔπειτ' Sanctam. Heringa : ἔπ' εἰς KAFH ἐπ' εἰς ζθV ἔπ' εἰ N || **394** οἱ Ω : προ- ζ fort. τότε, cl. 501 || **395** ἀπηρήρειστο ζOE : -ριστο Ω ἐπηρήρειστο Schneider || πέτρῃ (sic) ζ: -ην Ω || **396** ἱππείαισιν Ω : -είῃσιν E || **397** πηλέος ζAθ^{pc} VFH : -έως KNθ^{ac} || **398** χερσὶ Ω : χειρὶ O || ἐπετέρπετο Ω : ἐτέρπ- ζE.

se mit à préparer le repas. Quand il eut apporté le vin dans des amphores, il plaça un lit de feuilles sous les couvertures déchirées et nous fit étendre * ; sur des clayons grossiers, il nous servit à foison des viandes de sangliers et de cerfs rapides *, puis nous distribua pour boisson un vin doux comme miel.

Quand les cœurs eurent leur content de nourriture et de boisson *, tous, en frappant dans leurs mains, m'invitaient à défier Chiron sur ma cithare sonore *. Je refusai, car j'avais scrupule *, moi plus jeune, à rivaliser avec plus âgé que moi *. Il fallut que Chiron en exprimât le désir lui-même et, malgré moi, m'obligeât à engager avec lui en chantant une joute musicale. C'est le Centaure qui, le premier, éleva la belle cithare qu'Achille venait alors d'apporter et de lui tendre *. Il chantait le combat des Centaures au cœur

403. L'emploi des mots de liaison et des temps comporte des incertitudes aux v. 401-403. Au v. 401, la conjonction τ' paraît acceptable : δαῖτά τ' ἐπόρσυνεν, fortement uni à κύσεν, énonce en termes généraux la deuxième manifestation d'hospitalité de Chiron ; le thème est développé ensuite dans quatre propositions indépendantes reliées par δέ ou αὐτάρ. C'est plutôt après κλινθῆναι que le sens demanderait τ'.

404. Voir *Notes complémentaires*, p. 178.

406. Voir la note au v. 233.

408. Sur διωλύγιον qui est substitué à διαπρύσιον (voir *loci sim.*), cf. E. Livrea, à AR, 4, 1258.

409. La correction de Voss est la plus vraisemblable, bien qu'elle laisse subsister une infraction au « pont » de Hermann : cf. Υ 91 ; ε 472 ; μ 311 ; *AO*, 501.

410. Pour l'idée, comparer γ 24 αἰδὼς δ' αὖ νέον ἄνδρα γεραίτερον ἐξερέεσθαι.

414. Si φέρων équivaut à ἔχων comme chez Nonnos, on comprendra : « la cithare qu'Achille, qui la tenait alors, lui tendit ». Τότε se justifie mieux dans cette interprétation.

δαῖτά τ' ἐπόρσυνεν· μέθυ δ' ἀμφιφορεῦσι κομίσσας,
ῥωγαλέαις ἔστρωσεν ὑπὸ στιβάδεσσι πέτηλα,
κλινθῆναι δ' ἐκέλευσεν· ἀδαιδάλτοις δ' ἐπὶ πλεκταῖς
κρεῖα χύδην προύθηκε συῶν ἐλάφων τε ταχειῶν,
αὐτὰρ ἔπειτ' ἐπένειμε ποτὸν μελιηδέος οἴνου.
'Αλλ' ὅτε δὴ δόρποιο ποτοῦ θ' ἅλις ἔπλετο θυμῷ,
χερσὶν ἐπικροτέοντες ὁμόκλεον, ὄφρ' ἂν ἔγωγε
δηρίσω Χείρωνι διωλύγιον κιθαρίζων.
'Αλλ' ἐγὼ οὐ πιθόμην — περὶ γάρ μοι ἐπήλυθεν αἰδὼς
ὁπλότερον γεγαῶτα γεραιτέρῳ ἰσοφαρίζειν —,
μέσφ' αὐτὸς Χείρων ἐλιλαίετο καί μ' ἀέκοντα
ἠνώγει ᾄδοντ' ἐριδαινέμεν εἵνεκα μολπῆς.
Πρῶτος δ' αὖ Κένταυρος ἀείρατο πηκτίδα καλήν,
ἥν ῥα τότ' ἐν χείρεσσι φέρων ὤρεξεν 'Αχιλλεύς.
῞Ος δ' ἄρ' ἄειδε μάχην Κενταύρων ὀβριμοθύμων,

Loci sim. **401** Pind. *I.* 4, 61 δ. πορσύνοντες ; cf. *AO*, 232, 499 || **404** Θ 248, al. ἐλάφοιο ταχείης || **405** Nonn. 19, 26 ποτῷ... οἴ. || Σ 545, al. μ. οἴ. || **406** fere idem uersus *AO*, 233 || **407** Nonn. 14, 351 χ. περικροτέουσα || **408** *HHVen.* 80 διαπρύσιον κιθ. || **409** Ε 201, al. ἀλλ' ἐγὼ οὐ πιθ. || **410** Δ 325 ὁπλότεροι γεγάασι (et *HHCer.* 116) || **412** β 206 εἵ. τῆς ἀρετῆς ἐριδαίνομεν || **413** Theoc. *Ep.* 5, 2 πακτίδ' ἀειράμενος ; Anacr. F 386 Page π. ἔχοντα κ. || **414** ὤρ. ex *HHMerc.* 496 ? || **415 s.** AR, 1, 42 Κενταύροις Λ. || Π 18 ὑπερβασίῃς ἕν. σφ. ; cf. *AO*, 510, 581, 832, et uide ad 474.

401 τ' Ω : δ' ΟΕ || ἐπόρσυνεν ζΟΕ : -νε Ω || ἀμφιφορεῦσι ζΟ^{pc}Ε : ἀμφορ- Ω || κομίσ(σ)ας Ω : κόμισσεν ζ || **402** ῥωγαλέαις F : -έαις τ' Ω || ὑπὸ Ω : ἐπὶ Herm. || **403** δ' ἐπὶ Sanctam. : δ' ὑπὸ Ω δὲ *c* || πλεκταῖς (Voss) Wiel^3 : πλακταῖς ΚVΕ πλαγκτ- Ψ' πίναξι *c* πλασταῖς dub. Vian^4 || **406** θυμῷ Steph.^{2} : -μός Ω (cf. 233) || **407** ἐπικροτέοντες K^{sl}Ψ' : -κρατ- Κ || **409** μοι Voss : με Ω μ' θ || **412** ᾄδοντ' Sanctam. : ᾄδων Ω || **413** ἀείρατο Ω : -ρετο V || **414** τότ' [-ιότ- F] Ω : οἱ Herm. || **415** ὀβριμοθύμων ζΗΕ : ὀμβρ- Ω, ut solet.

brutal que les Lapithes massacrèrent à cause de leur insolence et comment ils s'attaquèrent furieusement à Héraclès dans la Pholoé, parce que le vin avait éveillé leur ardeur *.

Après lui, je pris la phorminx sonore et, de ma bouche, j'entonnais et fis monter un chant aux accents de miel * : ce fut d'abord l'hymne ténébreux de l'antique Chaos *, comment il produisit l'un après l'autre les éléments naturels *, comment Ciel parvint aux confins de l'univers, la naissance de Terre à la large poitrine, les fondements de Mer * et l'aîné de tous, perfection première, Amour, sagesse infinie *, et toutes les créatures qu'il engendra, chacune distincte des autres * ; puis Cronos le destructeur terrible *, et comment ce fut à Zeus qui brandit la foudre que revint la souveraineté sur les Bienheureux immortels ; puis je célébrais la naissance et la mise à l'épreuve

418. Voir *Notes complémentaires*, p. 178.
420. Voir *Notes complémentaires*, p. 178-179.
421. Voir *Notes complémentaires*, p. 179.
422. Voir *Notes complémentaires*, p. 179.
423. Voir *Notes complémentaires*, p. 179.
424. Ces qualificatifs conviennent à l'Éros-Phanès orphique appelé aussi Protogonos (cf. ici πρεσβύτατος). Pour αὐτοτελής qui alterne avec αὐτογενής, cf. Kern, F 245, 8 ; 247, 10 ; pour πολύμητις, cf. *HO*, 6, 10, et la tradition selon laquelle Métis est la forme féminine d'Éros que Zeus s'incorpore (Kern, F 60, 65, 83, etc.).
425. Le texte est mal établi : διακριθέν n'est qu'un pis aller et l'on aimerait garder διέκριθεν qui peut se prévaloir d'Apollonios (voir *loci sim.*). En tout cas, le sens est clair. Phanès-Protogonos est le démiurge et l'ordonnateur (διατάκτωρ) universel : Kern, F 54, 61, 65 ; c'est grâce à lui que le *cosmos* s'organise, alors qu'auparavant tout n'était que confusion : Kern, F 67 (ἀδιακρίτων πάντων ὄντων). — Pour l'hiatus, voir la note au v. 259.
426. Allusion évidente à Cronos avalant sa progéniture.

οὓς Λαπίθαι κατέπεφνον ἀτασθαλίης ἕνεκα σφῆς
ἠδ' ὡς Ἡρακλῆι καταντία μαιμώοντες
ἐν Φολόῃ δήρισαν, ἐπεὶ μένος οἶνος ἔγειρεν.
Αὐτὰρ ἔγωγε μετ' αὐτὸν ἑλὼν φόρμιγγα λίγειαν
ἐκ στόματος μελίγηρυν ἱεὶς ἀνέπεμπον ἀοιδήν·
πρῶτα μὲν ἀρχαίου Χάεος μελανήφατον ὕμνον,
ὡς ἐπάμειψε φύσεις, ὥς τ' Οὐρανὸς ἐς πέρας ἦλθε,
Γῆς τ' εὐρυστέρνου γένεσιν, πυθμένας τε Θαλάσσης,
πρεσβύτατόν τε καὶ αὐτοτελῆ πολύμητιν Ἔρωτα,
ὅσσα τ' ἔφυσεν ἅπαντα, διακριθὲν ἄλλο ἀπ' ἄλλου,
καὶ Κρόνον αἰνολέτην, ὥς τ' ἐς Δία τερπικέραυνον
ἤλυθεν ἀθανάτων μακάρων βασιλήιος ἀρχή·
μέλπον δ' ὁπλοτέρων μακάρων γένεσίν τε κρίσιν τε,

Loci sim. **418** Z 261 μ. ... οἶ. ἀέξει ; Nonn. 42, 30 ἐπεὶ νόον οἶ. ἐγείρει ; Cyrus Panop., *AP*, 15, 9, 4 φρένας οἶ. ὀρίνει || **419** χ 332 ἔχων φ. λ. (et ψ 143 εἵλετο) ; cf. *AO*, 383 || **420** Hes. *Th.* 84 ἔπε' ἐκ στ. ῥεῖ (et *Sc.* 278 ἴεσαν) || μ. ... ἀοιδ. : cf. ad 73 || **421** ἀ. Χ. : cf. ad 12 || μελ. : cf. *HO*, 42, 9 μελανηφόρῳ || **422** ψ 248 s. ἐπὶ πείρατ'... | ἤλθομεν || **423** Hes. *Th.* 117 Γαῖ' εὐρύστερνος || Hes. *Th.* 931 s. θαλάσσης | πυθμέν' ; *HO*, 23, 4 πυθμὴν μὲν πόντου ; cf. *AO*, 92 || **424** : cf. *AO*, 14-15^{a} || **425** Eur. F 839, 13 διακρινόμενον δ' ἄλλο πρὸς ἄλλου ; AR, 1, 498 διέκριθεν ἀμφὶς ἕκαστα || **426** υ 75 ἐς Δ. τ. || **427** *HHAp.* 315 μακάρεσσι... ἀθανάτοισι || β. ἀρ. : cf. *AO*, 57 || **428** Plat. *Respubl.* 2, 379e θεῶν ἔριν τε καὶ κρ.

---

416 σφῆς Herm. : σφῶν Ω cf. 510 || **418** φολόῃ KA : -οῇ Ψ || οἶνος Crivelli (*mero faciente furores*) O : οἴνου Ω || **419** λίγειαν Ω : λιγεῖαν NM^{pc}O || **421** μελανήφατον Ω : μεγαλή- Pierson alii alia, frustra || **422** ἐς πέρας Ω : ἐς om. F ἑσπέρας recc. || **423** πυθμένας τε θαλάσσης Herm. : πυθμένα τε θ. Ω βυθμόν (uel βύσσον) τε θ. Voss καὶ πυθμένα πόντου (ἅλμης Steph.^{2}) vian^{2} || **425** ὅσσα τ' Ω : ὡς, ἅ τ' Voss || διακριθὲν Schneidea : διέκριθεν [-θε QH] δ' Ψ διέκριθέν τ' K δι' ἔκριθεν *c* Mosch.^{R} διακριδὸν Keydell^{2} || ἄλλο AM^{pc} Mosch. : ἄλλον Ψ ἄλλην K || ἀπ' Ω : πρὸς Voss, cl. Eur. *Chrys.*, fr. 839, 13 Nauck^{2} || **428** δ' Vian : θ' Ω cf. 430.

des jeunes Bienheureux *, de Brimô, de Bacchos et des Géants les œuvres funestes * ; et je chantais la génération des mille races de faibles humains. Ma voix emplissait l'étroite caverne, tandis que ma cithare faisait retentir ses doux accents. Elle s'envola vers la pointe des cimes et vers les vallons boisés du Pélion et ses accents parvenaient jusqu'aux chênes altiers *. Alors ceux-ci, s'arrachant avec leurs racines, accouraient vers l'antre, tandis que résonnaient les pierres ; les bêtes, en entendant mon chant, restaient à errer aux abords de la caverne et les oiseaux tournaient en cercle sur les étables du Centaure, les ailes lasses, et oubliaient leur nid. A ce spectacle, le Centaure s'émerveillait : il frappait de la main dans sa paume à coups redoublés et battait le sol de ses sabots *.

Mais Tiphys arriva du navire et invita les Minyens à presser le départ. J'interrompais mon chant ; les autres se levèrent rapidement et chacun revêtit ses

428. Malgré Dottin, suivi par Venzke, 60, le vers ne peut viser les « dieux du panthéon classique » et les « guerres de Zeus » (Venzke renvoie à Υ 4-31). Zeus règne sur les μάκαρες dès le v. 427. Les jeunes μάκαρες du v. 428 appartiennent à une génération postérieure et l'on pense naturellement à Dionysos, nommé au vers suivant, et à Héraclès. Mais κρίσις reste embarrassant ; dans le passage similaire de Platon cité par Venzke (voir *loci sim.*), il fait évidemment allusion au jugement de Pâris. Le terme vise-t-il ici l'émulation qui a animé les deux demi-dieux et a donné lieu à des συγκρίσεις (cf., pour ce sens, Hérod., 5, 5 ; Nonn., 19, 139, et surtout Nonn., *Périoché*, 50) ou s'agit-il seulement de la « mise à l'épreuve » du seul Dionysos ?

429. Ce vers paraît être un résumé maladroit des v. 17-18^{a}.

434. Sur l'établissement du texte, cf. Vian[2], 148 s. Mais je renonce à ἄλσεα qui garde toujours dans le poème le sens de « bois sacré ».

441. Voir *Notes complémentaires*, p. 179.

καὶ Βριμοῦς, Βάκχοιο, Γιγάντων τ᾽ ἔργ᾽ ἀίδηλα·
ἀνθρώπων δ᾽ ὀλιγοδρανέων πολυεθνέα φύτλην
ἤειδον. Στεινὸν δὲ διὰ σπέος ἤλυθεν αὐδὴ
ἡμετέρης χέλυος μελιχρὴν ὄπα γηρυούσης·
ἔπτατο δ᾽ ἄκρα κάρηνα καὶ ἄγχεα δενδρήεντα
Πηλίου, ὑψηλάς τε μετὰ δρύας ἤλυθε γῆρυς.
Καί ῥ᾽ αἱ μὲν πρόρριζοι ἐπ᾽ αὔλιον ἐθρώσκοντο
πέτραι τ᾽ ἐσμαράγουν· θῆρες δ᾽ ἀίοντες ἀοιδῆς
σπήλυγγος προπάροιθεν ἀλυσκάζοντες ἔμιμνον·
οἰωνοί τ᾽ ἐκυκλοῦντο βοαύλια Κενταύροιο
ταρσοῖς κεκμηῶσιν, ἑῆς δ᾽ ἐλάθοντο καλιῆς.
Αὐτὰρ ὁρῶν Κένταυρος ἐθάμβεε χεῖρ᾽ ἐπὶ καρπῷ
πυκνὸν ἐπισσείων, οὖδας δ᾽ ἤρασσεν ὁπλῇσι.
Τῖφυς δ᾽ εἰσεπέρησε νεὼς ἄπο καί ῥ᾽ ἐκέλευσεν
ὦκα περᾶν Μινύαισιν. Ἐγὼ δ᾽ ἄμπαυον ἀοιδήν·
οἱ δὲ θοῶς ἤγερθεν, ἔδυνε δὲ τεύχε᾽ ἕκαστος.

Loci sim. **429** cf. *AO*, 17 s. || **430** cf. *AO*, 18-20 || Aristoph. *Au.* 686 ὀλιγοδρανέες || Oenom. ap. Eus. *PE*, 5, 29, 3 π. λαόν ; cf. etiam *HO*, 78, 11 || **431** ι 447 διὰ σπ. || **432** Aristoph. *Pax*, 805 ὄπα γηρύσαντος (cf. *AO*, 1268) ; *APl.* 8, 7 κλάζοντες ἶσον φόρμιγγι μελιχρόν || **433 s.** *HHAp.* 33 Π. ἄκρα κ. (cf. *AO*, 50), 76 ἄλσεα δ. || **439** Sil. It. 11, 467 *immemor et dulcis nidi* || **440** ὁρ. ... ἐθ. : cf. ad 237 || Ε 458, al. χ. ἐπὶ κ. (alio sensu) || **441** Nonn. 23, 211 πυκνὰ δὲ σειομένη || **442 s.** AR, 1, 1274 s. ὦκα δὲ Τῖφυς | ἐσβαίνειν ὀρόθυνεν ; cf. etiam *AO*, 528 || **443** Β 595 Θάμυριν... παῦσαν ἀοιδῆς ; cf. *AO*, 1285 || **444** ἔδ. ... τ. : cf. ad 519.

---

429 καὶ post Βριμοῦς malit West || βριμοῦς Ω : Βρομίου fort. Crivelli (*pugnacem Bacchum*) || τ᾽ ἔργ᾽ Ω : τέραις γ᾽ θ || **430** δ᾽ Ω : τ᾽ Steph. || **431** στεινὸν Mosch.[GS] (p.c.) : στενὸν Ω || **433** ἔπτατο Herm. : ἔστατο [ἔσ- ΚΑ(?)] Ω ἔστευτο ζ ἔσσυτο Esch. || ἄγκεα Ψ : ἄγγεα Κ ἄλσεα Vian[2] || **435** ἐθρώσκοντο Ω : ἐρρώοντο Herm. || **437** ἀλυσκάζοντες Ω : ἀλυκλάζ- Η ὑποκλάζ- Ruhnken[2] || **441** ἤρασσεν Ψ : -ασθεν Κ || **442** -σε νεὼς Crivelli (*uenit a puppe*) Ε : -σεν ἕως Ω || **443** περᾶν Pierson : παρὰ Ω || ἀοιδὴν Schneider (cf. 1285) : -δῆς Ω (ex 436) || **444** ἔδυνε Crivelli (*induit*) Pierson : ἔντυνε Ψ -τεινε Κ ἐπέντυε Mosch.[G].

armes. Le meneur de chars Pélée prit son fils dans les bras ; il lui baisa la tête et ses deux beaux yeux, en riant dans ses larmes : Achille en eut le cœur charmé *. A moi, le Centaure me donna de sa propre main, comme prix, une peau de faon tigrée qu'il me fit emporter en présent d'hospitalité *. Puis, quand nous fûmes partis en dévalant de la caverne, du haut de sa guette, le vieillard fils de Philyra, levant les bras, faisait une prière en invoquant tous les dieux * : que les Minyens obtiennent le retour et les jeunes princes une belle gloire jusque dans les générations à venir * !

Une fois que tous eurent gagné le rivage et le navire *, ils reprenaient leurs places de naguère sur les bancs et là, chacun étendant les bras, ils se mirent alors à frapper la mer de leurs rames en détournant

447. V. 445-447 : thème analogue dans Val. Fl., 1, 257-259. Voir la Notice, p. 23.

449. Sur les attributs dionysiaques reçus par Orphée, voir la Notice, p. 16. — Γέρας (v. 448) désigne le prix décerné dans un concours : cf. v. 579, 583, 592, et même 853. Au vers suivant, j'ai eu tort de suspecter παρδαλέην (Vian[2], 149, où je conjecture δαιδαλέην). Παρδαλέος et παρδαλωτός peuvent avoir le sens de « qui ressemble à une panthère » ou « à une peau de panthère » (Lucien, *Bis acc.*, 8, cité par Wiel[2], 28 ; *Septante*, 4 Macc. 9, 28).

452. Voir *Notes complémentaires*, p. 179.

454. Voir *Notes complémentaires*, p. 179-180.

455-483. *Du Pélion à Lemnos*. Cf. AR, 1, 566-921. La matière de ce développement est presque entièrement tirée d'Apollonios (voir la note suivante et les *loci sim.*). Le poète se borne à situer l'épisode de Chiron avant et non pendant le périple et à intervertir les escales de Lemnos et de Samothrace ; dans les deux cas, le changement se fait aux dépens de la géographie. Conformément à l'esprit de l'œuvre, l'escale de Samothrace est mise en valeur, alors que celle de Lemnos, où les Argonautes s'abandonnent à de coupables amours, est expédiée en quelques vers réprobateurs qui impliquent une critique évidente d'Apollonios. Naturellement, c'est à Orphée et non plus à Héraclès que revient l'honneur d'avoir ramené les héros dans le droit chemin.

Παῖδα δ' ἐν ἀγκαλίδεσσιν ἀνίσχανεν ἱππότα Πηλεὺς
καί ῥ' ἔκυσεν κεφαλήν τε καὶ ἄμφω φάεα καλὰ
δακρυόεν γελόων· κηλήθη δὲ φρέν' Ἀχιλλεύς.
Αὐτὰρ ἐμοὶ Κένταυρος ἑῇ γέρας ὤπασε χειρὶ
νεβρῆν παρδαλέην, ξεινήιον ὄφρα φέροιμι.
Ἀλλ' ὅτε δὴ σπήλυγγος ἀποπροθορόντες ἔβημεν,
ἄκρης ἐκ σκοπιῆς ὁ γέρων ἀνὰ χεῖρας ἀείρων
Φιλλυρίδης ἠρᾶτο, θεοὺς δ' ἐπεκέκλετο πάντας,
νόστον μὲν Μινύαισιν ἰδὲ κλέος ἐσθλὸν ἀρέσθαι
ὁπλοτέροις βασιλεῦσιν ἐπεσσομένοις μερόπεσσιν.
Αὐτὰρ ἐπεί τ' ἐπὶ θῖνα καὶ ἐς νέα πάντες ἔβησαν,
ἐν προτέροις θώκοισι καθίζανον· ἐν δ' ἄρ' ἕκαστος
χεῖρας ἐφαπλώσαντες, ἔπειθ' ἅλα τύπτον ἐρετμοῖς,

Loci sim. **445** ἐν ἀγκ. : cf. ad 386 || ἱ. Π. : cf. ad 376 || **446** π 15 κύσσε δέ μιν κ. τ. κ. ἄ. φ. κ. || **447** Z 484 δ. γελάσασα || **448** Nonn. 36, 437 ὤπασα... γ. ; cf. *AO*, 592 et ad 579 s. || **449** *O.* F 238, 8 νεβρῆς ; Nonn. 39, 61, al. νεβρίδι δαιδαλέῃ || K 269, al. δῶκε ξ. εἶναι || **450** ἀπ. : cf. ad 545^a || **451** AR, 1, 549 s. ἐπ' ἀκροτάτῃσι... | ... σκοπιῇσιν (u. l.) || H 130 ἀνὰ χ. ἀεῖραι ; λ 423 χ. ἀείρων || **452** AR, 1, 554 Φ. || I 454 κατηρᾶτο, ... ἐπ. || **453** E 3, al. κ. ἐ. ἄροιτο (P 16 κ. ... ἀ.) ; cf. *AO*, 3, 94, 290, 298 || **454** ὁ. β. : cf. *AO*, 109 || ἐπ. μ. : cf. ad 95^b || **455** Theoc. 13, 32, al. ἐκβάντες δ' ἐπὶ θ. || **456** ε 3 θῶκον δὲ κ., ἐν δ' ἄρα... (alio sensu) ; cf. *AO*, 621 || **457** Nonn. 40, 321, al. χ. ἐφαπλώσασα || δ 580, al. ἅ. τ. ἐρ.

---

445 ἀνίσχανεν E : ἐν- Ω || **447** φρέν' O^{pc} : φρένας Ω || **449** νεβρῆν Schneider : -ὴν Ω || φέροιμι Ω : φεροίμην Schneider, fort. recte || **450** ἀπο- O $Mosch.^{LS}$: ἄπο Ω || **451** ἄκρης ἐκ σκοπιῆς Ω (= ζAθVF^{sl}H) : ἄκρης ἐν σκοπιῇς Ω u. l. (= KNM^{sl}FH^{mg}) || **453** μινύαισιν Ω : -ύεσσιν A -ύαις VF || **454** -σιν ἐπ' Heringa (sed ἐπ- leg. ut alibi) : -σι καὶ Ω || **455** τ' Ω : ῥ' Herm., sed cf. 1178 || ἔβησαν plerique et $K^{2\,mg}$: ἔρησαν VF ἔρυσαν K || **456 s.** ἕκαστος... ἐρετμοῖς West (cf. δ 580) : ἐρ. ... ἕκ. Ω || ἐφαπλώσαντες Ω : ἐρετμώ- $Mosch.^{G}$ || ἔπειθ' K : ἐπεὶ ῥ' Ψ ἐπί ῥ' ζ ὑπεὶρ M^{pc}E.

les yeux du Pélion : sur le vaste gouffre du large, l'écume bouillonnante blanchissait les flots d'azur *. Le cap de Tisai * se cacha ainsi que la falaise du Sépias ; Skiathos apparut ; puis paraissaient le tombeau de Dolops, Homolé la marine et le cours, débouchant dans la mer, de l'Amyros *, dont les eaux grondantes traversent une large contrée. Puis les Minyens aperçurent les escarpements inaccessibles de l'Olympe aux pics élevés, le mont boisé de l'Athos, la vaste Pellène * et la très sainte Samothrace ; c'est là qu'aux mystères terrifiants des dieux, indicibles aux mortels, les héros se firent initier avec joie, sur mes conseils, car,

459. Les v. 455-459 sont des variations, sans imitation textuelle, sur AR, 1, 910-914, puis 542-545. Ma conjecture Πηλίου (Vian[2], 149) a été anticipée par Voss.

460. La graphie Π(ε)ισαίη pourrait s'autoriser de la leçon *Pisaeae* (*Tisaeae* Ald.) des manuscrits de Val. Fl., 2, 7. Faut-il en rapprocher le nom d'une ville de Pélagonie Πισσαῖον : Polybe, 5, 108, 1 ; Steph. Byz., *s.* Πισσαῖον ?

462. Pour l'Amyros, cf. AR, 1, 596 ; Val. Fl., 2, 11-13. Ἀμύρου est tombé par haplographie à cause de sa similitude avec ἁλιμυρές et le vers a été complété par un anodin ἐναύλου. L. Holste se tenait plus près du texte transmis en corrigeant ἐναύλου en Ἀναύρου ; mais il attribuait ainsi au poète une erreur géographique d'autant plus incompréhensible que l'Anauros est mentionné à sa place au v. 114.

466. Pellène (= Pallène : voir p. 176, la note au v. 157) se situe géographiquement avant l'Athos.

Πηλίου ἐκνεύσαντες, ὑπὲρ μέγα λαῖτμά τε πόντου
ἀφρὸς ἐπιζείων χαροπὴν λεύκαινε θάλασσαν.
Τισαίη δ' ἀπέκρυφθεν ἄκρη καὶ Σηπιὰς ἀκτή·
φάνθη δὲ Σκίαθος Δόλοπός τ' ἀνεφαίνετο σῆμα
ἀγχίαλός θ' Ὁμόλη ῥεῖθρόν τ' Ἀμύρου ἁλιμυρές,
ὃς διὰ πολλὴν γαῖαν ἵει μεγαλόβρομον ὕδωρ.
Οὐλύμπου δὲ βαθυσκοπέλου πρηῶνας ἐρυμνοὺς
εἰσέδρακον Μινύαι καὶ Ἄθω δενδρώδεα κναμὸν
Πελλήνην τ' εὐρεῖαν ἰδὲ ζαθέαν Σαμοθρῄκην,
ἔνθα καὶ ὄργια φρικτὰ θεῶν ἄρρητα βροτοῖσιν
ἄσμενοι εἰσεπέρησαν ἐμῆς ὑποθημοσύνῃσιν

Loci sim. **458** ὑ. μ. λ. τ. π. : cf. ad 681 || **459** Nonn. 40, 322 λευκαίνουσα... ἀφρῷ (et 39, 308 ; AR, 1, 542, 545) || Nonn. 45, 125 χαροπῆς... θαλάσσης ; *O.* F 245, 21 χαροποῖο θαλάσσης ; cf. etiam ad 272 || **460** AR, 1, 568 Τισαίην... ἄκρην, 582 Σ. ἄκρη || **461** AR, 1, 583, 585 φαίνετο δ'... Σκ., φαίνοντο δ'... τύμβος Δολοπήιος || **462** AR, 1, 594, 596 Ὁμόλην, Ἀμύροιο ῥέεθρα ; 2, 936 Παρθενίοιο ῥοὰς ἁλιμυρήεντος (et cf. ad 344) || **463** AR, 2, 973 ἐπὶ γ. ἵησι ; 4, 290 ὕ. et διὰ... ἵησιν, 634 ἵει (u. l.) ; β 364, al. π. ἐπὶ γ. || Nonn. 6, 292 ἄβρομον ὕ. (coni., eodem sensu) || **464 s.** AR, 1, 598 Οὐλύμποιό τ' ἐσέδρακον, 601 Ἄθω || βαθ. : cf. QS, 1, 316 || **466** AR, 1, 599 Παλλήναια || ζ. Σ. : cf. *AO*, 29 || **467** Nonn. 3, 262 s. φρ. ... θεαίνης | ὄ. (ex Call. F 75, 6) ; AR, 1, 917 ἀρρήτους (-ήκτους u. l.)... θέμιστας ; *HO*, 52, 5 ὄργιον ἄρρητον || **468** AR, 2, 1146 ἐῆς ὑπ.

---

458 Πηλίου Voss : πήλιον Ω || τε Ω : δὲ Herm. || **460** Τισαίη Esch. : πεισαίη [-σσ- ζ] Ω πισαίη Mosch.[s] || **462** θ' ζ : δ' Ω || ὁμόλη (uel -ολὴ) *c* ut uid. *e* (et Mosch.[L mg] ut glossa) : ὁμαλὴ Ω || τ' Ἀμύρου ἁλιμυρές Abel : ἁλιμυρὲς [-ρὶν K] ἐναύλου [ἀν- O] Ω θ' ἁλ. ἐν. ζ || **465** εἰσέδρακον Mosch.[R] : -αμον Ω || δενδρώδεα Ψ' : -δρήδεα K || κναμὸν Vian (cf. 637), post κνημὸν Wiel[1] : κάμνον Ω κάμψαν ζ (δενδρώδε') ἵκανον Schneider || **466** ζαθέαν Ω : -έην ζ Mosch. (cf. 29, 1294) || σαμοθρῄκην Ψ'K[sl]M[sl] : -θράκην KMHE (cf. 29) || **467** ὄργια Mosch.[R] (p.c.) : ὅρκια Ω cf. ad 11 || ἄρρητα δὲ Ω : δὲ del. O || post u. distinctionem deleuimus || **468** ἐμῆς Ω : ἐμαῖς Herm. (cf. 4).

parmi les hommes, salutaire est la participation à ces rites pour tout navigateur *. Puis, sur la côte abrupte des Sintiens *, nous fîmes aborder notre nef rapide dans la sainte Lemnos, là où des forfaits avaient été commis par les femmes : elles avaient en effet exterminé leurs époux dans leur démence et c'était l'illustre Hypsipylé qui les gouvernait avec leur agrément, cette femme remarquable entre toutes par sa beauté. Mais à quoi bon te faire là-dessus un long discours pour te dire en détail quel désir Cypris, nourrice des amours, inspira aux nobles Lemniennes de s'unir aux Minyens dans leur lit ? Jason vainquit Hypsipylé par les charmes de l'amour ; les autres s'unirent, qui à celle-ci, qui à celle-là ; et ils allaient en oublier l'expédition s'ils n'avaient cédé à la magie de mes paroles préservatrices et de mon hymne ensorceleur : ils gagnèrent la nef noire, avides de ramer, et se ressouvinrent de leur tâche.

470. Les dieux de Samothrace sont les protecteurs des marins : *HO*, 38, 4-5. — La correction de Hermann ἀϐολεῖν est satisfaisante du point de vue paléographique, car αϐο et αμο se confondent aisément en minuscule. Elle donne en outre un sens très satisfaisant à la phrase.

471. 'Οφρύς désigne une plate-forme rocheuse surplombant la mer : cf. R. Baladié, *Journal des savants*, 1974, 153-191. La quantité normale de l'υ pourrait être rétablie grâce à la correction de M. L. West.

ἥρωες· μετὰ γάρ σφιν ὀφέλσιμον ἀνθρώποισι
τῆσδε θυηπολίης ἀζολεῖν πλωτῆρσιν ἑκάστοις.
Σιντιακαῖς δ' ὀφρῦσιν ἐκέλσαμεν ὠκύαλον ναῦν
Λήμνῳ ἐν ἠγαθέῃ, τόθι περ κακὰ ἔργα μεμήλει
θηλυτέραις· αἱ γάρ κεν ἀιστώσαντο συνεύνους
σφῇσιν ἀτασθαλίῃσι, καὶ ἡ κλυτὴ Ὑψιπύλεια
ἑλδομέναις κραίνεσκε, γυναικῶν εἶδος ἀρίστη.
Ἀλλὰ τί σοι περὶ τῶνδε πολὺν λόγον ἀμφαδὸν εἰπεῖν,
ὅσσον ἐφ' ἵμερον ὦρσεν ἀγαυαῖς Λημνιάδεσσι
Κύπρις ἐρωτοτρόφος Μινύαις εἰς λέκτρα μιγῆναι;
Φίλτροις Ὑψιπύλην ἐρατοῖς ἐδάμασσεν Ἰήσων,
ἄλλῃ δ' ἄλλος ἔμικτο· καὶ ἐκλελάθοντο πορείης,
εἰ μὴ ἀποτροπίοις ἐνοπαῖς θελξίφρονί θ' ὕμνῳ
ἡμετέρῳ θελχθέντες ἔβαν ποτὶ νῆα μέλαιναν,
εἰρεσίην ποθέοντες, ἐπεμνήσαντο δὲ μόχθου.

Loci sim. **471 s.** AR, 1, 608 Σιντηίδα Λῆμνον ; B 722 Λ. ἐν ἠγ., ὅθι... (cf. *AO*, 29) || ι 546, al. νῆα... ἐκ. ; μ 182, al. ὠκύαλος νηῦς || I 595 al. κ. ἔ. ; B 614 θαλάσσια ἔ. μ. || **474** α 34 σφ. ἀτ. ; cf. *AO*, 865, 1305 (et 416) || Υ 320 ἠδ' ὁ κλυτός (u. l.) || AR, 1, 621 Ὑψ. || **475** η 57 γ. εἶ. ἀ. || **476** AR, 1, 648 s. ἀλλὰ τί... | ... διηνεκέως ἀγορεύειν ; || **477 s.** AR, 1, 850 K. ... ἐπὶ... ἵμ. ὦ. (ex *HHVen.* 2) ; cf. *AO*, 868 || K. ἐρ. : cf. *AO*, 868 || Ξ 295 s. ἐμισγέσθην... | εἰς εὐνὴν φοιτῶντε || **479** φ. ... ἐδ. : cf. *AO*, 866 || **480 s.** : cf. AR, 1, 854, 861-863 (εἰ μή) || **482** π. ν. : cf. ad 230 || Λ 828 ἐπὶ ν. μ. ; cf. *AO*, 267.

---

469 μετὰ Ω : μεγὰ O μίγα Mosch. L mg fort. μάλα || **470** θυηπολίης Ψ : -ίας K || ἀζολεῖν Herm. : ἄμοτον Ω || ἑκάστοις Esch. : ἕκαστος Ω || **471** σιντιακαῖς δ' ὀφρύσιν [-ῦσιν A fort. p.c.] Ω : ὀφρύσι Σιντιακαῖσι δ' West || ναῦν Ω : νηῦν Herm. (cf. νηῦς, νηυσίν passim) || **473** κεν Ω : μὲν Voss καὶ malim, sed cf. p. 63 || **474** κλυτὴ Ω : -τὸς Herm. uide 133, 219 || **476** ἀμφαδὸν AMpc OE : ἀμφανδὸν [ἀνφ- K] Ω || **477** ἐφ' ἵμερον Ω : ἐφ' ἥμ- ζ ἐφίμ- θ || **478** εἰς Ω : ἐς E ἐπὶ Mosch.G || **481** ἀποτροπίοις Ω : -ίῃς (-ίης) AE || θ' ὕμνῳ Esch. : θυμῷ Ω || **483** ἐπεμνήσαντο ζF : ἐμεμν- Ω ἐμν- A || μόχθου Ω : πόθου Mac νόστου Crivelli (*patriae... cura*) O.

De là *, avec l'aurore, le souffle favorable d'un fort Zéphyr nous portait vers l'Hellespont, par-delà le détroit d'Abydos : nous avions à notre droite Ilion, Dardanié, Pityé et la région où la terre riche en épis d'Abarnis et de Percôté est arrosée par le cours argenté de l'Aisépos. Bondissante, comme elle courait vite, l'éloquente Argô !

Puis *, quand nous eûmes abordé à la grève *, Tiphys, le pilote de la nef, le noble fils d'Aison ainsi que les autres Minyens, en l'honneur de Tritogénie aux yeux glauques, levèrent une lourde pierre et la consacrèrent à l'endroit où les Nymphes font sourdre en abondance de belles eaux au pied de la fontaine Artakié * : en effet, au cours de leur traversée du large Hellespont, ils avaient trouvé beau temps et mer calme à l'intérieur du golfe et n'avaient pas dû

484-489. *Passage de l'Hellespont.* Voir *Notes complémentaires*, p. 180.

490-628. *Escale à Cyzique.* Cf. AR, 1, 936-1152. Chez Apollonios, l'épisode est très complexe et comporte de nombreux doublets. Les *AO* l'abrègent et le simplifient au prix de quelques invraisemblances mineures (cf. Venzke, 70-71) ; mais elles ne semblent pas avoir utilisé d'autres sources. — *(a) L'offrande à Athéna* (v. 490-498). Arrangement d'AR, 1, 953-960. Pour celui-ci, les Argonautes consacrent leur pierre-amarre, parce qu'elle est devenue trop légère ; puis ils en embarquent une autre, plus lourde. Ces considérations techniques sont éliminées et l'offrande a un objet uniquement religieux. Le choix d'une pierre lourde ne s'explique plus, puisque Argô est dotée d'ancres recourbées, ἄγκυραι, terme anachronique qu'évitent Apollonios, Quintus de Smyrne et Nonnos, mais qu'emploient Pindare (*P.*, 4, 192) et la scholie à AR, 1, 955-960a.

490. Κέλλω n'implique jamais que le navire est échoué sur le rivage : voir 490 ∼ 526-529, 634-636, 1209-1210. L'usage est le même chez Apollonios : cf. C.U.F., t. 2, p. 127 s. (note à 3, 570).

494. Νᾶμα, terme non homérique, est bien attesté dans la poésie hellénistique (cf. *Suppl. Hell.*, p. 701, *s.u.*) et chez Nonnos. Πλημμύρω signifie dans le poème non « déborder », mais « couler/mouiller en abondance » : cf. 715, 883, 1053.

Ἔνθεν ἐς Ἑλλήσποντον ἀμηῴους φέρεν οὖρος,
ἀκραὴς Ζέφυρος, στεινῆς ἀπάτερθεν Ἀβύδου,
Ἴλιον, Δαρδανίην, Πιτύην ἐπὶ δεξί᾽ ἔχοντας,
οὗ καὶ Ἀβαρνιάδος Περκώτης τ᾽ εὔσταχυν αἶαν
ἀργυρέαις Αἴσηπος ἐπικλύζει προχοῇσιν·
αἶψα δ᾽ ἐπιθρώσκουσα θέεν πολυηγόρος Ἀργώ.
Αὐτὰρ ἐπεὶ ψαμάθοισιν ἐκέλσαμεν, ἐν δ᾽ ἄρα Τῖφυς,
ἰθύντωρ ἀκάτοιο, καὶ Αἴσονος ἀγλαὸς υἱὸς
σύν τ᾽ ἄλλοι Μινύαι γλαυκώπιδι Τριτογενείῃ
θῆκαν ἀείραντες βριθὺν λίθον, ἔνθα τε Νύμφαι
κρήνῃ ὑπ᾽ Ἀρτακίῃ καλὰ νάματα πλημμύρουσιν,
οὕνεκά οἱ πλώουσιν ἀνὰ πλατὺν Ἑλλήσποντον
εὔδιος ἀντεβόλησε μυχοῦ ἔντοσθε γαλήνη,
οὐδ᾽ εἰς γαῖαν ἔριψαν ἐυγνάμπτους ἀγκύρας,

Loci sim. **484-485a** AR, 3, 1172 ἅμ᾽ ἠοῖ (ex Hom.) ; 4, 841 ὑπηῷοι ; cf. *AO*, 658 || AR, 1, 579 φ. οὖ. ; β 420 s. οὖρον... | ἀκραῆ Ζέφυρον ; cf. *AO*, 1150 || **485b-488** AR, 1, 930-933, 940 Ἰδαίην (?) ἐπὶ δεξ. (cf. *AO*, 1085, 1206 et 978)... ἔχ., Δαρδ., Ἀβύδῳ, Περκώτην, Ἀβαρνίδος, Πιτύειαν, Αἰσήποιο || **489** θ. π. Ἀ. : cf. *AO*, 1345 || **490** ι 546 ἐκ. ἐν ψ. || ἐν δ᾽ ἄ. Τ. : cf. *AO*, 619 || **491** ἰθ. : cf. ad 1204 || ἀγλ. ... υἱ. : cf. ad 130 ; Αἴ. υἱ. : cf. ad 65 ; uide etiam 989, 1016 || **492** Hes. *Th.* 895 γλαυκώπιδα Τριτογένειαν || **493 s.** Ω 589 ἐπέθηκεν ἀείρας || AR, 1, 955 λ., 957 κρ. ὑπ᾽ Ἀ., 958 βρ. || **495** Ρ 432 πλατ. Ἑ.

---

484 ἀμηῴους Herm. : ἅμ᾽ ἠῴους Ω || **486** ἴλιον Ω : Ἴδην Ruhnken[3] ; de synizesi, cf. Vian[2], 149 s. || post πιτύην add. τ᾽ OE || ἐπὶ δεξί᾽ Schneider : ἐπιδέξι᾽ (ἐπὶ δ-) KANVF ἐπιδέξιον (ἐπὶ δ-) ζθH || ἔχοντας ζN^ac^E : -τες Ω || **487** ἀβαρνιάδος Crivelli M^pc^O : ἀβορνιάδας [-δης H] Ω ἀκορν- M^ac^ || περκώτης Ω : -ώπης M^sl^ || **490** ἐπεὶ Ω : ἐπὶ Mosch.^LRS^ || ἐν δ᾽ Ω : ἐκ δ᾽ Mosch.^G^ ἔνθ᾽ Heyne frustra || **491** Αἴσονος ἀγλαὸς Vian, cl. 989, 1016 : ἀγλ. αἴσ. Ω || **493** ἔνθα τε Herm. : ἐνθάδε Ω ἔνθα δὲ A || **494** πλημμύρουσι(ν) Ω : πλημύ- ν || **496** μυχοῦ ζ Mosch. : -χούς Ω -χῶν OM^sl^ || **497** ἔριψαν plerique : ἔρρ- K^ac^M^ac^E.

jeter à terre leurs ancres recourbées, en butte aux vagues soulevées par des vents de tempête. Là *, nous préparions sur une langue de galets notre repas et notre couche, et chacun ne songeait qu'à manger. Alors, comme nous étions étendus, survint le héros Kyzicos qui régnait sur les Dolopes (?) du voisinage * : il était le fils chéri d'Aineus que lui avait enfanté une femme divine entre toutes, la fille d'Eusôros, Ainété aux belles joues. Il honora de son hospitalité tous les Minyens, égorgeant de grasses brebis, des vaches cornues à la démarche torse et des porcs sauvages * ; il leur donna aussi du vin rouge et leur fit envoyer, pour l'emporter à leur départ, du pain à profusion, des manteaux, des couvertures et des tuniques bien tissées. Il traita en amis tous les convives parce qu'ils avaient son âge, et leur tint compagnie tout le jour dans leur festin.

499-511. *(b) L'hospitalité de Kyzicos.* Résumé d'AR, 1, 948-950, 961-984. L'hospitalité du roi est justifiée uniquement parce qu'il a même âge que les Argonautes (idée soulignée dans la schol. AR, 1, 972a) ; chez Apollonios, il obéit aux recommandations d'un oracle.

502. Les « Dolopes » mentionnés par la tradition manuscrite sont en réalité les Dolions. Je ne crois ni que le poète ait commis une erreur ni qu'il veuille s'opposer à Apollonios dans un passage où il le suit scrupuleusement. Les corrections Δολιέων (cf. Hécatée de Milet, 1 F 219 Jac.) ou Δολιόνων (cf. Vian[2], 150) supposent un abrégement de l'ῐ et une synizèse (particulièrement hardie dans le second cas). Au lieu de récrire entièrement le vers comme le propose Ruhnken, je préférerais risquer une graphie Δολόνων : l'*Etym. M.*, *s.* Δόλοψ, rapproche le nom des Dolions de celui du Dolon homérique ; la *Souda* donne le nom de Δόλων à un thiase féminin desservant de l'Artémis de Cyzique ; en outre la schol. L à AR, 1, 1082a, a la graphie fautive Δολονίᾳ au lieu de Δολιονίᾳ.

507. C'est à une imitation d'Homère qu'on doit les sangliers : voir les *loci sim.*

κύμασι θεινόμενοι ὑπὸ χειμερίοισιν ἀήταις.
Ἔνθα δὲ πορσύνοντες ἐπὶ κροκάλαις προυχούσαις
δεῖπνά τε καὶ κλισίην, δόρπου μεμνήμεθ' ἕκαστοι.
Δὴ τότε κεκλιμένοισιν ἐπήλυθε Κύζικος ἥρως,
ὃς † Δολόπων † ἤνασσε περικτιόνων ἀνθρώπων,
Αἰνῆος φίλος υἱὸς ὅν οἱ τέκε δῖα γυναικῶν
Εὐσώρου θυγάτηρ, Αἰνήτη καλλιπάρηος·
ὅς ῥα φιλοξενίῃ Μινύας ἐγέρηρεν ἅπαντας,
σφάζων πῖά τε μῆλα καὶ εἰλίποδας ἕλικας βοῦς
ἀγροτέρους τε σύας· δῶκεν δ' ἐπὶ οἶνον ἐρυθρόν,
σῖτον δ' ἄφθονον ἧκεν ἀποπλώουσι φέρεσθαι
χλαίνας τ' ἠδὲ τάπητας ἐυννήτους τε χιτῶνας.
Φίλετο δ' αὖ παρεόντας ὁμηλικίης ἕνεκα σφῆς,
καί ῥα πανημερίοισιν ἐν εἰλαπίναισιν ὁμάρτει.

Loci sim. **498** QS, 9, 381 θεινομένης ἀνέμῳ καὶ κύματι ; cf. *AO*, 1353 || Β 293 s. ἄελλαι | χειμέριαι || **499 s.** πορσ. ... δεῖπνα : cf. ad 232 || ζ 138 ἐπ' ἠιόνας προυχούσας || Ω 601 μνησώμεθα δόρπου || **501-504** AR, 1, 947-950 Δολίονες...· ἐν δ' ἥρως Αἰνήιος υἱὸς ἄνασσε | Κύζ., ὃν κούρη δίου τέκεν Εὐσώροιο | Αἰνήτη ; cf. *AO*, 523^{b}-524 || **502** *HHAp.* 274 π. ἀ. ; cf. *AO*, 661, 1359 || **503** φ. υἱ. : cf. ad 202 || Β 714 τ. δ. γ. || **506 s.** Ι 466 s. μ. κ. εἰ. ἕλ. β. | ἔσφαζον, ... σύες ; λ 611 ἀγρότεροί τε σύες || ε 165, al. οἶ. ἐρ. || **508** Φ 120 ; AR, 1, 622 ἧκε φέρ. (alio sensu) ; cf. *AO*, 695, 776, 783 || **509** Π 224 χλαινάων τε... οὔλων τε ταπήτων ; Β 262 χλαῖνάν τ' ἠδὲ χιτῶνα ; Ω 580 ἐύννητόν τε χιτῶνα || **510** φ. δ' αὖ : cf. *AO*, 721 || ὁμ. ἕ. σφ. : cf. ad 415 s. || **511** Κ 217 ; AR, 1, 819 ἐν... εἰλαπίνῃσι.

---

498 χειμερίοισιν Ω : -ίῃσιν θ || ἀήταις Ω : ἀέλλαις Mosch.^{GR} || **499** ἔνθα δὲ Mosch.^{R} : ἐνθάδε Ω || κροκάλαις (-αλαῖς) ζ$M^{pc}O^{pc}$H : προκαλαῖς Ω || **500** ἕκαστοι Ω : -στος *c* Mosch.^{s} || **502** δολόπων Ω (ex 131, 461) : Δολιέων Herm. Δολιόνων cum syniz. Vian^{2} fort. Δολόνων || **503** οἱ om. N || **504** Εὐσώρου Esch. (et εὐσώρου κατὰ ἀπολλώνιον [1, 949] καὶ αὐτοῦ σχολιαστάς Mosch.$^{L\ mg}$) : εὐδώρου Ω || Αἰνήτῃ Esch., cl. AR, 1, 950 : αἰνίππη Ω || **506** πῖά τε Ω : πίονα Wiel^{2} || **508** ἀποπλώουσι Ω : ἐπιπλ- *c* Mosch.^{Gs} || **510** φίλετο Ω (cf. 721) : -λατο Gesn. || σφῆς Ω : σφῶν V || **511** πανημερίοισιν Ω : -ίῃσιν A Mosch. (cf. 1059) || ὁμάρτει West : ὅμαρτεν Ω.

Mais *, tandis que Titan plongeait dans le cours de l'Océan * et que la Lune au manteau d'étoiles amenait l'obscure clarté des ténèbres, alors arrivèrent des hommes belliqueux qui habitaient les Monts des Ours, des brutes aussi stupides que des bêtes *, robustes comme des Titans et des Géants : ils avaient chacun six bras qui jaillissaient des épaules. Quand les princes invincibles les virent prêts à se battre, ils revêtirent leurs armes de guerre. Eux, ils luttaient, les uns avec des pins, les autres avec des sapins : ils fondirent sur les Minyens dans l'obscurité opaque. Mais, alors qu'ils donnaient l'assaut, le vaillant fils de Zeus les tua de son arc, à coups de flèches ; avec eux, il fit périr le fils d'Aineus, Kyzicos, sans le vouloir, victime de son ignorance : il était dans son destin de tomber sous les coups d'Héraclès *. Aussitôt * les Minyens embarquèrent au creux de leur nef, tout

512-525. *(c) L'attaque des monstres de l'Arctonnèse et la mort de Kyzicos.* Le poète combine le combat diurne contre les fils de la Terre (AR, 1, 989-1011 ; cf. 941-946) et la bataille nocturne où périt Kyzicos (AR, 1, 1026-1052). Les Dolions n'interviennent pas et, du côté des Argonautes, seul Héraclès est mentionné, ce qui est conforme à la tradition « mythique » qui opposait les fils de la Terre au seul Héraclès : cf. schol. AR, 1, 936-949 *o*, 996-997 (et AR, 1, 996 s.). Le meurtre de Kyzicos par Héraclès paraît être une invention du poète.

512. Titan est une appellation d'Hélios depuis Empédocle ; outre Nonnos, cf. *HO*, 8, 2 ; Proclos, *Hymnes*, 1, 1.

515. Voss, 522, traduit τεθηπότες, leçon des manuscrits, par « dumpf anstarrend », « au regard stupide, hébété » ; des deux parallèles qu'il allègue, on retiendra au moins Parménide, fr. 6, 7 Diels-Kranz κωφοὶ ὁμῶς τυφλοί τε, τεθηπότες, ἄκριτα φῦλα.

525. Souvenir lointain d'AR, 1, 1030-1039.

526-567. *(d) Argô immobilisée ; le songe de Tiphys.* Comparer AR, 1, 1078-1103 (Argô retenue par la tempête ; présage nocturne expliqué par Mopsos). Chez Apollonios, cette scène a pour seul objet de préparer la montée au Dindymon ; dans les *AO*, elle sert aussi à révéler aux Argonautes le meurtre de Kyzicos :

Ἀλλ' ὅτ' ἐς Ὠκεανοῖο ῥόον βαπτίζετο Τιτάν,
Μήνη δ' ἀστροχίτων ἔπαγεν μελαναυγέα ὄρφνην,
τῆμος ἀρηίφατοι κίον ἀνέρες, οἵ ῥα νέμοντο
Ἀρκτῴοις ἐν ὄρεσσι, τεθηπότες εἴκελα θηρσί,
Τιτᾶσι βριαροῖς τ' ἐναλίγκιοι ἠδὲ Γίγασιν·
ἓξ γὰρ χεῖρες ἑκάστῳ ἀπ' ὤμων ἀίσσοντο.
Οὓς τότ' ἐσαθρήσαντες ἀμαιμάκετοι βασιλῆες
ἐς μόθον ὁρμαίνοντας ἀρήια τεύχε' ἔδυνον·
καί ῥ' οἱ μὲν πεύκῃσιν ἀμύνοντ', οἱ δ' ἐλάτῃσιν·
ἐν δ' ἔπεσαν Μινύαισι κατὰ σκοτόεσσαν ὁμίχλην.
Οὓς τότ' ἐπειγομένους κτεῖνεν Διὸς ἄλκιμος υἱός,
τόξῳ ὀιστεύων· σὺν δ' Αἰνέος ὤλεσε παῖδα
Κύζικον, οὔ τι ἑκών, ἀλλ' ἀφραδίῃσι πεδηθείς·
τῷ δ' ἄρα μόρσιμον ἦεν ὑφ' Ἡρακλῆι δαμῆναι.
Αἶψα δέ οἱ Μινύαι κοίλης ἔντοσθεν ἔβησαν

Loci sim. **512** Ὠ. ῥ. : cf. ad 537 || **513** ἀστρ. : cf. ad 1028 || **514** λ 41 ἄνδρες ἀρ. (alio sensu) ; cf. *AO*, 844 || **515** AR, 1, 1150 οὔρεσιν Ἄρκτων (et 941) || ξ 21 θήρεσσιν ἐοικότες || **516** κ 120 ἐοικότες... Γ. ; QS, 2, 518 s. ὥς τε Γίγαντας... ἠὲ κραταιούς | Τιτῆνας || **517** AR, 1, 944 ἓξ γὰρ ἑκ. χ. ; Hes. *Th.* 150 χ. ἀπ' ὤ. ἀίσσ. (unde AR, 1, 945) ; cf. *AO*, 977 || **519** ἐς μ. : saepe ap. QS et Nonn. ; cf. *AO*, 772, 825 || Z 340 ἀ. τ. δύω ; cf. *AO*, 444 || **520** π. ... ἐλ. : cf. *AO*, 172 || **521** Π 276 ἐν δ' ἔπεσον Τρώεσσιν ; cf. *AO*, 651 || *O.* F 67 κ. σκ. ὀμ. (et *HO*, 6, 6) || **522** *HHMerc.* 101 Δ. ἄ. υἱ. || **523a** μ 84 τ. ὀιστεύσας || **523b-524** Αἰ. ... π. | Κ. : cf. ad 501-504 || Θ 81, al. οὔ τι ἑ. || πεδ. : cf. AR, 1, 1038 ? || **525** E 674 μ. ἦ. || N 98 ὑπὸ Τρώεσσι δ. || **526** s. δ 817 ἔβη κ. ἐπὶ ν. ; cf. *AO*, 1155.

512 ὅτ' ἐς Wakefield : ὅτε γ' Ω || **513** ἀστροχίτων Ω : -χίτων' West || ἔπαγεν ζNVFH : -γε ΚΑΘ || μελαναυγέα Ω : -αυγέτιν Herm. || **515** τεθηπότες Ω : τεθηλότες Wiel[2] || εἴκελα Mosch. ([G])[L] : ἴκ- Ω ἴκ- FH || **516** τ' om. Strahov. DG III 11 et del. Schneider || ἠδὲ Ω : fort. ἠὲ cl. QS, 2, 518 || **519** ὁρμαίνοντας Gesn. : -ντες Ω || **520** ἀμύνοντ' Mosch.[R] : -οντο Ω || οἱ δ' Ω : ἠδ' OE || **521** ὁμίχλην Ω : ὀμ- NO || **522** τότ' Wiel[2], cl. 518 : τοι Ω οἱ Herm. || ἐπειγομένους Ω : ἐπερχομ- Wiel[2] || **523** Αἰνέος Pierson : αὖ νέον Ω || **524** τι Ω : τοι A.

armés, et ils s'assirent, chacun à son banc. Du haut de la poupe, Tiphys criait ses ordres : il leur commandait de tirer l'échelle à bord et de détacher les amarres ; mais les cordages ne se laissaient pas délier : ils restaient solidement serrés dans les liens indissolubles d'un soudain enchevêtrement *, retenant le navire. L'irréprochable Tiphys fut stupéfait et, sans voix, il lâcha des mains les gouvernails de la nef Argô : il avait perdu l'espoir de prendre la mer, car Rhéa était courroucée de la mort de son peuple *. Mais, comme la Nuit arrivait au milieu de sa route et que les astres à la lointaine clarté plongeaient dans le cours de l'Océan, un doux sommeil vint sur les yeux du pilote * et, comme il dormait profondément, la déesse qui ne fuit pas la huée de la guerre, Athéna, se dressa près de lui et lui manifesta des signes véridiques : en l'interpellant, voici le discours qu'elle lui tint de sa bouche divine :

les v. 562-567 correspondent à AR, 1, 1053-1056. Le motif des amarres immobilisées rappelle l'épisode d'Argô refusant de descendre à la mer (v. 245-247).

531. L'expression est pléonastique. Le génitif στροφάλιγγος a valeur explicative : « les liens provoqués par (ou : qui consistent en) un rapide enchevêtrement ».

535. Le vers est obscur et ne se comprend que si l'on a en mémoire le récit d'Apollonios ; mais il ne comporte aucune incohérence qui inciterait à corriger λαοῦ. Il exprime non la pensée du narrateur, mais celle de Tiphys, persuadé que Rhéa est courroucée par le massacre des monstres du Mont aux ours.

538. Pour le v. 537, comparer AR, 3, 1195 s. — Le songe a lieu pendant la dernière partie de la nuit comme le présage chez AR, 1, 1082. C'est à ce moment-là que les songes sont véridiques : cf. ma note à QS, C.U.F., 1, 137, et R. Merkelbach, *Roman u. Mysterium* (1962), 255, n. 1.

νηὸς τευχήρεις, ποτὶ δὲ ζυγὸν ἷζον ἕκαστος.
Τῖφυς δὲ πρύμνηθεν ἐπήπυεν ἠδ' ἐκέλευε
κλίμακα νηὸς ἔσω ἐρύσαι καὶ πείσματα λῦσαι·
ἀλλ' οὔ οἱ λύοντο κάλοι, δεσμοῖσι δ' ἀφύκτοις
ὠκείης στροφάλιγγος ἀρηρότες ἐσφίγγοντο,
νῆα κατείργοντες. Θάμβησε δὲ Τῖφυς ἀμύμων,
ἄφθογγος δέ οἱ ἧκε χερῶν οἰήια νηὸς
Ἀργῴης· οὐ γάρ οἱ ἐέλπετο κῦμα περῆσαι·
Ῥείη γὰρ κοτέεσκε δεδουπότος εἵνεκα λαοῦ.
Ἀλλ' ὅτε πρὸς μέσατον Νυκτὸς προύβαινεν ἀταρπὸς
ἄστρα τε τηλεφανῆ δῦνεν ῥόον Ὠκεανοῖο,
ὅσσε κυβερνητῆρος ἐπέστιχε νήδυμος ὕπνος·
τῷ δὲ βαθὺ κνώσσοντι θεὰ μενέδουπος Ἀθήνη
ἄγχι παρισταμένη πανετήτυμα σήματ' ἔφαινεν,
ὧδε δ' ὁμοκλήσασα θεηγόρον ἔννεπε μῦθον·

Loci sim. **528** Τ. ... ἠδ' ἐκ. : cf. *AO*, 442 s. || **529** ν. ἔ. : cf. *AO*, 274, 652, 1036 || χ 187 ἔρυσαν... εἴσω || π. λ. : cf. ad 360 || **530** λ. κ. : cf. *AO*, 623 || Pind. *P*. 2, 41 ἀφύκτοισι γυιοπέδαις || **531** AR, 3, 759 ὠκείῃ στροφάλιγγι (alio sensu) || Nonn. 37, 26 περισφίγξαντες ἀρηρότι... δεσμῷ ; 47, 223 s. σφίγξασα... δεσμῷ | ... στροφάλιγγι || **533** s. δέ οἱ ἧ. : cf. *AO*, 589, 1272 || ε 315 s. πηδάλιον δὲ | ἐκ χειρῶν προέηκε ; Τ 43 οἱ. νηῶν || ν. | Ἀ. : cf. ad 86ª || **536** s. respicit fort. Theoc. 24, 11 || **537** ἄ. τ. τ. : cf. ad 341 || Hes. *Op*. 566 ῥ. Ὠ. (cf. Σ 240, 402, al. et *AO*, 512) ; Nonn. 38, 148 s. ἀστέρες... | εἰς ῥ. ἀίσσοντες... Ὠ. || **538** Β 2, al. ν. ὕ. || **539** s. AR, 1, 1083 ἀδινὰ κνώσσοντας ; Nonn. 15, 111 βαρὺ κνώσσοντα || Α 206, al. θ. γλαυκῶπις Ἀ. ; π 454 s. Ἀ. | ἄ. παρ. || Β 353, al. ἐναίσιμα σήματα φαίνων || **541** Ε 439, al. ὁμοκλήσας προσέφη ; Θ 412 ἔ. μ. ; Nonn. 7, 71 θ. ἴαχε φωνήν.

---

528 πρύμνηθεν ζ : πρυμνῆθεν Ω || **530** οἱ Ω : γὰρ ζ || **534** οἱ Ω : γε ζ || ἐέλπετο Ψ : ἔλπ- Κ || **535** λαοῦ Ω : φωτός Wiel² || **538** ὅσσε Ω : ὅσσοις Μ (uel θ ?) Η || κυβερνητῆρος ἐπέστιχε Schneider : κυβερνήτῃ [-την Ν -του Μˢˡ] προσεπέστιχε Ω || **540** πανετήτυμα Dorv. : παρετήτυμα Ψ -ήλιμα Κ.

« Tu dors, Hagniade, vaincu par un doux sommeil, les paupières accablées par la torpeur. Allons ! éveille-toi, Tiphys ; ordonne aux héros d'aller sur le rivage déserté par le vent en descendant du navire : c'est là que gît sur le sable votre hôte qui a péri. Aussi Rhéa, la Mère universelle, exige-t-elle pour l'honorer que vous lui fassiez des funérailles, que vous offriez des libations aux dieux infernaux * et que vous versiez des larmes de vos yeux par égard pour Thémis aux mystères sacrés * et pour la table de l'hospitalité. Car, sans le vouloir, Héraclès l'a tué d'un trait dans les ténèbres de la nuit et vous avez courroucé le cœur de la déesse Rhéa. Puis, quand vous aurez rendu hommage selon les rites à l'hôte défunt, montez aussitôt sur le Dindymon, siège de Rhéa, et, par des expiations sacrées, apaisez la fille de la Terre. Levez alors les amarres et ne songez plus qu'à votre navigation. »

A ces mots, la déesse s'en retourna, s'élançant telle

547. Bien qu'ἐπιλοιβαῖς soit vraisemblable au v. 603, on peut garder ici le texte des manuscrits ; pour ἠδέ τε, cf. *AP*, 9, 788, 9.

549. D'après l'épithète ἀγνοτελής, Thémis est ici personnifiée ; sur les « mystères » de Thémis, cf. *HO*, 79, 8, 10-12.

« Εὕδεις, Ἁγνιάδη, γλυκερῷ βεϐολημένος ὕπνῳ,
κῶμα περὶ βλεφάροισι λαϐών. Ἀλλ' ἔγρεο, Τῖφυ,
κέκλεο δ' ἡρώεσσι μολεῖν ἐπὶ νήνεμον ἀκτὴν
νηὸς ἀποπροθορόντας, ὅθι ξένος ἐν ψαμάθοισι
κεῖται ἀποφθίμενος. Τῶ οἱ κτέρεα κτερεΐξαι
παμμήτειρα Ῥέη κέλεται γέρα, ἠδέ τε λοιϐὰς
δοῦναι ὑποχθονίοις, καὶ δάκρυα λειϐέμεν ὄσσων,
αἰδομένους Θέμιν ἁγνοτελῆ ξενίην τε τράπεζαν·
ὅν ῥ' ἀέκων ἔκτεινε βαλὼν διὰ νύκτερον ὄρφνην
Ἡρακλέης, θυμὸν δὲ θεᾶς ἐχολώσατε Ῥείης.
Ἀλλ' ὁπότ' ἂν θεσμοῖς ξεῖνον σεϐάσησθε θανόντα,
Δίνδυμον αὐτίκ' ἔπειτα Ῥέης ἕδος εἰσαναϐάντες
ἱλασμοῖς ἱεροῖς Γαίης ἀρέσασθε θύγατρα·
πείσματα δ' ἀράμενοι, τότε δὴ μνώεσθε πλόοιο. »
Ὣς εἰποῦσα θεὰ πάλιν ἐτράπετ', ἶσον ὀιστῷ

Loci sim. **542** B 23 εὕ. ; K 2 εὗδον... μαλακῷ δεδμημένοι ὕ. (cf. etiam ad 36) ; Ω 636, al. ὕ. ὑπὸ γλ. || **543** α 363 s., al. ὕπνον | ... ἐπὶ βλ. βάλε || **544** AR, 2, 162 νήνεμος ἀκτή ; cf. *AO*, 1129 || **545a** AR, 3, 1280 ν. ἀποπροθορών ; cf. *AO*, 450 || **545b-546a** Φ 202 κείμενον ἐν ψ. ; AR, 1, 1034 ἐνὶ ψ. ἐλυσθείς ; cf. *AO*, 1151 || **546b** α 291 κτ. κτ. ; AR, 1, 1060 ἐνεκτερέιξαν || **547** *HH*, 30, 1 Γαῖαν παμμήτειραν (cf. AR, 1, 1094 ; *HO*, 10, 1 ; 40, 1 ; *O*. F 168, 27 u. l.) ; Nonn. 13, 35 s. Ῥείη | παμμήτωρ || **548** N 88 al. δάκ. λεῖϐον || **549** ἁγν. : cf. *HO*, 54, 4 (ἁγνοτερῆς codd.) || ξ 158, al. ξενίη τε τράπεζα ; cf. *AO*, 232, 720 || **550** ε 128 κατέπεφνε β. || δ. ν. ὄ. : cf. *AO*, 877 || **553** AR, 1, 985 εἰσανέϐαν... Δ. || A 583 αὐ. ἔπ. || **554** ἱλ. : cf. AR, 1, 1093 ἱλάξασθαι ; 1, 353, al. ἀρεσσάμενοι θυέεσσιν || **556 s.** ὣς εἰ. : cf. ad 392 || Σ 138 π. τράπεθ' || AR, 2, 600 ἰκέλη... ἔσσυτ' ὀ. ; QS, 11, 463 ἠύτ' ὀιστός.

542 ἀγνιάδη KAM(?)F(?) : ἁγν- Ψ || **543** λαϐών Ruhnken³ : βαλών Ψ || **545** ἀπο- E : ἄπο Ω || **546** τῶ Weinberger : τῷ edd. || **547** ῥέη Ω : ἥρη Mac || ἠδέ τε [τοι θ] λοιϐὰς Ω : ἠδέ τι λ. Mpc Mosch. ἠδ' ἐπιλοιϐὰς Ruhnken³ || **548** ὑποχθονίοις Schrader³ : -ίοισι Ω || **549** αἰδομένους Crivelli (*colatur*) MpcOE : ἀδ- Ω || ἁγνοτελῆ Ω : -τερῆ M (p.c. ?) E -τελὴν O || τε om. ζ || **550** ὅν KslζMpcEH : ὅς Ω || ἔκτεινε Ω : ἔκτανε ζ || **551** ἐχολώσατε E : -σατο Ω || ῥείης Ω : ἥρης Mac.

une flèche vers le ciel. Aussitôt la torpeur de Tiphys se dissipa. Vite, il sauta du gaillard de poupe et, à grands cris, éveilla la troupe qui dormait, couchée, de part et d'autre, contre le bastingage * : il tremblait à la pensée de l'âme du défunt * ! Sur-le-champ, il conta à tous les héros les visions de son rêve en un récit précipité. Ceux-ci eurent tôt fait de s'éveiller et chacun sauta sur le rivage. Dans le ciel enténébré, l'Aurore aux rênes d'or ouvrait l'orient et le ciel accueillait l'Aube *. Alors les vaillants Minyens aperçurent le cadavre souillé de sang et de poussière : les autres en effet, les ennemis, gisaient à l'écart, autour de lui, corps monstrueux de bêtes *.

Faisant cercle autour du roi Kyzicos *, ils le déposèrent sous des dalles polies *, puis amoncelèrent un tertre et y édifièrent un monument. Ils apportaient bientôt du bois et préparaient des victimes toutes

559. Tiphys dormait sur le gaillard arrière près de ses gouvernails ; il en descend pour réveiller ses compagnons couchés contre le bastingage.

560. Expression équivoque : « tremblant en son âme » (voir les traductions de Crivelli, de Gesner, de Voss et de Dottin) ou « pour sa vie » ? Mais ailleurs ψυχή désigne toujours l'âme d'un défunt : 36, 792, 1140, et surtout 573. C'est le sens que j'adopte en admettant que le datif marque la cause : cf. 1348 et R. Kühner-B. Gerth, *Griech. Gramm.*[4], 1, 438-440.

564. Sur Orthros qui précède l'aurore, voir la note au v. 366.

567. La répétition d'ἀμφί(ς) a des parallèles : cf. QS, 3, 739 s. (et de fréquentes associations entre ἀμφί et περί) ; γάρ est également admissible : Kyzicos est aisé à reconnaître parce que les cadavres des monstres gisent *autour* de lui ou plutôt *à part*.

568-593. *(e) Funérailles de Kyzicos et jeux funèbres.* Cf. AR, 1, 1057-1062. Le poète ne retient que le v. 1060 qui lui fournit le cadre de son développement.

569. Πλάτος, -ους, *hapax* dans le sens de « dalle funéraire », est à rapprocher de πλάτας, « soubassement funéraire », qui existe aussi sous les formes de πλάτος, -ου et de πλάτος, -ους : cf. Liddell-Scott, *s.u.*, A I 7, et B. Wiel[4], 7, préfère πλακέεσσι qu'il considère comme un datif pluriel épique de πλάξ ; il rap-

οὐρανὸν ἐσσυμένη. Τοῦ δ' αὐτίκα κῶμ' ἐκεδάσθη·
πρύμνης δ' ἆλτο θοῶς, ἀνέγειρε δὲ λαὸν αὐτῇ
τοίχων ἔνθα καὶ ἔνθα παρακλιδὸν ὑπνώοντας,
ψυχῇ ὑποτρομέων. Ἄφαρ ἡρώεσσι δ' ὀνείρου
φάσματα πᾶσιν ἔνισπεν ἐπιδρομάδην ἀγορεύων.
Οἱ δὲ θοῶς ἤγερθεν, ἐπ' ᾐόνα δ' ἆλτο ἕκαστος.
Ἡ δὲ κατ' ὀρφναίοιο πόλου χρυσήνιος Ἠὼς
ἀντολίην ἤνοιγεν, ἐδέχνυτο δ' οὐρανὸς Ὄρθρον.
Καὶ τότ' ἀριστῆες Μινύαι νέκυν εἰσενόησαν
αἵματι καὶ κονίῃ πεπαλαγμένον· ἀμφὶ γὰρ ἄλλοι
δήιοι ἀμφὶς ἔκειντο, πελώρια σώματα θηρῶν.
Ἀλλ' οἱ μὲν βασιλῆα περισταδὸν ἀμφιχυθέντες
Κύζικον εὐξέστοισιν ὑπὸ πλατέεσσιν ἔθηκαν·
ἂν δ' ἄρα τύμβον ἔχευαν, ἐδωμήσαντο δὲ σῆμα.
Φιτροὺς δ' αἶψα κόμιζον, ἰδ' ἔντομα πορσύνοντες

Loci sim. **558** AR, 1, 1091 ἀν. ; QS, 4, 76 ἀνέγρετο λαός || **560 s.** Aesch. *Ag.* 274 ὀνείρων φ. ; Nonn. 44, 52 φ. ... ὀ. || **563** QS, 5, 395 χρ. Ἠ. || **564** ἀ. ἤν. : cf. ad 367 || ἐδ. : cf. Nonn. 38, 423 ? || **565** ἀρ. Μ. : cf. *AO*, 113 || AR, 1, 1053 ἠῶθεν... εἰσ. || **566** O 118 αἵ. κ. κονίῃσι ; Z 268, al. αἵ. κ. λύθρῳ πεπ. (cf. AR, 1, 1056) ; cf. *AO*, 1235 || **567** AR, 1, 996 πέλωρα || **568** π. ἀ. : cf. ad 318 || **570** AR 1, 1060 τύμβῳ, 1062 σῆμα (cf. 2, 841 s.) ; μ 14, al. τ. χεύαντες (unde AR, 2, 851 s.) ; cf. *AO*, 726 || ἐδ. : cf. ad 611 || **571 s.** φ. : cf. ad 952-954 || AR, 1, 587 s. ἔ. ... | κεῖαν ; cf. *AO*, 958, 1371 || ζ 92 ἐν βόθροισι ; κ 517 βόθρον, 525 παμ. ; cf. *AO*, 959.

---

557 κῶμ' ἐκεδάσθη Ω : κῶμα κεδ- Mosch.[G] || **558** θοῶς Ω : θοῆς H || αὐτῇ ζ Crivelli (*clamore*) : ἀυτμῇ Ω || **560** ἄφαρ Ψ : ἄφαρ δ' KE ἀτὰρ Wiel[2] || ἡρώεσσι δ' Ω : -σσιν Wiel[2] || **561** ἔνισπεν Ω : ἔειπεν Mosch.[G] || **562** ᾐόνα M[pc]E : ἠιόνα Ω || **563** ἡ Ψ : οἱ K || **564** ἀντολίην Ω : -ίας Mosch.[G] || **566** γὰρ ἄλλοι Ω : δ' ἑταῖροι Mosch.[G] δ' ἄρ' ἄλλοι Herm. || **569** ὑπὸ Ω : ἐπὶ prop. Chuvin || πλατέεσσιν Ω : πλακέ- M[pc]O λάεσσιν uel λιθάκεσσιν Huschke[2] || **570** ἔχευαν Ψ : ἔχευσαν KN ἔχευον O[pc] ἔθηκαν Mosch.[G].

noires qu'ils brûlaient dans des fosses *. Moi, pour apaiser l'âme, je versai des offrandes expiatoires * d'eau et de lait auxquelles je mêlai des libations de ce suc que distillent les abeilles, et je l'honorai de mes hymnes *.

De son côté, l'Aisonide proposa à tous un concours afin qu'en ces jeux funèbres ses compagnons eussent pour récompense les présents qu'Hypsipylé lui avait fait emporter de Lemnos *. A Ancaios, il donna comme prix de la lutte une double coupe en or de grande contenance ; à Pélée, le plus rapide au stade, il donna, pour sa célérité à la course, un manteau de pourpre, ouvrage d'Athéna richement brodé. Il donna à Héraclès, pour prix du pancrace *, un cratère en argent

proche de notre passage *AP*, 7, 324 ὑπὸ πλακὶ... τέθαμμαι. — P. Chuvin voudrait garder le sens de « plate-forme funéraire » que πλάτος et πλάτας possèdent dans les inscriptions de Carie et de Lycie : le corps du roi serait déposé *sur* cette dalle ; puis, par archaïsme, on y amoncellerait un tertre. Cette interprétation amènerait à corriger ὑπὸ en ἐπί.

572. Pour la forme κατεκείαθον, cf. Vian[2], 150.

573. « Des cérémonies expiatoires consistant en libations » ou tout simplement « des libations expiatoires » ; sur ce type de génitif, cf. 904, 1366, et 531 avec la note *ad loc.*

575. Dans l'Évocation des morts, Ulysse verse des libations d'eau, de vin et de miel (κ 518-520 = λ 26-28) ; mais le vin est généralement banni des offrandes aux morts ou aux puissances infernales : dans Apollonios, Jason utilise pour Hécate l'eau, le lait et le miel (3, 1036, 1199, 1210).

578. Les présents d'Hypsipylé : voir AR, 2, 30-32 ; 3, 1204-1206 ; 4, 421-434 ; Val. Fl., 3, 340-342 (manteau donné par Jason à Kyzicos).

584. Le pancrace est inconnu d'Homère. Quintus de Smyrne l'introduit dans les Jeux en l'honneur d'Achille, en prenant toutefois la précaution de ne pas en prononcer le nom (4, 479-499).

παμμέλαν' ἐν βόθροις κατεκείαθον. Αὐτὰρ ἔγωγε
ψυχὴν ἱλασάμην, σπένδων μειλίγματα χύτλων
ὕδατί τ' ἠδὲ γάλακτι, μελισσορύτων ἀπὸ νασμῶν
λοιβὰς συμπροχέων καὶ ἐμοῖς ὕμνοισι γεραίρων.
Αὐτὸς δ' Αἰσονίδης προυθήκατο πᾶσιν ἄεθλον,
τυμβιδίου ἐπ' ἀγῶνος ἑταίροις ἔμμεν ἄεθλα
δῶρα τά οἱ πόρεν Ὑψιπύλη Λήμνοιο φέρεσθαι.
Ἀγκαίῳ μὲν δῶκε πάλης γέρας ἀμφικύπελλον
χρύσειον πολυχανδὲς ἔχειν· Πηλῆι δ' ἔδωκε
θάσσοντι σταδίοισι, ποδωκείης ἕνεκα σφῆς,
χλαῖναν φοινικέην, πολυδαίδαλον ἔργον Ἀθήνης.
Αὐτὰρ παγκρατίου δῶκεν γέρας Ἡρακλῆι
ἀργύρεον κρητῆρα παναίολον, ἱππασίης δὲ

Loci sim. **573-575** μ 363 ὕδ. σπένδοντες ; Aesch. *Eum.* 107 χοάς τ' ἀοίνους, ... μειλ. ; AR, 1, 1075 χύτλα χέωνται || νασμ. : cf. *HO*, 22, 8 || AR, 2, 1272 μελισταγέας χέε λ. || **576** ω 84 s. ἄεθλα | θῆκε ; τ 572 καταθήσω ἄ. || **577** τ. : cf. *HO*, 1, 3 ; 72, 5 ; Nonn. *Per.* 74 ἐπιτύμβιοι... ἀγῶνες || **578** AR, 1, 657 δ. πόρωμεν (de Hypsipyle) ; QS, 1, 91 δ. δέ οἱ π. || **579 s.** Ψ 635 Ἀγκαῖον δὲ πάλῃ || *HHVen.* 29 δ. ... γ. ; cf. *AO*, 583, et ad 448 || Z 220 χρύσεον δέπας ἀμφ. ; QS, 2, 136 δέπας πολ. (et Theoc. 13, 46 ; *O.* F 56) || *HHVen.* 212 ἔδωκεν ἔχειν || **581** στ. : cf. Nonn. 37, 189, 246 || π. : cf. B 792 ; π. ἕ. σφ. : cf. ad 415 s. || **582** δ 115, al. χλ. πορφυρέην ; K 133 χλ. ... φοινικόεσσαν || π 207 (= AR, 1, 551) ἔ. Ἀθηναίης || **583** δ. γ. : cf. ad 579 s. || **584** Ψ 741, al. ἀ. κ. ; Δ 215 ζωστῆρα π. || ἱππ. saepe ap. QS.

---

572 παμμέλαν' ζM[pc] : -λαν Ω || κατεκείαθον Vian[2] (post -καίαθον Esch.) : κατεκίαθον Ω μετε- Mosch. || **573** ἱλασάμην [εἰλ- K] Ω : ἱλασκόμην E || **574** τ' *c* : δ' Ω || post μελισσορύτων add. τ' Gesn. || ἀπὸ AOE : ἄπο Ω || **575** λοιβὰς Sanctam. : -βαῖς Ω || **577** ἔμμεν Mosch.[GR] : ἔμμεν' Ω || **579** δῶκε Ω : ἔδωκε Wakefield || **581** θάσσοντι Ω (cf. Hesych. θάσσουσα · σπεύδουσα) : ᾄσσοντι Wiel[1] θεύσαντι West || ἕνεκα ζ : θ' ἕν- KΛ τ' ἕν- Ψ || **582** φοινικέην Ω : πορφυρέην Mosch.[s] || **583** παγκρατίου Gesn. : -τίοιο Ω -τίω O || δῶκεν AOE : δόκεν Ω || ἡρακλῆι ζM[pc]OE : -κλέηι Ω (cf. 657, 856, 1243 ; et 226) || **584** δὲ Ω : τε M[sl].

entièrement ciselé ; à Castor, pour celui de la course montée, une parure ouvragée de phalères en or. Au pugilat, il fit emporter au champion Pollux une couverture teinte avec la fleur marine * : c'est lui en effet qui avait remporté la glorieuse victoire. Lui-même, il prit un arc recourbé et des flèches ; en le bandant, il lança son trait qui s'envola au loin : la troupe minyenne *, en marque d'honneur, tressa, pour la donner à l'Aisonide, une florissante couronne d'olivier à longues feuilles. Quant à moi, pour prix de mon chant, le divin Jason me fit présent d'un cothurne aux ailes d'or éployées *.

Les jeux prirent fin * ; mais le bruit de la mort de Kyzicos vola jusqu'au fond de sa demeure. Quand son

586. La fleur marine est la pourpre.

590. Μινύης est *lectio difficilior* : comparer AR, 2, 520 s. ; 3, 1186 ; 4, 485 (*uar. lect.*) ; QS, 14, 424, 585 conj. ; cf. F. Vian, *Rev. Ét. Anc.*, 85, 1973, 95, et les remarques de M. Campbell, *ibid.*, n. 5.

593. 'Εμβάς désigne ici le cothurne tragique, et donc bachique : cf. Pollux, 4, 115 ; 7, 85 (où son origine thrace est mentionnée). Dottin rapproche les chaussures d'or portées par Orphée dans Callistr., *Imag.*, 7, 2.

594-600. *(f) La mort de Cleité.* Cf. AR, 1, 1063-1069. Chez Apollonios, la fontaine Cleité semble formée des larmes versées par les Nymphes sur l'épouse de Kyzicos ; dans les *AO*, elle naît des larmes mêmes de Cleité. Cette variante, plus naturelle, a son origine dans la scholie, aujourd'hui mutilée, à AR, 1, 1065-1069 ; elle a suggéré une correction au texte d'Apollonios qui ne doit pas être antérieure à la fin du xve siècle (cf. C.U.F., t. 1, p. 100, n. 2).

Κάστορι χρυσείων φαλάρων πολυτεχνέα κόσμον.
Πυγμαχίης δὲ τάπηθ' ἁλιανθέα δῶκε φέρεσθαι
ἀθλοφόρῳ Πολυδεύκει· ὁ γὰρ κλυτὸν ἤρατο νῖκος.
Αὐτὸς δ' εὐκαμπὲς τόξον λάβεν ἠδ' ἄρ' ὀιστούς·
τεινάμενος δέ οἱ ἧκε βέλος, τὸ δ' ἀπέπτατο τηλοῦ·
δῶκε δ' ἄρ' Αἰσονίδῃ Μινύης λόχος εἵνεκα τιμῆς
πλέξας εὐανθῆ στέφανον τανυφύλλου ἐλαίης.
Αὐτὰρ ἐμοὶ μολπῆς γέρας ὤπασε δῖος Ἰήσων
ἐμβάδα χρυσείῃσι τιταινομένην πτερύγεσσι.
Λῦτο δ' ἀγών· φήμη δὲ διέπτατο δώματος εἴσω
Κυζίκου οἰχομένου. Τοῦ δ' ὡς κλύε σύγγαμος αἰνή,

Loci sim. **585** Eur. *Tr.* 520 χρυσεοφάλαρον ; al. || **586** ο 83, al. δώσει... φ. || **587** Theoc. 22, 53 ἀεθλοφόρος Πολυδεύκης || Η 203 νίκην... ἀρέσθαι ; Σ 165 ἤ. κῦδος ; *APl.* 381, 5 ν. εὑρεῖν || **588** *HH*, 27, 12 εὐκαμπέα τόξα ; φ 148 τ. λάβε καὶ βέλος ; cf. ad 640 || **589** AR, 2, 1043 τείνατο τόξα || δέ οἱ ἧ. : cf. ad 533 s. || Δ 498, al. β. ἧ. ; cf. *AO*, 1357 || **590** Μ. λ. : cf. *AO*, 113 || ξ 70, al. εἵ. τ. || **591** Pind. *I.* 7, 51 εὐανθέα... στ. ; 8, 67 s. πλεκέτω... | στ. || ν 102, al. τανύφυλλος ἐλαίη || **592** γ. ὤ. : cf. ad 448 || δ. Ἰ. : cf. ad 71 || **593** Lucian. *Pseudol.* 19 χρυσᾶς ἐμβάδας || *HO*, 6, 2 χρυσέαισιν... πτ. (cf. Quandt ad loc.) : cf. *AO*, 1011 ; β 149 τιταινομένω πτ. || **594** Ω 1 λ. δ' ἀ. || Nonn. 24, 179, al. δι' ἄστεος ἵπτατο φ. || η 135 δ. εἴ. || **595** τοῦ δ' ὡς κλ. : cf. ad 60 || αἰ. : cf. AR, 1, 1070.

---

585 κάστορι Ω (quod legit Crivelli) : om. θ || πολυτεχνέα Ψ : -έος K || **586** τάπηθ' ἁλιανθέα Toup : τάπητα λιανθέα [λειαν- E] Ω τ. διανθέα Ruhnken[1] || **587** ἤρατο νῖκος Ω : ἠρατορκος N ἤρατον ἰκ (sic) F || **588** τόξον λάβεν Ω : λάβε τόξον E || ἠδ' ἄρ' Ω (cf. QS, 5, 135 ; 11, 342 ; *AO*, 1077 coni. ; Dorotheus, *Visio*, 273 ; Eudoc. *S. Cypr.* 2, 66, 189) : (λάβε,) σὺν δ' ἄρ' Ludwich[3] || **589** τεινάμενος Mosch.[s] : -νόμ- Ω || **590** μινύης Ω : -υῶν Abel (cf. 113) || **591** τανυφύλλου KζM[pc]OEH : τανιφ- Ψ (cf. Bacchyl. 10, 55) || **593** χρυσείῃσι Sloth. : -σείην γε Ψ -σείην K.

épouse infortunée l'eut entendu, elle se déchira la poitrine en poussant des plaintes aiguës ; puis, s'attachant une corde autour du cou, elle se donna la mort par le lacet *. La terre recueillit ses larmes dans la plaine et fit jaillir, bouillonnante, du milieu d'une fontaine, l'eau argentée d'une source intarissable * : les habitants d'alentour la nomment Cleité.

Alors les princes *, à cause des révélations du songe, se mirent en route pour la montagne sainte et la cime du Dindymon afin d'apaiser par des libations d'un vin généreux l'antique Rhéa et de conjurer le courroux de la Souveraine *. Je les suivis avec ma phorminx dans les mains. Argos vint lui aussi, quit-

597. Dans les *AO* comme ailleurs, ἀμφί, au sens concret d'« autour de », se construit en général avec le datif. C'est pour des raisons métriques qu'on a l'accusatif au v. 718 et le génitif au v. 890.

600. L'expression est contournée et pléonastique : voir la note au v. 328. Wiel[4], 8 (suivi par Abel) et Ludwich[1], 1219 s., ont tenté de corriger κρήνης ἀπὸ μέσσης ; mais κρήνη est garanti par AR, 1, 1068. Le poète distingue l'eau de la source (πίδακος ὕδωρ) et la fontaine aménagée d'où elle jaillit (κρήνη). Voir, dans le même sens, Voss, 524.

601-617. *(g) Propitiation de Rhéa sur le Dindymon :* cf. AR, 1, (1092-)1103-1152. Au v. 601, la conjecture τότ' ἔβαν a été faite par West après Wiel[4] d'une façon indépendante.

604. L'*hapax* εὐοίνιστος est tolérable : cf. εὔοινος, οἰνίζομαι. Rhéa-Cybèle est associée à Dionysos et sa statue est taillée dans un cep de vigne (v. 607 s.). — Pour ἐπιλοιβή, qui a été conjecturé aussi au v. 547, cf. *Epic. adesp.* 9 VI 26 (p. 85 Powell) ; *HO*, 66, 10.

στήθεα δρυπτομένη λίγ' ἐκώκυεν· ἀμφὶ δὲ δειρῇ
ἁψαμένη μήρινθα, βρόχῳ ἀπὸ θυμὸν ὄλεσσε.
Γῆ δ' ὑποδεξαμένη πλακὶ δάκρυα πίδακος ἧκε
βλύζουσ' ἀργυροειδὲς ὕδωρ κρήνης ἀπὸ μέσσης
ἀέναον· Κλείτην δὲ περικτίονες καλέουσι.
Καὶ τότ' ἔβαν βασιλῆες ὀνειροπόλον διὰ πύστιν
κνημὸν ἐπὶ ζάθεον καὶ Δινδύμου ἀκρώρειαν,
ὄφρα κε μειλίξαιντ' εὐοινίστοις ἐπιλοιβαῖς
Ῥείην πρεσβυγενῆ, θυμὸν δ' ἀλέαιντο ἀνάσσης.
Αὐτὰρ ἐγὼν ἐπόμην, φόρμιγγα δὲ χερσὶν ἄειρον.
Ἄργος δ' αὖθ' ἵκανε λιπὼν εὐεργέα νῆα,

Loci sim. **596** Τ 284 s. λ. ἐκ., χερσὶ δ' ἄμυσσε | στ. τ' ἠδ'... δειρήν || ψ 207 s. ἀμφὶ δὲ χεῖρας | δειρῇ βάλλ(ε) || **597** AR, 1, 1065 ἁψ. βρόχον αὐχένι || Θ 90 ἀπὸ θ. ὄ. || **598 s.** QS, 11, 57 ὑπεδέξατο γαῖα || Nonn. 46, 354 πίδακα δακρυόεσσαν ἀναβλύζουσα ; AR, 4, 1446 ἔβλυσεν ὕ. || ἀργ. ὕ. : cf. *AO*, 1132 || **600** ἀ. : cf. ad 1009 || AR, 1, 1068 s. ἣν καλ. | Κλ. ; 3, 1090 π. καλ. ; cf. *AO*, 731, 974, 1034, 1359 || **602** Δ. ἀ. : cf. ad 624 s. || **603** AR, 2, 692 (= 923) λοιβῇσί τε μειλίξασθαι ; 715 λοιβαῖς εὐαγέεσσιν (?) || **604** *HO*, 27, 13 πρέσβειρα (de deorum Matre) ; 4, 2 πρεσβυγένεθλ' || Υ 147 ὄφρα... ἀλέαιτο ; Ε 34 Διὸς δ' ἀλεώμεθα μῆνιν || **605** *HHMerc.* 39 χ. ... ἀείρας (sc. χέλυν) ; AR, 4, 906 ἐνὶ χ. ἑαῖς φ. τανύσσας || **606** θ 567, al. εὐ. ν.

---

596 δειρῇ Mosch.^{R} (m. 2 in marg.) : -ρῆς Ω -ρὴν A || **599** κρήνης ἀπὸ μέσσης Ω : πέτρης ἀπὸ λισσῆς Wiel^{4}, cl. *Lith.* 162 κρημνῶν ἀπὸ μέσσων Ludwich^{1} frustra || **600** Κλείτην Esch. : κλεινὴν Ω || **601** τότ' ἔβαν Wiel^{4} : τότε δὴ Ω || ὀνειροπόλον Ω : -λων H || **602** Δινδύμου Herm. : δίνδυμον [δίδ- K^{ac}V] Ω || **603** μειλίξαιντ' M^{pc}O : -ξαιντο Ω -ξαντο F || εὐοινίστοις [uel ἐυοι-] KζAθH : ἐυνοιίστοις NF ἐυνίστοις V εὐαγνίστοις Pierson, cl. 1231 || ἐπιλοιβαῖς Schneider : ἐπὶ λ- Ω || **604** ῥείην ΨK^{2mg} : ῥείῃ K || ἀλέαιντο Ω : -έοιντο M^{pc}OE ἱλέαιντο West || ἀνάσσης Mosch.^{S} : -σσῃ (-σσῃ) Ω || **605** ἐγὼν Ω : ἐγὼ VF || χερσὶν E : μετὰ χερσὶν Ω || ἄειρον Ω : ἀείρων O^{ac}cH || **606** λιπὼν KζM^{pc}E : λαβὼν ANM^{ac}VFH λείπων O || εὐεργέα Ψ : ἀερ- K.

tant le solide navire : c'est lui qui coupa d'un fer aiguisé le cep d'une vigne desséchée enlacé autour du long fût d'un sapin ; il sut y tailler avec art une sainte idole destinée à demeurer à tout jamais dans les générations à venir ; puis, avec des pierres d'un bel appareil, il bâtit une demeure pour la Souveraine *. Cependant les Minyens et, plus que tous, l'Aisonide s'affairaient pour construire avec des cailloux assemblés l'autel sur lequel les preux, immolant un taureau, accomplirent des libations et un beau sacrifice : Rhéa agréa leurs offrandes. Quant à moi, ils m'invitaient à célébrer et honorer la déesse afin qu'elle accordât à nos vœux la douce joie du retour *.

Quand nous l'eûmes implorée par des sacrifices et des prières *, nous descendîmes vers la nef Argô. Tiphys, depuis la poupe, appela les héros et tous se hâtaient de reprendre sur les bancs leurs places de

611. Pour les v. 606-611, cf. AR, 1, 1117-1122. Je n'ai relevé nulle part que le sapin soit utilisé comme support pour la vigne ἀναδενδράς : cf. par exemple R. Billiard, *La vigne dans l'antiquité* (1913), 366-368 ; mais Nonnos (12, 314 et 318) marie la vigne au pin.

617. Pour les v. 612-617, cf. AR, 1, 1108, 1123-1125, 1132-1135. — Ὀπάσσοι : le subjonctif concurrence souvent l'optatif (avec ou sans particule modale) quand le verbe principal est à un temps du passé : 56 s., 73 s., 105, 249 s., 290, 407 s., 647 s., 662, 679, 770-772, 775, 889 s., 939 s., 943, 1174 s., 1371. Néanmoins ὀπάσσοι est confirmé par καλέσσοι au v. 655 et, d'une manière générale, (τ)όφρα κε (ἄν) est plus souvent suivi de l'optatif que du subjonctif (8 exemples contre 4).

618-628. *(h) Libération des amarres d'Argô ; l'autel de Rhéa Peismatié.* L'épisode est en rapport avec les v. 530-534 et n'a pas de parallèle chez Apollonios. Bien que les liens entre la Mère des dieux de Cyzique et la navigation soient mal attestés (cf. F. W. Hasluck, *Cyzicus*, 1910, 216, et n. 7), le poète n'a pas dû imaginer de toutes pièces l'autel de Rhéa et son *aition*. A noter que la déesse est dite λυτηριάς dans les *HO*, 14, 8 ; mais l'épithète manque de précision.

ὅς κε τανυφλοίῳ ἐλάτῃ ἀμφιπλεκὲς ἔρνος
ἀμπέλου αὐαλέης ὀξεῖ ἀπέκερσε σιδήρῳ·
ξέσσε δ' ἐπισταμένως βρέτας ἱερὸν ἰδμοσύνῃσι,
μίμνειν ἔμπεδον αἰὲν ἐπεσσομένοις ἀνθρώποις·
λάασι δ' εὐτύκτοις δωμήσατο οἶκον ἀνάσσῃ.
Ἐν δ' ἄρ' ἐπειγόμενοι Μινύαι, μέγα δ' ἔξοχα πάντων
Αἰσονίδης, λιθάκεσσιν ἀρηρότα βωμὸν ἔτευξαν,
ᾧ ἔπι ταυροθύτους λοιβὰς ἠδ' ἱερὰ καλὰ
ῥέξαν ἀριστῆες· σπονδαῖσι δὲ τέρπετο Ῥείη.
Αὐτὰρ ἔμ' ἤνωγον κλῆσαι θεὸν ἠδὲ γερῆραι,
ὄφρα κεν ἀντομένοις νόστον μελιηδέ' ὀπάσσοι.
Ἀλλ' ὅτε δὴ θυέεσσι λιταῖσί τε γουνασάμεσθα,
Ἀργῴην ποτὶ νῆα κατήλθομεν. Ἐν δ' ἄρα Τῖφυς
ἥρωας πρύμνηθεν ἐκέκλετο· σὺν δ' ἄρα πάντες
ἐσσύμενοι θώκοισιν ἐπὶ προτέροισι κάθιζον,

Loci sim. **607** τ. ἐλ. : cf. *AO*, 172 || AR, 1, 1190 ἐλάτην, 1192 ταναῆς ἔρνος ; de re, cf. 1, 1117 s. || **608** *HHVen.* 268 κείρουσι σ. || **609** ε 245 ξ. δ' ἐ. ; AR, 1, 1119 s. ἱερ. βρ., ἔξεσε δ' Ἄργος | εὐκόσμως || Hes. *Th.* 377 ἰδμ. ; cf. *AO*, 1233 || **610** Ρ 434 μένει ἔ. (cf. *AO*, 710) ; ἔ. αἰ. : cf. ad 347 || ἐπ. ἀ. : cf. ad 95 || **611** AR, 2, 531 δωμήσαντες | βωμόν ; Lucian. *AP*, 11, 400, 3 νηὸν... δωμήσασθαι ; cf. *AO*, 570 || **612** Ξ 257 ἔξ. π. ; Β 480 μέγ' ἔξοχος... π. || **613** AR, 2, 694 s. β. τετύκοντο | χερμάσιν || **614 s.** *Or. Sib.* 8, 492 ταυροθύτοις... λοιβαῖς || Ψ 195, al. ἱ. κ. ; cf. *AO*, 801 || Α 147, al. ἱ. ῥέξας || **617** AR, 1, 885 εὐχόμεναι μακάρεσσιν ἀπήμονα ν. ὀπάσσαι ; 4, 901 μελιηδέα ν. (ex λ 100) || **618** Ι 499 θ. καὶ εὐχωλῇς ; AR, 1, 1132 s. λιτῇσιν... | ... γουνάζετ(ο) || **619** Ἀ. π. ν. : cf. ad 86 et 230 ; δ 573, al. ἐπὶ ν. κ. ; cf. *AO*, 1218 || ἐν δ' ἄ. Τ. : cf. *AO*, 490 || **620** ἤ. ... ἐκ. : cf. ad 702 || **621** θ. ἐ. π. κ. : cf. ad 456 (et *AO*, 732).

---

607 ὅς κε Ω : ὅς γε ζ ὥς κε Ε ὅς τε Voss || τανυφλοίῳ Herm. : -φλοίου Ω -φύλλου Mosch.[GR] || ἐλάτῃ Herm. : -ης Ω ἐλαίης Mosch.[GS] || **608** ἀπέκερσε Ω : -κυρσε Η || **610** ἐπ- VE : ἐπ' Ω || **611** λάασι Ω : λάεσι Mosch.[G] cf. p. 54 || **615** δὲ τέρπετο Ω : δ' ἐτ- ζΕ || **617** ὀπάσσοι Ω : -σσαι U Mosch.[RS] -σσῃ Voss || **619** ἐν Ω : ἐκ Mosch.[G].

naguère en enjambant le bastingage : ramer était leur unique pensée. Soudain les nœuds des cordages se détachaient de la terre ; on déploya la voile * et, depuis la cime du Dindymon, Rhéa au brillant diadème envoya une forte brise favorable. Nous, de nouveau, sur le navire, lui offrions un sacrifice d'action de grâces, après avoir couronné un autel dédié, pour l'édification des générations à venir, à la Dame aux amarres en ce lieu où s'étaient déliées les amarres qui entravaient Argô *.

Quand le vent eut empli la voile du navire, * celui-ci s'élançait à travers les flots marins du large et longeait de près les confins de la terre mysienne. Bientôt il dépassa dans sa course les bouches du Rhyndacos et pénétra dans un beau havre sablonneux. Il

624. Πείσματα introduit une répétition inutile avec le vers précédent. Le terme est issu d'une glose de κάλωες ou a été suggéré par le v. 628.

628. Les Argonautes, qui ont déjà embarqué, redescendent pour édifier et couronner l'autel de Rhéa ; puis ils lui offrent des libations sur le navire : cf. Wiel[4], 8-9 ; Platt[2], 265. Apollonios est aussi elliptique en 2, 531-533, quand il passe sous silence la traversée du Bosphore et le débarquement sur la rive opposée. Sur les libations ou les sacrifices faits du haut d'un navire, cf. Pind., *P.*, 4, 192-196 ; AR, 1, 534 ; 4, 1593-1602 ; Virg., *Én.*, 5, 774-776. — Ἐπιστέφειν équivaut en fait à « édifier », comme le note Wiel[4], 9, qui allègue la glose d'Hésychius ἐπιστέφει· ... οἰκοδομεῖ.

629-657. *L'escale de Mysie : Hylas et l'abandon d'Héraclès.* Cf. AR, 1, 1153-1362. Le poète abrège fortement son modèle et s'oppose à lui sur de nombreux points. Avant tout, il supprime toute allusion à la passion d'Héraclès pour Hylas (voir la Notice, p. 15) : ce n'est pas Héraclès qui quitte l'expédition pour rechercher le jeune garçon, mais celui-ci qui s'égare parce qu'il veut suivre Héraclès (P. Chuvin). En outre, le détail de la mise en scène est systématiquement modifié. Les Argonautes quittent Cyzique, poussés par un vent favorable au lieu de devoir ramer par calme plat ; Hylas est retenu dans l'antre (homérique !) des Nymphes au lieu d'être entraîné au fond des eaux d'une source ; Polyphème joue un rôle très mineur

βάντες ὑπὲρ τοίχοιο, καὶ εἰρεσίης μνώοντο.
Ἀπροφάτως δ' ἀπὸ γῆς στρεπτοὶ λύοντο κάλωες·
ἱστία δ' ἡπλώθη, κραιπνὸν δ' ἀπὸ Δινδύμου ἄκρης
ἵκμενον οὖρον ἐφῆκε Ῥέη λιπαροκρήδεμνος.
Ἡμεῖς δ' αὖτ' ἐπὶ νηὶ γεράσμια πέμπομεν ἱρά,
βωμὸν ἐπιστέψαντες ἐπεσσομένοισι πυθέσθαι
Πεισματίῃ, τόθι πείσματ' ἐεργομένης λύθεν Ἀργοῦς.
Αὐτὰρ ἐπεί ῥ' ὀθόνας ἀκάτου πλήρωσεν ἀήτης,
θῦνε διαπρήσσουσ' ἁλιμυρέα κύματα πόντου,
Μύσια δὲ σχεδόθεν παραμείβετο πείρατα γαίης.
Αἶψα δὲ Ῥυνδακίους προχοὰς ἤμειψε θέουσα,
καλούς τ' ἐς λιμένας ψαμαθώδεας εἰσεπέρησε.

Loci sim. **622** Ο 382 ὑ. τοίχων || **623** στρ. ... κ. : cf. ad 239 ; λ. κ. : cf. *AO*, 530 || **624** s. ἱ. δ' ἡ. : cf. ad 360 || κρ. ... οὖ. : cf. *AO*, 650 || Nonn. 15, 379 Δίνδυμον ἄκρον ; cf. *AO*, 602 || Α 479, al. ἴ. οὖ. ἵει ; cf. etiam ad 361-362^{a} || *HHCer.* 459 Ῥ. λ. || **626** γερ. : cf. *HHMerc.* 122 (eodem sensu) || **627** Pind. *O.* 9, 112 ἐπεστεφάνωσε β. ; AR, 1, 1123 s. β. ... | στεψάμενοι || ἐπεσσ. π. : cf. ad 95^{b} || **628** πείσματ'... λ. : cf. ad 360 || **630** Α 483 ἔθεεν κατὰ κῦμα (cf. *AO*, 1183) διαπρήσσουσα κέλευθον ; QS, 7, 399 s. διαπρήσσουσα θαλάσσης | βένθεα (cf. *AO*, 1242, 1346) || Kaibel, *Epigr. gr.* 256, 5 πόντον... ἁλ. || QS, 2, 217 κ. π. (et AR, 4, 214 s. π. | κ.) ; cf. *AO*, 1008, 1292, 1353 || **631** AR, 1, 1348 s. γαῖαν | Μυσίδ' ; Ξ 200 al. π. γ. || **632** AR, 1, 1165 Ῥυνδακίδας πρ. || ἥ. θ. : cf. *AO*, 734, 1291 || **633** ζ 263 (= AR, 1, 954) καλὸς δὲ λιμήν ; ν 279 ἐς λιμένα.

---

622 τοίχοιο Sanctam. Bernard : θώκοιο (ex 621) Ω || εἰρεσίης Ψ : -ίοις K || **623** γῆς Ω : τῆς Mosch. || στρεπτοὶ Pierson : λεπτοὶ Ω || **624** ἱστία Crivelli (*vela*) *c* Pierson : πείσματα Ω || **626** νηὶ Ω : θινὶ Pierson || ἱρά Ψ : ἱερὰ KN || **627** ἐπεσσομένοισι [ἐπ' ἐσσ- θ] ζθV : ἐπεσσυμ- AE ἐπ' ἐσσυμ- KNFH || **628** πεισματίη (i.e. -ίῃ) Ω : -ίην ζ -ίης M^{pc}OE || πείσματ' A : -αθ' Ω || ἐεργομένης (uel ἑεργ-) ζAM^{pc}OE : ἐεργομένη (uel ἑεργ-) Ψ ἐργομένη K || **629** ῥ' Ω : γ' ζ || **630** θῦνε Mosch. (cf. 1370) : θεῖνε Ω θεῖε anon. ap. Pierson (cf. 1131) || **632** ῥυνδακίους Ω : -ίδας Abel, cl. AR, 1, 1165, sed cf. 79-80 || **633** καλούς τ' ἐς om. K, spatio relicto : add. K^{2} || ψαμαθώδεας Ω (cf. 334) : ψαμμώ- E.

aborda au rivage : les héros, mettant la main aux écoutes *, roulèrent la voile et la lièrent avec des courroies ; ils firent glisser l'échelle à terre et débarquèrent eux-mêmes, désireux de manger et de boire. Alentour apparaissaient le mont Arganthos et les hauts rochers de ses pics *.

Héraclès se hâtait parmi les vallons boisés, tenant dans ses mains l'arc et les flèches à trois pointes : il voulait prendre du gibier et apporter à ses compagnons pour leur repas des sangliers ou une biche encornée * ou une chèvre sauvage. Dès qu'il se fut mis en route *, Hylas quitta la nef pour le suivre en cachette ; mais il se perdit dans les détours du chemin en errant dans la forêt et il arriva dans la grotte des Nymphes des Marais * : quand elles virent venir à elles ce garçon encore adolescent, elles le

et ne semble pas être resté à terre ; les Argonautes abandonnent Héraclès à midi et non avant le lever de l'aurore ; enfin la dispute qui suit leur départ est supprimée.

635. Les πρότονοι sont en règle générale (par ex. chez Homère et Apollonios) les haubans qui maintiennent le mât à l'avant. Mais, malgré L. Casson, *Ships and Seamanship* (1971), 277, n. 26, le terme désigne aussi les cordages (écoutes ou amures) qui tendent les voiles comme l'admet le Liddell-Scott : cf. Call., *Épigr.*, 6, 4 ; G. Kaibel, *Epigr.*, n° 779 ; *AP*, 10, 2, 7 (et Gow-Page, *Hell. Epigr.*, note au v. 444) ; et vraisemblablement Eur., *Héc.*, 111 s. C'est ce sens que le contexte impose aux v. 634 s., 1293, et sans doute 1153 (où le texte paraît exiger une correction : voir la note *ad loc.*). Dans notre passage, le navire n'est pas démâté ; les héros se contentent de carguer la voile sous la vergue.

638. C'est le mont Arganthôneion d'AR, 1, 1178, qui délimite au nord le golfe de Kios où débarquent les Argonautes.

642. Πόρτις, « jeune génisse », paraît susceptible de désigner en général un jeune animal ; d'où la traduction proposée à la suite de D. A. Van Krevelen, *Mnem.*, 4, 6, 1953, 55. Selon les Anciens, les biches portent des cornes : cf. Anacréon, fr. 408, 2 Page = 28 Gentili (et les textes cités par Gentili *ad loc.*).

643. Voir *Notes complémentaires*, p. 180.

646. Voir *Notes complémentaires*, p. 180.

Κέλσε δ' ἐπ' αἰγιαλῷ· προτόνοις δ' ἐπὶ χεῖρα βαλόντες,
ἱστία μηρύσαντο καὶ ἀμφ' ἱμᾶσιν ἔδησαν·
κλίμακα δ' ἐξώκειλαν ἐπὶ χθονός, ἐκ δ' ἔβαν αὐτοί,
σίτου καὶ πόσιος λελιημένοι. Ἀμφὶ δὲ κναμὸς
Ἀργάνθου κατέφαινε βαθυσκόπελοί τε κολῶναι.
Ἡρακλέης δ' ἠπείγετ' ἀν' ὑλήεντας ἐναύλους,
τόξον ἔχων παλάμαις ἰδὲ τριγλώχινας ὀιστούς,
ὄφρα κε θηρήσαιτο, πόροι δ' ἐπὶ δόρπον ἑταίροις
ἢ σύας ἢ πόρτιν κεραὴν ἢ ἄγριον αἶγα.
Τοῦ δ' ἄφαρ ὁρμήσαντος, Ὕλας ἐξίκετο νηὸς
λάθρῃ ἐπισπόμενος· σκολιῆς δ' ἀλίτησεν ἀταρποῦ
ὕλῃ ἐνιπλαγχθείς, ἐν δὲ σπέος ἤλυθε Νυμφῶν
Λιμνακίδων· αἵ δέ σφιν ἐσαθρήσασαι ἰόντα
κοῦρον ἔτ' ἠίθεον κατερύκακον, ὄφρα σὺν αὐταῖς

Loci sim. **634** κ. δ' ἐπ' αἰ. : cf. ad 743 || φ 223 χεῖρε βαλόντε || **635** μ 170 ἱστ. μ. || Θ 544 δῆσαν δ' ἱμάντεσσι ; AR, 2, 63 s. ἱμάντας | ἀμφέδεον (alio sensu) || **636** Γ 113 ἐκ δ' ἔ. αὐ. (cf. AR, 1, 1018) ; cf. *AO*, 375 || **637** υ 378 σ. κ. οἴνου κεχρημένον ; cf. ad 233 || **638** AR, 1, 1178 Ἀργανθώνειον ὄρος || QS, 3, 104 β. τε κολ. || **639** *HH*, 26, 8 καθ' ὑ. ἐν. (et 14, 5) || **640** Ο 443, al. τόξ. ἔ. ἐν χειρὶ... ἠδὲ ; Ε 171 τόξ. ἰδὲ πτερόεντες ὀιστοί (cf. *AO*, 588) ; Θ 297 τανυγλώχινας ὀ. ; Ε 393 ὀιστῷ τριγλώχινι || **642** Γ 24, al. ἢ ἔλαφον κεραὸν ἢ ἄ. αἶ. ; *AP*, 6, 96, 2 τὸν κεραὸν (u. l. τὴν κεραὴν) δαμάλην || **643** *HHMerc*. 148 ἐξ. ... νηόν || **644** Nic. *Ther*. 478 σκολιὴν... ἀτραπόν || **645** Nic. *Alex*. 189 ἐμπλάζοντες ἀγυιαῖς ; Nonn. 42, 44 πλάζετο... ἔσω... ὕλης || σπ... Ν. : cf. ν 104, 349 s. || **647** γ 401 ἔτ' ἠίθεος.

---

634 κέλσε δ' Ψ : κέλσ' K || βαλόντες Ω : λαβόντες V || **637** κνάμος (sic) Ω (cf. 465 coni.) : κνημὸς M^mg^O (cf. 602) || **638** ἀργάνθου Ω : ὀρ- θ || κολῶν VF || **643** ἄφαρ ὁρμήσαντος (uel ἄρ' ἀφορμ-) Vian[2] : ἀφομαρτήσαντος K Mosch.^GS^ ἀφαμαρτ- Ψ ἄρ' ἀφορμηθέντος Weinberger[2] || **644** λάθρῃ Mosch.^G^ : λάθρα Ω || **645** ἐνι- KζV : ἐνὶ ANθFH || ἐν Ω : ἐπὶ Voss ἂν (uel ἐπὶ) Platt[2] || νυμφῶν ΩA^γρ^ : νηῶν A || **646** λιμνακίδων Ω : Λειμακ- Ruhnken[3] Λιμναίων (Herm.) Abel || ἰόντα Ψ : ἐόντα K (uel K^ac^) T^mg^ || **647** ἠίθεον Mosch.^R^ : ἀντίθεον Ω || κατερύκακον Ω : -ανον Mosch.^G^.

retinrent afin qu'avec elles il vécût à tout jamais, ignorant la mort et la vieillesse. Mais, comme le Soleil menait ses rapides coursiers vers le zénith * et que de la montagne soufflait une forte brise qui tomba sur la voile blanche *, Tiphys cria d'embarquer et de délier les amarres du rivage. Tous obéirent aux ordres du pilote. Polyphémos l'Eilatide courut escalader un rocher pour appeler bien vite Héraclès au navire *, mais il ne put l'atteindre * : le destin refusait aux Minyens que la puissante fougue d'Héraclès parvînt au beau cours du Phase.

Au point du jour *, nous arrivâmes dans le sinistre pays où Amycos régnait sur les insolents Bébryces * : au mépris de la loi de Zeus, le Verbe universel *, pour

649. Φέρω = ἄγω : cf. Nonn., 11, 120 ; 20, 158 (et 37, 168 φέρων... ἵππους dans un contexte un peu différent).

651. La voile est donc à nouveau déployée : cf. v. 635 et la note *ad loc.* — 'Εξ οὔρεος ἔπνεεν « traduit » κατήλυθον d'AR, 1, 1274.

655. Καλέσσοι : voir la note au v. 617.

656. Au contraire, Polyphémos retrouve (ξύμβλητο !) Héraclès dans AR, 1, 1253.

658-666. *Escale chez les Bébryces ; mort d'Amycos.* Simple résumé d'AR, 2, 1-163.

659. 'Επηῷοι : Homère, Apollonios et Quintus de Smyrne emploient ὑπηοῖος/ὑπηῷος ; mais Max., 347, écrit ἐπὶ πρώτῃ ἠοῖ (cf. M. Campbell, *Comm. on Quint. Sm. XII*, 1981, 54, n. au v. 147) et l'édition « cyclique » de l'*Odyssée* avait ἐπηοίῃ en ρ 25 (schol. H). — L'aoriste de περάω est constamment ἐπέρησα (51, 110, 141, 160, 163, 534). On préférera donc la correction plus simple ἐπελάσσαμεν (ou -σομεν, ao. mixte ?). Πελάζω convient d'ailleurs mieux, car περάω a en général le sens de « traverser ».

660. Dans les *AO* (v. 660, 1299) comme dans *AP*, 6, 52, 2, Zeus Panomphaios n'a plus de rapports précis avec la divination ; d'où la traduction que je propose.

ἀθάνατός τε πέλῃ καὶ ἀγήραος ἤματα πάντα.
Ἀλλ' ὅτε πρὸς μεσάτην ἠῶ φέρεν ὠκέας ἵππους
Ἠέλιος, κραιπνὸς δ' ἐξ οὔρεος ἔπνεεν οὖρος,
ἐν δ' ἔπεσ' ἀργενναῖς ὀθόναις, Τῖφυς δ' ἐγεγώνει
νηὸς ἔσω περάαν, θινὸς δ' ἐκ πείσματα λύειν.
Οἱ δὲ κυβερνητῆρος ἐφημοσύναις ἐπίθοντο·
Εἰλατίδης δ' ἀνὰ πρῶνα θοῶς Πολύφημος ἔβαινεν,
ὄφρα κεν Ἡρακλῆα θοῶς ἐπὶ νῆα καλέσσοι,
ἀλλ' οὔ οἱ ξύμβλητο· μολεῖν γάρ οἱ οὔ τι πέπρωτο
Φᾶσιν καλλίροον μένος ὄβριμον Ἡρακλῆος.
Αὐτὰρ ἐπηῷοι λυγρὴν ἐπελάσσαμεν αἶαν,
ἔνθ' Ἄμυκος Βεβρύκεσσιν ὑπερφιάλοισιν ἄνασσεν,
ὅς τε Πανομφαίου Ζηνὸς θέμιν οὐκ ἀλεγίζων

Loci sim. **648** *HHCer.* 260 ἀθάνατον... καὶ ἀγήραον ἤ. πάντα (cf. Θ 539 al.) || **649** Γ 263 al. ὠ. ἵππ. || **650** κρ. ... οὖρος : cf. *AO*, 624 s. ; δ 360 s. οὖροι | πνείοντες || **651** ἐν δ' ἔ. : cf. ad 521 || Γ 141 ἀργεννῇσι... ὀθόνῃσι || **652** ν. ἔ. : cf. ad 529 ; Δ 460, al. πέρησε... εἴσω || πείσμ. λ. : cf. ad 360 || **653** AR, 1,33 ἐφημοσύνῃσι πιθήσας || **654** AR, 1, 1241, 1347 Εἰλ. Π. || **655** γ 347 θοὴν ἐ. ν. ; cf. *AO*, 1019, 1218 || **656** AR, 1, 1253 ἔνθ' αὐτῷ ξ. || AR, 1, 904 οὔ μοι πέπρωται... ἱκέσθαι || **657** Φ. κ. : cf. ad 759 || Ν 444, al. μ. ὄβριμος Ἄρης || **658** ἐπ. : cf. ad 484-485[a] || **659** AR, 2, 1 s. Ἀμύκοιο, | Βεβρύκων βασιλῆος, 129 Βέβρυκας ὑπερφιάλους (et 2, 4) || **660 s.** AR, 2, 5 ὅς τ' ἐπὶ καὶ (u. l.) ξ. || Π. Ζ. : cf. ad 1299 || AR, 3, 193 Ζ. θ. ἠδ' ἀλεγίζει (et cf. ad 350 s.) || περ. ἀνθρ. : cf. ad 502 (et AR, 2, 7).

---

648 τε πέλῃ Ω : τ' εἴη Mosch.[R] τε πέλοι Herm. || ἀγήραος Ω : -ρως Mosch.[G] || **649** ὅτε Ω : ὅτε δὴ E || φέρεν Ω : τρέπεν Voss, cl. [Theoc.] 25, 85 || **651** ἔπεσ' Ω : ἔπεσεν θ || **652** λύειν Ω : λύσειν Mosch.[GS] || **653** -σύναις ἐπίθοντο Ω : -σύνῃσι πίθ- E || **654** εἰλατίδης KANOV : εἰλ- ζMFH || **655** θοῶς Ω : θοὴν Ruhnken[3] || καλέσσοι [-έσοι M] Ψ : -έσῃ K -έσσῃ K[pc] -έσσαι Esch. || **656** ξύμβλητο Ψ : -τα K || **657** ὄβριμον ζE : ὄμβρ- Ω || ἡρακλῆος ζOE : -κλεῆος [-κλεῆο NV] Ω cf. ad 583 || **658** ἐπηῶοι B : ἐπ' ἠῶοι Ω ὑπηῷοι Ruhnken[3] || ἐπελάσσαμεν Vian : ἐπεράσσαμεν KM[pc] -σσομεν Ψ ἐπερήσαμεν Herm. || **660** πανομφαίου Ω : πανωπαίου O[pc].

tous les hôtes qui, parmi les peuples d'alentour, venaient à ses étables et à sa solide demeure, il avait institué comme épreuve de se mesurer à lui dans un pugilat sans merci *. Mais le robuste Pollux l'abattit de vive force, en lui portant à l'improviste un coup à la tête avec ses dures lanières ; quant à l'armée des Bébryces, les Minyens l'exterminèrent par le bronze.

Une fois partis de là *, fatigués de ramer *, (nous aperçûmes) la grande cité des Bithyniens (...) ; à l'embouchure (du fleuve), nous abordâmes sur un vaste rivage, en nous hâtant (..., afin) d'établir pour le soir un bivouac dans les taillis (?) de la forêt * et d'y préparer notre repas *. C'est là que naguère Phi-

663. Malgré son éloignement, ἐπί porte sur θήκατο ; même tmèse dans AR, 2, 5, qui est le modèle du poète. C'est également AR, 2, 13, qui permet de déterminer la ponctuation du v. 661.

667-679. *Escale chez Phinée.* Voir *Notes complémentaires*, p. 180-181.

667. Pour δέ coordonnant deux participes, cf. 1128, et G. Chrétien, dans Nonnos, C.U.F., t. 4, p. 133 (note à 10, 68).

669. La mention de forêts enneigées est inattendue et la correction de Platt séduisante. Cependant l'*hapax* νιφαργής peut être une épithète de nature pour cette région septentrionale comme χιονώδης pour la Thrace au v. 1373. La scansion νῑφ- elle-même s'autorise maintenant d'un parallèle : Antimaque, *Suppl. Hell.*, fr. 64, 2.

670. Les v. 668-670 sont corrompus. Je me borne à reproduire l'ingénieuse solution proposée par Platt[1], 74, en rétablissant le texte des manuscrits là où une correction ne semble pas s'imposer :

667 Ἔνθεν ἀφορμηθέντες, ὑπ' εἰρεσίῃ δὲ καμόντες,
668 Βιθυνῶν μέγα ἄστυ......................
668a <ἐν ποταμοῦ> προχοαῖσι πλατείῃ κέλσαμεν ἀκτῇ
669 σπεύδοντες <υυ — υ, ὅπως> ἐνὶ ταρφέσιν ὕλης
670 ἕσπεροι αὐλισθέντες ἐφοπλισσοίμεθα δόρπον.

C'est ce texte que rend la traduction. Naturellement ποταμοῦ pouvait ou devait être remplacé par un nom propre.

ἆθλον ἐπὶ ξείνοισι, περικτιόνων ἀνθρώπων
ὅς τις ἐπὶ σταθμοὺς ἠδ' ἀστεμφῆ δόμον ἵξῃ,
θήκατο πυγμαχίης ὑπερόπλου πειρηθῆναι.
Τὸν μὲν ἄρ' ἠίστωσε βίῃ κρατερὸς Πολυδεύκης,
τύψας ἀπροφάτως κεφαλὴν σκληροῖσιν ἱμᾶσι·
λαοὺς δ' αὖ Βεβρύκων Μινύαι χαλκῷ κατένηραν.
Ἔνθεν ἀφορμηθέντες, ὑπ' εἰρεσίῃ δὲ καμόντες,
† Βιθυνῶν μέγα ἄστυ πλατείῃ κέλσαμεν ἀκτῇ,
σπεύδοντες προχοαῖς ἠδ' ἐν νιφάργεσιν ὕλαις †
ἕσπεροι αὐλισθέντες ἐφοπλισσοίμεθα δόρπον.
Ἔνθα ποτ' αἰνόγαμος Φινεὺς ὑπερήνορι θυμῷ

Loci sim. **662** AR, 2, 1 σταθμοί τε... αὖλίς τε (et 13) || **663** AR, 2, 5 θεσμὸν ἔθηκεν, 6 s. πειρήσασθαι ... | πυγμ., 110 (et 4) ὑπέροπλος ; QS, 4, 215, 266 παλαισμοσύνης ὑπ. || **664** Hes. F 197, 3 κρ. Π. (unde AR, 1, 146) || **665** AR, 2, 29 ἔτυψε, 52 s. ἱμάντας, ἐσκληῶτες (et Theoc. 22, 45), 62 ἀπρ. || **666** λ 519 κατενήρατο χ. || **667** ἔ. ἀφ. : cf. *AO*, 1128, 1373 || ὑπ' εἰ. : cf. ad 372 || **668** Βιθ. : cf. AR, 2, 177, al. (falsa lectio) || Z 392 μ. ἄ. || schol. AR, 1, 1358-62 b ἀκτὴν πλατεῖαν || **669** O 606 ἐν τάρφεσιν ὕλης ? uide adn. || **670** ἕσπ. : cf. *HH*, 19, 14 || AR, 2, 157 δ. ἐφώπλισαν (ex Ψ 55) ; Θ 503, al. δόρπα τ' ἐφοπλισόμεσθα || **671** Pind. *P.* 4, 4, al. ἔ. π. || αἰ. : cf. ad 867 || Ω 42 ἀγήνορι θ.

---

661 post ξείνοισι dist. Weinberger, post ἀνθρώπων plerique || **662** ἀστεμφῆ Ψ : ἀμφῆ K || ἵξῃ Ω : ἵξοι E || **663** πυγμαχίης KζOE : -χείης Ψ || **664** τὸν... βίῃ Ω : τοῦ... βίην Herm. || **665** ἀπροφάτως ζM^{pc}(?)OEH : ἀποφ- ANM^{ac}(?)VF ἀπροσφ- K || **666** κ]ατένηραν om. H || **667** ἔνθεν Voss : ἐνθάδ' Ω ἔνθα δ' O Mosch.^{LR} || εἰρεσίῃ (-ίῃ) Ω : -ίην Mosch. || δὲ Ω : τε Herm. || **668-669** locus desperatus : cf. in adn., quomodo Platt[1] eum sanare uelit || **668** μέγα ζ : τὸ μέγα Ω τὸ μέγ' c Mosch.^{RS} || πλατείῃ Ω : βαθείῃ Mosch.^{G} || **669** σπεύδοντες Ω : σπένδ- E || προχοαῖς ἠδ' Ω : προχοαῖσιν ἵν' Ruhnken[3] post πρ. lac. susp. Schneider || ἐν νιφάργεσιν [-αργέσ(σ)ιν M^{pc}O] ὕλαις Ω ἐνιφάργεσιν ὕ. F ἐν νιφεταργέσιν ὕ. Schneider ἐνὶ τάρφεσιν ὕλης Platt[1], cl. O 606 || **670** ἕσπεροι Ω : ἑσπέριοι A || ἐφοπλισσοίμεθα Ψ : -ισ(σ)άμεθα KζM^{sl} ἐφωπλισσάμεθα Mosch.^{G} ἐφοπλίσσαι μέγα Herm. || **671** ποτ' Mosch.^{GR} : τότ' Ω.

née au triste hymen, n'écoutant que la férocité de son cœur, avait rendu aveugles ses deux fils et les avait exposés, en proie aux bêtes sauvages, sur un éperon rocheux, à cause de sa passion pour une femme *. Les deux enfants de l'illustre Borée les sauvèrent et leur rendirent la vue. Quant à Phinée, ils lui infligèrent le châtiment de son cruel courroux en le privant de la lumière du jour * ; puis l'impétueux Borée, le prenant dans les tourbillons de ses tempêtes, le fit rouler au plus épais des taillis et des forêts de Bistonie pour qu'il y accomplît son destin et son funeste trépas *.

Puis *, quittant la demeure de Phinée l'Agénoride, sur le vaste gouffre de la mer, nous arrivâmes auprès des roches Kyanées que m'avait décrites jadis ma mère, la très sage Calliopé. Il n'existe nul moyen d'échapper à leur œuvre de malheur * : entraînées par les rapides rafales des vents *, elles se heurtent en se précipitant

673. Idaia, que Phinée avait épousée après avoir répudié Cléopatra la fille de Borée.

676. La construction habituelle est ἀπονοσφίζειν τινά τινος.

679. La Bistonie désigne ici la Thrace au sens très large, de même sans doute qu'aux v. 78-80. Cette indication suggère que la « ville de Bithynie » (v. 668) est censée se trouver en Europe comme la Thynie (Bithynie dans les manuscrits) qu'habite Phinée chez Apollonios.

680-711. *Le passage des roches Kyanées :* cf. AR, 2, 549-605. L'enseignement de Calliopé remplace les prescriptions de Phinée. La colombe devient un héron sous l'influence d'Homère (K 274) ; l'oiseau apporte un simple présage et l'amputation de sa queue (v. 699) perd toute signification, puisque Argô ne subira aucun dommage ; cependant le v. 691, dont le texte est conjectural, garde peut-être un souvenir de l'accident qui arrivait au navire dans la tradition courante (AR, 2, 601). Enfin Orphée devient le protagoniste de l'action aux dépens du pilote et de ses compagnons. Sur tout ce passage et les questions de texte qu'il soulève, je renvoie une fois pour toutes à mon article des *Mélanges Delebecque* (Vian[3]).

684. Pour l'idée, cf. AR, 2, 319.

685. Sur les Kyanées qui sont le jouet des vents, voir Apollod., *Bibl.*, 1, 9, 22 ; Prop., 2, 26, 39-40.

δοιοὺς ἐξαλάωσε γόνους προβλῆσί τε πέτραις
θηρσὶν ἕλωρ προύθηκε γυναίων εἵνεκα φίλτρων.
Τοὺς δὲ καὶ ἀσκηθεῖς καὶ ὀπωπότας αὖθις ἔτευξαν
παῖδε κλυτοῦ Βορέου· Φινεῖ δέ οἱ ὤπασαν ἄτην
ἀργαλέοιο κότου, φωτὸς δ' ἀπενόσφισαν αὐγάς.
Αὐτὰρ ἐπεὶ ζαμενὴς Βορέης στροφάδεσσιν ἀέλλαις
ἁρπάξας ἐκύλινδεν ὑπὸ δρυμὰ πυκνὰ καὶ ὕλας
Βιστονίης, ἵνα κῆρ' ὀλοὴν καὶ πότμον ἐπίσπῃ.
Αὐτὰρ ἐπεὶ Φινῆος Ἀγηνορίδαο λιπόντες
αὖλιν, ὑπὲρ μέγα λαῖτμα θαλάσσης ἐξικόμεσθα
ἀγχοῦ Κυανέαις πέτραις, ἅς μοί ποτε μήτηρ
ἡμετέρη κατέλεξε περίφρων Καλλιόπεια·
οὐ γάρ οἱ ἐξυπάλυξις ὀιζυροῖο πόνοιο,
ἀλλὰ κατειρυμέναι ἀνέμων ἀργῆσσιν ἀέλλαις
ξυμβλῆτες πίπτουσιν ἐπ' ἀλλήλαισιν ἰοῦσαι·

Loci sim. **672** λ 103, al. υἱὸν... ἐξαλάωσας || Π 407 πέτρῃ... προβλῆτι || **673** ε 473 θήρεσσιν ἕ. ; ω 292 θ. ... ἕ. || ο 247 γ. εἵ. δώρων ; cf. *AO*, 1172 || **675** AR, 2, 288, al. υἱεῖς Βορέω || **677** s. ζαμ. : cf. ad 1007 s. || Nonn. 2, 644 στροφάλιγγες ἀέλλης ; θ 409 (= AR, 3, 1114) ἀναρπάξασαι ἄελλαι || Λ 118, al. διὰ δρ. π. κ. ὕλην || **679** Ν 665 κ. ὀ. ; Β 359 ὄφρα... θάνατον καὶ π. ἐ. || **680** AR, 2, 178 Ἀγηνορίδης... Φινεύς || **681** AR, 2, 1 αὖλις || ι 260 ὑ. μ. λ. θ. ; cf. *AO*, 458, 735 || **682** s. AR, 2, 770 Κυανέας πέτρας ; cf. *AO*, 708 s., 1160 || μ. | ἡ. : cf. ad 104 || α 329, al. περ. Πηνελόπεια || **684** Χ 270 οὔ τοι ἔτ' ἔσθ' ὑπάλυξις (et AR, 4, 1261 s.) || *HH*, 33, 17 ὀιζ. π. ; cf. *AO*, 937 || **685** ἀργ. ἀ. : cf. *AO*, 125 || **686** AR, 2, 321 θαμὰ ξυνίασιν ἐναντίαι ἀλλήλῃσιν ; Ε 14 ἐπ' ἀλλήλοισιν ἰόντες ; QS, 6, 643 ἐπ' ἀλλήλοισι πεσόντων.

---

672 ἐξαλάωσε plerique : ἐξελ- KDN || προβλῆσί — προύθηκε om. E || **673** θηρσὶν Ω : χερσὶν Mosch.[G] || ἕλωρ Ruhnken[3] : ἑλὼν Ω || γυναίων Ω : -αίκων (sic) E || **674** ἀσκηθεῖς Ω : ἀσινεῖς M[γρ]O ὑγιεῖς M[sl] || αὖθις Ω : αὖτις E || **675** δέ οἱ Ω : δ' ἄρα ζ || **677** ἐπεὶ M[pc]E : ἔπει Ω ἔπειτα ζ ἐπὶ U Mosch. ἐπι- B || **678** ἐκύλινδεν [-ιν solum K] ὑπὸ Ω : -δε διὰ Mosch.[G] (ex Λ 118, κ 150) || **679** βιστονίης Ω : -ίην θ || **680** ἐπεὶ M[pc]OE : ἔπει Ω ἔπειτα ζ || **685** ἀργῆσσιν Herm., cl. 125 : -ῆσιν Ω -ῇσιν FH || **686** ἀλλήλαισιν Ω : -λῃσιν Mosch.[G].

à la rencontre l'une de l'autre ; leur fracas emplit l'immensité du large et du ciel, tandis que le flot s'entr'ouvre et que la mer se soulève : la vague bouillonnante fait gronder à leur entour l'étendue salée *. Je rapportai tout cela de ma bouche à l'Hagniade pour qu'il prît garde qu'elles ne vinssent fondre sur la poupe. Rien qu'à m'entendre, il en eut le cœur glacé * ; mais je cachais en ma poitrine, pour moi seul à l'insu des héros, ce qui allait s'accomplir pour eux *. Cependant, Athéna aux yeux glauques, sur l'ordre d'Héra, fit partir un héron vers le cap situé en face : l'oiseau volait angoissé ; porté par ses ailes, il tournoyait à l'intérieur des pierres ; celles-ci, s'ébranlant

689. Si l'on corrige τε en δέ au v. 688, on évite l'asyndète et le sens se trouve modifié : « Le fracas de la lame qui se brise emplit l'immensité du large et du ciel et, tandis que la mer se soulève, l'étendue salée gronde à l'entour sous la vague bouillonnante. » Voir les objections faites à cette interprétation dans Vian[3], 454.

692. Idée analogue dans AR, 2, 561.

694. Ma conjecture κεῦθον a été anticipée par Voss aussi bien dans sa traduction (Vian[3], n. 27) que dans son article de la *Jen. Allgem. Lit.-zeit.*, 2, 1805, 526. — J'ai d'abord incliné (Vian[3], 457) à faire de οἱ un pronom réfléchi de la 1re personne comme en 253. Mais cette valeur de οἱ est mal attestée (cf. p. 58 s.). Au v. 253, comme au v. 818, il vaut plutôt σφιν : cf. 769, 843 ; Nonn., 37, 403 ; Musée, 172. Dès lors, dans notre passage, on préférera le traduire par « pour les Argonautes » (mieux que « pour Tiphys » ?).

δοῦπος δ' ἂμ πέλαγός τε καὶ οὐρανὸν εὐρὺν ἱκάνει
ῥηγνυμένοιο κλύδωνος ὀρινομένης τε θαλάσσης·
κύματι παφλάζοντι περιβρέμει ἄσπετος ἅλμη.
Ἀλλ' ἐγὼ Ἁγνιάδῃ τάδ' ἀπὸ γλώσσης ἀγόρευσα,
πρύμναν ἐπ' εἰσθορέειν ὄφρ' ἂν πεφυλαγμένος εἴη·
τοῦ δὲ καὶ εἰσαΐοντος ἐπαχνώθη φίλον ἦτορ·
ἐν στέρνοισι δὲ κεῦθον ἅ οἱ τελέεσθαι ἔμελλε
μοῦνος ἀφ' ἡρώων. Ἀλλὰ γλαυκῶπις Ἀθήνη
Ἥρης ἐννεσίῃσιν ἐρωδιὸν ἧκε φέρεσθαι
ἄκρην ἀντιπέραιαν· ὁ δ' ἀσχαλόων πεπότητο,
πέτραις δ' ἐν μυχάταισιν ὑπὸ πτερύγεσσιν ἀερθεὶς
δίνευεν· ταὶ δ' αἶψα κραδαινόμεναι ἑκάτερθεν

Loci sim. **687** AR, 2, 553 δ. ... πετράων || ε 330 ἂμ π. ; cf. *AO*, 1169 || μ 73, al. οὐ. εὐ. ἱκ. ; cf. ad 48 || **688** QS, 6, 333 ἐρευγομένοιο κλ. ? || Β 294 ὀρινομένη τε θάλασσα || **689** Ν 798 κύματα παφλάζοντα ; AR, 2, 566 ἅλμη, 567 περὶ... ἔβρεμεν, 570 καχλάζοντος ; QS, 6, 329 περὶ δ' ἔβρεμεν ἄσπετα τεύχη || ἄ. ἅ. : cf. *AO*, 364 || **690** τ. ἀ. γλ. ἀγ. : cf. ad 332 || **691** Ψ 343 πεφ. εἶναι || **692** Hes. *Op.* 360 ἐπάχνωσεν φ. ἦ., et cf. ad 248 || **693** γ 18 ἐνὶ στήθεσσι κέκευθε || β 156, al. ἅ περ τ. ἔμελλον ; cf. *AO*, 864 (et 1330) || **694** μ. ἀφ' ἡ. : cf. ad 949 || Α 206, al. γλ. Ἀθ. || **695** Ἥ. ἐνν. : cf. ad 297 || Κ 274 s. ἧκεν ἐρ.... | Παλλὰς Ἀθηναίη || ἧ. φέρ. : cf. ad 508 || **696-698a** AR, 2, 351 s. ἀντ. | γῆν (et 4, 521) || AR, 2, 561 (et 330) πτερ., 563 s. ἡ δὲ... | ἔπτατο || ι 383 s. ἀερθεὶς (u. l.) | δίνεον (alio sensu) || **698b-700** AR, 2, 321 (cf. ad 686), 571 s. ἄκρα δ' ἔκοψαν | οὐραῖα πτερὰ ταί γε πελειάδος, 596 ἑκάτ.

687 δ' O Mosch.[G] : τ' Ω || ἱκάνει Schneider : ἵκανε(ν) Ω || **688** τε Ω : δὲ West, melius fort. || **690** ἁγνιάδῃ K Mosch. : ἀγν- Ψ de AM non liquet || **691** ἐπ' εἰσθορέειν (uel ἐπ' ἐκθ-) Vian[3] : ἔπειθ' ὀρόειν [ὀρώειν Mosch.[RS]] Ω ἔπι κρούειν Bergk, post ἐπικρ- Schneider || **692** καὶ Ω : τάχ' Voss || **693** κεῦθον Voss : -θεν Ω || **694** μοῦνος Ω : -νον E μούνῳ Gesn. || **696** ἀντιπέραιαν Vian[2], cl. AR, 2, 351 ; 4, 521 : ἱστοκεραῖαν Ω -αίαν AM[pc]EH -αίην Mosch.[GR] || **698** δίνευεν · ταὶ Vian[2] : δινεῦνται · ταὶ Ω δινεῦνταί F (uocem διν. uarie corr. recc. : δινεῦντο ζ[sl] -νεῖται M[sl] -νεῖτο E -νοῖτο Mosch.[GS]) || κραδαινόμεναι Ω : -νόμαι (sic) FN[ac](?).

soudain de part et d'autre, s'entrechoquèrent, mais elles ne coupèrent que le bout de la queue de l'oiseau : c'est en vain qu'elles s'étaient rencontrées. Comme le héron avait échappé à la mort qui fondait sur lui, Tiphys donna aussitôt ses ordres aux héros ; ils l'entendirent et, avec ardeur, se mirent à fendre de leurs rames les flots rapides ; de mon côté, avec mes incantations, je charmai les roches abruptes, qui s'écartèrent l'une de l'autre. Le flot reflua en grondant et l'abîme se soumit au navire, docile à ma cithare *, par la grâce de ma voix divine. Lorsque la quille parlante eut franchi la bouche de la passe, au travers des roches Kyanées, celles-ci s'enracinèrent sur-le-champ au fond de la mer et demeurèrent immobiles à tout jamais : tel était le sort que leur avaient filé les Destins redoutables.

Lors donc *, quand nous eûmes échappé à l'amer

707. Sur le sens de πίσυνος, voir la note au v. 265.

712-756. *Navigation sur le Pont Euxin.* Cf. AR, 2, 648-1029, 1228-1245. Pour les v. 712-716, cf. AR, 2, 650, 651, 672 s., 722, qui mentionne le Rhébas, la Falaise Noire, l'île de Thynie et le Sangarios. Notre poète ajoute la mention savante du Tembrios, affluent du Sangarios, dont le nom comporte de nombreuses variantes : cf. W. Ruge, dans *Real-Encykl.*, 5 A, 1 (1934), *s.* Tembris. Il note comme Tite-Live (38, 18, 8) qu'il est très poissonneux et, bien que l'expression soit un peu ambiguë, il ne semble pas commettre l'erreur, comme Pline, *Hist. nat.*, 6, 4, de considérer que le Tembrios se jette directement dans la mer. Le Tembris est l'actuel Porsuk çaya : cf. L. Robert, *Hellenica,* 10 (1955), 94, n. 1.

σύμπεσον ἀλλήλαισι καὶ οὐρῆς ἄκρον ἔκερσαν
ὄρνιθος, περὶ δέ σφιν ἐτώσιον ἠρείσαντο.
Τῖφυς δ' ἐκπροφυγόντος ἐρωδιοῦ αἰπὺν ὄλεθρον
αἶψα μὲν ἡρώεσσιν ἐκέκλετο· τοὶ δ' ἀίοντες
ἱέμενοι θοὰ κύμαθ' ὑπ' εἰρεσίῃσι χάρασσον·
αὐτὰρ ἐγὼ μολπῇσι παρήπαφον ἡμετέρῃσι
πέτρας ἠλιβάτους· αἱ δ' ἀλλήλων ἀπόρουσαν.
Κῦμα δ' ἀνερρόχθησε· βυθὸς δ' ὑποείκαθε νηὶ
ἡμετέρῃ πίσυνος κιθάρῃ διὰ θέσκελον αὐδήν.
Ἀλλ' ὅτε δὴ πορθμοῖο κατὰ στόμα καὶ διὰ πέτρας
Κυανέας ἤμειψε λάλος τρόπις, αὐτίκ' ἄρ' αἵ γε
βυσσόθεν ἐρριζοῦντο καὶ ἔμπεδον αἰὲν ἔμιμνον·
οὕτω γὰρ Μοῖραι τάδ' ἐπεκλώσαντο βαρεῖαι.
Καὶ τότε δὴ προφυγόντες ἀδευκέα πήματ' ὀλέθρου,

Loci sim. **701** Z 57 al. ὑπεκφύγοι αἰ. ὄλ. (cf. *AO*, 1067, 1083) ; Alc. *AP*, 6, 218, 9 ἐκπροφυγὼν... μόρον || **702** Z 110, al. Τρώεσσιν ἐκ. ; cf. *AO*, 620, 854 || Call. F 260, 9 τ. δ' ἀί. (ex κ 118) || **703** θ. κ. : cf. *AO*, 244 || κ. ὑπ' εἰ. χ. : cf. ad 372 || **704** μ. ... ἡμ. : cf. *AO*, 250 || **705** π. ἠλ. : cf. ad 262[a] || ἀπ. ex AR, 2, 572, 591 || **706** μ 60 κ. ... ῥοχθεῖ || AR, 2, 590 ὑπ. νηῦς || **707** uariat *AO*, 265 ; cf. ad 42, 88, 1276 || **708 s.** AR, 1, 2 s. Πόντοιο κατὰ στ. καὶ δ. πέτ. | Κ. ; cf. ad 682 s. || AR, 2, 1081 αὐ. ἄρ' οἵ γε (ex φ 46) || **710** AR, 2, 605 ἐρρίζωθεν || ἔμπ. αἰ. ἔμ. : cf. ad 347 et 610 || **711** QS, 10, 331 ὣς γάρ οἱ ἐπέκλωσεν Διὸς Αἶσα ; 11, 140 s. Μ. | ... ἐκλώσαντο ; de re, cf. AR, 2, 605 s. || **712** AR, 2, 414 τάσδ' (i.e. Πέτρας) ἡμῖν προφυγοῦσιν ; δ 489 ὀλέθρῳ ἀδευκέι ; Η 402 ὀλ. πείρατ(α).

---

699 ἔκερσαν Ω : ἔκυρσαν Mosch. || **700** ἠρείσαντο ζ : ἠρίσ- Ω ἐρήσ- Ν ἠρήσ- Ε ἠρίσσαντο parum placet, sed idem dubium ap. Ψ 735 || **701** ἐκπροφυγόντος Gesn. : ἐκπρολιπόντος Ω || **702** αἶψα Vian[3] : σίγα Ω σῖγα ζM[pc]E || **703** ἱέμενοι ΚζΕ : ἱέ- Ψ || κύμαθ' ζ[sl]E : -ατ' Ω || **706** ἀνερρόχθησε ζΟΕ : ἀνερό- Ω || **707** αὐδήν Ω : ὀμφήν Mosch.[GS] (cf. 265) || **710** ἐρ(ρ)ιζοῦντο Ω : ἐρυμνοῦντο Α || **712** ἀδευκέα Ψ : -έος K[pc] -έως K[ac] || πήματ' Ω : πείραθ' Mosch.[s] (cf. Η 402 ; Μ 79 ; al.).

malheur de la mort, nous atteignîmes les bouches du Rhébaios et la Falaise Noire ; (... puis nous abordâmes) sur l'île allongée de Thynie *, au-delà de laquelle le Tembrios poissonneux arrose généreusement ses rives verdoyantes ainsi que le Sangarios qui court se jeter dans les flots de l'Axin. Puis *, quand nous nous fûmes approchés du rivage à la rame, nous abordâmes près du cours du Lycos où régnait sur son peuple Lycos qui portait le nom du fleuve. Celui-ci accueillit les héros Minyens ; il les accueillit à sa table hospitalière * et les traita en amis pendant des nuits et des jours continuellement. C'est là aussi que le destin fit périr deux hommes *, Idmon l'Abantiade * et le pilote Tiphys : pour l'un, une funeste maladie

714. Au v. 712, πήματ' ὀλέθρου peut être rapproché de πότμος... θανάτου (v. 1287 s.) ; même génitif explicatif en γ 152 πῆμα κακοῖο, et ξ 338 δύης... πῆμα. — Pour l'établissement du texte au v. 713, cf. Vian[3], 458 s. — V. 714 : ἀπάτερθεν, « loin de », paraît prendre le sens de « au-delà de » comme au v. 485.

717-728. Résumé d'AR, 2, 722-726, 752-761, 815-898. — Pour la forme rare ἐν(ε)ισάμην, cf. 726 conj. ; QS, 3, 786 *codd.* ; 12, 463 *codd.* ; et les exemples cités dans le Liddell-Scott ; l'aoriste est attendu ici : cf. v. 1363.

720. L'anaphore d'ὑπέδεκτο est suspecte.

722. Παρέχειν, « procurer », « causer », est ici construit avec l'infinitif et signifie « faire en sorte que ». La correction κατέσχε peut se prévaloir d'un tour tel que τύχη κατέχει τινά (Soph., *Oed. Col.*, 370 ; Ach. Tat., 6, 13, 1 ; 6, 16, 1 ; *Syll. Inscr. Graec.*[3], 2, 768, 8, al.) ; mais l'infinitif fait difficulté.

723. 'Αμπυκίδην Ἴδμωνα comporte une absurdité (c'est Mopsos qui est fils d'Ampyx) et une forme aberrante (on attend Ἴδμονα). La conjecture de Slothouwer Ἴδμον' 'Αβαντιάδην est la plus satisfaisante ; malgré Hermann, elle ne contraint pas à modifier le deuxième hémistiche, pour peu qu'on admette un τε en 3e position.

Ῥηβαίου προχοαῖσι Μελαίν⟨ῃ τ'⟩ ἐξικόμεσθα
713a ἀκτῇ ⟨.................................⟩
νῆσον ὑπὲρ δολιχὴν Θυνηίδα, τῆς ἀπάτερθεν
Τέμβριος ἰχθυόεις θαλεραῖς πλημμύρεται ὄχθαις,
Σαγγάριός θ' ὃς κύματ' ἐπιτρέχει Ἀξείνοιο.
Ἀλλ' ὅτ' ἐπ' αἰγιαλὸν ἐπενεισάμεθ' εἰρεσίῃσιν,
ἀμφὶ Λύκοιο ῥέεθρον ἐκέλσαμεν, ᾧ ἔπι λαοῖς
κραῖνε Λύκος ποταμοῖο φερώνυμος, ὅς ῥ' ὑπέδεκτο
ἥρωας Μινύας, ξενίῃ δ' ὑπέδεκτο τραπέζῃ,
φίλετο δ' αὖ νύκτας τε καὶ ἤματα συνεχὲς αἰεί.
Ἔνθα καὶ αἶσα παρέσχε καταφθίσθαι δύο φῶτας,
Ἴδμον' Ἀβαντιάδην ⟨τε⟩ κυβερνητῆρά τε Τῖφυν·
τοῦ μὲν δὴ κατὰ σῶμα λυγρὴ ἠρείσατο νοῦσος,

Loci sim. **713** AR, 2, 789 Ῥ. προχοάς (et 349, 650), 349 ἀκτήν τε Μέλαιναν || **714** AR, 2, 350 νήσου Θυνηίδος || **716** Σαγγ. : cf. AR, 2, 722 || **718 s.** AR, 2, 724 Λ. ῥέεθρα, 751 ἔκελσαν, 752 Λύκον (rex) || ᾧ ἔπι... | κρ. : cf. *AO*, 54 || φερ. : saepe ap. Nonn. || **720** AR, 4, 595 ἥ. Μ. ; cf. *AO*, 375, 1020 || ξ. ... τρ. : cf. ad 549 || **721** φ. δ' αὖ : cf. *AO*, 510 || ν. τ. κ. ἤ. cf. ad 1071 || ι 74 ἤ. σ. αἰ. ; cf. *AO*, 1135 || **722** AR, 2, 815 ἔ. δ'... ἤλασε μοῖρα || Ε 608 δύο φῶτε || **724** AR, 2, 856 νοῦσος ; Aesch. *Ag.* 1002 s. νόσος... ἐρείδει ; Theoc. 28, 20 νόσοις... λύγραις.

---

713 Ῥηβαίου Esch., cl. AR, 2, 789 : -ανοῦ Ω || προχοαῖσι Ω : -χοαῖς Wiel[2] || Μελαίνῃ τ' ἐξικόμεσθα | ἀκτῇ... Vian[3] : μέλαιν' ἐξικόμεθ' ἀκτήν [ἄκρην anon. ap. Vat. gr. 35, cl. AR, 2, 651] Ω Μέλαιναν ἐς ἱκόμεθ' (uel ἐφικόμεθ') ἀκτήν Gesn. Voss Μελάνην ἐξικόμεθ' ἀκτήν Wiel[2] || **716** Ἀξείνοιο Gesn. : εὐξ- Ω || **717** αἰγιαλὸν Mosch. : -λῶν Ω -λῶ M[pc]V || ἐπενεισάμεθ' Ω : -νισ(σ)άμεθ' Mosch.[GS] -νισσόμεθ' Mosch.[R] || **718** ἔπι ζ : ἐπὶ Ω || **720** ὑπέδεκτο Ω (ex 719 ?) : ἐγέρηρε Pierson ἐπέλασσε Voss || **721** φίλετο [-ετα N] Ω (cf. 510) : -λατο Gesn. || αἰεί Ω : ἀεί AM[ac] || **722** παρέσχε Ω : κατέσχε Schneider || **723** Ἴδμον' Ἀβαντιάδην τε Sloth., cl. AR, 2, 815 s. : ἀμπυκίδην ἴδμωνα Ω || **724** ἠρείσατο Ω : εἰρύσ- A.

s'abattit sur son corps ; l'autre, c'est une bête, un sanglier sauvage, qui le tua. Quand nous eûmes sur eux amoncelé un tertre, nous partîmes sur le flot blanchissant *, en nous confiant à Ancaios : de l'avis unanime, il était un navigateur expert qui l'emportait sur tous par sa science. Prenant de ses mains les poignées des gouvernails *, il dirigeait la nef vers le cours de ce Parthénios auquel on donne le surnom de Callichoros et dont je t'ai parlé dans mes récits antérieurs *.

Au-delà *, après avoir longé l'avancée d'un cap, nous arrivâmes au pays des Paphlagoniens qu'Argô nous fit doubler en voguant sur le vaste gouffre. Puis la nef atteignit le cap Carambis et le peuple des Assyriens et l'âpre promontoire de Sinope, ville après

726. La correction de Schrader s'impose. La variante θῖνα n'est qu'une conjecture sans valeur destinée à remplacer un θαλλῆν dépourvu de sens.

729. Οἰήιον (ou οἴηξ) désigne la poignée du gouvernail munie d'un anneau ; il n'y a donc pas pléonasme. Cf. L. Casson, *Ships and Seamanship*, 1971, 224, n. 2, et, par ex., Plat., *Pol.*, 272e.

732. Le poète identifie à tort le Callichoros (AR, 2, 909) et le Parthénios qui coule plus à l'est (AR, 2, 936). L'erreur est d'autant plus étonnante qu'il se réfère à un poème « orphique » relatif à cette région. L'œuvre en question devait être en rapport avec les mystères de Dionysos qui y étaient célébrés et qui sont rappelés par Apollonios : cf. 2, 905-910 et ma note, C.U.F., t. 1, p. 219, n. 2.

733-756. Voir *Notes complémentaires*, p. 181-182.

τὸν δ⟨ὲ κατ⟩έκτανε θήρ, σῦς ἄγριος. Ἂν δ' ἄρα τοῖς γε
τύμβους χευάμενοι, πολιὴν ἐπενεισάμεθ' ἅλμην
Ἀγκαίῳ πίσυνοι· τὸν γὰρ φάσαν ἴδριν ἅπαντες
ναυτιλίης σφετέρῃσι δαημοσύνῃσι κεκάσθαι.
Αὐτὰρ ⟨ὁ⟩ πηδαλίων οἰήια λάζετο χερσὶ
νῆα κατιθύνων ἐπὶ Παρθενίοιο ῥέεθρα
ὃν δὴ Καλλίχορόν μιν ἐπωνυμίην καλέουσιν,
ὅν τοι ἐγὼ μύθοισιν ἐνὶ προτέροισιν ἔλεξα.
Ἔνθεν ἄκρην προβλῆτα παραπλώσαντες ἔβημεν
γῆν ἐπὶ Παφλαγόνων, τήν οἱ παράμειψε θέουσα
Ἀργὼ ὑπὲρ μέγα λαῖτμα, Καραμβιακὴν δ' ἵκετ' ἄκρην
754 Ἀσσυρίων τε λεὼν τρηχύν τ' ἀγκῶνα Σινώπης,

Loci sim. **725ª** I 539 σῦν ἄγριον ‖ **725ᵇ-726** ἂν δ' ἄ. ... | τύμβ. χ. : cf. ad 570 ‖ Call. F 763 (inc. auct.) πολιὴ δ' ἀνεκήκιεν ἅλμη (unde Nonn. 39, 248) ‖ **727** s. AR, 2, 865-898 (867 ἐκέκαστο, 871 ἴδριν, 876 ναυτιλίην, πάντας, 887 δαήμονας) ‖ **729** E 365, al. λ. χ. (et AR, 1, 911, unde *AO*, 1179) ‖ **730** s. ν. κατ. : cf. ad 126 (et AR, 2, 868) ‖ AR, 2, 909 s. Καλλ., ἐπ., 936 Π. ῥοάς, et fort. 2, 671 ὅ τ'... μιν... καλ. ; Call. *H*. 3, 205 καλ. ἐπ. ; Dion. Per. 543 μιν ἐπ. καλ. ; *Or. Sib*. 14, 201 ὃν Διόνυσον ἄνακτα μετωνυμίην καλ. ; cf. etiam ad 600 ‖ **732** ἐνὶ πρ. : cf. *AO*, 621 ‖ **733** AR, 2, 354 ἄκρη... προβλής (et 366) ‖ **734** AR, 2, 357 s. παρανεῖσθε κολωνούς | Παφλ. ‖ παρ. θ. : cf. ad 632 ‖ **735** ὑ. μ. λ. : cf. ad 681 ‖ AR, 2, 360 s. ἄκρη, Κάραμβιν ‖ **754** AR, 2, 369 ἀγκών, 375 τρηχείην, 946 Ἀσσυρίης, Σινώπην.

---

725 δὲ κατέκτανε Abel : δ' ἔκτανε Ω ‖ ἂν δ' ἄρα Sanctam. cl. 570 : αὐτὰρ ὁ [οἱ KA^{pc}θ] Ω ‖ τοῖς γε Ω : τοῖσι Wiel[1] ‖ **726** ἐπενεισάμεθ' [-νισσόμεθ' Herm.] ἅλμην Schrader[1], praeeuntibus Crivelli (*canas... reposcimus undas*) et Jens (ἅλμην) : ἐπένησαν θαλλῆν Ω ἐπ. θῖνα A^{γρ}θF^{γρ} ἐπ. θ. om. H (sed θῖνα H^{mg}) ‖ **727** ἴδριν om. K, add. K^{2mg} ‖ **729** ὁ add. Schneider ‖ χερσὶ E (cf. 371, 533, 1205) : χειρὶ Ω ‖ **731** μιν Ω : κατ' Gesn. ‖ ἐπωνυμίην Sanctam., cl. AR, 2, 910 ; Dion. Per. 543 : ἐπώνυμον οἱ Ω -μόν οἱ E ‖ **732** τοι Ω : σοι Q^{sl} τιν' N ‖ ἐνὶ Schrader[1] : ἐπὶ Ω ‖ **733** ἄκρην Herm. (cf. 205 et passim) : ἄκραν Ω ‖ **734** γῆν Ψ : γῆς K νῦν F ‖ οἱ Ω : δὴ ζ ‖ **735** Καραμβιακὴν Gesn. : -ιάκην Ω -ίην E et Herm., cl. Dion. Per. 1039 al. Κασπῖάων ‖ **754** post 735 transp. Schoenemann ‖ λεὼν K²E : λέων Ω ‖ τ' Mosch.^{GS} : δ' Ω ‖ ἀγκῶνα Ψ : ἀγγῶνα K.

laquelle il y a le Thermodon et le cours de l'Halys qui charrie vers une grande grève ses tourbillons au débouché dans la mer *. Si l'on s'avance un peu sous l'Ourse boréale et face à elle, (il y a ?) les vastes (...) de Thémiscyre le pays de Doias * ; tout près, il y a les villes des Amazones dompteuses de chevaux * ; puis voici les Chalybes, les peuplades des Tibarènes et la nation des Ékécheires qui, mêlés aux Mossynes, habitent la plaine *. En poursuivant notre route sur le gouffre *, nous abordâmes aux rivages où vivent les Macres limitrophes des Mariandynes. Sous la Grande Ourse *, sache-le, s'étend un isthme allongé.

737. Au v. 736, κεῖται paraît admissible : cf. v. 1104, où il se dit pour une mer. L'établissement du texte au vers suivant demeure incertain. De βάλλον on tirerait plus aisément πολλόν que πουλύν ; mais c'est cette dernière forme qui est usuelle pour l'adjectif. Au lieu d'ἕλκον, on attend plutôt ἴλλον ou εἴλεον avec δίνας (cf. Φ 11 ; AR, 2, 368) ; néanmoins ἕλκω se dit d'un fleuve qui roule ses eaux (Nonn., 11, 380 ; 13, 326).

739. Voir *Notes complémentaires*, p. 182-183.

740. La correction de M. L. West a l'avantage d'éliminer l'*hapax* δάμνιππος dont la formation est insolite.

742. La conjecture πεδίον donne un sens plus satisfaisant que le vague πέδον. Si elle est exacte, le poète, selon sa coutume, prend le contre-pied d'Apollonios qui situe les Mossynèques dans la montagne (2, 379 s., 1016).

743. Λαιά est impossible malgré Venzke, 98. En faveur de λαῖτμα, cf. 286, et *HHAp.*, 469 ; de son côté, βαιά (Hermann) ferait assez heureusement écho à ὑποθρώσκουσι, entendu au sens indiqué dans la note au v. 739.

745-753. Voir *Notes complémentaires*, p. 183.

ᾗ ἔπι Θερμώδων κεῖται Ἅλυός τε ῥέεθρον
πουλὺν ἐπ' αἰγιαλὸν δίνας ἁλιμυρέας ἕλκον.
Νέρθεν ὑποθρώσκουσι Βορειάδος ἀντίον Ἄρκτου
μακρὰ Θεμισκύρης Δοιαντίδος † ἄψεα κεῖται· †
ἄγχι δ' Ἀμαζονίδων δαμασίππων ἄστεα κεῖται·
καὶ Χάλυβες Τιβαρηνά τ' ἔθνη λαοί τ' Ἐκέχειρες
μίγδην Μοσσύνοις πεδίον περιναιετάουσι.
Λαῖτμα δ' ἐπιπλώσαντες ἐκέλσαμεν αἰγιαλοῖσιν
ἧχί τε Μάκροι ἔσαν Μαριανδυνοῖσιν ὅμουροι.
Νέρθε δέ τοι Ἑλίκης δολιχὸς παρακέκλιται αὐχήν·

Loci sim. **736 s.** AR, 2, 364 s. Πολύς... | Αἰγιαλός, 366 ῥοαὶ Ἅλυος, 368 δίναις, 370 Θερμώδοντος, 372 μύρεται (et 936 ἁλιμυρήεντος) || Nonn. 11, 380 ῥόον... ἕλκων || **738** AR, 2, 360 Ἑλίκης (cf. *AO*, 745) κατεναντίον Ἄ. ; Nonn. 38, 329 ἄρκτια νῶτα Βορῆος || **739** AR, 2, 371 Θεμισκύρειον, 373 Δοίαντος, 988 πεδίον Δοιάντιον || **740** AR, 2, 373 s. σχεδόθεν δὲ πόληες | ... Ἀμ. || **741** AR, 2, 375 Χάλ., 377 Τιβαρηνοί || **742** AR, 2, 379 Μοσσύνοικοι ; 4, 322 πεδίον... ναιετάοντες || **743** ἐκ. αἰγ. : cf. *AO*, 634, 1209 || **744** AR, 2, 352, al. Μαριανδυνῶν, 379 ὁμούριοι (et Aristeas, F 3 ὁμούρους), 394 Μάκρωνες || **745** Ἑλ. : cf. ad 738 || AR, 2, 364, al. παρ.

---

736 ᾗ Ω : fort. ᾧ || ἔπι Schneider : ἐνὶ Ω ἔνι A || κεῖται Ω : χεῖται Schneider χέεται Herm. || **737** πουλὺν Wesseling^{1}, cl. AR, 2, 364, 944 : βάλλον Ω βάλον θ || ἁλιμυρέας Ω : ἁλμ- V || **738** νέρθεν Ω : -θε δ' ζ fort. ἔνθεν uel κεῖθεν || ὑποθρώσκουσι Ω : ἐπιθρ- Herm. || βορεάδος Ω : βαριάδος E || ἀντίον Ω : ἀντὶ Vθ || **739** θεμισκύρης ζ : δέ μιν σκύρης [σκούρης V] Ω || Δοιαντίδος Holste, cl. AR, 2, 373, 988 : βοιαν- [βιαν- V] Ω || ἄψεα [αἴψεα V ἄψα F] κεῖται (ex 740) : locus corruptus || **740** post 749 habet K || δαμασίππων West : δαμνίππων Ω || **741** τιβαρηνά E : στυβάρηνά Ω στιβαρηνά *c* || τ' Ἐκέχειρες Vian^{1} : τ' ἐπίχειρες [-ριν K] Ω -τε Βέχειρες anon. ap. Mosch.^{L} Steph.^{2} || **742** μίγδην Ω : μ. ἐν ζ || Μοσσύνοις Vian : μοσύνοις $F^{mg}H^{mg}$ μοσύνοισι [μορσ- V] Ω μνημοσύνης θ $K^{2\ sl}$ Μοσσύνοισι Herm. || πεδίον $F^{mg}H^{mg}$ *c* : πέδον Ω πέδων M^{ac} || **743** λαῖτμα Schneider : λαιὰ Ω βαιὰ Herm. || **744** μάκροι ἔσαν Mosch.^{R} : μαῦροι ἔσαν Ω Μάκρωνες Holste Μακριέες Abel || μαριανδυνοῖσιν Mosch.$^{L\ sl}$: -δούροισιν Ω -δηνοῖσιν Mosch. ||

Là, sur les contreforts avancés de la montagne, un cercle de vallées visibles de loin domine le large fond du golfe ; là se trouve la montagne de Symé (?) ainsi que sa vaste et verdoyante prairie * ; là coule le fleuve grondant de l'Araxès * d'où sont issus le Thermodon, le Phase et le Tanaïs ; là vivent les tribus fameuses des Colques, des Hénioques et des Abasges (?), celles des Oures (?), des Chindaies, des Charandaies et des Solymes. En longeant donc cet isthme, dans nos dernières escales, nous côtoyâmes les Philyres et les Napates et les nombreuses villes des Sapeires, puis les Byzères et les tribus inhospitalières des Sigynnes *.

Et ce fut l'arrivée * : la voile emplie par les souffles du vent, Argô, à l'aube, comme l'Aurore envahissait

748. Vers corrompu et peut-être erratique. Σύμης résulte probablement d'une homérisation du texte. Hermann proposait Σίνδης : la Sindique est la presqu'île de Taman à l'est du Bosphore Cimmérien (Strab., 11, 2, 1 [492]). Bacon, 177, préfère Σίδης et identifie la montagne au cap Jasonion proche de la ville et de la plaine de Sidé, πεδίον εὔδαιμον (Strab., 12, 3, 16 [548]). En ce cas, le vers serait mieux à sa place après 742. — Au deuxième hémistiche, dont la restitution est hautement conjecturale, on notera la présence probable d'un εὐθᾱλής « dorien » qu'on retrouve ailleurs dans des textes épiques : cf. *HH*, 8, 9 (et la note d'Allen-Halliday-Sikes) ; Philippe, *AP*, 9, 247, 1 (et la note au v. 2925 de Gow-Page, *Garland of Philip*).

749. L'anaphore d'ἔνθα δέ (cf. v. 746) ne paraît pas devoir être éliminée au profit d'ἔνθα τε.

756. Sur les différents peuples que les v. 751-756 ajoutent au catalogue d'Apollonios, voir la Notice, p. 35 s. Au v. 752, ὅν renvoie sans doute à αὐχήν (v. 745), par-delà la digression géographique. Les accusatifs des v. 755 s. sont compléments de lieu d'ἐπεπλώομεν ; pour ἐπιπλέω + acc., dans le sens de *circumnauigo*, cf. App., *Mithr.*, 95 ; *Civ.*, 2, 153 ; 4, 36.

757-772. *Arrivée en Colchide :* cf. AR, 2, 1260-1285 ; 3, 167-195. Les Argonautes arrivent à l'aurore et non pendant la nuit ; ils ne se dissimulent pas dans les marais et aperçoivent tout de suite la ville et le bois sacré.

ἔνθα δ' ὑπωρείῃσιν ἐπὶ προβλῆσι κυκλοῦνται
τηλεφανεῖς αὐλῶνες ὑπὲρ μυχὸν εὐρέα κόλπου·
οὗ † Σύμης † ὄρος ἐστὶ † πολύς τ' εὐθαλέα λειμών· †
ἔνθα δ' Ἀράξου ῥεῦμα μεγαβρεμέτου ποταμοῖο·
750 ἐξ οὗ Θερμώδων Φᾶσις Τάναΐς τε ῥέουσιν·
751 οὗ Κόλχων κλυτὰ φῦλα καὶ Ἡνιόχων καὶ Ἀβάσγων,
753 Οὔρων Χινδαίων τε, Χαρανδαίων Σολύμων τε.
752 Ὃν παραμειβόμενοι, μυχάτοις ἐπεπλώομεν ὅρμοις
755 καὶ Φίλυρας Ναπάτας τε καὶ ἄστεα πυκνὰ Σαπείρων
Βύζηράς τ' ἐπὶ τοῖσιν ἰδ' ἄξενα φῦλα Σιγύννων.
Ἶκτο δ' ὑπὸ πνοιῆς ἀνέμου πλησίστιος Ἀργὼ
ὄρθριον, ἐρχομένης Ἠοῦς ἐπ' ἀπείρονα κόσμον,

Loci sim. **746** AR, 2, 366 ἐπὶ προβλῆτι, 380 ὑπωρείας || **747** AR, 2, 1246 μυχὸς... Πόντου (unde *AO*, 85) ; 3, 42 εὐρὺν μ. ; εὐ. κ. : cf. ad 1292 || **748** QS, 5, 77 εὐθαλέες λειμῶνες || **749** AR, 4, 133 s. ποταμοῦ κελάδοντος Ἀράξεω | ... ῥόον (et μεγαλοβρεμέτης ap. QS) || **751** Ξ 361, al. κλ. φ. || **753** Χαρ. Σ. τε : cf. *AO*, 1302 || **752** et **755** s. AR, 2, 393 Φίλυρες, 394 περιώσια φῦλα (et cf. *AO*, 53), 395 Σάπειρες, 396 Βύζηρες δ' ἐ. τ., 398 μυχάτη... θαλάσσῃ || **757** Ψ 367, al. μετὰ πν. ἀνέμοιο ; cf. *AO*, 1008, 1102 || λ 7, al. οὖρον... πλησίστιον (?) || **758** *HO*, 11, 20 ; 13, 4 κατ' ἀπ. κ.

---

746 ἔνθα δ' AO Mosch.[RS] : ἐνθάδ' Ω ἔνθα θ' Schenkl[2] || προβλῆσι Ψ : -βολῆσι K || κυκλοῦνται Ω : -κλεῖται VF || **747** κόλπου ΩM[γρ] : πόντου θ || **748** Σύμης suspectum : Σίνδης Herm. Σίδης Bacon || ἐστὶ [-ὶν NV[pc]] Ω : αἰπύ Mosch.[G] || πολύς τ' εὐθαλέα λειμών Ω : π. τ' εὐθαλὴς λ. ζM[pc] καὶ εὐθαλέες λειμῶνες Herm., cl. QS, 5, 77 fort. πολὺς λειμών τ' εὐθαλής || **749** ἔνθα δ' Ω : ἐνθάδ' ζ ἔνθα θ' Abel || **751** Ἀβάσγων Herm. : ἀραξῶν ζAθH ἀρεξῶν KVF ἀρξῶν N Ἀράζων Ruhnken[3] || **753** ante 752 transp. Bacon || οὔρων Ω : Οὔνων Bacon || χινδαίων [-δέων A] Ω : χιδναίων ζ Χαλδαίων Holste, cl. Soph. fr. 638 Radt || **752** ὃν Ω : οὓς OM[mg] || ἐπεπλώομεν Schneider : -πλέομεν Ω -πλείομεν E || **753** uide post 751 || **754** uide post 735 || **755** Νάπατας (acc. corr. Schneider) anon. ap. Mosch.[L mg] : ναέτας Ω || **756** βύζηράς Ω : βίζ- A || ἄξενα Ψ : ἄρξ- K || σιγύννων K : -ύμνων Ψ -ύνων N || **757** πνοιῆς [πνοῆς E] ME : πνοιῆς Ω || **758** ὄρθριον Ω : -ιος Heringa || ἐπ' ζE : τ' ἐπ' Ω || κόσμον Ω : κόλπον Platt[1], cl. AR, 4, 633, sed uide adn.

759 le monde infini *, parvint aux bornes de l'Axin, sur
763 le beau cours du Phase. Quand nous eûmes passé la
bouche du fleuve aux eaux paisibles, aussitôt nous
apparurent la couronne des fortes murailles d'Aiétès
766 et les bois sacrés où la toison d'or se trouvait suspen-
760 due à un chêne noueux *. Ancaios nous invita, en nous
encourageant de ses paroles, à carguer la voile, à relâ-
762 cher sur place la vergue, à coucher le mât et à naviguer
767 à la rame. Tandis que les autres exécutaient toutes
ces manœuvres *, Jason s'interrogeait aussitôt en son
âme et son cœur, puis, avec les Minyens, il se concerta

758. Κόσμον : Hypnos endort pareillement l'univers entier avant de se rendre en Colchide : v. 1007-1011.

766. Sur ce sens de χαλαζαῖος, cf. G. Rudberg, *Eranos*, 21, 1923, 13-16.

767. Πονείαθον : cf. Vian[2], 150. Voss, 526, et Huschke[1], 39 s., préfèrent πονήατο, qui serait formé sur πεπονήατο (AR, 2, 263) sur le modèle de δεδέχαται/δέχαται.

759 ἐς πέρατ' Ἀξείνου Φᾶσιν κατὰ καλλιρέεθρον.
763 Αὐτὰρ ἐπεὶ ποταμοῖο διὰ στόμα πρηὺ ῥέοντος
764 ἱκόμεθ', αὐτίκα οἱ στέφανος καὶ τεῖχος ἐρυμνὸν
765 Αἰήτεω κατέφαινε καὶ ἄλσεα τοῖς ἔνι κῶας
766 χρύσεον ἠώρητο χαλαζαίῃ ἐπὶ φηγῷ.
760 Ἀγκαῖος δ' ἤνωγε παραιφάμενος ἐπέεσσι
761 λαίφεά τε στέλλειν καὶ ἐπίκριον αὖθι χαλάσσαι
762 ἱστὸν ἀνακλίναντας, ὑπ' εἰρεσίῃ δὲ νέεσθαι.
767 Ὣς οἱ μὲν τὰ ἕκαστα πονείαθον· αὐτὰρ Ἰήσων
αὐτίκα μερμήριζε κατὰ φρένα καὶ κατὰ θυμόν·
ξυνὴν μὲν Μινύαισιν ἄδην ἀνενείκατο φωνήν,

Loci sim. **759** AR, 2, 1261 Φ. τ' εὐρὺ ῥέοντα καὶ... πείρατα Πόντου; Hes. *Th.* 339 s. Ἴστρον καλλ. | Φ. τε (et cf. *AO*, 657) || **763** ε 441 ποτ. κατὰ στ. (unde AR, 2, 722) ; πρ. ῥ. uariat AR, 2, 1261 (cf. ad 759) || **765 s.** AR, 2, 404 s. ἄλσος... τόθι κῶας ἐπ' ἄκρης | πεπτάμενον φηγοῖο ; 4, 124 φηγὸν... ᾗ ἔπι κῶας || κῶας | χρ. : cf. ad 59 || **760** π. ἐπ. : cf. ad 1093 || **761 s.** AR, 2, 1253 λαίφεα, 1262 s. ἱστία... καὶ ἐπίκριον... | ... στείλαντες (et 3, 1329), 1264 ἱστὸν... χαλάσαντο παρακλιδόν || ὑπ' εἰ. : cf. ad 372 || **767** ὣς — πον. = *AO*, 1155 ; τὰ ἕκ. : cf. AR, 1, 339 et persaepe || AR, 1, 409, al. αὐ. Ἰ. || **768** Θ 169, al. μ. κ. φρ. κ. κ. θ. || **769** ξ. : cf. AR, 3, 173 || AR, 3, 635 ἀδινὴν δ' ἀν. φ. ; cf. etiam ad 76.

---

759 ἐς πέρατ' Heringa : ἔσπερ' ἐπ' Ω || **760-762** post 766 transp. Herm. || **764** αὐτίκα οἱ Ω : -κ' ἄρα ζ || στέφανος M^{sl}OE (et K^{ac} ?) : -νον Ψ (et K^{pc} ?) || **765** Αἰήτεω Herm. (cf. 841, 989, 1365) : -του Ω || ἔνι Abel (post ἐνὶ Esch.) : ἐπὶ Ω || **766** χαλαζαίῃ K^{pc}Ψ : -αραίῃ K^{ac} -αζαίης N || ἐπὶ Ω : ὑπὸ Mosch. || **761** ἐπίκριον Mosch.[R] : ἐπ' ἰκρίον Ω -ίων ζVF || **762** ἱστὸν Ψ K^{2mg} : οἱ δὲ K || εἰρεσίῃ ζ : -ίην Ω || **767** πονείαθον Herm. : -νείατον Ω -νείατο AO -νήατο ζ cf. 1155 || **768** μερμήριζε Ω : -ιξε N || **769** ξυνὴν Ω : -νῇ Herm. || μὲν Ω : τ' ἐν Herm. δ' ἐν Voss || μινύαισιν ἄδην [ἅδ- H] Ω : Μινύαις ἀδινὴν Venzke, Gerhard praeeunte || ἀνενείκατο ζE : -νήκατο Ω -νήκατον N.

longuement * : devait-il aller seul, sans les autres, dans la demeure d'Aiétès et le solliciter en tâchant de le convaincre par des mots d'imploration ou bien, en compagnie des héros, envisagerait-il de combattre sur-le-champ * ?

Mais * les Minyens unanimes n'étaient pas d'avis de se mettre en route ; la déesse aux bras blancs Héra leur avait mis au cœur l'effroi et le désir de différer : elle voulait accomplir ce que le destin avait arrêté. Vite, elle dépêcha du ciel vers la demeure d'Aiétès un Songe funeste et celui-ci, étant accouru, frappa l'esprit du roi d'un terrible effroi. Il lui sembla que, vers la vierge élevée en son palais, vers Médée, avait bondi dans son aimable sein un astre brillant venu par les routes de l'air ; après l'avoir recueilli dans ses voiles d'un cœur joyeux, elle l'avait emporté vers le

769. Μέν est défendu par *AO*, 453 μὲν Μινύαισιν, et AR, 2, 802 ξυνῇ μέν (avec asyndète). Le choix entre ξυνὴν... ἅδην (*codd.*) et ξυνῇ... ἀδινήν est difficile. En faveur du texte transmis, on notera qu'ἀνενείκατο est accompagné d'un adverbe dans T 314 (ἀδινῶς) et AR, 3, 463 (λιγέως) ; mais on a en revanche ἀδινήν dans AR, 3, 635. Ἅδην implique sans doute que la discussion s'est prolongée : cf. v. 773. — Sur les sources du débat résumé aux v. 769-772, voir la Notice, p. 25, n. 2.

772. Sur ἤ μιν, cf. p. 57 s. — Στέρξῃ est embarrassant : le sens de « solliciter », « supplier », peut néanmoins s'autoriser de Soph., *Oed. Roi*, 11 ; *Oed. Col.*, 1094 (voir les notes de Jebb *ad locc.*). La conjecture de Constantin Lascaris θέλξῃ, retrouvée par Ruhnken, serait séduisante si elle était moins audacieuse : cf. AR, 3, 28, 86, 143.

773-801. *Le songe d'Aiétès.* Sur cet épisode qu'ignore Apollonios, voir la Notice, p. 25, 28. D'après les v. 773-775, les Argonautes refusent d'envoyer une ambassade, contrairement à ce qui se passe chez Apollonios et Valerius Flaccus.

ἤ μιν ἐς Αἰήταο μόλῃ δόμον οἶος ἀπ' ἄλλων,
μειλιχίοις στέρξῃ τε παραιφάμενος ἐπέεσσιν,
ἠὲ μεθ' ἡρώεσσι, καὶ ἐς μόθον αὐτίκα λεύσσοι.
'Αλλ' οὔ οἱ Μινύαισιν ἐφήνδανε πᾶσι νέεσθαι·
δεῖμα δ' ἐνὶ φρεσὶ θῆκε θεὰ λευκώλενος Ἥρη
ἀμβολίην θ', ἵνα οἱ τελέσῃ τά περ αἶσα γενέσθαι.
Ὦκα δ' ἄρ' οὖλον Ὄνειρον ἀπ' οὐρανοῦ ἧκε φέρεσθαι
εἰς δόμον Αἰήταο. Συθεὶς δ' ὅ γε δεῖμα πέλωρον
ἔσκηψεν βασιλῆι περὶ φρένας· ὅς νιν ἔδοξε
παρθένου ἣν ἀτίταλλεν ἐνὶ μεγάροισιν ἑοῖσι
Μηδείης κόλποισιν ἐν ἱμερτοῖσι συθῆναι
ἀστέρα παμφανόωντα δι' ἠερίοιο πορείης·
ἡ δ' ἐπεὶ ἐν πέπλοισι λάβεν κεχαρηότι θυμῷ,
ἧκε φέρουσ' εἰς χεῦμα ἐυρρείτου ποταμοῖο

Loci sim. **770** AR, 3, 177 ἐς δώματ' ἐλεύσομαι Αἰ. ; cf. *AO*, 860 et ad 777 || *HHVen.* 79 (= AR, 1, 60) οἶ. ἀπ' ἄ. ; cf. etiam ad 949 || **771** Theognis, 87 ἔπεσιν... στέργε ; Λ 137 μειλ. ἐπ. ; cf. etiam ad 1093 || **772** μεθ' ἡ. : cf. ad 197 || ἐς μ. : cf. ad 519 || **773** AR, 1, 700 πάσῃσιν ἐφανδάνει (et 3, 171) || **774** A 55 ἐπὶ φρ. θ. θ. λ. Ἥ. || **775** ἀμβ. : cf. AR, 1, 861, al. || **776** B 6 οὖ. Ὄ. || ἧ. φ. : cf. ad 508 || **777** AR, 3, 609 δ. Αἰ. ; cf. *AO*, 872, 887, 894, et ad 770 || **778** π. φρ. : cf. ad 389 || **779** ο 450 παῖδα... ἐνὶ μεγάροις ἀτιτάλλω || **781** Λ 62 s. ἀστὴρ | παμφαίνων ; AR, 3, 141 ἀστὴρ... δι' ἠέρος (et 1377-1380) ; Nonn. 43, 439 ἠερίῃ... πορείῃ ; de re, cf. AR, 3, 542 || **782** A 256 κεχαροίατο θ. || **783** ἧ. φ. : cf. ad 508 (sed alio sensu) || Nonn. 22, 95, al. χ. ... π.

---

770 ἤ μιν Ω : ἠέ γ' ζ ἢ ὅ γ' Gesn. (cf. A 190) ἢ μὲν West cf. p. 57 s. || ἐς Vian : ἐπ' Ω || μόλῃ Ω : μολὼν Ruhnken[3] μόλοι Herm. || οἶος ζθVH : οἷος KANF || ἀπ' Ω : ἐπ' V || **771** στέρξῃ Ω : -ξοι Mosch.[R] θέλξῃ M[sl] || **773** οὔ οἱ Ω : οὐ γὰρ ζ || μινύαισιν KζAθ : -ύεσσι(ν) NVFH || ἐφήνδανε Mosch.[S] : ἐπήν- Ω || **775** οἱ Ω : δὴ ζ || **778** βασιλῆι Schneider : -λῆα Ω || νιν Ω : οἱ Herm. cf. p. 57 et n. 4 || **780** Μηδείης Herm. (cf. 1030, 1308, 1334) : -είας Ω || **783** χεῦμα Ω : χεύματ' Herm. || εἰς Ω : ἐς Mosch.[G] || ἐυρρείτου Ω : ἐυρύτου ζ.

lit du Phase, le fleuve au beau cours * ; mais l'astre à son tour l'avait ravie sur les eaux et s'en était allé en l'emportant à travers le Pont Axin. A cette vue, Aiétès sortit soudain de son insidieux sommeil, gardant en son esprit un horrible effroi *. Il bondit de sa couche et donnait l'ordre à ses serviteurs d'équiper rapidement ses chevaux et de les atteler à son chariot *, car il voulait aller vers l'aimable fleuve pour se rendre propices le Phase tumultueux ainsi que les Nymphes du pays et toutes les âmes des héros qui hantaient son cours. Il appelait de leur chambre parfumée ses filles, Chalkiopé, qui vivait avec les fils du défunt Phrixos, et la tendre Médée, chaste vierge à l'insigne beauté, afin qu'elles lui fissent escorte sur sa route ; Apsyrtos, lui, habitait à l'écart de son père.

784. Pour l'hiatus après χεῦμα, cf. la note au v. 259 et Keydell[1], 10. Χεῦμα est toujours au singulier chez Homère et Apollonios ; Quintus de Smyrne n'admet qu'une exception sur 13 emplois ; de même, dans les *AO*, le pluriel n'est attesté qu'au v. 1051. — Aux v. 778-786, le style direct se combine au style indirect ; cf. Gramm., p. 61, § VIII 1.

787. V. 786 : pour l'hiatus, cf. la note au v. 259 et comparer κ 68 (devant ὕπνος) ; QS, 1, 624 ; 4, 245 *codd.* (après désinence -το) ; voir F. Vian, *Recherches sur les Posthom.* (1959), 218. — Ἀπροφάτως : cf. v. 623, 665 ; l'erreur des manuscrits a un parallèle au v. 623 où M^{ac} écrit ἀπροφάντης. — Voss, 526, rejette avec raison la conjecture ἵκετο, puisque l'effroi habite Aiétès dès le v. 777. Ἕλκω prend le sens large de « traîner après soi », « garder » ; on sait que chez Nonnos il peut équivaloir à un simple ἔχω : cf. 10, 284 οὐ πόθον ἕλκω.

789. Pour la correction ἀπήνῃ, que j'avais faite avant de lire Voss, voir les *loci sim.*

Φάσιδος· ἀστέρα δ' αὖ μιν ἀναρπάξαντα ῥεέθρῳ
οἴχεσθαι πόντοιο δι' Ἀξείνοιο φέροντα.
Ταῦτα δ' ἐσαθρήσας δολίου ἐξέσσυτο ὕπνου
ἀπροφάτως, στυγερὸν δὲ περὶ φρένας εἵλκετο δεῖμα.
Ἆλτο δ' ἄρ' ἐξ εὐνῆς· δμωσὶν δέ οἱ ὦκ' ἐπέτελλεν
ἵππους ἐντύνειν, ὑπὸ δὲ ζεύξασθαι ἀπήνῃ,
ὄφρα κε μειλίξαιτο κιὼν ἐπὶ ῥεῖθρον ἐραννὸν
Φᾶσιν δινήεντα σὺν ἐνδαπίῃς μίγα Νύμφαις
ψυχάς θ' ἡρώων ὅσσαι τ' ἐπὶ ῥεῖθρον ἄμειβον.
Θυγατέρας δ' ἔκληζε θυώδεος ἐκ θαλάμοιο,
Χαλκιόπην σὺν παισὶν ἀποφθιμένου Φρίξοιο
ἠδ' ἁπαλὴν Μήδειαν ἀριπρεπὲς εἶδος ἔχουσαν,
παρθένον αἰδοίην, ὄφρ' ἂν συνέποιντο κιόντι·
Ἄψυρτος δ' ἀπάνευθε δόμους ναίεσκε τοκῆος.

Loci sim. **785** π. ... Ἀξ. : cf. ad 85 || **786** μ 366 ἐξ. ... ὕπνος ; Nonn. 48, 757 δολόεντι... ὕπνῳ || **787** π. φρ. : cf. ad 389 || **788 s.** θ 2 ὄρνυτ' ἄρ' ἐξ εὐ. (unde AR, 1, 1104) || ζ 71 δμώεσσιν ἐκέκλετο, 73 ζεῦξάν θ' ὑπ' ἀπ. (unde AR, 3, 841 ἐσσυμένως... ὑποζεύξασθαι ἀπ.) ; E 720, al. ἔντυεν ἵ. || ὦκ' ἐπ. : cf. *AO*, 1024, 1316 || **791** AR, 2, 401 Φᾶσις δινήεις || **792** AR, 2, 1273 s. ψυχαῖς... | ἡρ. || ῥ. ἄ. : cf. *AO*, 124 || **793** *HHCer.* 244, 288 θυώδ. ἐκ θαλ. (et AR, 3, 839) || **794** AR, 3, 1156 Χαλκιόπη περὶ π. || **795** ἁπ. : cf. AR, 3, 297 || *HH*, 32, 16 ἐκπρεπὲς εἶ. ἔχ. ; θ 176 εἶ. ... ἀρ. || **796** *HH*, 27, 2 ; 28, 3 π. αἰ. (et AR, 3, 1123) || ρ 53 ἕσπετο... κ. || **797** Ω 211 ἀπ. τοκήων || δ 517 δώματα ναῖε ; AR, 3, 238 δόμοι, 240 ναίεσκε (et, de re, 241).

---

784 αὖ μιν Herwerden (post αὖ νιν Ruhnken[3]) : αἰὲν Ω αἰνὸν Wiel[2] || ῥεέθρῳ Sanctam. : ῥέεθρον Ω ῥεέθρου Ruhnken[2] Schneider (sed reiecit Ruhnken[3]) || **785** ἀξείνοιο Ω : εὐξ- NE[ac] || **787** om. K || ἀπροφάτως Herm. : -φανῆ Ψ -φανές ζ || εἵλκετο Ψ : εἵλετο P Mosch.[s] ἵκετο Ruhnken[2] || **788** δμωσὶν Herm. : -σὶ ϛ || **789** ἐντύνειν Ψ : -τείν- K || ἀπήνῃ Voss : -νην Ω || **790** κιὼν Ω : ἰὼν A || ἐπὶ ΨK[2 mg] : ἐπεὶ K || **791** δινήεντα Ψ : δ' ἰέντα K || μίγα A[pc]ζM[pc]OEH : μίγμα Ω || **792** ὅσσαι ζNΘH : ὅσαι K οἷσαι F ὅσσοι A ὅσσο V || τ' ἐπὶ Ψ : τε περὶ K || **793** δ' M[pc]O : δὲ Ω || ἔκληζε [-η-] Ω : ἔκλη ε H ἔκλυζε N || **796** παρθένον KζANΘ : -νων VFH || συνέποιντο Ψ : -ποντο K || **797** τοκῆος Ruhnken[2] : πόληος ΨK[sl] πόλεως K[ac].

Aiétès monta sur son char en or ainsi que ses filles. Aussitôt ses chevaux l'emmenaient à travers la plaine jusqu'à la berge du fleuve couvert de roseaux, à l'endroit où l'on avait coutume d'apporter à ses eaux prières et belles offrandes *.

C'est à ces rivages qu'Argô était venue aborder *. Aiétès l'aperçut avec, à son bord, la foule des héros, tous assis à la file, semblables à des immortels, tant leurs armes flamboyaient autour d'eux ; entre tous se distinguait le divin Jason, car Héra avait pour lui la plus grande estime et lui avait donné beauté, taille et bravoure plus qu'humaines. Mais lorsqu'ils furent près les uns des autres et qu'ils se furent dévisagés, l'Aisonide et les Minyens sentirent leur cœur se glacer. Devant eux, en effet, Aiétès sur son char, tel le

801. Aux v. 793-801, le poète revient à Apollonios : cf. 3, 240-248 (famille d'Aiétès) ; 2, 1141-1156 (Phrixos et ses enfants) ; 3, 1235-1245, 1275-1277 (Aiétès sur son char). Déjà le sacrifice fait par Aiétès au bord du Phase, notamment aux « âmes des héros » (v. 790-792), transpose celui qu'Apollonios attribue à Jason au même point du récit (2, 1271-1274).

802-857. *La rencontre entre Aiétès et les Argonautes.* La rencontre au bord du Phase remplace l'ambassade chez Aiétès (AR, 3, 299-442), à laquelle il est fait divers emprunts : voir ci-dessous et les *loci sim.*

Ἅρμα δ' ἐπὶ χρύσειον ἔβη μίγα θυγατέρεσσιν
Αἰήτης· τὸν δ' αἶψα δι' ἐκ πεδίου φέρον ἵπποι
χεῖλος ὑπὲρ ποταμοῦ δονακώδεος, ἔνθα περ αἰεὶ
εὐχωλὰς ῥείθροισι καὶ ἱερὰ κάλ' ἐκόμιζον.
Κείναισιν δ' ὄχθαισιν ὑπόδρομος ἤλυθεν Ἀργώ.
Τήν ῥα τότ' Αἰήτης εἰσέδρακεν, ἐν δ' ἄρα πολλοὺς
ἑξείης ἥρωας ὁμιλαδὸν ἑδριόωντας,
ἀθανάτοις ἰκέλους· περὶ γάρ ῥά ἑ τεύχεα λάμπε·
τοῖσι δ' ἄρ' ἐν πάντεσσι μετέπρεπε δῖος Ἰήσων·
Ἥρη γὰρ περὶ πάμπαν ἐτίετο καί οἱ ἔδωκε
κάλλος τε μέγεθός τε καὶ ἠνορέην ὑπέροπλον.
Ἀλλ' ὅτε δὴ σχεδὸν ὄντες ἐπ' ἀλλήλοις βάλον ὄσσε,
Αἰσονίδης Μινύαι τε περὶ φρένα παχνώθησαν.
Πρόσθε γὰρ Αἰήτης μὲν ἐφ' ἅρματος Ἠέλιος ὣς

Loci sim. **798** *HHCer.* 431 ἅρμασι χρυσείοισι (et *HH*, 9, 4) || AR, 4, 1345 μ. θηλυτέρῃσιν || **799** AR, 3, 916 δι' ἐκ π. ; B 838, al. φ. ἵ. || **800** AR, 2, 818 δ. ... ποταμοῖο ; 3, 1277 χ. ... ποταμοῖο || **801** ἱ. κ. : cf. ad 614 s. || **804** AR, 1, 330 ἐπισχερὼ ἑδριόωντο ; 4, 1181 ὁμ. ἐστιχόωντο ; cf. etiam ad 234 || **805** Δ 394, al. ἐπιείκελος ἀθανάτοισιν || Α 236 π. γ. ῥά ἑ χαλκὸς ἔλεψε (cf. *AO*, 878) ; Δ 431 s. ἀμφὶ δὲ... | τ. ... ἔλαμπε || **806** QS, 1, 41 ἐν πάσῃσι μ. (ex B 579) || δ. Ἰ. : cf. ad 71 || **807** s. AR, 3, 74 μοι (i.e. Ἥρῃ) ἄλληκτον περιτίεται || Z 156 s. τῷ δὲ θεοὶ κάλλ. τε καὶ ἠν. ... | ὤπασαν ; σ 219 μ. καὶ κάλλ. ; Hes. *Th.* 619 ἠν. ὑπ. ; cf. AR, 3, 919-925 || **809** Γ 15, al. οἱ δ' ὅτε δὴ σχ. ἦσαν ἐπ' ἀλλήλοισιν ἰόντες || AR, 1, 726 ὄσσε βάλοις ; QS, 14, 410 ὄ. βάλον⟨θ'⟩ || **810** Ρ 111 s. ἐν φρεσὶν... | παχνοῦται ; cf. ad 248 et 389 || **811** Ξ 185 ἠ. ὥς.

---

800 ποταμοῦ ζ : -μοῖο Ω || **801** ἐκόμιζον Ω : -ζε(ν) *c* Mosch.[R] || **803** τήν Ruhnken[3] : καί Ω || εἰσέδρακεν Ω : -αμεν ζ || **804** ἑδριόωντας Ψ : ἑδριτό- K || **805** ἀθανάτοις Ω : -τῶν H || ῥά om. θ || **806** μετέπρεπε Ψ : μετέτρεπεν K || **807** ἥρη Ω (cf. Hes. *Th.* 428) : Ἥρη Schneider, cl. AR, 3, 74 || περὶ ΑΝΟ : πέρι ζΜ περι KVFH || **808** τε (pr.) Ω : καὶ M[pc]O || **809** ἀλλήλοις Ω : -λους F Wakefield || **810** Αἰσονίδης Ruhnken[3] : αἰήτης Ω || **811** ἅρματος Ψ : -τι K.

Soleil, brillait de tout l'éclat de son manteau d'or ; il portait autour de la tête une couronne frangée de rais de flamme et brandissait dans les mains un sceptre fulgurant comme l'éclair * ; à ses côtés se trouvaient ses deux filles *, car le destin les lui avait données pour faire son orgueil. Il jeta de ses yeux un terrible regard * en s'approchant du navire et, du fond de sa poitrine, proféra contre eux de brutales paroles lourdes de redoutables menaces : sur un ton courroucé (?), il clama bien haut :

« Dites qui vous êtes, quelle affaire vous arrive pour que vous ayez envie, d'où que vous veniez, de vous rendre au pays de Kyta *. Vous n'avez donc nul égard ni nulle crainte devant mon royal pouvoir ni devant l'armée qui assiste mon sceptre *, ces Colques qu'Arès

815. Aiétès est figuré à la manière d'Hélios avec un nimbe radié autour de la tête. Cette évocation, très précise, est différente de celles qu'on lit chez Apollonios (3, 1228-1230 ; 4, 727-729) où il est question soit du casque flamboyant d'Aiétès soit de l'éclat des yeux des descendants d'Hélios. — La correction adoptée au v. 813 se fonde sur les parallèles cités dans les *loci sim.* (cf. aussi K 30).

816. Ἤστον, imparfait duel analogique d'εἰμί, au lieu d'ἥσθην : cf. P. Chantraine, *Gramm. hom.*, 1, p. 474. La conjecture ἑήσθην n'est pas recevable, car les deux filles d'Aiétès ne peuvent être assises sur son char.

817. La conjecture de Ludwich semble garantie par les v. 841 et 1222 ; ὑπ' pourrait venir d'une variante ὑπέδρακε.

821. Ce *topos* épique comporte en général trois questions : qui êtes-vous ? d'où venez-vous ? que voulez-vous ? Ici la question πόθεν est remplacée par l'indéfini ἔκποθεν. Le poète s'inspire de l'*Hymne hom. à Apollon* (voir *loci sim.*) plutôt que de parallèles homériques (par ex., γ 70 s.) ; car c'est dans le même passage qu'il a trouvé l'emploi du duel avec valeur de pluriel (cf. Gramm., p. 57, § III). — Pour ὔμας... ἐλδομένοισι, cf. Hermann, *Orph.*, note au v. 824 ; R. Kühner-B. Gerth, *Griech. Gramm.*[4], 2, 113 ; l'anacoluthe a pu être favorisée par le souvenir de φ 209 ἐελδομένοισιν ἱκάνω.

823. On peut risquer de garder ἐπήρανον d'après G. Kaibel, *Epigr.*, 1013, 5 (conj.) ; aux v. 87 et 98, ἐπιήραν(ος) est imposé par le mètre. Comparer les variantes ἐπιανδάνω/ἐφανδάνω, ἐπιέ-

λάμπετο μαρμαρυγαῖσι πέριξ χρυσέων ἀπὸ πέπλων·
ἀμφὶ δέ οἱ κεφαλῇ στεφάνην ἔχε θυσσανόεσσαν
ἀκτῖσιν φλογέαις· σκῆπτρον δ' ἐν χερσὶν ἐνώμα
ἀστεροπαῖς ἴκελον· δοιὼ δ' ἑκάτερθεν ἔηστον
θυγατέρες· ταῖς γάρ κεν ἀγαλλόμενος μεμόρητο.
Σμερδνὸν δ' ὀφθαλμοῖσιν ἐσέδρακε νηὶ πελασθείς,
καί οἱ ἀπὸ στηθέων βριαρὴν ἀνενείκατο φωνὴν
δεινὸν ὁμοκλήσας· μέγα δ' † ἀντιάχων † ἐγεγώνει·
« Φράζετον οἵ τινές ἐστε, τί δὲ χρέος ὗμας ἱκάνει,
ἔκποθεν ἐλδομένοισι Κυτηίδα γαῖαν ἀμεῖψαι.
Οὐκ ἄρ' ἐμὴν ἀλέγοντες ἀνακτορίην πεφόβησθε,
οὐδὲ λεών, σκήπτροισιν ἐπήρανον ἡμετέροισι,
Κόλχων, οἵ κεν Ἄρηι δορυσσόῳ εἰσὶν ἀτειρεῖς,

Loci sim. **812** Bacchyl. 3, 17 λάμπει δ' ὑπὸ μαρμαρυγαῖς ὁ χρυσός (et AR, 4, 728) || **813** Σ 205 ἀ. δέ οἱ κ. νέφος ἔστεφε (et K 257) ; ω 231 κυνέην κ. ἔχε || E 738, al. αἰγίδα θυσσαν. || **814** AR, 4, 126 φλογερῇσιν... ἀκτίνεσσιν || Γ 218 σκ. ... ἐν. ; φ 245 μετὰ χ. ἐν. || **815** AR, 3, 870 δοιαὶ ἑκ. || **816** AR, 1, 973 παίδεσσιν ἀγ. μ. || **817** σμ. — ἐσ. : cf. ad 841 || **818** ἀπὸ στ. : cf. ad 253 || Nonn. 16, 146 βρ. ἀν. φ. ; cf. etiam ad 76 || **819** E 439, al. δεινὰ δ' ὁ. || X 34 μ. δ' οἰμώξας ἐγ. ; cf. *AO*, 828 || **820 s.** *HHAp.* 452 τίνες ἐστέ ; πόθεν πλεῖθ' || β 28 τίνα χρειὼ... ἵκει ; ζ 136 χρειὼ γὰρ ἵκανε || AR, 4, 511 Κυταιίδος... γαίης ; cf. *AO*, 1006 || **822** ἀν. : cf. AR, 1, 839 || **824** Nonn. 21, 63 δορυσσόος... Ἄρης ; QS, 10, 170 ἀτειρέι... Ἄρηι.

---

812 πέριξ Ψ : περὶ uel πέρι Kζ || **813** κεφαλῇ στεφάνην Vian : στεφάνην κεφαλὴ [-λῇ Kc Mosch.^{G}] Ω στεφάνη κεφαλὴν Steph.^{2} || θυσσανόεσσαν ζN^{pc} : -νόωσαν Ω -νόεσσα Steph.^{2} || **815** ἔηστον [ἕ- N] Ω : ἑήσθην Schneider || **816** κεν Ω : μέγ' Voss *καὶ* Platt^{1} || μεμόρητο Wiel^{1}, cl. AR, 1, 973 : πεφόρ- Ω || **817** δ' Ludwich^{2} : ὑπ' Ω δ' ὑπ' Mosch.^{G} || ὀφθαλμοῖσιν K : -μοῖσι δ' Ψ || πελασθείς Ω : ἐλασθείς A πελαθείς N || **819** ἀντιάχων [-άχθων N] Ω (ex 828) : ἀμφιάχων Herm. fort. ἀσχαλόων uel simile || **820** φράζετον Ω : -ετε M^{pc}O || ὗμας Dottin : ὑμᾶς Ω ὔμμας Schneider || **821** κυτηίδα Ω : -ταιίδα Mosch.^{R} (cf. AR, 2, 399, al.) cf. 1006 || **822** οὐκ Vian : οὐδ' Ω || **823** λεών ζ : λεώ Ω || σκήπτροισιν ἐπήρανον Ω : -τροις ἐπιήρ- Pierson || **824** κεν Ω : *καὶ* Herm. || δορυσσόῳ Sanctam. : -σσόοι Ω -σόοι θ || ἀτειρεῖς M^{mg}E : ἀτηρ- Ω.

le manieur de pique ne saurait entamer, experts comme ils sont à lutter rudement contre quiconque les défie au combat ? »

A ces mots, tous devinrent muets et sans voix ; mais Héra, la vénérable déesse, mit l'audace au cœur de l'Aisonide qui répliqua en clamant bien haut :

« Nous ne venons pas en brigands et, si nous visitons quelque terre étrangère, ce n'est pas pour fomenter chez les hommes, par insolence *, ces actions iniques que tant rêvent d'entreprendre en leur vie par appât du gain. Non, c'est le fils chéri de Poséidon, mon oncle paternel Pélias, qui m'a imposé pour épreuve d'aller conquérir la toison d'or, puis de revenir dans Iôlcos la belle ville *. Du reste, ils ne sont pas, sache-le, sans renom, mes fidèles compagnons, car nous sommes les uns de la race des Bienheureux, les autres de celle des héros. Et nous non plus, vois-tu, nous ne sommes pas inexperts aux guerres ni au combat. Mais nous souhaitons être tes hôtes, à ton foyer, car mieux vaut ainsi. »

Il dit. Le cœur d'Aiétès fut remué comme par une

τρεπον/ἐπέτρεπον et voir G. Marxer, *Sprache des Apoll. Rhod.*, diss. Zürich 1935, 32.

830. Ὕβριος αἴσῃ équivaut à πρὸς ὕβριν (Théogn., 379) ; cf. τ 84 ἐλπίδος αἶσα qu'Eustathe explique par ἐλπὶς περιφραστικῶς.

835. Pour les v. 829-835, cf. AR, 3, 333-339, 386-390 ; mais l'expression des v. 833 s., assez prosaïque, paraît venir d'un manuel mythographique. Pour les v. 834 s., cf. v. 847, 939^b-940. — Ποτί se justifie mal, en dépit du goût du poète pour les prépositions superflues ; ποτε (Voss) est dépourvu de sens à cette place ; je préfère παλί (Sitzler) d'après Δ 357 πάλιν... λάζετο.

ἐς μόθον ἱεμένοις εὖ εἰδότες ἶφι μάχεσθαι; »
"Ὣς ἔφαθ'· οἱ δ' ἄρα πάντες ἀκὴν ἐγένοντο σιωπῇ·
Αἰσονίδῃ δ' ἄρα θάρσος ἐνὶ πραπίδεσσιν ὄπασσεν
Ἥρη πρέσβα θεά· μέγα δ' ἀντιάχων ἐγεγώνει·
« Οὔτε νυ ληιστῆρες ἱκάνομεν, οὔτε τιν' ἄλλην
γαῖαν ἐπιστρωφῶντες ἐγείρομεν ὕβριος αἴσῃ
ἔργ' ἄδικ' ἀνθρώποισιν, ἃ δὴ πολέες μεμάασι
τετλάμεν ἐν βιοτῇ κέρδους ἕνεκα σφετέροιο.
Ἀλλά μοι ἆθλον ἔταξε Ποσειδῶνος φίλος υἱός,
πατροκασίγνητος Πελίας, χρύσεον πάλι κῶας
λαζομένους ἀφικέσθαι ἐυκτιμένην ἐς Ἰωλκόν.
Οὐδέ τί οἱ νώνυμνοι ἐμοὶ ἐρίηρες ἑταῖροι·
οἱ μὲν γὰρ μακάρων, οἱ δ' ἡρώων γένος ἐσμέν.
Οὐδέ τί οἱ πολέμων ἀδαήμονες οὐδὲ μόθοιο.
Ξεῖνοι δ' εὐχόμεθ' εἶναι ἐφέστιοι· ὣς γὰρ ἄμεινον. »
"Ὣς φάτο· τοῦ δ' ἄρα θυμὸς ὀρίνετο ἶσος ἀέλλῃ

Loci sim. **825** ἐς μ. : cf. ad 519 || B 720 εὖ εἰ. ἶ. μάχ. || **826** iterauit Γ 95 ; θ 234 ; cf. etiam ad 293 || **827 s.** γ 76 s. ἐνὶ φρεσὶ θάρ. Ἀθήνη | θῆκ(ε) ; QS, 11, 407 s. αὐτῷ | θάρ. ... θεὸς ὤπασεν ; ἐνὶ πρ. : cf. ad 282 ; E 721, al. Ἥ. πρ. θεά || μ. δ' ἀ. ἐγ. : cf. ad 819 || **829-831** AR, 3, 589 ληιστῆρας, 892 s. ἐπὶ γαῖαν | ... στρωφῶσιν (et *HHAp*. 75 ἄλλ. γ.) || Theognis, 379 s. πρὸς ὕβριν et ἀδίκοις ἔργμασι || **832** ἕν. σφ. : cf. ad 415 s. || **833** φ. υἱ. : cf. ad 202 || **834** χρ. ... κ. : cf. ad 59 || **835** B 712 ἐυ. Ἰαωλκόν || **836 s.** Ψ 6 ἐμ. ἐρ. ἑτ. ; cf. *AO*, 1211 || AR, 3, 365 s. ἑτ. | ἀθανάτων υἷες, 402 ἔστε θεῶν γ. ; 4, 1773 μακ. γ. || **838** N 811 οὔ τοί τι μάχης ἀδ. || **839** Z 231 ξ. ... εὐ. εἶ. ; cf. *AO*, 82 || A 217 ὣς γ. ἄμ. || **840** Δ 208 ὣς φ., τῷ δ' ἄρα θυμὸν... ὄρινε ; I 595, al. τοῦ δ' ὠρίνετο θ. || Λ 297, al. ἶ. ἀ.

825 ἱεμένοις ζA : ἰεμ- KNVFH ἰομ- θ || in u. fine interrogationis signum posuit Platt[1] || **828** θεά Ω : θεῶν uel θέων M[ac]E || **829** νυ ΩH[sl] : om. HE τι Mosch. || **830** γαῖαν om. θ || **832** ἕνεκα *c* Mosch.[GR] (cf. 416, 510, 581) : -κεν Ω (cf. 94) || **834** πάλι Sitzler : ποτὶ Ω ποτε Voss || **836** οἱ Ω : δὴ ζ || νώνυμνοι Schrader[3] : -υμοι Ω cf. 1162 || **838** τί οἱ Ω : τι μὴν ζ τοί οἱ FE || οὐδὲ (alt.) Ω : οὔτε Herm. || **839** γὰρ Ω : κεν Mosch.[R].

tempête. Il lança de ses yeux un terrible regard, tout en ourdissant contre les héros une ruse et un dessein horribles. A la fin, il proféra à l'adresse des Minyens de telles paroles * :

« Si vous attaquez les Colques belliqueux qui savent faire face au combat, pensez-vous abattre l'ardeur de ces guerriers au point que votre récompense vous échoie sans lutte, cette toison que vous emporteriez en rentrant vers la terre de votre patrie ? Et si plutôt votre petit nombre ploie sous ma phalange, alors, vous morts, je mettrai en pièces votre navire. Mais si vous m'en croyez — aussi bien est-ce votre avantage, et de loin —, choisissez le plus brave ou celui qui l'emporte

843. Sur le deuxième hémistiche du vers, cf. Ludwich[2], 647 ; Platt[1], 76. La formule est fréquente : Mosch., *Eur.*, 134 ; Nonn., 6, 345 ; Musée, 121 ; Collouthos, 169, 265, 305, 329 ; elle comporte toujours la forme τόσσην sauf dans Mosch. (Juntine) et dans Musée (*codd.*), où τοίην (avec *correptio*) est défendu par E. Malcovati (*Athenaeum*, 40, 1962, 369) et adopté par E. Livrea (*contra*, K. Kost). Dans les *AO*, les cas d'abrégement métrique de la diphtongue intérieure sont les suivants : 140 (nom propre apparemment corrompu), 843, 999 (aisé à corriger), 1022 (où la scansion Αἰήτης, υ - - est assurée). Ce type d'abrégement est bien attesté : aux exemples donnés par Livrea (*l. c.*), ajouter Kern, F 247, 2 ; *HO*, 29, 12 (corrigé par Quandt) ; 64, 6 († δικαιον †). Je garde en définitive le texte transmis, bien qu'il soit aisé à corriger.

Αἰήτεω, καὶ σμερδνὸν ἐσέδρακεν ὀφθαλμοῖσι,
φρικτὸν ἐφ' ἡρώεσσι δόλον καὶ μῆτιν ὑφαίνων.
Ὀψὲ δὲ δὴ Μινύαισι τοίην ἀνενείκατο φωνήν·
« Εἰ μὲν δὴ Κόλχοισιν ἀρηιφάτοισιν ἐσάντα
μαρναμένοις ἐπιθῆσθον, ἀποφθίσειν μένος ἀνδρῶν
ἔλπεσθ', ὥς κεν ἀδήριτον γέρας ἔσσετ' ἐν ὑμῖν,
κῶας ἀειρομένους ἰέναι πρὸς πατρίδα γαῖαν;
Εἰ δέ νυ παῦροι ἐόντες ὑποκλίνητε φάλαγγι
ἡμετέρῃ, τότε νῆα καταφθιμένοισι κεάξω.
Εἰ δέ κέ μοι πείθησθε — τὸ καὶ πολὺ κέρδιόν ἐστι —,
κρίναντες τὸν ἄριστον ἢ ὃς βασιλεύτερός ἐστιν,

Loci sim. **841** *HH*, 31, 9 σμ. δ' ὅ γε δέρκεται ; ι 146, al. ἐσ. ὀφθ. ; cf. *AO*, 817, 1222 || **842** ι 422 δόλους κ. μ. ὕφαινον || **843** H 399 ὀψὲ δὲ δὴ μετέειπε ; Colluth. 265, 305 ὀψὲ δὲ... τόσην ἀν. φ. (et multi fere eadem : uide adn.) ; cf. etiam ad 76 || **844** ἀρ. : cf. ad 514 || **845** δ 363 κατέφθιτο... μένε' ἀ. ; B 387 μένος ἀ. || **846** γέρ. — ὑμ. : cf. *AO*, 853 || **847** cf. ad 940 || **848** cf. fort. AR, 4, 339 παυρότεροι || **849** ε 132 ν. ... ἐκέασσε || **850** H 28, al. εἴ μοί τι πίθοιο, τό κεν πολὺ κ. εἴη (et E 201 de parenthesi) || **851** ξ 108 τὸν ἄρ. εὖ κρίνας (et δ 666) ; AR, 1, 338 τὸν ἄρ. ... ἕλεσθε || I 392 καὶ ὃς β. ἐ.

---

843 μινύαισι [-ύεσι A] Ω : -αις θ || τοίην Ω : τόσην Platt[1] || **844** ἀρηιφάτοισιν Ω : -φάντ- θ || ἐσάντα Ψ' : ἐς ἄντα KA om. H || **845** μαρναμένοις Ω : -άμενοι Herm. || ἐπιθῆσθον Ω : -θῆσθε M[pc]O -θεῖσθον E πεπίθοισθ' ἄν Huschke[2] (πεπίθησθον malim) || ἀποφθίσειν Ω : -σει P et Herm. || ἀνδρῶν Ω : ἄνδρας Herm. (post ἀνδράς Flor.) || **846** ἔλπεσθ' Ω : ἦ ἔλπεσθ', puncto post 845 posito, Herm. || κεν Ω : καὶ Huschke[2] || γέρας Ω : δέρας E || ἔσσετ' ἐν Ω : ἔσσεται Mosch.[s] (cf. 853) || **847** ἀειρομένους Ω : -ραμένους *c* Mosch.[s] -ρομένοις M[sl] || γαῖαν Ψ' : γαίην K || **848** νυ Ω : γε ζ || ὑποκλίνητε Ω (cf. QS, 4, 367) : -κλίνοιτε Mosch.[RS] -κλινθῆτε Schneider || **849** ἡμετέρῃ Ω : ἡμέτερον et comma post 848 prop. Schneider || κεάξω Vian (post κεάσσω Herm.) : κεάξαι Ω κεάσσαι Mosch.[R] || **850** πείθησθε [πίθ- A] Ω : -θοισθε Mosch.[s] || ἐστι Ω : οἶμαι Mosch.[s] || **851** κρίναντες Ω : κρίνατε νῦν Schneider || τὸν Schneider : τιν' Ω.

en dignité royale, afin qu'après l'épreuve des travaux que je fixerai moi-même, il reçoive la toison d'or : oui, ce sera là votre récompense *. »

A ces mots, il donna ses ordres aux chevaux, et eux, en réponse, rebroussèrent chemin. L'angoisse étreignit le cœur des Minyens : comme ils regrettaient alors Héraclès, car ils ne pouvaient tenir face au peuple irrésistible des Colques et à l'impétueux Arès * !

Maintenant *, ô Musée, je vais te résumer en courant les épreuves endurées par les infortunés Minyens et leurs exploits : comment s'enfuit de la demeure d'Aiétès Argos à la bonne pique, le fils de Phrixos qu'avait enfanté Chalkiopé * — elle s'était en effet unie à lui sur les injonctions de son père * lorsque, sur le dos du bélier, il était arrivé chez les Colques —, Argos qui annonçait aux Minyens tout ce qui devait s'accomplir par la scélératesse du funeste Aiétès ; puis * comment une virginale passion pour Jason subjugua Médée au triste hymen par le vouloir de

853. Voir *Notes complémentaires*, p. 183-184.

857. Pour l'idée, cf. AR, 2, 145-153 ; 3, 1232-1234.

858-886. *Résumé cursif et libre du chant III d'Apollonios.* Chez Apollonios, les fils de Phrixos rencontrent les Argonautes et font alliance avec eux avant l'arrivée d'Argô en Colchide (2, 1093-1227). Les v. 860-865 suivent une tradition différente qu'on retrouve chez Val. Fl., 5, 461-463. Mais, alors que le poète latin se borne à mentionner les Phrixides, ici Argos se présente à la façon du devin Hélénos qui quitte Troie pour informer les Achéens. — Sur le mariage imposé par Aiétès à Chalkiopé, cf. AR, 2, 1147-1149.

861. Voir *Notes complémentaires*, p. 184.

862. Voir *Notes complémentaires*, p. 184.

866-869. Le poète suit à peu près la version d'Apollonios ; mais Érinys remplace Éros archer (AR, 3, 275-287). Les Furies sont associées à Vénus dans Val. Fl., 4, 13 ; Stace, *Théb.*, 5, 65-69. — Αὐτοῦ doit désigner Jason emphatiquement ; Wiel[1], 25 s., approuvé par Weinberger, 294, n. 2, l'interprète comme un adverbe : « au palais ».

ὄφρα κε πειρηθεὶς ἀέθλων οὓς αὐτὸς ἐνίσπω,
κῶας ἕλῃ χρύσειον, ὃ καὶ γέρας ἔσσεται ὑμῖν. »
Ὣς εἰπὼν ἵπποισιν ἐκέκλετο, τοὶ δ' ἄρ' ὀπίσσω
βῆσαν ἀμειβόμενοι. Μινύαις δ' ἄχος ἔπλετο θυμῷ,
καί ῥα τόθ' Ἡρακλῆος ἔχον πόθον, οὐ γὰρ ἔμιμνον
ἔθνος ἀμαιμάκετον Κόλχων καὶ θούριον Ἄρην.
Νῦν δέ σοι, ὦ Μουσαῖε, παραδρομάδην ἀγορεύσω
οἷά περ αἰνόμοροι Μινύαι πάθον ἠδ' ὅσ' ἔρεξαν·
ὥς τ' ἄψορρος ὄρουσ' ἐκ δώματος Αἰήταο
Ἄργος ἐυμμελίης Φρίξου πάις ὅν ῥα ἔτικτε
Χαλκιόπη — τῷ γὰρ παρελέξατο πατρὸς ἐνιπῇ
ἡνίχ' ὑπὲρ νώτων κριοῦ Κόλχοισι πελάσθη —,
ἀγγέλλων Μινύαισιν ἃ δὴ τελέεσθαι ἔμελλε
σφῇσιν ἀτασθαλίῃσι πολυφθόρου Αἰήταο·
ἠδ' ὡς παρθενίοις αὐτοῦ φίλτροις ἐδαμάσθη
αἰνόγαμος Μήδεια, θεᾶς Ἥρης διὰ βουλάς —

Loci sim. **852 s.** AR, 3, 405 πειρ., 407 ἄεθλος, 419 κῶας ἀποίσεαι (et 404) ; 4, 1050, al. κῶας ἑλεῖν ; ρ 529 αὐ. ἐνίσπῃ ‖ κῶας... χρ. : cf. ad 59 ‖ γέρ. — ὑμ. : cf. *AO*, 846 ‖ **854** Ψ 442 ὣς εἰ. ἵ. ἐκ. ; cf. etiam ad 392 et 702 ‖ **855** Ξ 158 ἔπλ. θ. ‖ **856 s.** Nonn. 6, 1, al. ἔχεν π. ‖ *AP*, 7, 244, 1 ; Orph. *Lith.* 307 θούριος Ἄρης (ex E 30, al.) ‖ **859** θ 490 ὅσσ' ἔρξαν τ' ἔπαθόν τε ; AR, 1, 21 ὅσσα τ' ἔρ. ; 4, 386 s. οἷα... | ... πάθον ; cf. *AO*, 1348, 1350 ‖ **860** δ. Αἰ. : cf. ad 770 ‖ **861** ἐυ. Φ. : cf. *AO*, 872 ‖ AR, 4, 736 παισὶ Φρίξοιο ‖ ὅν... ἔτ. : cf. ad 133 ‖ **862** Ω 676 τῷ... παρ. ‖ AR, 3, 677 πατ. ἐνιπήν (alio sensu, sed cf. *Or. Chald.* F 87 Festugière) ‖ **864** ἃ δὴ τ. ἔμ. : cf. ad 693 ‖ **865** σφ. ἀτ. : cf. ad 474 ‖ **866** φ. ἐδ. : cf. *AO*, 479 ‖ **867** αἰ. Μ. : cf. *AO*, 1340 (et 671) ‖ AR, 4, 241 s. θεῆς βουλῇσιν... | Ἥ. (et 3, 931).

---

852 ἐνίσπω Ω : -ίπω F -ίψω Huschke[2] ‖ **853** καὶ Ω : γὰρ malim ‖ **856** τόθ' Κζ : τότ' Ψ ‖ ἡρακλῆος ζ : -κλέος K -κλέηος Ψ cf. ad 583 ‖ **861** ἐυμμελίης K^{pc}Ψ : ἐυμε- K^{ac}Αθ cf. 872 ‖ ῥα Ω : ῥά τ' Abel ‖ **862** ἐνιπῇ ζΑ : ἐνιππαῖς K ἐνιτ· N ἐνιτ VF ἐνι θΗ ἐν οἴκῳ M^{pc}O (cf. Crivelli *in patriis laribus*) ‖ **863** νώτων K : -τω Ψ ‖ **865** ἀτασθαλίῃσι Ψ : -ίαισι K -ίης A ‖ **866** φίλτροις ἐδαμ- Ω : φίλτροισι δαμ- Herm.

la déesse Héra — car Cythérée, la nourrice des amours, avait suscité en elle le désir et la terrible Érinys lui avait décoché sa flèche dans les entrailles — ; puis * comment Jason soumit au joug les taureaux à l'haleine de feu et déposa dans le sillon sur quatre arpents la semence qu'avait apportée Phrixos à la bonne pique, lorsqu'il arriva au palais d'Aiétès, nuptial présent prélevé par Ényalios sur les dents du dragon ; comment cette moisson d'ennemis qu'il avait semée, il la fit s'exterminer d'une main fratricide et comment il conquit une gloire éclatante, lui, l'Aisonide ; puis * comment elle sortit en secret du palais, cachée sous un léger voile de lin, à la faveur des ténèbres de la nuit, la vierge à la couche funeste, tant les Amours la pressaient de se rendre à la nef Argô, ainsi que la vénérable Nécessité — elle n'avait souci ni de sa réputation ni du courroux de son père — ; comment alors *,

870-876. Cf. AR, 3, 1278-1407. Les dents du dragon sont apportées par Phrixos au lieu d'avoir été données à Aiétès par Athéna (AR, 3, 1183 s.). — Τετράγυος qualifie normalement le terrain : η 374 ; Call. *H.*, 3, 176 ; AR, 3, 412, 497, 1344 ; il paraît préférable de corriger la désinence plutôt que de supposer une hypallage qui n'a aucune justification métrique.

876-880. Selon AR, 4, 1-81, Médée fuit par peur de son père et non par amour (cf. C.U.F., t. 3, p. 3-5). Les *AO* reviennent à la tradition courante (Médée obéissant à l'amour), tout en ajoutant une mention plus ou moins orphique d'Ananké.

881-885. Cf. AR, 4, 81-100. Le poète insiste pesamment sur la déchéance de Médée en proie à l'amour.

ἐν γάρ οἱ ἵμερον ὦρσεν ἐρωτοτρόφος Κυθέρεια,
ἧκε δ' ἄρ' ἰὸν ὑπὸ σπλάγχνοις δασπλῆτις Ἐριννύς —·
ὥς τε βόας ζεύγλαισι δαμάσσατο πῦρ πνείοντας
τετραγύῳ θέμενος σπόρον αὔλακι, τόν ῥ' ἐκόμισσε
Φρίξος ἐυμμελίης, ὅτ' ἔζη δόμον Αἰήταο,
ἕδνον Ἐνυαλίοιο δρακοντείων ἀπ' ὀδόντων·
ἠδ' ὡς δυσμενέων σπαρτῶν στάχυν ἐξενάριξεν
αὐτοφόνῳ παλάμῃ, πῶς δ' ἀγλαὸν ἤρατο κῦδος
Αἰσονίδης· ὥς τ' ἦλθε δι' ἐκ μεγάρων λελαθοῦσα,
λιτὶ καλυψαμένη ἑανῷ, διὰ νύκτερον ὄρφνην
παρθένος αἰνολεχής — περὶ γάρ ῥά ἑ τεῖρον Ἔρωτες
νηὸς ἐπ' Ἀργῴας πελάσαι καὶ πότνι' Ἀνάγκη —,
οὔ τιν' ὀπιζομένη, πατρὸς χόλον οὐκ ἀλέγουσα·

Loci sim. **868** cf. ad 477 s. || **869** A 48, al. ἰὸν ἕηκε (et AR, 3, 279, 284) || AR, 1, 1262 ὑ. σπλ. || ο 234 δ. Ἐρινύς || **870** Hes. *Th.* 319 πνέουσαν... π. ; F 43 (a), 87 π. ⟨πνείουσαν⟩ (et AR, 3, 1292, 1327) || **871** AR, 3, 412 τετράγυον (et 1344), 413 σπ., 1347 αὔλακας || **872** Φ. ἐυ. : cf. *AO*, 861 || δ. Αἰ. : cf. ad 777 || **873** AR, 3, 1177 s. ὀδόντας | ... δράκοντος || **874** AR, 3, 1391 γηγενέων κεῖρεν στ. || **875** Nonn. 17, 314 αὐ. παλ. || Γ 373 ἤρ. κ. ; AR, 4, 1749 ἀγλ. ... κ. || **876** κ 388, al. δ. μεγάροιο ; AR, 4, 49 λάθε... ὁρμηθεῖσα || **877** Σ 352, al. ἑ. λ. κάλυψαν (et AR, 4, 169 ἑ.) ; cf. *AO*, 1223 || δ. ν. ὄ. : cf. *AO*, 550 || **878** αἰν. : cf. ad 1175 || περὶ γάρ ῥά ἑ : cf. ad 805 || AR, 3, 762 τεῖρ', 765 Ἔρ. (et 687) ? || **879** ν. ... Ἀργ. : cf. ad 86 ; ν. — πελ. : cf. *AO*, 888 || E 592 πότνι' Ἐνυώ ; Eur. *Alc.* 976 πότνια (sc. Ἀνάγκα) || **880** AR, 3, 614 π. ἀτυζομένην... χ. ; 4, 1083 π. ... χ., al.

---

868 ἐρωτοτρόφος Ω (cf. 478) : -τρόφη ζ || **869** δ' ἄρ' Ω : γὰρ *c* γὰρ δ' ἄρ' N || ἰὸν Ψ : ὀιστὸν K || ἐριννύς Ψ : ἐρυμνόν K || **870** ζεύγλαισι Ω : ζευγλαισι ζεύγλησι (sic, sed alt. uoce deleta) H || πυρπνείοντας O^pc et πῦρ πν- Dorv. : πυρὶ πνείοντας Ω πυρὶ πνέοντας [πυριπν- ζ] ζH || **871** τετραγύῳ Sanctam. : -άγυον Ω -άγυιον θH || **872** ἐυμμελίης Ω : ἐυμε- θ cf. 861 || **873** Ἐνυαλίοιο Schneider : ἐνυάλιόν τε Ω || **875** πῶς δ' Ω (cf. 1349) : ὥς τ' Herm. || **876** ὥς τ' Ω : ὡς δ' *c*E || **877** λιτὶ Pompella : λῖτι Ω || **879** ἀργῴας Ω : -ώης E cf. ad 224.

étreignant et serrant dans ses bras le beau corps de Jason *, elle baisa avidement sa poitrine et son charmant visage, inondant de larmes ses joues ; et comment, sans rougir de sa passion pour le héros *, entraînée par son amour, elle jeta par-dessus bord sa virginité et la loi d'un noble mariage *. Mais tu vas dorénavant entendre de nouveau bien d'autres récits.

Quand * Médée eut quitté en cachette le palais d'Aiétès et se fut rendue à notre nef *, nous voulûmes imaginer en nos cœurs comment aller prendre le plus aisément la toison d'or sur l'arbre sacré. Nos esprits faisaient des plans ; mais nul ne comprit que l'entreprise était sans espoir, tant était immense la tâche qui attendait tous les héros : le fond de nos malheurs se révélait. En effet, devant le palais d'Aiétès et le fleuve puissant, une enceinte d'une hauteur de neuf

881. On attend γοῦνα au lieu de μορφάς : cf. AR, 4, 82 ; Voss propose une conjecture ingénieuse περιπτύξασα τ' ἐν ὄρφνῃ. Si l'on garde le texte, μορφαί signifie ici non plus « beauté » (cf. AR, 3, 1141 ; 4, 1193), mais « corps ». Je ne connais pas de véritables parallèles pour ce sens ; cf. cependant Ach. Tat., 4, 4, 3 ; *Hymne mag. à Séléné*, 18 (E. Heitsch, *Griech. Dichterfragm.*, 1[2], n° 59, 10).

884. Voir *Notes complémentaires*, p. 184.

885. Fränkel, 396, conserve θυμόν et traduit : « the thought of marrying a good man ». Θεσμόν paraît plus approprié : cf. Nonn., 4, 59 ; 32, 83 ; 42, 509 ; et rapprocher 35, 207 εὐήνορι δεσμῷ ? Quel que soit le texte adopté, l'expression comporte une hypallage. L'allusion faite ici n'est sans doute pas de pure convention : dans Val. Fl., 5, 240 s., 258 s., l'ombre de Phrixos invite Aiétès à se hâter de marier Médée à un prince de la région.

887-949. *Délibération des Argonautes et description par Médée du bois sacré d'Hécate.* A partir du v. 887, Apollonios cesse d'être la source principale du poète. Le passage a fait l'objet d'une étude surtout critique dans *Koinônia*, 6, 2, 1982, 111-120 (= Vian[4]) ; je me permets d'y renvoyer le lecteur.

888. V. 887 s. : fuite clandestine de Médée : cf. AR, 4, 20-100.

ἠδ' ὡς ἀμφιπλακεῖσα περιπτύξασά τε μορφάς,
στέρνα τε μαιμώωσα κύσεν χαρίεν τε πρόσωπον,
δάκρυσι πλημμύρουσα γενειάδας, οὐδέ τιν' αἰδῶ
ἔσχε πόθῳ ἥρωος, ἐλαυνομένη δ' ὑπὸ φίλτρων,
παρθενίην ἔρριψε γάμων τ' εὐήνορα θεσμόν.
† Ἄλλα τ' αὖ πολλὰ καὶ † ἐς ὕστερον αὖθις ἀκούσῃ.
Ἀλλ' ὅτε δὴ Μήδεια λίπεν δόμον Αἰήταο
λαθριδίῃ καὶ νηὸς ἐφ' ἡμετέρης ἐπελάσθη,
δὴ τότε οἱ κατὰ θυμὸν ἐμηδόμεθ' ὄφρα μολόντες
ἀμφ' ἱερῆς φηγοῖο δέρας χρύσειον ἕλωμεν
ῥᾷστα. Περὶ φρεσὶ δ' ᾗσι δοκεύομεν, οὐδέ τις ἡμέων
ἔγνω μόχθον ἄελπτον· ἐφέσπετο γὰρ μέγα ἔργον
πᾶσιν ἐφ' ἡρώεσσι, κακῶν δ' ἀνεφαίνετο πυθμήν.
Πρόσθε γὰρ Αἰήταο δόμων ποταμοῖό τ' ἐρυμνοῦ
ἐννέ' ἐπ' ὀργυιῶν ἕρκος περιμήκετον ἄντην

Loci sim. **882** QS, 13, 533 s. κύσεν... | καὶ κεφαλὴν καὶ στ. ; Π 798 κάρη χ. τε μέτωπον || **883 s.** AR, 3, 752 Αἰσονίδαο πόθῳ, 785 (et al.) ἐρρέτω αἰδώς ? || **885** ῥίπτω eodem sensu saepe ap. Nonn. (e. g. 9, 307) || Nonn. 42, 509, al. θεσμὰ γ. || **886** Theoc. 1, 145 κ. ἐς ὕστ. || **887** AR, 3, 723 δ. λίπον ; δ. Αἰ. : cf. ad 777 || **888** ν. — ἐπ. : cf. *AO*, 879 || **890** AR, 3, 88 ἑλόντα δέρος χρ. ; cf. *AO*, 926 s. || **891 s.** : cf. ad 1186 || K 282, al. μέγα ἔργ. || **893** πᾶσιν... ἡρ. : cf. *AO*, 941 || **894** Αἰ. δ. : cf. ad 777 || ἐρ. : cf. ad 85 || **895** λ 312 μῆκος... ἐννεόργυιοι.

---

882 χαρίεν τε O : χάριέν τε Ω || **883** γενειάδας Ψ : -άδος K || **884** πόθω AN : -θων Ω || ἥρωος A : -ωας Ω || **885** παρθενίην Ω : -ίην τ' A Mosch.GS || γάμων Ψ : -μον K || θεσμόν Schneider : θυμόν Ω || **886** ἄλλα τ' αὖ [ταῦτα N] πολλὰ καὶ Ω : ἀλλὰ σὺ πολλὰ καὶ ⟨ἄλλα⟩ Vian[4] ἄλλα τε πόλλ' αὖ καὶ Taillardat (per litt.) || ἐς ὕστερον [ἐσύσ- Ψ] Ω μεθύσθερον Wiel[1] εἰς ὕστ- Taillardat || αὖθις Ω : αὖτις Mosch.L || ἀκούσῃ AΘH : -σει K -σω V ἀκοῦσαι ζ ἀκούσ NF || **889** τότε οἱ Ω : τότ' ἄρα ζ || ἐμηδόμεθ' Ω : ἐκηδ- *c* || **890** δέρας Ω : δέρος Mosch.G cf. 927 || **891** post ῥᾷστα dist. Schneider, post ἕλωμεν plerique || ἡμέων Ψ : ἡμῶν Kζ || **893** ἐφ' Ω : ἅμ' malim || **894** ἐρυμνοῦ Ω (cf. 85) : ἐραννοῦ Herm., frustra || **895** ὀργυιῶν Ψ : -γυῶν K || ἕρκος Ψ : -κον K μῆκος E.

toises, à l'aspect colossal, est défendue par des tours et des blocs de métal poli ; sept parapets la couronnent à la ronde *. Il y a là trois portes garnies d'airain, gigantesques ; il y a là, courant par-dessus, un mur avec des merlons en or sur son pourtour *. Près d'un jambage des portes, la Souveraine qui voit au loin se dresse, brandissant la lueur de la flamme. Les Colques la vénèrent sous le nom d'Artémis gardienne des portes, dame des courses bruyantes * ; elle est pour les hommes effrayante à voir et effrayante à entendre, à moins qu'on n'ait participé aux initiations et aux rites purificatoires *, toutes purifications que tient cachées la prêtresse mystique, Médée à la couche funeste, assistée des filles de Kyta *. Nul mortel n'est jamais entré par cette route, qu'il soit indigène ou étranger, en franchissant le seuil, car, de tout côté, l'arrête la déesse, la terrible Meneuse qui insuffle la

897. L'enceinte a une hauteur d'environ 16 m ; elle évoque par son importance les remparts de Babylone (Hérod., 1, 178-181) et ceux de l'Atlantide (Plat., *Crit.*, 115 c-116 c). — Sur le sens d'ἐρυμνός au v. 894, voir la note au v. 85.

899. Voss, 527, suppose trois portes fortifiées surmontées chacune d'une image d'Artémis. Mais le poète ne mentionne qu'une seule statue ; on préférera donc admettre une enfilade de trois portes aménagées dans l'épaisse muraille : cf. Vian[4], 114 s. L'idole divine est placée contre l'un des piliers (ἐπὶ σταθμοῖο) de la porte extérieure ; outre les parallèles mentionnés dans Vian[4], 115 s., cf. Call., *Épigr.*, 24, 1 ἥρως... ἐπίσταθμος, et J. S. Rusten, *Harv. Stud. Class. Phil.*, 87, 1983, 289-297.

902. Apollonios distingue le temple d'Hécate et le bois sacré d'Arès, situé sur la rive opposée du Phase, où se trouve la toison. Dans les *AO*, Arès n'intervient qu'à l'occasion des dents du dragon (v. 873). Le bois sacré et le sanctuaire situé à son entrée sont la propriété d'une seule et même divinité, appelée selon les cas Artémis (v. 902, 944, 983) ou Hécate Mounychia (v. 935, 977, 982 ; cf. v. 1076) ; sur cette dernière épiclèse, voir la note au v. 935. — Κελαδοδρόμος : Artémis est appelée Κελαδεινή depuis Homère en sa qualité de chasseresse (Π 183, *al.*).

904. Voir *Notes complémentaires*, p. 184.

906. Voir *Notes complémentaires*, p. 184-185.

φρουρεῖται πύργοισι καὶ εὐξέστοισι μύδροισιν,
ἑπτὰ περὶ στεφάνοισι κυκλούμενον. Ἐν δ' ἄρα τρισσαὶ
χαλκήρεις πύλαι εἰσὶ πελώριοι· ἐν δ' ἄρα ταῖσι
τεῖχος ἐπιθρώσκει, περὶ δ' αὖ χρύσειαι ἐπάλξεις.
Αὐτὰρ ἐπὶ σταθμοῖο πυλῶν τηλῶπις ἄνασσα
ἱστάνει αἰθύσσουσα πυρὸς σέλας, ἥν τέ νυ Κόλχοι
Ἄρτεμιν ἐμπυλίην κελαδοδρόμον ἱλάσκονται,
δεινήν τ' ἀνθρώποισιν ἰδεῖν δεινήν τ' ἐσακοῦσαι,
εἰ μή τις τελετὰς πελάσῃ καὶ θύσθλα καθαρμῶν,
ὅσσα περ ἀρήτειρα καθάρματα μύστις ἔκευθε,
δεινολεχὴς Μήδεια Κυτηιάσιν μίγα κούραις.
Οὐδέ τις ἐνδοτέρω κείνην ὁδὸν εἰσεπέρησεν
ἐνδάπιος ξεῖνός τε βροτῶν ὑπὲρ οὐδὸν ἀμείψας·
εἴργει γὰρ πάντῃ δεινὴ θεὸς ἡγεμόνεια,
λύσσαν ἐπιπνείουσα πυριγλήνοις σκυλάκεσσιν.

Loci sim. **897** Nonn. 38, 312 ἑ. π. ζώναις κ. || **901** AR, 3, 1292, al. π. σ. ; Nonn. 1, 236, al. σ. αἰθύσσων ; 30, 96, al. αἰθύσσων... πῦρ ; cf. *AO*, 969 || **902** κελ. : cf. *HO*, 20, 3 παταγοδρόμῳ || **903** Soph. *OC*, 141 δεινὸς μὲν ὁρᾶν, δεινὸς δὲ κλύειν ; Nonn. 43, 256 δεινὸς ἰδεῖν (ex χ 405) ; cf. etiam ad 909 || **904** τελ., καθ. : cf. *O*. F 3 || Nonn. 19, 36 s. διδασκέσθω... | καὶ τελ. καὶ θ. || θ. καθ. : cf. *AO*, 1366 || **905** ἀρ. : cf. AR, 3, 252 (de Medea) || **906** δ. Μ. : cf. ad 1175 || **907** AR, 4, 1468 κ. ὁ. || **908** η 135 ὑ. οὐ. ἐβήσετο ; AR, 3, 280, al. οὐ. ἄμειψεν ; cf. *AO*, 988 || **909** AR, 3, 1213 δ. θ. ; cf. *AO*, 903.

---

898 ταῖσι Ψ : τοῖσι K || **899** χρύσειαι Ω : -σεαι ζ -σει (sic) H || **900** σταθμοῖο Ω : -οῖσι Voss || τηλῶπις KζANV : -πες θFH || **901** ἱστάνει Herm. : ἵστανεν Ω || αἰθύσσουσα Wesseling[2] : -ύουσα Ω || τέ E : καί Ω κέ ζ δέ θ || κόλχοι Ψ : -χον K || **904** τελετὰς Steph. : -ταῖς Ω || πελάσῃ Voss : -σει Ω || **905** μύστις Ψ : μάντις K || **906** δεινολεχὴς Ω : αἰνο- Abel, cl. 878, 1175 || κυτηιάσιν Ψ : -σι KA || **910** λύσσαν Ω : -σσα E || ἐπιπνείουσα AE Crivelli (*immitens rabiem*) : -πλεί- Ω || πυριγλήνοις Tyrwhitt : ὑπὲρ γαληνοῖς KE ὑ. γαλινοῖς Ψ.

la rage à ses chiens aux prunelles de feu *. Aux derniers retranchements de son enceinte succède le bois sacré, ombragé d'arbres florissants, où poussent quantité de lauriers, de cornouillers et de grands platanes. Là, la prairie est tapissée de plantes médicinales naines * : il y a l'asphodèle, le plantain et le gracieux capillaire ; la stramoine, le souchet et la frêle verveine ; la sauge hormin, la moutarde et le cyclamen violet ; la lavande, la pivoine et le basilic touffu, la mandragore et la germandrée ; en outre le dictamne cotonneux, le safran parfumé et le nasitort * ; il y a aussi le léontice, la salsepareille, la camomille et le pavot noir, la malope, la panacée, l'ellébore blanc, l'aconit et bien d'autres plantes vénéneuses qui poussent sur cette terre *. Au milieu, le puissant tronc d'un chêne qui touche les cieux de sa cime déploie à

910. Ἡγεμόνη est une épiclèse d'Artémis (Call., *H.*, 3, 226 s. Nic., fr. 38 Schn. ; Paus., 3, 14, 6 ; 8, 37, 1 ; 8, 47, 6) et d'Hécate (*Hymne magique à Hécate*, dans E. Heitsch, *Griech. Dichterfragm.*, 1^2, n° 59, 13, v. 4 ; *HO*, 1, 8). Les deux déesses sont appelées σκυλακῖτις (*HO*, 1, 5 ; 36, 12) ou σκυλακάγεια (*H. mag. Héc.*, v. 7) : cf. AR, 3, 1040, 1216 s. Sur les chiens enragés aux prunelles de feu d'Hécate, cf. W. H. Roscher, *Kynanthropie* (Abh. kön. Sächs. Gesellsch. Wiss., 17, 1897), 26 ss., 35 (n. 91).

914. Les plantes mentionnées à partir du v. 915 sont les simples nommées ῥίζαι au v. 914 (sur ce sens, cf. Vian[4], 119). Les nominatifs ne sont donc pas en apposition à πόαι ; ils appartiennent à une phrase nouvelle en asyndète dont le verbe est πέφυκε (v. 923). Il n'y a dès lors pas lieu de corriger le début du v. 923 comme je le pensais autrefois (Vian[4], 120).

920. Ἰδέ valant deux brèves est rare dans l'épopée et n'apparaît en général qu'au 4e et au 5e pied ; mais on le retrouve au 3e pied dans *AO*, 962. On le conservera donc, bien qu'il suppose ici un allongement de la brève au temps fort comme en Σ 589. Ce type d'allongement est d'ailleurs fréquent dans le poème à la césure et au 5e pied : v. 97, 226, 506, 717, 760, 771, 1093, 1169, 1359 (cf. Weinberger, 243-246). Au v. 1212, l'allongement au 2e pied doit sans doute être conservé.

922. Voir *Notes complémentaires*, p. 185-186.

Ἐν δέ σφιν πυμάτῳ μυχῷ ἕρκεος ἄλσος ἀμείβει
δένδρεσιν εὐθαλέεσσι κατάσκιον, ᾧ ἔνι πολλαὶ
δάφναι τ' ἠδὲ κράνειαι ἰδ' εὐμήκεις πλατάνιστοι.
Ἐν δὲ πόαι ῥίζῃσι κατηρεφέες χθαμαλῇσιν·
ἀσφόδελος κλύμενός τε καὶ εὐειδὴς ἀδίαντος,
καὶ θρύον ἠδὲ κύπειρον ἀριστερεών τ' ἀμενηνά,
ὅρμινόν τε καὶ εἰρύσιμον κυκλαμίς τ' ἰοειδής,
στοιχὰς παιονίη τε καὶ εὐερνὲς πολύκνημον,
μανδραγόρης πόλιόν τ', ἐπὶ δὲ ψαφαρὸν δίκταμνον
εὔοδμός τε κρόκος ἰδὲ κάρδαμον, ἐν δ' ἄρα κῆμος,
σμῖλαξ ἠδὲ χαμαίμηλον μήκων τε μέλαινα,
ἄλκυα καὶ πάνακες καὶ κάλπασον ἠδ' ἀκόνιτον
ἄλλα τε δηλήεντα κατὰ χθόνα πολλὰ πέφυκε.
Μέσσον δ' ἠερόμηκες ἐπὶ στύπος ἄλσεϊ πολλῷ
ἥπλωται φηγοῖο πέριξ κλαδεῶσιν ἐρυμνόν.

Loci sim. **911** QS, 12, 329 ἐν δέ σφιν πύματος ; πυμ. μ. : cf. *AO*, 1066 || **911-914** Theoc. 7, 8 s. εὔσκιον ἄλσος... πετάλοισι κατηρεφέες || **916** Φ 351 θρ. ἠ. κύπ. || **922** s. Nic. *Alex.* 42 δηλήειν ἀκόνιτον.

---

911 σφιν suspectum || πυμάτῳ Ψ : -ατ K || **913** ἰδ' ζ : ἠδ' Ω || εὐμήκεις Ψ : ἀμ- K || **914** ῥίζῃσι Ω : -ζαισι A || κατηρεφέες Ψ : -φέος KF || **915** εὐειδὴς Ω : εὐδὴς F εὐώδης Mosch. || **916** ἀριστερεών ANO : -εῶν K -έων Ψ || τ' ἀμενηνά Ψ (sed -νή exspectes) : τε μενηνά K τ' ἀνεμώνη Herm. || **917** ὅρμινόν Esch. : -ιόν Ω || κυκλαμίς Ω : -μές θF κύκλαμίς ζ || τ' ἰοειδής Herm. : τε θεοειδής [-δές M^{pc}O] Ω τε θεουδής ζ τε θυώδης Wiel[3] || **918** καὶ εὐερνὲς πολύκνημον Vian[4] : κατερνές [-νίς V] τε πολύκνημον [-κλημον K] Ω πολύκνημόν τε κάτερνες (sic) Herm. || **919** πόλιόν ζ : πολιόν K^{sl}AOEF -ίον NMVH -ιήν K^{ac} || δίκταμνον Schneider : -αμον Ω || ψαφ. δίκτ. om. H || **920** εὔοδμός Ω : -οσμός NV || ἰδὲ Ω : καὶ Herm. || **922** ἄλκυα καὶ Ω : ἀλκέα καὶ Esch. ἀλκείη Herm. || κάλπασον Ω : κάρπ- U^{2mg} κάπ- ζ || **923** πέφυκε Sitzler : πεφύκει Ω || **924** ἠερόμηκες ζAE : ἱερό- Ω || ἄλσεϊ Ω : -σεσι θ || **925** ἥπλωται Ω : -το E || ἐρυμνόν Ω (cf. 987) : ἐραννόν Herm., cl. 991 ἐρεμνόν Voss.

la ronde ses rameaux sur une grande partie du bois *. C'est là que, de part et d'autre d'une longue branche, pend la toison d'or sur laquelle veille un terrible serpent *, monstre funeste aux mortels, indicible prodige : il est couvert d'écailles d'or * et, circulant en haut du tronc avec ses formidables anneaux, il est le desservant du monument de Zeus infernal, montant près de la toison une garde incessante ; infatigable, ignorant le sommeil, il scrute les environs de ses yeux glauques, en roulant une impudente prunelle *.

Donc, lorsque nous eûmes entendu la vérité sur Hécate Mounychie * et la garde du dragon — Médée nous avait tout expliqué clairement en détail —, nous cherchions contre tout espoir un moyen d'accomplir cette rude besogne : comment apaiser et fléchir la Chasseresse, et comment aborder la bête monstrueuse

925. L'*hapax* ἠερομήκης équivaut à οὐρανομήκης. — Pour la forme κλαδεῶσι, cf. Léon. [Tar.], *AP*, 9, 78, 3 conj. ; Grég. Naz., *Praec. ad Virg.*, 280 (Migne, *PG*, t. 3, p. 600).

927. J'abandonne ma conjecture antérieure (Vian², 145), pour revenir au texte de Hermann (mais en conservant κεν) : cf. AR, 2, 406 (δράκων) ἀμφὶς ὀπιπεύει δεδοκημένος (et 2, 1269). Voss, 527, garde même αἶψα et paraît prêter à l'expression un sens voisin de l'hom. ὀξὺ νόησε : le dragon surveille la toison *d'un coup d'œil soudain*, « mit raschem Blicke ».

929. Les lexicographes glosent l'hom. ἐθείρῃ (Φ 347) par κοσμῇ ; le passif peut donc être considéré comme synonyme de κοσμεῖται. Naturellement le poète s'est aussi souvenu d'AR, 1, 221-223 (voir les *loci sim.*) où figure le substantif ἔθειραι.

933. Voir *Notes complémentaires*, p. 186.

935. Selon un procédé qui rappelle celui de l'*exokéanismos* (voir la Notice, p. 44 s.), le poète transporte en Colchide une Artémis Mounychie (ou mieux Mounichie) qui est proprement attique et il l'identifie à Hécate. La Mounichie du Pirée était déjà proche d'Hécate : cf. L. Deubner, *Att. Feste*, 1932, 205. En outre, son culte est étroitement lié à celui de l'Artémis de Braurôn et à celui de l'Artémis Tauropole d'Halai Araphénidès ; or cette dernière a été identifiée par les Anciens à l'Artémis Taurique de Scythie, sans doute à la suite de l'*Iphigénie en Tauride* d'Euripide. Autant d'éléments qui ont dû favoriser le syncrétisme opéré par le poète. Sur Mounichie et les

Ἐν δ' ἄρα οἱ χρύσειον ἐπικρέματ' ἔνθα καὶ ἔνθα
ὅρπηκος ταναοῖο δέρας τό κεν ἀμφιδοκεύει
δεινὸς ὄφις, θνητοῖς ὀλοὸν τέρας, οὐ φατὸν εἰπεῖν·
χρυσέαις γὰρ φολίδεσσιν ἐθείρεται, ἂν δ' ἄρα πρέμνον
ἀπλάτοις ὁλκοῖσι φορεύμενος, ἀμφιπολεύει
σῆμα χαμαιζήλοιο Διός, ποτὶ κῶας ἀμείβων
φρουράς· ἄκμητος δ' ἐπιμαίεται ἄμμορος ὕπνου
γλαυκοῖς ἀμφ' ὄσσοισιν ἀναιδέα κανθὸν ἑλίσσων.
Αὐτὰρ ἐπεὶ κλύομεν τόδ' ἐτήτυμον ὡς ἐτέτυκτο
ἀμφί τε Μουνυχίης Ἑκάτης φρουρῆς τε δράκοντος,
πάνθ' ὅσα οἱ κατέλεξεν ἀριφραδέως Μήδεια,
διζόμεθ' οἶμον ἄελπτον ὀιζυροῖο πόνοιο,
ὥς κέ νιν Ἀγροτέρην μειλιξάμενοι πεπίθοιμεν
ἠδ' ὡς θῆρα πέλωρον ἱκοίμεθα, τόφρ' ἀνελόντες

Loci sim. **926-928** χρ. ... δέρας : cf. ad 890 || AR, 2, 1269 τόθι κῶας ὄφις εἴρυτο δοκεύων ; 4, 1506 δεινὸς ὄφις (post Hes. F 204, 136) ; 2, 820 ὀλ. τέρας (cf. *AO*, 976) || Hes. *Sc.* 230 οὐ φατεί ; Aristoph. *Au.* 1713 οὐ φατὸν λέγειν ; cf. *AO*, 976 || **929** AR, 1, 221 χρυσείαις φ. (et 4, 144), 223 ἔθειραι (!) || QS, 6, 257 ἀνὰ πρ. || **930** Nonn. 6, 281, al. πεφορημένος ὁλκῷ || **931 s.** QS, 8, 499 ἀμειβόμενοι φυλακάς (ex I 471) ; cf. Nonn. 24, 344 || **933** AR, 2, 407 οὐ... ὕπνος ἀναιδέα δάμναται ὄσσε ; Opp. *Cyn.* 4, 118 πυριλαμπέα κ. (et *AP*, 5, 219, 3) || **934** ψ 62 μῦθος ἐτήτυμος, ὡς ἀγορεύεις || **936** ψ 225 ἀρ. (u. l.) κατέλεξας ; δ 256 πάντα... κατ. || **937** Nonn. 2, 488 διζομένη μέσον οἶ. || ὀιζ. π. : cf. ad 684 || **938** I 112 φραζώμεσθ' ὥς κέν μιν ἀρεσσάμενοι πεπίθωμεν (et A 100) || Ἀγρ. : cf. Φ 471 || **939** Nonn. 25, 471 θ. π. (et AR, 4, 143 κεῖνο π.).

926 ἐπικρέματ' Mosch.[s] : ἐπεκρ- Ω || **927** δέρας ΚζΕ : δέρος Ψ cf. 890, 1019 || κεν Ω : μὲν Voss περ malim, sed cf. p. 63 || ἀμφι- Herm. : αἶψα Ω || **929** χρυσέαις Herm. : -σαῖς Ω || ἂν Vian[4] : ἐν Ω cf. 958 || **931** σῆμα Ω : δῆμα Mosch.[R] || **932** φρουράς· ἄκμητος δ' Vian[4] : φρουραῖς ἀδμήτοις δ' Ω φρ. δ' ἀδμ. δ' θ φρ. δ' ἀδμ. M[pc] φρ. δ' ἀκμήτοις Hemsterhuys || ἐπιμαίεται Ω : -μαίνεται Wiel[2] || ὕπνου Ψ : ὕπνος ΚΗ Mosch. || **935** τε (pr.) Herm. : γε Ω || μουνυχίης Ω : -νιχ- ζΑθ (?) || φρουρῆς Ω : -ροῦ malim, cl. 983 || **937** οἶμον Gesn. : οἱ μὲν Ω ἡμὲν ζ || **938** νιν Ω : μιν Herm.[2].

afin d'enlever la toison et de rentrer ensuite vers la terre de notre patrie ? Alors, au milieu de tous les héros, Mopsos, instruit qu'il était grâce à son art prophétique, les exhortait à me supplier et à me confier le soin de fléchir Artémis et de vaincre par mes charmes la bête insolente. Ainsi donc ils m'imploraient à la ronde. Et moi, j'ordonnai à l'Aisonide, à deux autres puissants braves, Castor le dresseur de chevaux et Pollux le bon pugiliste, ainsi qu'à Mopsos fils d'Ampyx de se mettre en route pour accomplir la tâche *. Médée me suivait, seule à l'écart des autres.

Quand je fus arrivé à l'enceinte et à la demeure divine *, je creusai dans une région plane une fosse triangulaire ; puis, me hâtant d'apporter des branches de genévrier, de cèdre sec, de nerprun épineux et de peuplier pleureur, je les entassai en un bûcher dans

autres Artémis attiques, voir L. Deubner, *o. c.*, 204-209, à compléter et corriger avec L. Kahil, *Ant. Kunst*, 20, 1977, 86-98 ; H. W. Parke, *Festivals of the Athenians*, 1977, 137-139 ; E. Simon, *Festivals of Attica*, 1983, 81-88.

948. Aux v. 941-948, le poète se souvient du rôle joué par Mopsos et les Tyndarides chez Apollonios (3, 916-946, 1314-1316).

950-987. *L'évocation d'Artémis-Hécate.* Comparer AR, 3, 1032-1041, 1194-1217. Pour le sacrifice dans le *bothros*, voir aussi κ 516-537 ; λ 23-50 ; Lucien, *Charon*, 22 ; Philostr., *Héroïcos*, 325 (742) ; G. Kaibel, *Epigr. gr.*, 1034. — V. 950 : sur le féminin ζάθεον, cf. Vian[4], 116, n. 26. — V. 951 τρίστοιχον : la fosse, creusée en l'honneur de la triple Hécate, est apparemment triangulaire (ou à trois compartiments) : cf. Vian[4], 122, n. 62. Voir *ibid.*, 122-126, les remarques critiques sur l'ensemble du passage (je renonce à garder au v. 955 πάμπαν, que je tentais de défendre alors).

δέρμ' ἀπονοστήσωμεν ἑὴν ἐς πατρίδα γαῖαν.
Καὶ τότε δὴ μετὰ πᾶσιν ὁμόκλεεν ἡρώεσσι
Μόψος — ὁ γάρ τ' ἐδάη σφῇσιν τάδε μαντοσύνῃσιν —
ὄφρ' ἐμὲ γουνάσσωνται, ἐπιστείλωσι δὲ ἔργον
Ἄρτεμιν ἵλασθαι θέλξαι θ' ὑπερήνορα θῆρα.
Ὣς οἱ μὲν λίσσοντο περισταδόν· αὐτὰρ ἔγωγε
Αἰσονίδην ἐκέλευσα, δύω δ' αὖ φῶτε κραταιὼ
Κάστορά θ' ἱππόδαμον καὶ πὺξ ἀγαθὸν Πολυδεύκεα
Μόψον τ' Ἀμπυκίδην ἰέναι πρὸς τέρματα μόχθου.
Αὐτὰρ ἐμοὶ Μήδεια συνέσπετο μούνη ἀπ' ἄλλων.
Ἡνίκα δ' εἰς σηκοὺς ἱκόμην ζάθεόν τε θεράπνην,
χώρῳ ἐπὶ πλακόεντι βόθρον τρίστοιχον ὄρυξα·
φιτροὺς δ' ἀρκεύθοιο καὶ ἀζαλέης ἀπὸ κέδρου
ῥάμνου τ' ὀξυτέροιο πολυκλαύτων τ' αἰγείρων
ὦκα φέρων, ⟨ἐπ⟩ένησα πυρὴν ἔντοσθε βόθροιο.

Loci sim. **940** τ 258 νοστήσαντα φίλην εἰς π. γ. ; cf. *AO*, 847, 1374 (et 217) || **941** π. ... ἡρ. : cf. *AO*, 893 || **942** AR, 2, 247 μαντοσύνας δεδαώς ? || **946** E 572, al. δύο φ. ; N 345 δύω... υἷε κρ. ; *HHMerc.* 265, 377 κραταιῷ φωτί || **947** repetitus ex Γ 237 ; cf. *AO*, 127 || **948** AR, 1, 1083 Μόψος τ' Ἀμπυκίδης || Aesch. *Pr.* 99 s. μόχθων | ... τ. || **949** *HHMerc.* 193 -ετο μοῦνος ἀπ' ἄ. ; cf. *AO*, 93, 183, 694, et uide ad 770 || **950** Eur. *Tr.* 1070 ζαθέαν (ζάθεον coni.) θεράπναν || **951** Dionysios, *Bass.* F 6 (b), 6 Livrea πλακόεντος ἔσω πεδίοιο || κ 517, al. β. ὀρύξαι (et AR, 3, 1032, 1207) || **952** et **954** Ψ 123 φιτρ. φέρον (et AR, 3, 1209) ; cf. *AO*, 571 s. || AR, 3, 1034 πυρκαϊὴν εὖ νήσας (et 1208) || **953** Arat. 360 πολυκλαύτου ποταμοῖο (de Eridano) ; cf. AR, 3, 777 ; 4, 604 s.

---

940 ἀπονοστήσωμεν Ω : -σαιμεν Mosch.[R] || **942** τ' ἐδάη σφῇσιν ζ : τ' ἐδάεις φησὶ K τε δαείς φησι Ψ || **943** ἐπιστείλωσι δὲ Vian[4] : -στείβωσι [-στίβ- A] δὲ Ω -στείβειν τόδε Keydell[1] || **944** θ' Herm., Schneider praeeunte : δ' Ω || **946** δ' αὖ Vian[4] : δὴ Ω θ' ἅμα Herm. || **951** ἐπὶ Ω : fort. ἐνὶ, cl. QS, 7, 116 || πλακόεντι Ω : -κώεντι ζ || **952** δ' Mosch.[G] : τ' Ω || κέδρου Ω : κένδρου Nθ || **953** ῥάμνου ζM[pc] : -ους Ω || ὀξυτέροιο Ω : -τόροιο Abel || **954** ἐπένησα Vian : ἔνησα Ω νήησα Gesn. || πυρὴν ζAOH : -ῆν KNM[ac]VF || ἔντοσθε Schneider : ἔμπροσθε Ω.

la fosse *. La savante Médée m'apportait beaucoup de drogues qu'elle prenait dans les coffres de la crypte interdite aux senteurs d'encens. Aussitôt je façonnai sur des plats (?) des figurines en farine d'orge ; je les déposai sur le haut du bûcher et j'accomplis le sacrifice infernal en immolant trois chiots tout noirs *. A leur sang je mêlai du vitriol, de la saponaire, du carthame ramifié (?), en outre du plantain inodore, de l'orcanète rouge et du *chalkimos* * ; puis, après en avoir empli le ventre des chiots, je les déposai sur le bûcher *. Ensuite je répandis tout autour de la fosse les intestins mêlés (?) d'eau * et, revêtu de voiles sombres, heurtant le bronze sonore *, j'adressai ma prière. Elles eurent tôt fait de m'entendre *, brisant

954. Voir *Notes complémentaires*, p. 186-187.

959. Sacrifices de chiens, et plus spécialement de chiens noirs, à Hécate : cf. Plut., *Qu. rom.*, 68, 280 c ; 111, 290 d ; W. H. Roscher, *Kynanthropie*, 1897, 26 ss. ; 30, n. 75 ; H. Scholz, *Der Hund in d. griech.-röm. Magie u. Religion* (diss. Berlin, 1937), 29 (n. 1), 40-43 ; N. J. Zaganiaris, *Platôn*, 27, 1975, 323 s. Chien noir sacrifié par des mages pour purifier une maison : Pline, *Hist. nat.*, 30, 82.

962. Voir *Notes complémentaires*, p. 187.

963. Dans l'*HHHerm.*, 122 s., les intestins (χολάδες, terme employé ici au vers suivant) bourrés de sang sont mis à rôtir sur le feu dans un *bothros*.

964. Sur le sacrifice des entrailles de chiens à Hécate, cf. Ovide, *Fastes*, 1, 389 ; 4, 936. Voir aussi Vian[4], 124 s.

965. Simaitha fait pareillement retentir le bronze au moment où Hécate se manifeste : Théoc., 2, 36 (voir le comm. de Gow) ; cf. aussi AR, 1, 1136. Chez Théocrite comme dans les *AO*, l'action ne doit pas avoir une valeur apotropaïque ; le bruit de l'airain salue et peut-être facilite l'épiphanie de la déesse : voir en général L. Parmentier, *Rech. sur le traité d'Isis et d'Osiris de Plut.* (Mém. Ac. Roy. Belg., 2e série, t. 11, fasc. 1, 1913), 31-57. — Ma conjecture ἀπηχέα (Vian[4], 123, n. 69) a été anticipée par Van Krevelen.

966. Les parallèles cités aux *loci sim.* invitent à lire ὑπάκουσαν ; mais cf. E. Heitsch, *Griech. Dichterfragm.*, 1^{2}, n°s 59, 10, v. 2, et 59, 12, v. 20, 34.

Πολλὰ δέ μοι φέρε φάρμακ' ἐπισταμένη Μήδεια,
φωριαμῶν ἀνελοῦσα θυώδεος ἐξ ἀδύτοιο.
Αὐτίκα δ' οὐλοπλάσμαθ' † ὑπὸ πέπλους † ἐπονεύμην·
ἂν δὲ πυρὴν ἐπέβαλλον ἰδ' ἔντομα θύματ' ἔρεζον,
σκύμνους παμμέλανας σκυλάκων τρισσοὺς ἱερεύσας.
Αἵματι δ' αὖ χάλκανθον ἰδὲ στρούθειον ἔμιξα
κνῆκόν τε σχιστήν, ἐπί τε ψύλλειον ἀῶδες
ἄγχουσάν τ' ἐρυθρὴν ἰδὲ χάλκιμον· αὐτὰρ ἔπειτα
νηδύας ἐμπλήσας σκυλάκων φιτροῖσιν ἔθηκα.
Ὕδατι δ' αὖ † μίξας † χολάδας χεόμην περὶ βόθρον
ὄρφνινά θ' ἑσσάμενος φάρη καὶ ἀπηχέα χαλκὸν
κρούων ἐλλισάμην. Αἱ δ' ὀτραλέως ἐπάκουσαν,
ῥήξασαι κενεῶνας ἀμειδήτοιο βερέθρου,

Loci sim. **956** AR, 3, 802, al. φωριαμόν ; Nonn. 20, 18 φωριαμούς... θυώδεας || **958 s.** ἔντ. : cf. ad 571 s. || γ 5 s. ἱερὰ ῥέζον, | ταύρους παμμ. ; cf. *AO*, 571 s. || **963** ι 296 ἐμπλήσατο νηδύν || **964** AR, 3, 1210 ἐπὶ δὲ μιγάδας χέε λοιβάς ? || **965 s.** AR, 3, 863 σὺν ὀρφναίοις φαρέεσσιν, 1204 s. φᾶρος | ἕσσατο κυάνεον || Γ 260 ὀτρ. ἐπίθοντο ; ξ 485 ὁ δ' ἄρ' ἐμμαπέως ὑπάκουσε ; cf. *AO*, 84, 241, 1006 || **967** cf. Nonn. 2, 69, 651 ; 30, 35 ; 45, 282.

---

955 φάρμακ' Schneider, cl. AR, 3, 802 s., 807, 844 s. ; 4, 24 s. : πάμπαν Ω || **956** φωριαμῶν Ω : -μοῦ ζ -μὸν fort. Crivelli (*capsam gestabat*) || **957** οὐλοπλάσμαθ' Herm. : οὐλαοπλάσμαθ' [-ατ'] Ψ οὐλαοπλάτ' K οὐλοὰ πλάσμαθ' Keydell[2] || ὑπὸ πέπλους corruptum : ὑπὸ (ὑπαὶ leg.) πέπλοις Voss ἐπὶ πλεκταῖς Abel ἐπὶ πλαθάνοις uel ὑποπλάσσων Vian[4] || **958** ἂν... πυρὴν [-ῆν N^{ac}θVFH] Ψ : ἐν... πυρὴν K ἐν... πυρῇ Herm., cl. I 220 ; Ω 787 || ἐπέβαλλον Ω : ἐνέβ- Herm., frustra || ἔρεζον Ω : ἔρε solum H || **960** χάλκανθον Mosch.^{GR} : κάλχανθον [-νδον K] Ω || στρούθειον Mosch.^{L} : -θιον Ω || **961** κνῆκόν Ω : κνῖκον E || post σχιστήν add. τ' Herm. || ἀῶδες Vian[4] : ἀειδὲς Ω ἀηδὲς E || **963** φιτροῖσιν ἔθηκα Ω : -οῖς ἐπέθηκα Herm., sed cf. 316, al. || **964** μίξας corruptum : σπείσας dub. Vian[4] νίψας Chuvin || χολάδας Ω : χοάδας Voss λοιβὰς Herm., cl. AR, 3, 1210 || **965** ὄρφνινά Ψ : -ιά KE || ἀπηχέα Herwerden : ἀπεχθέα Ω ἀπευθέα E || **966** ἐπάκουσαν Ω : ὑπάκ- Mosch.^{G}.

les cavités du sinistre abîme *, Tisiphone, Allectô et la divine Mégère *, toutes trois brandissant la lueur sanglante de leurs torches de pin sec *. Aussitôt la fosse s'allumait et le feu funeste crépitait * : une flamme fuligineuse répandait une immense fumée. Aussitôt surgirent de l'Hadès à travers le brasier, terribles, implacables, les Jeteuses d'épouvante que nul ne peut dévisager *. L'une avait un corps en fer, celle que les mortels appellent Pandore *. Avec elle arrivait un être à l'aspect changeant, à la tête triple, monstre funeste et inconcevable, la fille du Tartare Hécate : de son épaule gauche s'élançait un cheval à longue crinière ; à droite, on pouvait apercevoir la face furieuse d'une chienne ; au milieu, un serpent à l'aspect sauvage ; de ses deux mains, elle tenait des

967. Pour la terre qui tremble ou s'entr'ouvre sous l'effet des invocations magiques, cf. Lucain, 6, 728 ; Sén., *Oed.*, 569-586 ; Lucien, *Ménippe*, 10.

968. Comparer Lucien, *Ménippe*, 9, où le mage évoque à grands cris les Poinai, les Érinyes, Hécate et Perséphone. — Sur le rôle des Furies dans les textes magiques, cf. Nock, *Journ. Hell. Stud.*, 1926, 50-53. Dans l'*Hymne à Séléné* cité à la n. au v. 966 (Heitsch, nº 59, 10), la Lune est appelée, entre autres, Μέγαιρα καὶ ᾿Αλληκτώ (v. 9).

969. La construction transitive d'ἀίσσω est attestée : références dans l'éd. d'Apollonios (C.U.F.), t. 1, p. 109, n. 4. Mais la conjecture de Ruhnken est étayée par plusieurs parallèles nonniens (Nonn., 1, 236 ; 8, 305 ; 14, 57 ; 21, 261 ; et surtout 36, 297, cité aux *loci sim.*), ainsi que par *AO*, 901 (où αἰθύσσουσα est aussi corrompu).

970. Sur le feu qui s'allume de lui-même sur l'autel, cf. Virg., *Buc.*, 8, 105 s. ; Sil. It., 1, 96, et le passage d'Eunape cité dans la Notice, p. 18, n. 1. Voir aussi J. Duchemin, *Mélanges É. Delebecque*, 1983, 119-122, qui allègue un allumage miraculeux du feu dans la Bible (*I Rois*, 18) pour interpréter un passage de la *VII*e *Olympique*.

973. Voir *Notes complémentaires*, p. 187.

975. Χθόνιοι = ἐπιχθόνιοι. Nonnos emploie souvent χθόνιος dans le sens de « terrestre », « mortel ». Gesner, suivi par Voss et Dottin, traduit *inferi*.

Τισιφόνη τε καὶ Ἀλληκτὼ καὶ δῖα Μέγαιρα,
πεύκαις ἀζαλέαις φόνιον σέλας αἰθύσσουσαι.
Καίετο δ' αὐτίκα βόθρος, ⟨ἐπ⟩εσμαράγει δ' ὀλοὸν πῦρ·
λιγνὺς δ' αἰθαλόεσσα † χύθη † περιμήκεα καπνόν.
Αὐτίκα δ' ἐξ Ἀίδαο διὰ φλογὸς ἠγέρθησαν
δειναὶ Θαμβήτειραι, ἀπηνέες, ἀπροσόρατοι.
Ἡ μὲν γὰρ δέμας εἶχε σιδήρεον, ἣν καλέουσι
Πανδώρην χθόνιοι. Σὺν δ' αἰολόμορφος ἵκανε,
τρισσοκέφαλος ἰδεῖν, ὀλοὸν τέρας οὔ τι δαητόν,
Ταρταρόπαις Ἑκάτη· λαιοῦ δ' ἄρ' ἀπεσσύθη ὤμου
ἵππος χαιτήεις· κατὰ δεξιὰ δ' ἦεν ἀθρῆσαι
λυσσῶπις σκυλάκη· μέσση δ' ὄφις ἀγριόμορφος·
χερσὶν δ' ἀμφοτέραις ἔχεν ἄορα κωπήεντα.

Loci sim. **968** repetitus ex *HO*, 69, 2 ‖ **969** π. ἀζ. : cf. ad 330 ‖ Nonn. 21, 261 φόν. φλόγα ; 36, 296 s. φλὸξ | ... αἰθύσσουσα σέλ. ... καπνῷ ; cf. etiam ad 901 ‖ **970** O 605, al. ὀλ. π. ‖ **971** λιγνὺν αἰθαλόεσσαν homericum secundum *EM*, 565, 27 ; AR, 2, 1008 λιγνύι καὶ καπνῷ ; 4, 139 s. αἰθαλόεσσαι | καπνοῖο στροφάλιγγες ‖ **972** Ψ 76, al. (et AR, 2, 609) ἐξ Ἀ. ‖ Ψ 33, al. (et AR, 3, 1313, al.) διὰ φλ. ‖ **973** *HO*, 39, 2 ἀπροσόρατον ‖ **974** ἣν καλ. : cf. ad 600 ‖ **975** *HO*, 69, 8 αἰολόμορφοι (de Furiis), et passim ‖ **976** ὀλ. τέρ. et οὔ τι δ. : cf. ad 926-928 ‖ **977** ἀπ. ὤμ. : cf. ad 517 ‖ **978** AR, 2, 1237 χαιτήεντι... ἵππῳ (et Phoc., 2, 3) ‖ Arat. 707 κ. δ. ; cf. *AO*, 486, 1206 ‖ **979** P. Lille inv. 71 (de Hercule poema), D 2 (= *CRIPEL*, n° 6, 247 s.) ἀγριόμορφον ὄφιν ‖ **980** Σ 123 ἀμφοτέρῃσιν χερσί ‖ κωπ. : cf. ad 319.

---

968 τισιφόνη θ : τισσι- Ω Τεισι- West ‖ ἀλληκτὼ $ζ^{pc}$VFH : ἀλη- Ω ‖ **969** αἰθύσσουσαι Ruhnken[1] : ἀίσσ- Ω ‖ **970** δ' (pr.) Ω : θ' N ‖ ἐπεσμαράγει Schrader[3] : ἐσμαράγει Κζθ (fort. p.c.) -άγη $Aθ^{ac}$(?)VFH ἐσμαράγδην N ‖ **971** χύθη Ω : χέεν dub. Vian[4] ‖ περιμήκεα *c* : -μήκετα Ω -μήκετον θ -μήκετ. F -μήκ H -μηκέι Herm. (acc. corr. Schenkl[1]) ‖ καπνόν Ω : om. H καπνῷ Gesn. ‖ **974** εἶχε Mosch.[G] Platt[1] : ἔσχε Ω ‖ **976** τρισσοκέφᾱλος : cf. Hes. *Th.* 287, 312 ‖ δαητόν Ω : δ' ἀικτόν E δαϊκτόν U Mosch. ‖ **977** ἀπεσσύθη Schneider : ἐπέσσυθεν Ω -σσυτο Wiel[2-3] ἐξέσσυτο, ἄρ' deleto, Keydell[1], cl. 786 ‖ **979** δ' ὄφις ἀγριόμορφος Herm. : δ' ἔφυ [ἔφη ζ] ἀγρ- Ω δὲ συαγρ- Wiel[3].

glaives à la bonne poignée *. Elles tournoyaient en cercle tout autour de la fosse, Pandore et Hécate *, et, avec elles, bondissaient les Furies. Aussitôt la statue d'Artémis qui montait la garde laissa ses torches tomber de ses mains à terre et fixa ses yeux en direction du ciel *, tandis que les chiens qui l'accompagnaient agitaient la queue *. Les verrous des serrures d'argent se délièrent et les belles portes de la puissante muraille s'ouvrirent, laissant apercevoir le vaste bois sacré *.

Je franchis le seuil *, cependant que Médée la fille d'Aiétès, le noble fils d'Aison et les Tyndarides se hâtaient d'un même pas, accompagnés de Mopsos. Mais, quand nous apparut, tout près, le chêne, objet de nos désirs, ainsi que le socle de Zeus Hospitalier et la base de l'autel, alors le dragon, lové sous ses larges anneaux *, virevolta en dressant la tête et sa terrible mâchoire. Il poussa un sifflement de mort qui fit retentir l'ineffable éther. Les arbres craquèrent,

980. Voir *Notes complémentaires*, p. 187.

982. Voir *Notes complémentaires*, p. 188.

984. Voir *Notes complémentaires*, p. 188.

985. Il s'agit sans doute de chiens automates : cf. η 91-93 ; Nonn., 3, 175-179.

987. Médée provoque l'ouverture des verrous par des incantations dans AR, 4, 41 s. Sur ce thème, outre les références données dans C.U.F., *ad loc.* (t. 3, p. 148), cf. S. Eitrem, *Pap. Osl.*, 1, 1925, 111-113 ; Keydell[5], 3.

988-1021. *La conquête de la toison.* Certains thèmes sont empruntés à Apollonios, bien que le protagoniste soit ici Orphée et non plus Médée : 991 s. ∼ AR, 4, 114-126 (l'autel de Zeus, le chêne) ; — 993-997 ∼ AR, 4, 127-144 (apparition terrifiante du dragon) ; — 998-1000 ∼ AR, 4, 149 (effroi de Jason), 145 et 156 (Médée impavide tenant un rameau apotropaïque) ; — 1001-1012 ∼ AR, 4, 146 s. (invocation à Hypnos) ; — 1013-1015 ∼ AR, 4, 149-161 (assoupissement du dragon) ; — 1015-1019 ∼ AR, 4, 162-182 (à l'invitation de Médée, Jason s'empare de la toison ; retour au navire) ; — 1020 s. ∼ AR, 4, 183-186 (admiration des Argonautes).

993. Le texte peut être conservé : le dragon au repos a la

Ἐγκύκλιαι περὶ βόθρον ἐδίνεον ἔνθα καὶ ἔνθα
Πανδώρη Ἑκάτη τε· συνεσσεύοντο δὲ Ποιναί.
Ἐκ δ' ἄφαρ Ἀρτέμιδος φρουρὸν βρέτας ἧκε χαμᾶζε
πεύκας ἐκ χειρῶν, ἐς δ' οὐρανὸν ἤραρεν ὄσσε·
σαῖνον δὲ σκύλακες πρόπολοι. Λύοντο δ' ὀχῆες
κλείθρων ἀργυρέων, ἀνὰ δ' ἔπτατο καλὰ θύρετρα
τείχεος εὐρυμενοῦς, ὑπεφαίνετο δ' ἄλσος ἐρυμνόν.
Αὐτὰρ ἐγὼν ὑπὲρ οὐδὸν ἔβην· τῆμος δέ τε κούρη
Αἰήτεω Μήδεια καὶ Αἴσονος ἀγλαὸς υἱὸς
Τυνδαρίδαι τ' ἤπειγον ὁμοῦ, σὺν δ' ἕσπετο Μόψος.
Ἀλλ' ὅτε δὴ σχεδόθεν κατεφαίνετο φηγὸς ἐραννὴ
κρηπίς τε Ξενίοιο Διὸς καὶ βώμιος ἕδρη,
ἔνθα δράκων, ὁλκοῖσιν ὑπὸ πλατέεσσιν ἑλιχθείς,
δινεύων ἀνάειρε κάρα βλοσυρόν τε γένειον.
Ἂν δ' ὀλοὸν σύριξ'· ἐπὶ δ' ἔβραχεν ἄσπετος αἰθήρ·
δένδρεα δ' ἐσμαράγησε, κραδαινόμεν' ἔνθα καὶ ἔνθα

Loci sim. **983 s.** χ 83 s. ἐκ δ' ἄρα χειρὸς | ... ἧκε χαμ. || **986** φ 49 καλὰ θύρ., 50 πετάσθησαν δέ οἱ ὦκα || **988 s.** ὑ. οὐ. ἔϐ. : cf. ad 908 || AR, 3, 27 κούρην Αἰ. ; cf. *AO*, 1215 || Αἴ. ἀ. υἱ. : cf. ad 130 et 491 || **990** κ 436 σὺν δ' ... εἵπετ' Ὀδυσσεύς ; cf. *AO*, 1100 || **992** [Hom.] ap. [Herod.] *Vit. Hom.* 19, 264 ξ. Δ. || AR, 4, 118 βωμοῖο θέμεθλα || **993** AR, 4, 1520 ἑλ. (de serpente) ; Nonn. 12, 326 ὁλκὸν ἑλίξας, et sim. || **994** Χ 74 κ. πολιόν τε γ. ; Nonn. 2, 286 βλοσυρῶν... γενείων || **995** QS, 14, 458 ἐπιϐρέμει ἄσπ. αἰ., 464 περὶ δ' ἔϐρ. αἰ.

981 περὶ βόθρον ἐδίνεον West : δινεῦντο [δὲ διν. ζ] περὶ βόθρον Ω δίνεον (δίνευν) δὲ πέριξ βόθρον Herm. Vian[2] || **982** συνεσ(σ)εύοντο Ψ* : -νται K || **983** ἐκ ζΑΝVFH : ἐν Kθ res dubia || βρέτας Vian[4] : δέμας Ω || **986** ἀργυρέων Ω : ἀργαλέων Mosch.[R] || **987** ἐρυμνόν Ω : ἐραννόν Herm. || **988** τε Ω : τότε θ || **991** ἐραννὴ Ω : ἐρεμνὴ Voss || **993** ὑπὸ πλατέεσσιν Ω : ὑπ' [ἐπ' Platt[1]] ἀπλάτοισιν [-πλήτ-] Pierson Herm. Platt[1], cl. 930, et Eur. *Herc.* 397 || **994** κάρα Ω (cf. *HHCer.* 12 ?) : κάρη Mosch. || **995** σύριξ' KO^{pc}E : -ριγξ' uel -ριγξ Ψ.

ébranlés en tout sens depuis le fondement de leurs racines ; le bois ombreux gronda. La frayeur me saisit, moi et mes compagnons ; seule d'entre nous, Médée gardait en sa poitrine un cœur impassible, car elle avait cueilli de ses mains une poignée de plantes maléfiques. J'accordai alors la voix divine de ma phorminx et, jouant sur la corde la plus grave de ma lyre, j'entonnai un chant en sourdine, sans l'articuler de mes lèvres silencieuses *. J'invoquai en effet le Sommeil, universel souverain des dieux et des hommes, pour qu'il vînt jeter ses charmes sur l'ardeur du puissant dragon. Il m'exauça sur-le-champ et partit vers la terre de Kyta. Endormant les tribus des hommes éphémères *, les souffles fougueux des vents et les vagues de la mer, les sources des eaux intarissables

tête plus ou moins enfouie *sous* ses anneaux *largement* éployés ; il la redresse dès l'arrivée de la troupe.

1003. Pour invoquer le Sommeil, Orphée utilise les accents les plus graves de sa cithare (ὑπάτη) et prononce des formules à voix basse, « silencieusement » ; sur le motif de la « parole muette », cf. Vian[4], 127. De même, Médée implore les divinités infernales par « des prières longuement murmurées », *precibusque et murmure longo*, quand elle se prépare à rajeunir Aison : Ovide, *Mét.*, 7, 251.

1007. Il semble qu'après Homère les poètes utilisent selon les besoins du mètre κοίμησε et κοίμῖσε. Κοιμίσσας est donc une forme bâtarde ; mais il paraît avoir été attesté dans des manuscrits homériques d'après Eust., à M 281 (905, 6 ss.). — Πανημερίων = (ἐφ)ημερίων ; les dictionnaires omettent ce sens isolé, mais parfaitement admissible. — Sur le thème de la nature endormie, cf. Alcman, fr. 89 Page ; AR, 3, 744-750 (et la note *ad loc.*, C.U.F., t. 2, p. 132 s.).

πρυμνόθεν ἐκ ῥίζης· ἰάχησε δὲ σύσκιον ἄλσος.
Αὐτὰρ ἐμ' ἠδ' ἑτάρους τρόμος ἔλλαβε· νόσφι δὲ μούνη
Μήδει' ἐν στέρνοισιν ἀκαμπέα θυμὸν ἐνώμα,
δρέψατο γὰρ παλάμῃσι λυγρῶν ἀποθρίσματα ῥιζῶν.
Καὶ τότ' ἐγὼ φόρμιγγος ἐφήρμοσα θέσκελον ὀμφήν,
κλάγξας δ' ἐξ ὑπάτης χέλυος, βαρυηχέα φωνὴν
σιγαλέοις ἄφθεγκτον ἐμοῖς ὑπὸ χείλεσι πέμπον.
Κλῆξα γὰρ Ὕπνον ἄνακτα θεῶν πάντων τ' ἀνθρώπων,
ὄφρα μολὼν θέλξειε μένος βριαροῖο δράκοντος.
Ῥίμφα δέ μοι ὑπάκουσε, Κυτηίδα δ' ἶκτ' ἐπὶ γαῖαν.
Κοιμίσσας δ' ὅ γε φῦλα πανημερίων ἀνθρώπων
καὶ ζαμενεῖς ἀνέμων πνοιὰς καὶ κύματα πόντου
πηγάς τ' ἀενάων ὑδάτων ποταμῶν τε ῥέεθρα

Loci sim. **997** AR, 4, 1686 πρ. ; Nonn. 46, 185 πρ. αὐτόρριζον ; ψ 196 ἐκ ῥ. (cf. *HO*, 38, 18) ‖ AR, 4, 130 ἴαχεν ἄ. ‖ **998** Γ 34, al. τρ. ἔλλ. ‖ **999** ν 255 ἐνὶ στήθεσσι νόον πολυκερδέα νωμῶν ‖ **1000** *HHCer.* 425 ἄνθεα δρέπομεν χείρεσσι ‖ **1001** θ. ὀ. : cf. ad 88 ‖ **1002 s.** Opp. *Hal.* 4, 317 αὐδὴν... β. ; Nonn. 26, 119 βαρύστονον... φ. ‖ Nonn. 11, 252 χείλεσιν ἀφθόγγοισι χέων... φ. ; 48, 290 ἀφθόγγῳ φάτο φωνῇ ‖ **1004 s.** AR, 4, 146 s. Ὕ. ..., θεῶν ὕπατον, καλέουσα | ... θέλξαι τέρας ; Ξ 233 Ὕπνε, ἄναξ πάντων τε θεῶν π. τ' ἀνθρ. (et *HO*, 85, 1) ‖ **1006** ὑπ. : cf. ad 965 s. ‖ Κ. ... γ. : cf. ad 820 s. ‖ **1007 s.** Soph. *Ai.* 398 ἀμερίων ἀνθρ. ; *O.* F 169, 10 ἐφήμερα φῦλ' ἀνθρ. ; cf. *AO*, 53 ‖ Μ 281 κοιμήσας δ' ἀνέμους ; Pind. *Pae.* 8, 64 ἄνεμος ζαμενής (cf. *AO*, 677) ; ἀν. πν. : cf. ad 757 ‖ κύμ. πόντ. : cf. ad 630 ‖ **1009** Hes. *Op.* 737 αἰενάων ποτ. ... ὕδωρ (unde QS, 8, 467 s.) ; AR, 3, 860 ἀενάοισι... ὑδάτεσσιν (cf. *AO*, 600) ‖ AR, 1, 27 ποτ. τε ῥ. (cf. *AO*, 344).

---

997 πρυμνόθεν Mosch.^{G} : κρημν- Ω ‖ δὲ om. K ‖ **999** ἐν M^{pc} : ἐνὶ Ω ‖ στέρνοισιν M^{pc}O Mosch.^{G} : -νοις Ω ‖ **1000** λυγρῶν om. K ‖ **1001** ὀμφήν Ω : ὄρφνην V ‖ **1002** δ' O : δ' ἄρ' Ω ‖ βαρυηχέα Ω : καρ- ζ ‖ φωνὴν Ω : φων solum F ‖ **1003** σιγαλέοις *c* Mosch.^{GS} : -έως Ω -έης θ ‖ **1005-1006** om. E ‖ **1005** μένος ΩA^{γρ} : φρένας A ‖ **1006** κυτηίδα KO : -τηάδα Ψ -ταιίδα Abel cf. 821 ‖ ἶκτ' Mosch.^{G} (cf. 1019) : ἧκ' Ψ ἧκεν K ‖ **1007** κοιμίσσας plerique : -ίσας KA -ήσας E, fort. recte.

et le cours des fleuves, les bêtes et les oiseaux, assoupissant tout ce qui vit et se meut, il s'en alla sur ses ailes d'or. Il parvint dans la contrée fleurie des Colques cruels * et une soudaine torpeur s'empara des yeux du dragon monstrueux, pareille à la mort : celui-ci laissa choir sur le sol sa longue nuque, la tête alourdie sous ses écailles. A cette vue, Médée au triste destin fut saisie de stupeur et, encourageant le noble fils d'Aison, elle l'envoya prendre au plus vite sur l'arbre la toison à la laine d'or. Jason l'entendit et n'eut garde de désobéir : il enleva l'immense toison et gagna le navire. Grande était la joie des héros Minyens et ils élevèrent les mains vers les Immortels qui habitent le vaste ciel.

Tandis * qu'ils faisaient cercle pour contempler la toison *, Aiétès eut tôt fait d'apprendre des servantes le départ de Médée. Il ordonnait à Apsyrtos d'assem-

1012. Εὐανθέα peut surprendre pour une région aussi nordique que la Colchide (du moins dans l'esprit des Anciens) ; mais cf. AR, 4, 115 ποιήεντ' ἀνὰ χῶρον ; *AO*, 1050 ποιανθεῖ νήσῳ.

1022-1042. *Le meurtre d'Apsyrtos et la fuite des Argonautes.* Sur les sources de ce passage, voir la Notice, p. 26. On note encore quelques souvenirs d'Apollonios : 1022 s. ∼ AR, 4, 16, 212 s. ; — 1024 s. ∼ AR, 4, 214-240 ; — 1034 ∼ AR, 4, 514 s. ; — 1035 ∼ AR, 4, 557 s. ; — 1037 ∼ AR, 4, 208.

1022. 'Οπώπεον : cf. 183 ; Euphorion, fr. 107, 3 Powell ὀπωπήσασθαι, et des formes comme γεγωνέοντες. Les conjectures proposées (voir l'apparat critique) transcrivent mal l'ἰδόντες d'AR, 4, 184.

θῆράς τ' οἰωνούς τε, τά τε ζώει τε καὶ ἕρπει
εὐνάζων, ἤμειψεν ὑπὸ χρυσέαις πτερύγεσσιν.
Ἶξε δ' ἐπὶ στυφελῶν Κόλχων εὐανθέα χῶρον·
κῶμα δ' ἄφαρ κατέμαρψε πελωρίου ὄσσε δράκοντος,
ἰσοπαλὲς θανάτῳ· δολιχὴν δ' ἀμφὶ χθονὶ δειρὴν
θῆκε καρηβαρέων φολίσιν. Θάμβησε δ' ἰδοῦσα
αἰνόποτμος Μήδεια, καὶ Αἴσονος ἀγλαὸν υἷα
ἧκ' ἐπιθαρσύνουσα θοῶς πρέμνοιο λαβέσθαι
κῶας χρυσεόμαλλον· ὁ δ' οὐκ ἀπίθησεν ἀκούσας,
αὐτὰρ ἀειράμενος δέρας ἄπλετον ἷκτ' ἐπὶ νῆα.
Ἥρωες Μινύαι μέγ' ἐγήθεον, ἂν δ' ἄρα χεῖρας
ἀθανάτοις ἤειραν, οἳ οὐρανὸν εὐρὺν ἔχουσιν.
Ὣς οἱ μὲν περὶ κῶας ὀπώπεον· αἶψα δ' Αἰήτης
ἀμφιπόλων ἤκουσεν ἀποιχομένην Μήδειαν.

Loci sim. **1010** θ. τ' οἰ. τε : cf. ad 34 || *HHCer.* 365 ὁπόσα ζ. τε κ. ἕ. || **1011** χρ. πτ. cf. ad 593 || **1012** λ 94 ἀτερπέα χ. ? || **1013** Ψ 62, al. ὕπνος ἔμαρπτε || **1014 s.** B 460 δουλιχοδείρων ; AR, 4, 127 περιμήκεα... δειρ., 150 δολ. ... ἄκανθαν, 159 s. γένυν δ' αὐτῇ ἐνὶ χώρῃ | θῆκεν ; Nonn. 29, 94 s. ἐπὶ... πέδῳ παρὰ γείτονι φηγῷ | θῆκε καρηβαρέοντα || Ω 483 θάμβ. ἰδών (unde AR, 4, 184) ; cf. etiam ad 237 || **1016** Αἴ. ἀ. υἷ. cf. ad 130 et 491 || **1018** Eur. *Hyps.* F 1 ii, 22 Bond χ. | ἱερὸν δέρος (et *El.* 725) || Θ 319, al. ὁ δ' ἄρ' οὐκ ἀπ. ἀκ. ; cf. *AO*, 1203 || **1019** AR, 4, 165 ἐ. ν. (cf. etiam ad 655), 171 μέγα κῶας... ἐναείρατο (u. l.) || **1020 s.** ἥ. Μ. : cf. ad 720 || H 127 μέγ' ἐγήθεεν (et AR, 4, 92 s., 171) || H 130 ἀθανάτοισι... ἀνὰ χ. ἀείραι (et AR, 1, 248 ; 2, 14) || δ 378, al. οἳ οὐ. εὐ. ἔχ. ; cf. ad 48.

1011 ἤμειψεν O Mosch.^{G} : ἄμ- Ω || **1012** ἐπὶ Pierson : ὑπὸ Ω (ex 1011) || στυφελῶν Mosch. : -λὸν Ω || **1014** ἀμφὶ χθονὶ Heyne, Sloth. praeeunte : ἀμφ' αὐχένι Ω || **1015** θάμβησε Ω : θάρβ- H || **1017** ἐπι- plerique : ἐπὶ KAN fort. ἔπι || **1018** ἀπίθησεν Ω : ἀπιθήσας θ || ἀκούσας Q^{sl}N^{sl}θF^{γρ}H^{mg} : ἀθρήσας Ω || **1019** δέρας KζE : δέρος Ψ cf. 927 || ἄπλετον Ω : ἄσπετον O || ἷκτ' [ἵκτ'] Ψ : ἵκετ' KNE ἧκ' Mosch.^{s} || post u. lac. unius uersus susp. Keydell^{2} || **1020** ἂν Ψ : ἐν K || **1022** ὀπώπεον Ω : ἐποίπνυον Heyne ὁμίλεον Abel.

bler l'armée sur-le-champ et de se mettre en quête de la jeune fille, sa sœur née du même père que lui. Celui-ci, pour lui obéir, courut à la hâte le long des berges du fleuve vers la troupe des héros et il y trouva la vierge funeste. La Nuit au manteau d'étoiles venait de dépasser le milieu de sa course, quand se consomma l'odieux guet-apens, le clandestin trépas de l'illustre Apsyrtos, victime de l'amour de Médée. Quand ils l'eurent tué, ils le jetèrent dans les eaux du fleuve impétueux qui l'emportait dans son rapide courant *. Ballotté par les tourbillons jusqu'aux flots de la mer inféconde, il aborda aux îles qu'on nomme Apsyrtides * ; mais, pour leur malheur, ils n'échappèrent point à Zeus qui voit tout ni à Thémis*. Quand ils furent montés à bord du navire, qu'ils eurent coupé

1032. L'absurde πνεύματι a pu être provoqué par la proximité de κραιπνῷ. La conjecture χεύματι, que j'avais faite indépendamment de Voss, est plus proche du texte transmis que κύματι et évite une répétition avec le vers suivant.

1034. L'ι de δίνῃ est long dans les *AO* (racine attestée sept fois) comme ailleurs. Pour rétablir le mètre, on préférera introduire une asyndète plutôt que de placer δέ en troisième position après un groupe disparate : voir Gramm., p. 64, IX, §§ 8-9. La construction d'εἰς κῦμα serait plus satisfaisante si on lisait avec Voss (j'avais envisagé de mon côté la même solution d'une façon indépendante) :

φέρεν δ' ὅ γε χεύματι κραιπνῷ
θεινόμενον δίναις εἰς κῦμ' ἁλὸς ἀτρυγέτοιο ·
κέλσε δ' ὑπὲρ νήσων κτλ.

Cf. Φ 124 s. ; ε 330 ; *HH*, 6, 3-4. Mais ce texte suppose deux corrections supplémentaires.

1035. La conjecture de West, qui rétablit le singulier Θέμιστα, est vraisemblable ; néanmoins les textes cités aux *loci sim.* pourraient inciter à conserver le pluriel : « Zeus et ses Lois ».

Ὦκα δ' ἄρ' Ἀψύρτῳ ἐπετέλλετο λαὸν ἀγείρειν,
μαστεύειν δ' ἄρα παῖδα κασιγνήτην καὶ ὄπατρον.
Ἀλλά οἱ ὠκὺς ἔπειγε παρὰ προχοὰς ποταμοῖο
εἰς λόχον ἡρώων, ἔκιχεν δ' ἄρα παρθένον αἰνήν.
Νὺξ δέ οἱ ἀστροχίτων μέσσην παράμειβε πορείαν·
ἐκ δ' ἐτελεῖτο δόλος στυγερὸς καὶ κῆρες ἀιδναὶ
Μηδείης ὑπ' ἔρωτος ἐρικλυτοῦ Ἀψύρτοιο,
ὅν ῥα κατακτείναντες ἐπὶ προχοὰς μεθέηκαν
ὀρνυμένου ποταμοῖο· φέρεν δ' ὅ γε χεύματι κραιπνῷ.
Θεινόμενος δίναις εἰς κῦμ' ἁλὸς ἀτρυγέτοιο
κέλσεν ὑπὲρ νήσων, Ἀψυρτίδας ἃς καλέουσιν·
ἀλλά οἱ οὔ τι λάθον Δί' Ἐπόψιον ἠδὲ Θέμιστα.
Αὐτὰρ ἐπεὶ νηὸς μὲν ἔσω κίον, ἐκ δ' ἑκάτερθεν

Loci sim. **1024** ὦ. ... ἐπ. : cf. ad 788 s. || B 664, al. λ. ἀγείρας || **1025** μ. : cf. AR, 4, 303 (de Colchis) || Λ 257 κασίγνητον καὶ ὄπ. || **1026** AR, 2, 904 ὦκα... π. πρ. ποτ. ; cf. *AO*, 1031 s. || **1028** ν. ... ἀ. : cf. Nonn. 2, 165 s. ; 18, 160 s., et *AO*, 513 || **1029** Euphorio, ap. *Suppl. Hell.* F 449, 4 θῆρες ἀιδν[|| **1030** AR, 3, 3 M. ὑπ' ἔρωτι || **1031-1032[a]** πρ. ... | ... ποτ. : cf. ad 1026 || ε 460 ἐς ποταμὸν ... μεθῆκεν || **1032[b]-1033** cf. fort. Φ 124 s. Σκάμανδρος | οἴσει δινήεις εἴσω ἁλὸς... κόλπον || AR, 1, 107 κῦμ' ἁ. ; A 316, al. ἁ. ἀτρ. ; cf. *AO*, 1168, 1196 || **1034** ἃς καλ. : cf. ad 600 || **1035** Ω 331 οὐ λ. ... Ζῆν (cf. AR, 4, 753 ; *AO*, 1331) ; AR, 2, 1123 Ζηνὸς Ἐποψίου ; Pind. *O.* 10, 24 Θέμιτες... Διός ; cf. fort. *O.* F 337, 1 || **1036** ν. ... ἔ. : cf. ad 529 || η 50 ἔ. κίε.

1024 ἀγείρειν Ω : ἀγεῖραι Mosch.[GS] || **1025** ἄρα Ω : ἅμα Crivelli (*una*) Voss || ὄπατρον Kθ : ὄπ- Ψ' ὄπατραν ζ || **1026** ἀλλά οἱ Ω : ἀλλ' οἱ E ἀλλά ἑ ζ αὐτὰρ ὅ γ' exspectes || **1028** οἱ Ω : τότ' ζ || πορείαν Ω : -είην Herm.[2] (cf. πορείης quater) || **1032** χεύματι Voss, cl. 783 : πνεύματι Ω κύματι E (e coni.) post Crivelli ut uid. (*rapiunt Nereides alto*) || post u. distinctionem del. Voss || **1033** θεινόμενος Ω : -νον Herm. Voss || δίναις Gesn. Voss : δὲ δίναις Ω δίναις δ' Herm. || **1034** κέλσεν Ω : -σε δ' Schneider Voss cf. adn. || **1035** ἀλλά οἱ Ω : ἀλλ' ἄρα ζ || ἠδὲ Ω : οὐδὲ E || Θέμιστα West : θέμιστας Ω || **1036** ἐκ δ' Ω : ἠδ' Mosch.[G].

des deux côtés les amarres pour quitter la rive, quand, à force de rames, ils eurent en toute hâte gagné le gros du fleuve *, nous ne nous dirigeâmes point en droite ligne vers le Pont poissonneux en passant par la large bouche du Phase ; mais, dans notre méprise, nous étions emportés loin en arrière, en naviguant sans cesse vers l'amont : les Minyens égarés laissaient derrière eux les villes des Colques *, enveloppés par les ténèbres de la nuit *.

En toute hâte *, nous remontions le courant dans notre égarement, au beau milieu d'une plaine. Les mortels qui l'habitent sur les deux rives sont les Bouviers (Bouonomes) nus et les Arkyes agriculteurs, la tribu des Cercètes, celle des Sindes arrogants et des (...), situés entre les vallées des Charandaies (et...) *, auprès du pic du Caucase, à travers l'étroite Érythie. Lorsque l'Aurore douce aux mortels parut à l'orient, nous abordâmes sur une île au gazon en

1038. Πλεῖον : « le gros », « la partie la plus large » (du fleuve) ; cf. A 165 τὸ... πλεῖον... πολέμοιο ; θ 475 πλεῖον (νώτου). On peut aussi reconnaître un verbe dans πλεῖον : si la forme attendue est πλῶον, cette règle souffre quelques exceptions : v. 99, 752 (?), 1041. En ce cas, τάμον cacherait un substantif, par exemple τρίβον (West), qui est supérieur à un τόμον entendu au sens insolite de « bras de fleuve » ; mais il est dommage d'éliminer τάμον qui est bien en situation.

1041. Noter le jeu intentionnel des personnes. Les Argonautes sont les seuls responsables des manœuvres accomplies dans les trois propositions temporelles (v. 1036-1038) ; Orphée, en revanche, se trouve impliqué dans les tribulations qui s'ensuivent, d'où la première personne du pluriel dans la proposition principale et dans la suite du récit.

1042. Σκοτερός, qui a été suspecté, se lit dans une inscription funéraire : W. Peek, *Griech. Versinschr.*, 1 (1955), n° 1122, v. 8.

1043-1077. *Du Phase vers le marais Méotis et l'Océan septentrional.* Voir la Notice, p. 31-37.

1047. †Οἰμήσαντο†. Le récit étant à la première personne du pluriel, il est exclu de conjecturer οἴμησαν δέ ou ὥρμησαν δέ. Le v. 1047 fait partie de l'excursus géographique. Il pouvait

ὄχθης πείσματ' ἔκοψαν, ὑπ' εἰρεσίῃς δὲ θοῇσι
πλεῖον ἐπειγόμενοι ποταμοῦ τάμον, οὔ τι κατ' εὐθὺ
Πόντον ἐπ' ἰχθυόεντα διὰ στόμα Φάσιδος εὐρὺ
ἱέμεθ', ἀμπλακίῃ δ' ἐφορεύμεθα πολλὸν ὀπίσσω
αἰὲν ἀναπλείοντες· ἐλείπετο δ' ἄστεα Κόλχων
ἀφραδέσιν Μινύαις, σκοτερὴ δέ τε ἄμφεχεν ὄρφνη.
Αὐτὰρ ἐπειγόμενοι θέομεν ῥόον ἀφραδίῃσι
μεσσάτιοι πεδίοιο. Βροτοὶ δέ μιν ἀμφινέμονται
γυμνοὶ Βουνόμαι τε καὶ Ἄρκυες ἀγροιῶται
Κερκετικῶν τ' ἀνδρῶν φῦλον Σινδῶν τ' ἀγερώχων
† οἰμήσαντο † μεσηγὺ Χαρανδαίων τ' αὐλώνων
⟨..⟩
Καυκάσιον παρὰ πρῶνα διὰ στεινῆς Ἐρυθείας.
Ἀλλ' ὅτ' ἀπ' ἀντολίης ἐφάνη τερψίμβροτος Ἠώς,
ποιανθεῖ νήσῳ προσεκέλσαμεν· ἔνθα δὲ δισσὰ

Loci sim. **1037 s.** AR, 4, 208 νεὼς ἀπὸ πείσμ. ἔκοψεν || AR, 2, 1031 τέμνον πλόον εἰρ.; ὑπ' εἰρ. : cf. ad 372 || QS, 5, 81 κατ' ἰθύ (de nauibus); cf. *AO*, 1206 || **1039** T 378 π. ἐπ' ἰ. || **1040** Π 710 π. ὀ. || **1048** Nonn. 25, 373 Καυκασίων... παρὰ πρηῶνας ἐναύλων || **1049** Z 175, al. ἀλλ' ὅτε... ἐφ. ... Ἠ.; cf. AO, 1078 || μ 269, al. τερψιμβρότου Ἠελίοιο || **1050** Opp. *Hal.* 2, 499 s. ν. | ... προσέκελσε.

1037 εἰρεσίῃς [-ίαις Mosch.[G]] δὲ Ω : εἰρεσίῃσι Herm. || θοῇσι Ω : θοαῖσι Mosch.[G] || **1038** πλεῖον adiectiuum, ut uid. : sin uerbum sit, πλῶον exspectes || τάμον Ω : τόμον Mosch. τρίβον West || εὐθὺ Ω : ἰθὺ Herm. cf. 1206 || **1040** ἱέμεθ' N Mosch. : ἰέ- Ω || ἀμπλακίῃ [-ίῃ] KζAθ : -ίην NVFH || δ' ἐφορεύμεθα Ω : δὲ φορ- AE || **1041** ἀναπλείοντες Ω : fort. -πλώοντες || **1042** σκοτερὴ Ω : δνοφερὴ Ruhnken[3] || ἀμφέχεν (sic) Ω : ἄμπεχεν Schneider || **1043** ἀφραδίῃσι Ω (ex 1042 ?) : εἰρεσίῃσι Sloth. fort. recte || **1045** Γυμνοὶ scrips. edd. plerique || **1046** κερκετικῶν *c*E : -κόν Ω fort. recte || σινδῶν Mosch.[R] : σιντῶν Ω || **1047** οἰμήσαντο [οἰ- A] Ψ : οἳ μήσαντο K οἰκήσαντο M[sl] οἰκμή- O οἳ κήσαντο E οἳ κείσαντο Mosch. οἳ νάσσαντο Herm. οἴκῃσαν τὸ Voss ...]ησῶν τε West || τ' del. Ruhnken[3] || post u. lac. stat. Vian || **1048** ἐρυθείας K[pc]Ψ : ἐριθ- K[ac]θ || **1050** ποιανθεῖ Ψ : πιαν- K || ἔνθα δὲ VO : ἐνθάδε Ω ἔνθα τε Herm. || δισσὰ M[pc]O : δισσοὶ Ω δισσ solum H.

fleurs *. C'est là qu'ils divisent leur double cours aux eaux abondantes, le Phase puissant et le paisible Sarangès que le Méotis en crue mène au travers des terres jusqu'à la mer, à grand fracas parmi des marécages herbeux *. Nous naviguions alors à la rame durant une nuit et un jour ; puis, en l'espace des deux tiers d'un jour (?), nous parvînmes à la Passe du Bœuf (Bosphore), située entre le Marais (et le Pont Euxin...) *, à l'endroit où jadis le Titan voleur de bœufs, monté sur un puissant taureau, ouvrit la passe du Marais *. En peinant une journée entière sur les rames *, nous arrivâmes d'abord chez les Méotes aux molles tuniques *, puis chez le peuple des Gélons, chez les tribus innombrables des Longs-Cheveux (Bathychaites), chez les Sauromates, les Gètes, les Hyléens (?), les Kécryphes, chez les Arimaspes à l'œil haut placé,

commencer par le relatif οἵ suivi d'un verbe (mais un indicatif présent semble requis, ce qui limite beaucoup le champ des recherches) ; M. L. West suppose ingénieusement qu'un nom de peuple terminé en -ησῶν occupait les trois premiers demi-pieds. — Μεσηγύ et τ' suggèrent la chute d'un vers après le v. 1047.

1050. L'*hapax* ποιανθής évoque l'expression ἄνθεα ποίης (AR, 1, 1143 ; 3, 898) et νῆσον... | ... 'Ανθεμόεσσαν (AR, 4, 891 s.).

1054. Voir *Notes complémentaires*, p. 188.

1057. Voir *Notes complémentaires*, p. 188.

1058. Sur cette légende, voir la Notice, p. 33. Sur Argô franchissant le Bosphore cimmérien, cf. Avienus, *Descr. orbis*, 253 s.

1059. D'après le v. 511, πανημέριος doit avoir le sens précis de « un jour entier », de même que διὰ νύκτα καὶ ἦμαρ au v. 1055.

1060. Comparer Hérod., 4, 104, qui qualifie les Agathyrses d'ἁβρότατοι ἄνδρες.

χεύμασιν ἀπλήτοισι περισχίζουσι ῥέεθρα
Φᾶσίς τ' εὐρυμενὴς ἀκαλαρρείτης τε Σαράγγης,
τόν ῥά ⟨τε⟩ πλημμύρουσα διὰ χθονὸς εἰς ἅλα πέμπει
Μαιῶτις καναχηδὸν ἑλειονόμου διὰ ποίης.
Καὶ τόθ' ὑπ' εἰρεσίῃ πλέομεν διὰ νύκτα καὶ ἦμαρ.
† Δισσαῖς δ' ἐν τριμόροισι † Βοὸς πόρον ἐξικόμεσθα,
λίμνης ἂν τὸ μεσηγὺ ⟨........................
........................⟩, βοοκλόπος οὗ ποτε Τιτὰν
ταύρῳ ἐφεζόμενος βριαρῷ πόρον ἔσχισε λίμνης.
Καί ῥα πανημερίοισι πονεύμενοι εἰρεσίῃσι,
Μαιώτας πρώτους ἀφικάνομεν ἁβροχίτωνας
ἠδὲ Γελωνὸν ἔθνος Βαθυχαιτῶν τ' ἄπλετα φῦλα
Σαυρομάτας τε Γέτας τε καὶ Ὑλαίους Κέκρυφάς τε
ἄρσωπάς τ' Ἀρίμασπας, ἔθνη πολυπάμονα λαῶν,

Loci sim. **1051** AR, 4, 325 περὶ δὴ σχίζων... ῥόον || **1052** Φ. τ' εὐ. : cf. ad 85 || ἀκ. : cf. ad 1187 || **1053** AR, 4, 289 s. μεθ'... ἅλα βάλλει | ... ὕδωρ, 951 ἐς ἠέρα πέμπει || **1054** ἑλ. : cf. AR, 2, 821 ; 3, 1219 || **1055** ὑπ' εἰρ. : cf. ad 372 || ν. κ. ἦ. : cf. ad 1071 || **1056** Opp. *Hal.* 1, 617 Β. π. || **1057 s.** Nonn. 1, 131 ἐφεζομένην... ταύρῳ, 337 βοοκλόπον ; 3, 37 διασχίζων πόρον Ἕλλης.

1051 ἀπλήτοισι Herm. (post ἀπλάτ- Pierson) : ἀπλώτ- [ἁ- K] Ω διπλώτοισι Voss || **1053** τε add. Weinberger || **1054** ἑλειονόμου ζΕ : ἑλιο- Ω || **1055** τόθ' K Mosch. : τότ' Ψ || **1056** δισσαῖς δ' ἐν τριμόροισι corruptum || **1057** λίμνης ἂν τὸ West : λίμνης· ὅν τε Ω λιμνησσόν τε Mosch.[G] λίμνης ὄντα Gesn. || post μεσηγὺ lac. stat. Keydell[2] || οὗ Ψ : οὔ K || **1059** πανημερίοισι ΚΕ : -ίῃσι Ψ (cf. 511) || **1060** πρώτους Ω : -τας ζ || ἀβροχίτωνας [ἁ-] Ω : ἀκρο- θ || **1061** γελωνὸν Ψ : -νῶν ΚΕ || βαθυχαίτων Ω (acc. corr. Heyne) : -χάγρων M[ac] (unde -άγρων E) -χάνων O || post βαθυ cett. om. H || ἠδὲ Γελωνῶν ἔθνος καὶ (ἴδ' leg.) ἄπλετα φῦλ' Ἀγαθύρσων prop. Hillmann || **1062** γέτας Ψ : γαίτας ΚΕ || τε καὶ K Mosch.[G] : τέ κε Ψ καὶ Schneider || Ὑλαίους Herm. : γυμναίους Ω Λιμναίους Thunmann || **1063** ἄρσωπάς Ω : Ἄρσ- Herm. || ἀριμάσπας AM[sl]E (acc. correxi) : -άσθας Ω -ασπά τ' Herm. || πολυπάμονα Gesn. : -πήμονα Ω || λαῶν Ω : λαόν Herm.

nations opulentes parmi les peuples dont la race habite les bords du Marais Méotis *.

Mais, après que les Immortels nous eurent chez eux infligé d'atroces peines et que nous eûmes franchi les eaux du bout du marais *, (nous fûmes pris dans un tourbillon (?)... qui,) sur ses berges basses, vomit une mort toujours imminente dans le sifflement de ses remous, cependant que la masse énorme de ses eaux, à grand fracas, dévale vers les confins arctiques en direction de l'Océan *. Emportée alors par ce tourbillon (?), Argô en franchit la bouche. Pendant neuf nuits et neuf jours, recrus de fatigue, nous laissions derrière nous, ici et là, des tribus insolentes de mortels * : la gent des Pactéens et des Arcties, celle des Lélies arrogants, les Scythes porteurs d'arcs, fidèles serviteurs d'Arès, les Taures homicides qui apportent à Mounychie d'atroces victimes, cependant que leur cratère regorge de sang humain * ; puis les Hyperboréens, les Nomades et le peuple caspien *.

Quand parut la dixième aurore *, apportant sa

1064. Voir *Notes complémentaires*, p. 189.

1066. Voir *Notes complémentaires*, p. 189.

1069. Sur ὑγρή, heureuse conjecture de Voss, 512, cf. M. Schneider, *Philol.*, 69, 1910, 318 s.

1072. Voir *Notes complémentaires*, p. 189.

1076. Allusion évidente à l'*Iphigénie en Tauride*. Ἀνδροφόνους s'impose, bien que les Scythes Androphages soient bien attestés : Hérod., 4, 107 ; Éphoros, 70 F 158 Jac. (= [Skymnos], 848 ; Anon., *Pér. Pont Eux.*, 49) ; Pline, *Hist. nat.*, 7, 11 ; *al.*

1077. Νομάδας peut qualifier les Hyperboréens (Voss, 529 ; M. L. West) ; mais ceux-ci sont d'ordinaire considérés comme sédentaires. On pensera plutôt que les Nomades constituent un peuple distinct : cf. [Skymnos], 852 ; Anon., *Pér. Pont Eux.*, 49 ; ce type d'asyndète est banal dans le poème : cf. Gramm., p. 64, § IX, 8.

1078-1142. *Le halage d'Argô : les Hyperboréens, les Macrobies, les Cimmériens, Hermioneia et le pays des morts.* Voir la Notice, p. 37-40.

ὧν περιναιετάει γενεὴ Μαιώτιδα λίμνην.
Αὐτὰρ ἐπεί ῥ' ἐν τοῖσι δύην ἀμέγαρτον ἔθηκαν
ἀθάνατοι, πύματον δὲ μυχοῦ διαμείψαμεν ὕδωρ,
⟨. . . . .⟩
ὄχθῃσι χθαμαλῇσιν ἀποβλύει αἰπὺν ὄλεθρον
ῥοίζῳ ἐλαυνομένη, καναχῇ δέ τοι ἄσπετος ὑγρὴ
ἀρκτῴοις περάτεσσιν ἐπέρχεται Ὠκεανὸν δέ·
τῇ ῥα τόθ' ἁρπαχθεῖσα διὰ στόματος κίεν Ἀργώ.
Ἐννέα μὲν νύκτας τε καὶ ἤματα μοχθίζοντες,
λείπομεν ἔνθα καὶ ἔνθα βροτῶν † ἀγνηνέα † φῦλα
Πακταίων Ἀρκτίων τε γένος Λελίων τ' ἀγερώχων
τοξοφόρους τε Σκύθας, Ἄρεος πιστοὺς θεράποντας,
Ταύρους τ' ἀνδροφόνους, οἳ ἀμειδέα θύσθλα φέρουσι
Μουνυχίῃ, βροτέῳ δ' ἐπιδεύεται αἵματι κρητήρ,
ἠδ' ἄρ' Ὑπερβορέους, Νομάδας καὶ Κάσπιον ἔθνος.
Αὐτὰρ ἐπεὶ δεκάτη ἐφάνη φαεσίμβροτος Ἠώς,

Loci sim. **1064** Dion. Per. 16 Μαι. λ. || **1066** π. ... μ. : cf. app. crit. et *AO*, 911 || **1067** αἰ. ὄλ. : cf. ad 701 || **1071** *HHAp.* 91 ἐ. ν. ; Σ 340 ν. τ. κ. ἤ. ; κ 28 ἐννῆμαρ... ν. τ. κ. ἦμαρ ; cf. *AO*, 721, 1055, 1135 || **1072** βρ. ... φ. : cf. ad 53 || **1074** Β 110, al. θεράποντες Ἄρηος ; Ο 437, al. πιστὸς ἑταῖρος || **1078** Ω 785 ἀλλ' ὅτε δὴ δ. ἐ. φ. Ἠ. ; cf. *AO*, 1049, 1105.

1064 γενεὴ Pierson : ἐν γῇ Ω || **1065** ἐπεί ῥ' ἐν τοῖσι Voss : ἐπει μέν τοισι uel ἐπεὶ μὲν τοῖσι Ω ἐπεὶ κέντοισι ζ ἐπειγομένοισι Wiel[1] || **1066** πύματον δὲ ζΕ : -όνδε Ω || μυχοῦ Vian, cl. 911 : βυθοῦ Ω (cf. 1254) || post u. lac. stat. Ruhnken[3] || **1067** ἀποβλύει Ω : ἀποκλύει θ || **1068** καναχῇ Mosch.[G sl] Schneider : -χεῖ Ω || ὑγρὴ Voss : ὕλη Ω || **1070** τῇ Herm. : τῷ Ω || τόθ' ΚΑ Mosch.[GS] : τότ' Ψ || **1072** ἀγνηνέα Ω : ἀπηνέα ζ (per coni.) ἀγχήρεα Herm. Ἀγριήνεα Wiel[3] ἀστρηνέα Vian dub. || **1073** πακταίων Ω : -τῶν ζ || ἀρκτίων Mosch.[GR] : -τείων Ω || **1074** πιστοὺς θεράποντας Ἄρηος Herm. || **1075** ἀνδροφόνους Ω : -φάγους Ε || **1076** κρητήρ Ψ : κρη solum Κ || **1077** ἠδ' ἄρ' Voss (cf. ad 588) : ἂν δ' ἄρ' Ω ἄνδρας Wiel[3] || ὑπερβορέους Ψ : ὅπερ βορ- Κ || Νομάδας edd. plerique : νομ- malint Voss West || κάσπιον Ω : Τράσπιον Schoenemann.

lumière aux mortels, nous abordâmes aux vallons des Rhipées ; de là, soudain, Argô, poursuivant toujours sa course sur le fleuve à travers une gorge, se jeta dans l'Océan : les hommes Hyperboréens l'appellent Pont de Cronos et Mer Morte *. Nous pensions ne plus pouvoir échapper à une fin misérable * si, alors que la nef s'élançait, Ancaios, de sa force puissante, ne l'avait dirigée pour la mener vers la droite du rivage, confiant dans ses gouvernails polis *. Argô bondit, maîtrisée par ses deux bras *. Mais, comme nous nous épuisions dans une nage pénible et que les mains n'en pouvaient plus, les rameurs, l'âme accablée, croisèrent leurs bras pour y reposer leur front *, laissant sécher la sueur * ; les cœurs étaient torturés par la faim. Mais Ancaios se leva d'un bond et incita à l'action tous les autres héros en les encourageant par de douces paroles.

1082. Les Hyperboréens sont situés « au-delà des monts Rhipées », au bord de « l'autre mer » selon Hellanicos, 4 F 187 Jac., et Damastès de Sigée, 5 F 1 Jac. — « Pont de Cronos » est formé sur le modèle de « Pont Euxin » ; il s'agit évidemment de la « mer de Cronos ».

1083. Argô courait le danger de ne pouvoir regagner la côte si elle s'aventurait sur cette « mer morte » : voir la Notice, p. 37, n. 4.

1086. Voir *Notes complémentaires*, p. 189.

1087. Βιησαμένη, ao. moyen à sens passif : cf. Euphorion, fr. 90 Powell (*uar. lect.*), et en général R. Kühner-B. Gerth, *Griech. Gramm.*[4], 1, 118, § 376 c. L'emploi des voix étant fort libre dans les *AO* (cf. Gramm., p. 55 s., § III), il convient de ne pas corriger le texte.

1090. Voir *Notes complémentaires*, p. 189-190.

1091. Ἀναψύχοντε : cf. Plut., *Sylla*, 29. Ἀποψύχοντε est une homérisation manifeste.

Ῥιπαίους αὐλῶνας ἐκέλσαμεν· ἐκ δ' ἄφαρ Ἀργώ,
αἰὲν ἐπιπροθέουσα διὰ στεινοῖο ῥεέθρου,
ἔμπεσεν Ὠκεανῷ· Κρόνιον δέ ἑ κικλήσκουσι
πόντον Ὑπερβόρεοι μέροπες νεκρήν τε θάλασσαν.
Οὐκέτι δὲ προφυγεῖν ἐδοκεύμεθα λυγρὸν ὄλεθρον,
εἰ μὴ ἄρ' ὁρμαίνουσαν ὑπὸ κρατερῆφι βίηφι
νῆα μολεῖν ἴθυν' ἐπὶ δεξιὸν αἰγιαλοῖο
Ἀγκαῖος, ξεστοῖσι πιθήσας πηδαλίοισιν·
ἡ δ' ἔθορεν δισσαῖσι βιησαμένη παλάμῃσιν.
Ἀλλ' ὅτε δὴ μογερῇσιν ἐδαμνάμεθ' εἰρεσίῃσι,
χεῖρες δ' οὐκέτ' ἔμιμνον, ἀκηχέμενοι δὲ φίλον κῆρ,
πήχεας ἀμπλέξαντες ἐνηρείσαντο μέτωπα,
ἱδρῷ ἀναψύχοντε, κέαρ δ⟨έ τ⟩ε τείρετο λιμῷ.
Ἀγκαῖος δ' ἐξᾶλτο καὶ ἄλλους πάντας ὄτρυνεν
ἥρωας, μαλακοῖσι παραιφάμενος ἐπέεσσιν.

Loci sim. **1080** AR, 1, 582 αἰὲν ἐπιπροθέοντες || **1081 s.** δ 355 Φάρον δέ ἑ κικλ. (cf. *AO*, 1216, 1358 s.) ; Dion. Per. 32 s. πόντον μιν καλέουσι... Κρόνιον..., | ἄλλοι δ' αὖ καὶ νεκρὸν ἐφήμισαν (cf. Tz. *Chil.* 8, 627) || **1083** Opp. *Cyn.* 4, 109 δοκεύμενος... ἀλύξειν || B 873, al. λ. ὄ. : cf. *AO*, 1172, 1312, et ad 701 || **1084** Φ 501, al. κρ. β. || **1085** ν. ... ἴ. : cf. ad 126 || ἐ. δ. : cf. ad 485b-488 || **1086** *HHAp.* 418 οὐ πηδ. ἐπείθετο νηῦς || **1089** O 727, al. οὐ. ἔμιμνε || E 364 ἀκηχεμένη φ. ἦτορ || **1090** QS, 14, 386-386a μ. | χερσὶν ἐπηρείδοντο ; cf. Nonn. 37, 565 || **1091** Λ 621, al. ἱ. ἀπεψύχοντο || QS, 9, 368 s. κῆρ | τείρει... λιμός (ex δ 369) || **1092** Δ 268 ἄ. ὀτρ. || **1093** *HHCer.* 336 μ. π. ἐ. ; cf. *AO*, 760, 771.

1079 ἄφαρ Ω : ἔθορ' Keydell^2, cl. 1087 || **1080** αἰὲν Ruhnken^2 : ἄγεν Ω || **1081** ἔμπεσεν West : ἔμπεσε δ' Ω || **1082** Ὑπερβόρεοι Crivelli (*Hyperboreis a gentibus*) Sloth. : -βορέην Ω || **1083** ἐδοκεύμεθα Vian^4 : -κεῦμεν Ω -κεύομεν Herm. || λυγρὸν Ω : αἰπὺν Mosch.^{GS} Herm. || **1084** κρατερῆφι Ψ : -ρῇ K || **1086** πιθήσας Ψ : ἐπιθ- K || **1087** δισσαῖσι Ω : -σσῇσι Mosch.^{S} || βιησαμένη Ω : βιαζομ- Herm. || **1090** ἐνηρείσαντο [ἐνειρήσ- ζ] Ψ : ἐνειρείσατο K || **1091** ἀναψύχοντε [-ντες AE] Ω : ἀποψύχοντε Mosch.^{G} || δέ τε τείρετο Herm. : δ' ἐτείρ- Ω δ' ἐπετείρ- ζ δ' ἐπὶ τείρ- Voss || **1093** παραιφάμενος Ω : παρφ- A.

Eux alors (laissèrent glisser l'échelle) dans le haut-fond * ; enjambant le bastingage, ils posèrent leurs chevilles légères dans la mer. Argos et Ancaios eurent tôt fait de fixer, avec des cordages torsadés, en haut de la poupe, un long câble qu'ils jetèrent et dont ils donnèrent aux héros les bouts à saisir *. Eux prirent sur-le-champ leur course sur le rivage et tiraient avec ardeur ; la nef hauturière suivait, fendant les chemins liquides le long des galets polis *. En effet nulle brise sonore, pour leur venir en aide, n'agite cette mer grâce aux souffles des vents hurleurs : c'est en silence que dort sous la Grande Ourse le flot, l'onde ultime de Téthys *.

Quand vint la sixième aurore, apportant sa lumière aux mortels, nous arrivâmes chez le peuple opulent et riche des Macrobies. Ces gens vivent de nombreuses

1094. Le deuxième hémistiche du vers est gâté.

1099. Voir *Notes complémentaires*, p. 190.

1101. Sur la forme κροκάλοισιν, voir la note au v. 186.

1104. Les v. 1102-1104 constituent une digression géographique (noter l'emploi significatif de κείνην) et la correction de Keydell ὀρίνει ne fait pas difficulté, malgré le datif éthique οἱ (= σφισι, « pour leur venir en aide »), comme le montre la traduction. — Les v. 1102 s., comportent des expressions pléonastiques : voir la note au v. 328. — Au v. 1104, Hélikè désigne la Grande Ourse ; Téthys, l'épouse d'Océan, symbolise la mer. Il ne paraît pas nécessaire de corriger καί en κατά ; la coordination a valeur explicative : « la mer *qui est* l'onde ultime de Téthys ».

Οἱ δ' ἐπεὶ οὖν τέναγός τε † πολυστρέπτοισι κάλωσι †
βάντες ὑπὲρ τοίχων ἅλα δὲ σφυρὰ κοῦφα βάλοντο·
ὦκα δ' ἄρ' ἀρτήσαντο πολυστρέπτοισι κάλωσι
πρύμνης ἐξ ὑπάτης δολιχὴν μήρινθα βαλόντες
Ἄργος τ' Ἀγκαῖός τε καὶ ἀρχὰς δῶκαν ἑλέσθαι
ἥρωσιν. Τοὶ δ' αἶψα δι' αἰγιαλοῖο θέοντες
σῦρον ἐπειγόμενοι· σὺν δ' ἕσπετο ποντοπόρος νηῦς
τέμνουσ' ὑγρὰ κέλευθα παρὰ ξεστοῖς κροκάλοισιν.
Οὐ γάρ οἱ λιγὺς οὖρος ὑπὸ πνοιῇσιν ὀρίνει
βυκτάων ἀνέμων κείνην ἅλα· κωφὰ δὲ πόντος
κεῖθ' ὑπ⟨έν⟩ερθ' Ἑλίκης καὶ Τηθύος ἔσχατον ὕδωρ.
Αὐτὰρ ἐπεὶ ἕκτη φαεσίμβροτος ἤλυθεν Ἠώς,
ἔθνος ἐς ἀφνειὸν καὶ πλούσιον ἐξικόμεσθα
Μακροβίων, οἳ δὴ πολέας ζώουσ' ἐνιαυτούς,

Loci sim. **1094** τέν. : cf. AR, 4, 1237 || **1095** Ο 382 ὑ. τ. καταβήσεται || **1096-1097**[a] cf. ad 239 et 240 || **1098** Ο 719 ἔδωκεν | ... ἑλεῖν || **1100** AR, 1, 386 ἡ δ' ἕσπ. ... Ἀργώ et uide ad 990 ; μ 69 π. ν. (cf. *AO*, 53) || **1101** Α 312, al. ὑ. κέλ. (et AR, 1, 574) ; ν 88 κύματ' ἔταμνεν || **1102** s. λ. οὖ. : cf. ad 361-362[a] || Ι 4 ἄνεμοι δύο πόντον ὀρίνετον || πν. ... | ... ἀν. : cf. ad 757 || κ 20 β. ἀν. ; cf. *AO*, 125 || κωφά : cf. AR, 4, 1238 (et 153) || **1104** Τ. ἔ. ὕ. : cf. ad 335 || **1105** : cf. ad 1078 || **1106** ἔ. ἐς ἀ. : cf. *AO*, 54 || *HHMerc.* 171 πλ. ἀφν. || **1107** Hes. F 304, 1 ἐννέα τοι ζώει γενεὰς... κορώνη ?

1094 πολ. κάλ. corruptum (ex 1096) : τέναγόσδε χάλασσαν κλίμακα μακρήν coni. Herm. || **1096** ὦκα Ω : fort. νῆα cf. adn. || ἀρτήσαντο Ψ (cf. 1337) : ἠρτ- K || **1097** βαλόντες Ω : fort. λαβόντες, sed cf. adn. || **1099** ἥρωσιν Sanctam. : ἡρώων Ω ἥρωας M[sl] || post hanc uocem dist. Ω : post ἑλέσθαι, ἡρώων seruato, dist. Schneider || θέοντες Ψ : -ντε K || **1101** ξεστοῖς Mosch.[n] : ξυστοῖς Ω ξεστῆς Mosch.[GS] || κροκάλοισιν Ω : -λῃσιν Steph.[2] cf. 186 || **1102** οἱ Ω : ἑ ζ || ὀρίνει Keydell[2] : ὄρινε Ω || **1103** βυκτάων ζF : βικτ- Ω || κείνην Ω : κλεινὴν ζ || **1104** ὑπένερθ' Schneider Keydell[2], cl. 745 : οὔ πέρ θ' Ω || καὶ Ω : κατὰ Keydell[2] || **1105** ῥ' post ἐπεί add. Gerhard, iniuria || **1106** ἐξικόμεσθα Ω : ἀφικ- A.

années, douze siècles de mille mois (?), dans une pleine jeunesse, à l'abri de tous les maux *. Puis, quand ils ont accompli le mois assigné par le destin, ils obtiennent dans un doux sommeil le terme de la mort. Ils n'ont souci ni de leur subsistance ni des travaux des hommes ; au milieu de leurs prairies, ils se repaissent d'herbes douces comme miel, tirant leur breuvage divin d'une immortelle rosée *, brillant tous pareillement de la même aimable jeunesse *. Dans sa clémence, Sérénité, d'un signe de ses sourcils, ne cesse de convier enfants et parents à montrer la sagesse de leur cœur en observant la mesure dans leurs actes et la prudence dans leurs paroles *.

Tandis que nous dépassions leur agglomération, nous continuions à fouler le rivage de nos pieds*, et alors, en halant notre nef rapide, nous parvînmes chez les Cimmériens, le seul peuple qui soit privé de la lumière du Soleil à la course de feu. En effet, le mont

1109. Voir *Notes complémentaires*, p. 190-191.

1114. La rosée est une nourriture d'immortalité : cf. Call., fr. 1, 33-34 Pf. — Ὑπό n'est pas clair : on attendrait ἔρσην ἀμβροσίην ; mais cf. v. 494.

1115. Pour στίλβω avec un accusatif de relation, cf. Eur., *Or.*, 480 ; Nonn., 40, 417 (et 5, 165 ἀποστίλβω).

1118. Galéné est, à proprement parler, la Néréide qui préside au calme de la mer, à la bonace. Ici, elle prend une signification morale et équivaut à la Paix (Εἰρήνη) ou à la Tranquillité (Ἡσυχία). Toutefois, comme l'observe P. Chuvin, l'allégorie garde aussi sa signification première, puisque aucun vent ne souffle sur l'Océan boréal.

1119. Αἰγιαλόνδε, admis par les éditeurs précédents, est inacceptable. Δέ est particule de liaison, ce qui implique que le δέ suivant (v. 1120) est un δέ *apodotikon* après participe : voir Gramm., p. 62, § IX 1.

δώδεκα χιλιάδας μηνῶν ἑκατονταετήρους,
πληθούσης ἥβης χαλεπῶν ἔκτοσθεν ἁπάντων·
αὐτὰρ ἐπεὶ μηνὸς τὸ πεπρωμένον ἐξανύσωσιν,
ὕπνῳ ὑπὸ γλυκερῷ θανάτου μάρπτουσι τελευτήν.
Οὐδ' ἄρα τοῖσι μέλει βίοτος καὶ ἔργ' ἀνθρώπων,
ποίαις δ' ἐν μεσάταις μελιηδέα φορβὰ νέμονται
ἕρσῃ ὑπ' ἀμβροσίῃ θεῖον ποτὸν ἐξαρύοντες,
πάντες ὁμῶς στίλβοντες ὁμηλικίην ἐρατεινήν.
Μειλιχίη δέ τοι αἰὲν ἐπ' ὀφρύσι νεῦσε Γαλήνη
παίδεσιν ἠδὲ τοκεῦσιν ἐπιφροσύνῃσι νόοιο
αἴσιμά τε ῥέζειν πεπνυμένα τ' ἐξαγορεύειν.
Καὶ τοὺς μέν ῥ' ἀθρόους παραμείβομεν· αἰγιαλὸν δὲ
ποσσὶν ἐπιστείβοντες, ἔπειτα δὲ Κιμμερίοισι
νῆα θοὴν ἐπάγοντες ἱκάνομεν, οἵ ῥά τε μοῦνοι
αἴγλης ἄμμοροί εἰσι πυριδρόμου Ἠελίοιο.

Loci sim. **1109** Hes. *Op.* 115 κακῶν ἔ. ἁ. || **1110 s.** Ω 636, al. ὕ. ὑ. γλ. ; Γ 309 θανάτοιο τέλος πεπρ. ; de re, cf. Hes. *Op.* 116 || **1112** B 338 οἷς οὔ τι μ. πολεμήια ἔργα ; Hes. *Op.* 167 ἀνθρ. βίοτον ; ζ 259 κ. ἔ. ἀνθρ. || **1113** Hes. *Op.* 172 μελ. καρπόν, 231 μεμηλότα ἔργα ν. (in re simili) || **1114** β 341, al. θ. π. || **1115** Γ 175 ὁμηλ. ἐρ. (alio sensu) || **1116** A 528, al. ἐπ' ὀ. ν. || **1117** O 663, al. παίδων... ἠδὲ τοκήων || K 122 (uel sim.) ἀφραδίῃσι ν. || **1118** [Hom.] ap. [Herod.] *Vit. Hom.* 32, 461 αἴ. ῥ. || I 58 π. βάζεις || **1120** Nonn. 3, 92 π. ... ἐπιστείβουσι || **1121** A 308, al. ν. θ. ; cf. *AO*, 1356 || **1122** *APl.* 303, 3 s. δῆμος ὁ Κιμμερίων, πανδερκέος ἄμμορος αἴ. | Ἠελίου (et λ 13 ss.) || *HO*, 8, 11 πυρίδρομε (de Sole).

1108 μηνῶν Ω : μοιρῶν West || ἑκατονταετήρους Herm. : -τήρων ΨK[sl] -τείρων K || **1109** ἥβης Wiel[1] : μήνης Ω κλίνης (i.e. τραπέζης) West || **1110** ἐπεὶ Ω : ἐπὴν Schneider || μηνὸς Ω : μηνῶν *c* μῆκος Schneider ἥβης Wiel[1] || **1113** φορβὰ E[pc] Mosch. : φερβὰ Ω || **1114** ἕρσῃ Ω : ἔ- AE || **1115** ὁμηλικίην ἐρατεινήν Ω : -ίῃ -νῇ Platt[1] || **1116** τοι Ω : οἱ Herm. || ἐπ' Ω : ὑπ' Mosch.[GS] || **1117** ἐπιφροσύνῃσι Vian : ἐπὶ φρεσὶν ἠδὲ Ω εὐφροσύνῃ δὲ Wiel[1] ἐπιφροσύνῃ δὲ Abel || **1120** ἔπειτα κτλ. om. H || **1122** πυριδρόμου Ruhnken[1] : πυριβρόμου Ω.

Rhipée et le col Calpien (?) leur ferment le levant ; l'énorme Phlégra, toute proche, suspendue au-dessus d'eux, étend son ombre sur le ciel au midi, cependant que les hauts pics des Alpes dérobent la lumière du soir à ces hommes sur qui pèsent des ténèbres éternelles *.

Une fois partis de là, pressant le pas, nous arrivâmes à un âpre promontoire et à une côte où régnait un calme plat. Là jaillit un fleuve dans de profonds tourbillons, l'Achéron qui court, en roulant de l'or, à travers une contrée glacée, déversant des eaux argentées * que reçoit un noir marais * ; le long des berges du fleuve, bruissent à grand fracas des arbres florissants, rangés en file (?) *, perpétuellement chargés de fruits, nuit et jour *. A proximité se trouve la basse Hermioneia aux beaux troupeaux, solidement assise

1127. Sur le développement consacré aux Cimmériens, voir la Notice, p. 38 s. La répétition d'ἐπικέκλιται à quelques vers d'intervalle (v. 1124, 1127) est suspecte, non par elle-même, mais parce que la première forme fausse le mètre. Il paraît donc préférable d'éliminer celle-ci plutôt que de la conserver en aménageant le vers comme le propose Keydell[2], 191. La solution de Wiel présente un double avantage : elle élimine une élision insolite de la désinence -ουσι et elle remplace ἐπικέκλιται par un verbe plus approprié (Keydell allègue AR, 2, 418, en faveur d'ἐπικέκλιται ; mais les deux passages ne sont pas comparables).

1132. Sur Hermioneia et le pays des morts, voir la Notice, p. 39 s. Bacon, 181, rapproche à juste titre le fleuve Chrysorhoas qui coule près d'une autre Hermioné en Argolide (Paus., 2, 31, 10) et le fleuve Ploutôn qui charrie de l'or (χρυσόρρυτον) au pays des Arimaspes (Esch., *Pr.*, 805 s.). L'épithète n'implique pas que le fleuve charrie effectivement de l'or ; elle peut qualifier un fleuve fertilisant tel que le Nil, ce qui est le cas ici : cf. K. J. McKay, *Erysichthon* (1962), 129-133. Dès lors, il n'y a pas contradiction avec ἀργυροειδές. Ce dernier adjectif est pourtant mieux à sa place au v. 599 d'où il provient peut-être. On préférerait lire ἀργυρόδινες qui ferait allusion aux tourbillons écumants du fleuve : comparer Dion. Pér., 433.

1133. Voir *Notes complémentaires*, p. 191.

1134. Voir *Notes complémentaires*, p. 191.

1135. Voir *Notes complémentaires*, p. 191.

Ἐν μὲν γὰρ Ῥίπαιον ὄρος καὶ Κάλπιος αὐχὴν
ἀντολίας εἴργουσιν· ἐπικρέμαται δὲ πελώρη
ἆσσον ἐπισκιάουσα μεσημβρινὸν ἠέρα Φλέγρη·
δείελον αὖ κρύπτουσι φάος τανυήκεες Ἄλπεις
κείνοισιν μερόπεσσιν, ἀχλὺς δ' ἐπικέκλιται αἰεί.
Ἔνθεν ἀφορμηθέντες, ἐπειγόμενοι δὲ πόδεσσιν
ἵξομεν ἀγκῶνα στυφελὸν καὶ νήνεμον ἀκτήν,
ἔνθα περ ἀμβλύζων ποταμὸς δίναισι βαθείαις
θείει χρυσορόας Ἀχέρων κρυεροῦ διὰ χώρου,
ἀργυροειδὲς ὕδωρ προρέων, λίμνη τε κελαινὴ
ἀνδέχεται· παταγεῖ δὲ παρ' ὄχθαισιν ποταμοῖο
δένδρεα τηλεθάοντα † ποτισχεδὸν οἷσι καρπὸς †
βέβριθεν νύκτας τε καὶ ἤματα συνεχὲς αἰεί.
Ἀμφὶ δέ οἱ χθαμαλή τε καὶ εὔβοτος Ἑρμιόνεια

Loci sim. **1123** Call. F 186, 9 Ῥιπαίου... οὔρεος (et AR, 4, 287) || **1127** ἐπ. : cf. AR, 2, 418 || **1128** ἔ. ἀφ. : cf. ad 667 || **1129** ν. ἀκτ. : cf. ad 544 || **1130 s.** Φ 239 δίνῃσι βαθείῃσι ; AR, 2, 355 δινήεις τ' Ἀχ. ; Hes. *Th.* 806 καταστυφέλου (cf. *AO*, 1129) δ. χ. (de Styge) || **1132** *HHAp.* 380 χῶρον ἔχουσ' ἐρατὸν (unde u. 1131 ?) προρέειν καλλίρροον ὕ. (et AR, 3, 225 codd.) ; ἀργ. ὕ. : cf. *AO*, 599 || AR, 4, 608 κελαινῆς... λίμνης || **1133** ζ 97 παρ' ὄχθῃσιν ποτ. (et AR, 4, 67) || **1134 s.** ν 196 δ. τ. || τ 112 βρίθῃσι δὲ δ. καρπῷ (cf. QS, 2, 600, al.) || ν. τε κ. ἤ. σ. αἰ. : cf. ad 721 et 1071.

1124 εἴργουσιν Voss Wiel[1] : εἴργουσ' [εἴ- K] Ω || ἐπικρέμαται δὲ Wiel[1-2] : ἐπικέκλιται δὲ Ω ἐπ. αὖτε Keydell[2], cl. 160 || **1125** ἐπισκιάουσα Ψ : -άσουσα KO || **1126** τανυηκέες (sic) Ω : ταναήκεες Mosch. || ἄλπεις ζ Mosch.[GR] : -πις Ω || **1128** ἔνθεν Voss : ἐνθάδ' Ω || ἐπειγόμενοι δὲ Ω (cf. 667) : -ομένοισι ζ || **1131** χρυσορόας [-ρρόας ζE] Ω : χερσορόης Platt[1] ψυχροροάς West || **1132** ὕδωρ Ω : εἶδος ζ || προρέων Ω : προβάλων (sic) Mosch.[G] || λίμνη... κελαινὴ Ψ : -νῃ... -νῇ K || τε Ω : δὲ Sanctam. || **1133** παταγεῖ δὲ παρ' Ω : παταγῇ· παρὰ δ' West fort. πάντῃ δὲ παρ' || **1134** τηλεθάοντα Ψ : -θόωντα KE || ποτισχεδὸν [ποτὶ σχ- KζOE] Ω : ποτὶ σχερὸν Herm. ποτισχερῷ Vian dub. || οἷσι [-ιν θVF] καρπὸς [κ. om. H] Ω : οἷσί τε καρπὸς Schneider ὅσσα τε καρπῷ (-οῖς) exspectes || **1136** ἀμφὶ Ω : ἔνθα Mosch.[G] || Ἑρμιόνεια O[mg] Schrader[3] : -ονία Ω -ονεία Mosch.[R].

sur ses remparts, avec ses rues bien bâties. Là vivent les races des plus justes des hommes * qui, à leur mort, sont exemptés du droit de passage ; bien plus, leurs âmes gagnent d'elles-mêmes l'Achéron au sortir de la barque creuse *, car près de leur ville sont les portes infrangibles d'Hadès et le peuple des Songes *.

Quand nous eûmes gagné la ville et les demeures de ces gens *, après avoir eu, pour prix de notre égarement, pleine mesure de lourdes épreuves, Ancaios descendit du navire * et invita ses compagnons épuisés à rembarquer aussitôt tous ensemble, en leur adressant ces paroles de réconfort :

« Supportez, amis, cette épreuve, car je pense qu'il ne s'en présentera plus de pire *. J'aperçois en effet déjà un fort Zéphyr qui fait frissonner la mer et ce n'est pas un signe vain si l'onde de l'Océan retentit

1138. Le deuxième hémistiche est emprunté à N 6, où il est question des Ἄβιοι, que les Anciens ont considérés comme un peuple nordique bénéficiant, à l'instar des Hyperboréens, d'une vie paradisiaque et d'une extrême longévité : cf. Esch., *Prom. délivré*, fr. 329 Mette (où ils sont nommés Gabioi). Cf. aussi Zabios, le roi des Hyperboréens (Steph. Byz., *s.* Γαλεῶται), et le peuple indien des Zabioi (Nonn., 26, 65), dont le nom signifie « doté d'une longue vie » (= Macrobioi). Dans toute cette partie du périple, le poète utilise librement les traditions relatives aux pays d'utopie.

1141. Voir *Notes complémentaires*, p. 191-192.

1142. Voir *Notes complémentaires*, p. 192.

1143-1206. *Navigation sur l'Océan occidental : Ierné et l'île de Déméter.* Voir la Notice, p. 41.

1145. Voir *Notes complémentaires*, p. 192.

1149. Ἀνστήσεσθαι a dû être suggéré à un copiste par la forme voisine qu'on lit au v. 1152. La belle correction de M. L. West l'élimine au profit du verbe attendu.

τείχεσιν ἠρήρειστι ἐυκτιμέναις ἐπ' ἀγυιαῖς.
Ἐν δὲ γένη ζώουσι δικαιοτάτων ἀνθρώπων,
οἷσιν ἀποφθιμένοις ἄνεσις ναύλοιο τέτυκται,
καὶ δ' αὐταὶ ψυχαὶ μετεκίαθον εἰς Ἀχέροντα
πορθμίδος ἐκ γλαφυρῆς· σχεδόθεν δέ οἵ εἰσι πόληος
ἄρρηκτοί τ' Ἀίδαο πύλαι καὶ δῆμος Ὀνείρων.
Ἀλλ' ὅτε δὴ καὶ τῶνδε πόλιν καὶ ἤθεα λαῶν
σφῇ ἄτῃ βαρὺν οἶτον ἀναπλήσαντες ἔβημεν,
δή ῥα τότ' Ἀγκαῖος νηὸς κίεν, αἶψα δὲ πάντας
εἰσβαίνειν ἐκέλευσε κεκμηότας ἄμμιγ' ἑταίρους·
τοὺς ὅ γε καὶ μύθοισι προσηύδα μειλιχίοισι·
« Τλῆτε, φίλοι, τὸν μόχθον· ἐπεί νύ τοι οὔ τι χέρειον
ἔλπομαι ἀντήσεσθαι. Ἐπιφρίσσοντα γὰρ ἤδη
ἀκραῆ Ζέφυρον καταδέρκομαι, οὐδ' ἀτέκμαρτον
ὕδωρ Ὠκεανοῦ κελαρύζεται ἐν ψαμάθοισιν.

Loci sim. **1137** Z 391 ἐυκτιμένας κατ' ἀγυιάς || **1138** N 6 δ. ἀ. || **1139** cf. adn. ad u. 1141 || **1142** E 646 πύλας Ἀ. ; ω 12 Ἠελίοιο πύλας καὶ δῆμον Ὀ. ; QS, 2, 598 ἀρρήκτους πυλεῶνας (et Nonn. 1, 141) || **1143** Hes. *Op.* 222 π. κ. ἤ. λ. ; cf. *AO*, 1213 (et 1326) || **1144** Θ 34, al. κακὸν οἶ. ἀ. || **1145 s.** ι 103, al. αἶψ' εἴσβαινον ; ο 209 ἀνάβαινε κέλευέ τε πάντας ἑτ. (et ι 177 s. ; λ 636 s.) || AR, 4, 1196 ἄ. πᾶσαι ; cf. *AO*, 337 || **1147** Z 343 τὸν δ'... μύθ. π. μειλ. || **1148 s.** B 299 τλ. φ. || ψ 262 οὔ τι χ. ; H 352 s. οὔ νύ τι κέρδιον ἡμῖν | ἔλπ. ἐκτελέεσθαι || **1150** ἀκρ. Z. : cf. ad 484-485[a] || **1151** Φ 261 (ὕ.) κελαρύζει || ἐν ψ. : cf. ad 545[b]-546[a].

1137 -ναις ἐπ' Ω : -ναισι τ' Voss || **1139** -νοις ἄνεσις ναύλοιο Herm. : -νοισιν ἅλις ναῦς ἴα Ω || **1140** αὐταὶ Ruhnken[3] : αὖ αἱ Ω αἶψα Wiel[1] αὖθι Keydell[1] || **1141** πόληος Herm. : -ηες Ω (εἰσι)ν ὀχῆες Ruhnken[2] || **1142** τ' ζ : δ' Ω || **1144** ἀναπλήσαντες Ω : -πλώσ- ζ || **1145** νηὸς Ω : νῆ' ἐς Gesn. || **1145 s.** δὲ πάντας... ἄμμιγ' ἑταίρους Ω : δ' ἑταίρους... ἄμμιγα πάντας Mosch.[R], fort. recte || **1146** κεκμηότας E : -ηκότας Ω cf. 250 || **1149** ἀντήσεσθαι West : ἀνστήσ- Ω.

sur la grève *. Allons ! vite, dressez le mât dans son emplanture * ; déployez la voile sur ses écoutes * ; dévidez les cordages et attachez-les avec soin en les plaçant de chaque côté du bastingage *. »

Tandis que les héros exécutaient toutes ces manœuvres *, du creux du navire, il se mit à mugir et à crier, le chêne du Tomaros que jadis Pallas avait ajusté sous la quille d'Argô *. Il parla ainsi et tous les esprits furent saisis de stupeur * :

« Malheur à moi * ! Que n'ai-je péri, fracassée au milieu des roches Kyanées et des flots de l'Axin, plutôt que d'errer comme à présent, ignorée de tous, à cause de l'inconscience manifeste des princes * ; car maintenant, sans répit, l'Érinys, née du sang d'Apsyrtos qui tomba sous une main fraternelle, nous poursuit de son pied qui saura nous atteindre, tôt ou tard,

1151. Les v. 1148 ss. comportent des réminiscences d'AR, 2, 611 s., 615-618, 644-647 (cf. aussi μ 208 s.) et 4, 1575 (φρίσσουσι). — 'Επιφρίσσοντα semble être employé absolument avec une valeur factitive : « faire frissonner (la mer) ». — 'Ατέκμαρτον, adverbe plutôt qu'épithète d'ὕδωρ malgré le Liddell-Scott (« boundless », « unlimited »).

1152. Comme le note Voss, 530, ἀναστήσασθε transpose l'hom. στῆσαν, ἀείραντες (β 425). Une correction est superflue, car le poète emploie couramment le datif sans préposition avec valeur de locatif.

1153. Voir *Notes complémentaires*, p. 192.

1154. Les cordages qui ont servi aux manœuvres doivent être rangés soigneusement : cf. AR, 1, 566 s. ; J. Vars, *L'art nautique dans l'antiquité* (1887), 112 s.

1155-1181. Voir *Notes complémentaires*, p. 192-193.

1157. Voir *Notes complémentaires*, p. 193.

1158. Pour l'idée, cf. AR, 4, 584 s.

1159. Le début du discours d'Argô rappelle les deux premiers vers de la *Médée* d'Euripide : εἴθ' ὤφελ' 'Αργοῦς μὴ διαπτάσθαι σκάφος | Κόλχων ἐς αἶαν κυανέας Συμπληγάδας (P. Chuvin).

1162. L'établissement du texte des v. 1159-1162 est dû à Wiel[4], 13-14, puis à Rosenboom, 80-83 (où on trouvera un bon état de la question). Wiel a vu que le poète s'inspire librement d'AR, 4, 1252-1258, 1305-1307 ; il a eu en outre le mérite

Ἀλλὰ θοῶς ἱστὸν μὲν ἀναστήσασθε μεσόδμῃ,
λύσατε δὲ προτόνοις ὀθόνας· ἐκ δ' ὅπλα χέοντες,
σφίγξατ' ἐπισταμένως τοίχων ἑκάτερθε βαλόντες. »
Ὣς οἱ μὲν τὰ ἕκαστα πονείαθον· ἐκ δ' ἄρα κοίλης
νηὸς ἐπιϐρομέουσα Τομαριὰς ἔκλαγε φηγὸς
ἥν ποθ' ὑπ' Ἀργῴαισι τομαῖς ἡρμόσσατο Παλλάς.
Ὧδε δ' ἔφη, θάμϐος δὲ περὶ φρένας ἵκετο πάντας·
« Ὢ μοι ἐγών, ὄφελόν με διαρραισθεῖσαν ὀλέσθαι
Κυανέαις πέτρῃσιν ἐν Ἀξείνῳ τε κλύδωνι
ἢ καὶ νῦν ἀναπύστῳ ἀιδρείῃ βασιλήων
νώνυμνον φορέεσθαι· ἐπεὶ νῦν αἰὲν Ἐριννὺς
αἵματος ἐμφύλοιο δεδουπότος Ἀψύρτοιο
ὑστερόπους ἕπεται, στέργει δέ τοι ἄτῃ ἐπ' ἄτην.

Loci sim. **1152-1154** AR, 1, 563 ἱ. ἐνεστήσαντο μ., 564 δῆσαν δὲ προτόνοισι ; 2, 902 ἐκ δ' ἔχεαν... λίνα ; τ 457 δῆσαν ἐπ. || **1155-1157** ὣς — πον. = *AO*, 767 || κ. | ν. : cf. ad 526 s. || ἐπιϐρ. — Παλλάς : cf. *AO*, 266-268 || AR, 1, 526 s. δόρυ... τό ῥ' ἀνὰ μέσσην | στεῖραν Ἀθηναίη Δωδωνίδος ἥρμοσε φηγοῦ || **1158** Α 362 τί δέ σε φρ. ἵ. πένθος ; QS, 4, 208 χάρμα π. φρ. ἤλυθε πάντων ; et cf. ad 389 || **1159** Π 433, al. ὤ μ. ἐ. || Η 390 ὤφελλ' ἀπολέσθαι ; AR, 3, 702 διαρραισθέντας ἰδέσθαι || **1160** Κ. π. : cf. ad 682 s. || **1162-1164** AR, 4, 557 δ. Ἀ., 714 Ἐρινύας, 717 (αἵματι) ἐμφύλῳ (corr., -λίῳ codd. ; ex Soph. *OC*, 407) (et 1, 865) || Aesch. *Ag*. 58 s. ὑστερόποινον... Ἐρινύν ; Strat. *AP*, 12, 229 ὑστερόπουν... Νέμεσιν.

1152 ἀναστήσασθε ζcE(p.c. ?) : -σεσθε Ω ἐνιστήσασθε Schneider, cl. ο 289 ; AR, 1, 563 || **1153** λύσ(σ)ατε Ω : δήσατε Schneider || προτόνοις Schneider : -νων Ω || **1154** τοίχων Ψ : -χω K || βαλόντες Ω : λαϐόν- θ || **1155** πονείαθον Herm. : -νείατον Ω -νείατο ζΑ -νήατο M^{pc} cf. 767 || **1157** ποθ' ΚζV : ποτ' Ψ || ἀργῴαισι Ψ : ἀργόραισι Κ || τομαῖς suspectum (ex Τομαριὰς ?) : ὑπ' Ἀργῴῃ στείρῃ exspectes || **1158** πάντας Ψ : πάντων Κ || **1161** ἢ $ζM^{pc}V$: ἦ Ω || ἀναπύστῳ Rosenboom : ἀνάπυστον Ω || ἀιδρείῃ (-η) Ω : -είην Schneider || **1162** νώνυμνον Ald. (cf. 836) : -υμον Ω -υμνος Schneider || φορέεσθαι $M^{sl}O$: -έεσκον Ω || αἰὲν O^{pc} : ἄει ΚζAEF ἀεὶ NMVH αἰεὶ M^{sl} αἰνὴ Wiel[2], cl. Crivelli (*fera*) || ἐριννὺς Ω : -ινὺς ζVF || **1164** στέργει Ω : σπέρχει Ruhnken[1] || ἄτῃ Keydell[2] : ἄτη Ω.

et elle se plaît à amasser malheur sur malheur *. Désormais en effet j'aurai pour lot une triste et lamentable fin si j'approche des îles d'Ierné *. Oui, à moins que vous ne me fassiez doubler les Caps Sacrés pour pénétrer au sein du golfe que forment la terre et la mer inféconde *, j'irai me perdre au large à travers l'Atlantique. »

A ces mots, il arrêta sa voix. Le cœur des Minyens se glaça en eux, percé de part en part, car ils allaient avoir une mort lamentable à cause des amours de Jason. Longuement, ils balançaient en leurs esprits avisés pour savoir s'ils feraient périr et jetteraient en pâture aux poissons cette Médée à la couche maudite afin de détourner l'Érinys ; mais l'illustre fils d'Aison

d'observer que φορέεσκον est inacceptable pour la grammaire et de proposer φορέεσθαι, retrouvant ainsi sans le savoir une bonne conjecture de Constantin Lascaris. En revanche, on ne peut le suivre quand il donne à ἀνάπυστον le sens d' « ignoré » ; voir la critique de Rosenboom dont j'adopte la correction au v. 1161. Keydell^2, 191, est revenu malencontreusement au texte de Hermann dont il propose une traduction inadmissible.

1164. Rappel de tous les maux qui ont fondu, les uns après les autres, sur les Argonautes : v. 1059, 1065, 1071, 1083, 1088, 1144.

1166. Ἴξομαι, en tête de vers, est dépourvu de sens. La conjecture simple ἕξομαι a été faite d'une façon indépendante sur un manuscrit du xvie s., par James Saint-Amand, par Slothouwer et par Voss, puis adoptée par les éditeurs. Mais elle oblige à corriger au vers précédent les génitifs en datifs : cf. θ 182 ; ρ 318. C'est pourquoi je préfère rechercher un verbe régissant le génitif ; la correction est plus importante, mais tout le vers était gâté sur l'archétype.

1168. C'est la Méditerranée qui est désignée par cette expression bizarre faite de formules maladroitement combinées (voir les *loci sim.*). Ierné et les caps Sacrés seront mentionnés à nouveau aux v. 1181 et 1244. Voir à leur sujet la Notice, p. 41 s.

Νῦν γὰρ δὴ λυγρῆς τε καὶ ἀργαλέης κακότητος
λήξομαι, εἰ νήσοισιν Ἱερνίσιν ἆσσον ἵκωμαι.
Εἰ μὴ γάρ μ' ἱερῇσιν ἐπιγνάμψαντες ἄκρῃσι
κόλπον ἔσω γαίης τε καὶ ἀτρυγέτοιο θαλάσσης
ἵξεσθ', ἂμ πέλαγος Ἀτλαντικὸν ἐκτὸς ἵκωμαι. »
Ὣς εἰποῦσ' αὐδὴν κατερήτυεν· ἐν δ' ἄρα θυμὸς
παχνώθη Μινύαισι διαμπερές· ἦ γὰρ ἔμελλον
σχήσειν λυγρὸν ὄλεθρον Ἰάσονος εἵνεκα φίλτρων.
Πολλὰ δὲ μερμήριζον ἐνὶ φρεσὶ πευκαλίμῃσιν
ἤ μιν ἀποφθίσωσι καὶ ἰχθύσι κύρμα βάλωσιν
αἰνολεχῆ Μήδειαν, ἀποστρέψωσι δ' Ἐριννύν,
εἰ μὴ ἄρ' ὀξὺ νόησε περικλυτὸς Αἴσονος υἱὸς

Loci sim. **1165** QS, 12, 294 ἀργαλέην κακότητα || **1166** ἆ. ἵκ. : cf. ad 1230 || **1167** AR, 2, 965 γνάμψαν... ἄ. ; ἱ. ... ἄ. : cf. *AO*, 1244 et fort. Dion. Per. 561 s. ἄκρην | Ἱρήν || AR, 2, 965 γνάμψαν ... ἄκρην || **1168** AR, 4, 308 κ. ἔ. πόντοιο (et Φ 125, ε 52) ; Ξ 204, al. γ. ... καὶ ἀ. θ. (cf. etiam ad 1032b-1033) || **1169** ἂμ π. : cf. ad 687 || Tz. *Chil.* 8, 626 π. Ἀτλ. || **1170-1172** ὣς εἰ. : cf. ad 392 || τ 545 φωνῇ... κατ. || θ. | π. : cf. ad 248 || η 270 ἦ γὰρ ἔμ. ἔτι ξυνέσεσθαι ὀιζυῖ || λ. ὄλ. : cf. ad 1083 || εἵ. φ. : cf. ad 673 || **1173** υ 10 ss. πολλὰ δὲ μερμήριζε κατὰ φρένα... | ἠὲ... | ἦ... ; Θ 366, al. ἐνὶ φρ. πευκ. || **1174** ο 480 s. ἰ. κ. γενέσθαι | ἔκβαλον || **1175** αἰ. Μ. : cf. *AO*, 878, 906 || **1176** Γ 374, al. εἰ μὴ ἄρ' ὀ. ν. || π. Αἴ. υἱ. : cf. ad 65.

1165 ἀργαλέης Vian, Wiel[2] praeeunte : ἀργεν(ν)ῆς Ω ἀλγεινῆς Ruhnken[1] || **1166** λήξομαι (uel τεύξομαι, cl. AR, 2, 1197) Vian : ἵξ- Ω ἕξ- ν Sanctam. || νήσοισιν ἱερνίσιν M^yp et M^pc : νήεσσιν ἐρινύσιν [-ννύσιν ζNE] Ω || **1167-1169** om. KN || **1167** γάρ ζ : τ' ἄρ AOE τάρ MVFH || ἱερῇσιν Ψ : -ροῖσιν E || ἐπιγνάμψαντες [-γνάψ- O] ζM^pcO : -γράψ- Ψ || **1168** κόλπον A^pcζ^sl : -πω Ψ -πων ζ Mosch.^G || **1169** post πέλαγος add. κεν Herm., sed cf. Weinberger, p. 244, 270 || **1170** ἐν Ω : ἐκ Mosch.^GS || **1171** παχνώθη O Mosch.^GS : πυκν- Ω || ἦ γὰρ K : ἦ τ' ἄρ' Ψ εἴτ' ἄρ' ζ || **1172** σχήσειν Ω : χή- NF χρή- V || ἰάσονος Ω : ἰήσ- Mosch.^R cf. ad 248 || **1173** πευκαλίμησι(ν) [περκ- K] Ω : -μοισι(ν) ζ || **1174** ἤ μιν Mosch.^GS : ἦμιν (uel ἦ μίν) Ψ ἦ μιν K || **1175** αἰνολεχῆ M^pc : -λέχην Ω -λεύχην VF || ἐριννύν KM^slOE : -ινύν Ψ.

s'en aperçut rapidement et alors, par ses prières, il contint la colère de chacun.

Donc, une fois qu'ils eurent entendu la prophétie véridique d'Argô, ils se hâtaient de s'asseoir près des tolets et de prendre les rames. Ancaios manœuvrait les gouvernails d'une main experte et ils passèrent au large de l'île d'Ierné. Et voici que, derrière eux, fondit soudain, dans un grondement, une noire tempête qui gonfla les voiles. Le navire se mit aussitôt à courir sur le flot houleux et nul n'espérait plus réchapper de la mort *, car c'était la douzième aurore qui se levait. Nul ne savait en son cœur où nous pouvions bien être ; mais, aux derniers confins du cours paisible de l'Océan *, Lyncée, dont la vue portait loin *, aperçut une île couverte d'une pinède et la vaste demeure

1184. 'Αναπνέω + gén. signifie habituellement « reprendre haleine » dans le malheur ou dans une épreuve et non « échapper (à la mort) ». La variante ἀναπλεύσ(ε)σθαι, qui remonte peut-être aussi à l'archétype, n'améliore pas la phrase : « naviguer en s'éloignant (de la mort) ».

1187. 'Ακαλαρρόου a été suggéré par une formule homérique relative à l'Océan (voir les *loci sim.*), mais il convient mal au contexte : cet Océan « au cours paisible » a de terribles tempêtes. Le poète emploierait-il l'épithète par antiphrase ? C'est ainsi que les Anciens expliquaient le nom de l'ortie, ἀκαλήφη, « au doux contact » : cf. *Etym. Magn.*, 44, 18 ss., *s.u.*

1188. Cf. *AO*, 181-183, et comparer avec AR, 4, 1477-1480.

καὶ τότε λισσόμενος θυμὸν κατερήτυ' ἑκάστου.
Αὐτὰρ ἐπεί τ' Ἀργοῦς ἐτυμηγόρον ἔκλυον ὀμφήν,
ἧντο παρὰ σκαλμοῖσι θοῶς, λάζοντο δ' ἐρετμά.
Ἀγκαῖος δ' οἴακας ἐπισταμένως ἐτίταινε,
πὰρ δ' ἄρα νῆσον ἄμειβον Ἱερνίδα. Καί οἱ ὄπισθεν
ἷκτο καταΐγδην δνοφερὴ βρομέουσα θύελλα,
ἐν δ' ὀθόνας κόλπωσε. Θέεν δ' ἄφαρ ὑγρὸν ἐπ' οἶδμα
νηῦς· οὐδ' ἄρ τις ἐσαῦθις ἀναπνεύσεσθαι ὀλέθρου
ἤλπετο· δωδεκάτη γὰρ ἐπήιεν ἠριγένεια.
Οὐδέ τις ἔγνω ᾗσιν ἐνὶ φρεσὶν οὗ ποτ' ἄρ' ἐσμέν,
εἰ μὴ ⟨ἐπ'⟩ ἐσχατιαῖς ἀκαλαρρόου Ὠκεανοῖο
Λυγκεὺς εἰσενόησεν — ὁ γὰρ τηλωπὸν ὄπωπε —
νῆσον πευκήεσσαν ἰδ' εὐρέα δώματ' ἀνάσσης

Loci sim. **1177** Ι 465 λισσόμενοι κατερήτυον ; Β 164 ἐπέεσσιν ἐρήτυε φῶτα ἕκαστον || **1178** Ν 757 ἐπεὶ Ἕκτορος ἔκλ. αὐδήν (cf. *AO*, 60, 1314) ; ἐτ. ... ὀ. : cf. *AO*, 4 || **1179** AR, 1, 379 περὶ σκ., 911 λ. δὲ... ἐρ. (cf. *AO*, 729) || **1182** AR, 1, 64 κατ. (cf. *AO*, 1281) ; 4, 787 βρομέουσι θύελλαι, 1232 ἀναρπάγδην... θ. || **1183** Thyill. *AP*, 10, 5, 2 κολποῦται... εἰς ὀθ. Ζέφυρος (cf. Lucian. *VH*, 1, 9) || θ. ... ἐπ' οἶ. : cf. ad 630 || **1185** Ω 781 πρὶν δ. μόλῃ ἠώς || **1186** Ω 691 οὐ. τ. ἔ. (cf. *AO*, 891 s.) ; Α 333 ἔ. ᾗ. ἐνὶ φρ. ; cf. etiam fort. γ 89 οὐ... τις δύναται σάφα εἰπέμεν ὁππόθ' ὄλωλεν (et γ 80 ὁππόθεν εἰμέν) || **1187-1188[a]** ι 182 ἐπ' ἐσχατιῇ... εἴδομεν || Η 422, al. ἀκαλαρρείταο... Ὠ. ; cf. *AO*, 1052 || **1188[b]** ὁ — ὄπ. : cf. *AO*, 181 et 183 || **1189 s.** Ξ 326 Δ. ... ἀν. || Ο 153 ἀμφὶ δέ μιν... νέφ. ἐστεφάνωτο ; cf. *AO*, 45.

1177 τότε Ω : fort. τούς || **1178** τ' Ω : ῥ' Herm., sed cf. 455 || ὀμφήν Ω : αὐδήν Mosch. || **1180** οἴακας Ω : οἴηκας Mosch.[G] (cf. 276) || **1181** ἄμειβον Herm. : -βεν Ω || **1182** δνοφερὴ... θύελλα Steph. : -ρὴν... -αν Ω || βρομέουσα Sanctam. Ruhnken[1] : τρομ- Ω || **1183** ἐν Ω : ἐκ West || ὀθόνας Ψ : -ναις K || **1184** οὐδ' ἄρ Herm. : οὐ δή Ω οὐδ' ἦν Ludwich[2] || ἐσαῦθις [ἐς αὖθις KH] Ω : ὃς αὖθις Ludwich[2] || ἀναπνεύσεσθαι KAVH : -πνεύσασθαι θ -πλεύσεσθαι ζ -πλεύσασθαι N -πεύσεσθαι F || **1186** ἐνὶ Ψ : ἐπὶ K || οὗ ποτ' Ω : ὁππόθ' Steph., cl. γ 89 || ἐσμέν Ω : ἦμεν West || **1187** ἐπ' add. Herm., cl. ι 182 || **1188** τηλωπὸν Ω : τήλιστον Herm., cl. 181 τηλουρὸν Voss || ὄπωπε Ω : ὀπώπει Platt[1], frustra.

de Déméter la Souveraine qu'une immense nuée ceint de sa couronne.

Au sujet de ces lieux, tu as ouï de moi un récit complet, sage Musée : comment jadis Perséphone, cueillant de sa main de tendres fleurs, se laissa égarer par ses sœurs dans un vaste et haut bosquet ; et comment ensuite Plouteus, après avoir attelé ses chevaux à la sombre crinière, fit monter sur son char la jeune fille selon le vouloir du destin, puis l'enleva en l'emportant au travers des flots inféconds *.

C'est alors moi qui interdis de naviguer * en direction des brisants de l'île et de ses resplendissantes demeures que nul d'entre les hommes mortels ne peut atteindre à bord d'un navire, car il n'y a point de port pour abriter les nefs recourbées, mais une haute falaise à pic forme une ceinture naturelle autour de ces lieux qui produisent de beaux présents, bien doux au cœur *.

1196. Sur l'île de Déméter et cette version du rapt de Perséphone, voir la Notice, p. 41. D'après Claud., *Rapt de Pros.*, 1, 214-234, Coré est enlevée grâce à un complot ourdi, à la demande de Jupiter, par Vénus qui se fait accompagner de Minerve et de Diane. Celles-ci tenteront de s'opposer au rapt ; néanmoins la nourrice de Coré les accusera de complicité (3, 198 s., 207 ss., 229 s.). Sur Athéna et Artémis compagnes de Perséphone, cf. aussi Eur., *Hél.*, 1312-1316 ; Diod. Sic., 5, 3, 4. Sur cette version dont les *AO* se font l'écho, voir N. J. Richardson, *Hom. hymn to Dem.* (1974), 83, 290 s. (note au v. 424).

1197. 'Επιπλώοντα : s.e. 'Αγκαῖον, qui ne sera mentionné qu'au v. 1204.

1202. L'île de Déméter est un pays de Cocagne (v. 1202), comme d'autres régions océaniques ; mais elle est interdite aux hommes. Sa description n'est pas sans évoquer de nouveau le poème de Claudien. Cérès a caché sa fille en Sicile, une île aux côtes inabordables (*Rapt*, 1, 142-152) où elle vit dans un véritable château-fort : *ibid.*, 1, 235-243 (et 3, 117-120) ; cf. aussi Cic., *Verr.*, 4, 48 (107), qui présente Enna comme un lieu à la fois paradisiaque et inaccessible.

Δήμητρος· περὶ δ' αὖτε μέγα νέφος ἐστεφάνωται.
Ὧν πέρι μῦθον ἅπαντ' ἔκλυες, Μουσαῖε δαΐφρον,
ὥς ποτε Φερσεφόνην τέρεν' ἄνθεα χερσὶ δρέπουσαν
ἐξάπαφον συνόμαιμοι ἀν' εὐρύ τε καὶ μέγα ἄλσος·
αὐτὰρ ἔπειθ' ὥς μιν Πλουτεὺς κυανότριχας ἵππους
ζευξάμενος κούρην ἐπεβήσατο δαίμονος αἴσῃ,
ἁρπάξας δ' ἔφερεν διὰ κύματος ἀτρυγέτοιο.
Δὴ τότ' ἐγὼν ἀπόειπον ἐπιπλώοντα νέεσθαι
νήσου ἐπὶ ῥηγμῖνα καὶ αἰγλήεντα τέρεμνα
ἔνθ' οὔ τις σὺν νηὶ περᾷ μερόπων ἀνθρώπων·
οὐ γάρ οἵ ἐστι λιμὴν νηῶν ὀχὸς ἀμφιελισσῶν,
ἀλλά οἱ ἠλίβατος πέτρη περὶ πάντα πέφυκεν
ὑψηλή, τά τε καλὰ φύει μενοεικέα δῶρα.
Καὶ τότ' ἄρ' οὐκ ἀπίθησε νεὸς κυανοπρῴροιο

Loci sim. **1191** λ 442 μ. ἅπαντα ; et cf. ad 83 || **1192** ι 449 τ. ἄ. ; *HHCer.* 425 ἄ. δρέπομεν χείρεσσ(ι) || **1194** s. γ 475 s. καλλίτριχας ἵ. | ζεύξατ(ε) || *HHCer.* 300 -ετο δ. αἴ. (unde AR, 1, 443) || **1196** κ 48 ἁρπάξασα φέρεν (et *HHCer.* 19, 81) || κ. ἀ. : cf. ad 1032^{b}-1033 || **1198** Α 437, al. ἐ. ῥηγμῖνι || **1199** λ 158 (Ὠκεανὸς) τὸν οὔ πως ἔστι περῆσαι ; κ 508 νηὶ... περήσῃς || Α 250, al. μ. ἀ. || **1200-1203** ε 404-406 οὐ γὰρ ἔσαν λιμένες νηῶν ὀχοί..., | ἀλλ'.., καὶ τότ' || **1200** Β 165, al. νῆας... ἀμφιελίσσας || **1201** Ο 273 ἠλ. πέτ. ; et cf. ad 262^{a} || Theoc. 13, 40 περὶ δὲ θρύα πολλὰ πεφύκει ? || **1202** Τ 144 μ. (sc. δῶρα) δώσω || **1203** οὐκ ἀ. : cf. ad 1018 || Ο 693 ἴθυσε νεὸς κ.

1190 μέγα Ω : μέγαν ΝΜΗ μέλαν Pierson || ἐστεφάνωται Ω : -το Herm. || **1192** φερσεφόνην Ω : περ- *c* $Mosch.^{s}$ || **1194** πλουτεὺς ζM^{pc} : πλωτ- Ω || κυανότριχας M^{pc}E : κυνό- Ω ||]τριχας ἵππους om. Η || **1195** ἐπεβήσατο Ω (cf. Call. *H.* 5, 65) : ἐβιήσατο Herm., perperam || **1196** κύματος Ω : κῦμ' ἁλὸς Voss || **1197** ἐγὼν ΚΑΕ : ἐγὼ Ψ || **1198** νήσου ζ Mosch. : νῆσον Ω || **1199** περᾷ Heringa : περὰ Κ παρὰ Ψ πάρα ζ || **1200** λιμὴν O^{pc} : λίμνη Ω || **1201** οἱ Ω : γε ζ om. Ε || **1202** τε Ω : δὲ Schneider || **1203** νεὸς Ω : νεὼς Ε.

Il se garda alors de désobéir, le pilote de la nef à la proue noire, Ancaios ; vite, il se leva d'un bond et vira de bord en inclinant un peu le gouvernail de gauche : il amenait le navire à dévier de sa route, puis il dirigeait sa course vers la droite *.

Le troisième jour *, nous arrivâmes à la résidence de Circé, du côté de la terre Lyncéenne et de ses demeures ceintes par la mer. Nous pûmes aborder au rivage, le cœur affligé, et nous attachâmes les amarres aux rochers. Jason dépêcha du navire de fidèles compagnons : il voulait savoir * si des mortels habitaient sur cette terre immense et s'informer sur leur ville et les demeures de ce peuple. En chemin, ils rencontrèrent bientôt la vierge sœur de l'orgueilleux Aiétès, la fille du Soleil : Circé est le nom que lui donnent sa mère Astéropé et Hypérion qui brille au loin *. Elle des-

1206. Voir *Notes complémentaires*, p. 193.

1207-1239. *L'escale chez Circé*. Voir la Notice, p. 41. Avec cet épisode, le poète utilise de nouveau Apollonios, d'ailleurs très librement. Chez son prédécesseur, Circé, à la suite d'un songe inquiétant, est allée se purifier sur le rivage ; elle rencontre alors les héros qui viennent d'arriver et emmène dans sa demeure Jason et Médée. Dans les *AO*, les Argonautes, après une navigation ininterrompue de quinze jours (v. 1185, 1207), abordent sur une terre inconnue et, selon un motif familier à l'*Odyssée*, Jason s'apprête à envoyer un détachement en reconnaissance quand Circé survient, sans qu'on en connaisse la raison. Pour la suite de l'épisode, voir la note au v. 1225.

1212. Bien que διζόμενος suppose un allongement de la brève au 2e pied (cf. la note au v. 920), le nominatif paraît préférable à l'accusatif : c'est le chef de l'expédition qui désire s'informer.

1217. L'épouse traditionnelle d'Hypérion est Théia. Selon AR, 3, 242, la première épouse d'Aiétès, mère d'Apsyrtos, se nomme Astérodéia.

ἰθύντωρ Ἀγκαῖος· ἀνέτρεχε δ' αἶψ' ἀνορούων,
σκαιὸν ὑπεγκλίνας οἰήιον· ἐν δ' ἄρ' ἔπειθε
μή τι κατ' εὐθὺ περᾶν, ἐπὶ δεξιὰ δ' ἦγε θέουσαν.
Ἤματι δὲ τριτάτῳ Κίρκης δόμον ἐξικόμεσθα
Λυγκαῖον ποτὶ χέρσον ἁλιστεφέας τε θεράπνας.
Καί ῥά οἱ αἰγιαλοῖσιν ἐκέλσαμεν ἀχνύμενοι κῆρ,
πείσματα δ' ἐν πέτρῃσιν ἐδήσαμεν. Ἐκ δ' ἄρ' Ἰήσων
νηὸς ἀποπροέηκε μολεῖν ἐρίηρας ἑταίρους,
διζόμενος εἴ τίς σφε βροτῶν ἀν' ἀπείρονα γαῖαν
ναιετάει, γνῶναι δὲ πόλιν καὶ ἤθεα λαῶν.
Τοῖς δ' ἄφαρ ὡμάρτησε καταντίον ἐρχομένοισι
κούρη ὁμογνήτη μεγαλόφρονος Αἰήταο,
Ἠελίου θυγάτηρ — Κίρκην δέ ἑ κικλήσκουσι
μήτηρ Ἀστερόπη καὶ τηλεφανὴς Ὑπερίων —,

Loci sim. **1204** AR, 4, 1260 ἰθυντὴρ Ἀ. ; cf. *AO*, 122, 491 || **1206** κατ' εὐ. : cf. ad 1037 s. || ἐ. δ. : cf. ad 485b-488 || **1207** I 363 ἤ. κε τρ. ... ἱκοίμην ; κ 276 K. ἵξεσθαι... ἐς... δῶμα || **1208** Ξ 394 π. χ. ; cf. *AO*, 246 || ἁλ. τε θ. : cf. ad 145 et 206 || **1209** αἰ. ἐκ. : cf. ad 743 || H 428, al. ἀ. κ. || **1210** κ 96 πέτρης ἐκ πείσμ. δήσας || **1211** AR, 1, 640 ἐκ νηὸς... προέηκαν || ἐρ. ἑτ. : cf. ad 836 s. || **1212** Δ 88 διζημένη εἴ που ἐφεύροι || τ 107, al. τίς σε βρ. ἐπ' ἀ. γ. || **1213** π. κ. ἤ. λ. : cf. ad 1143 || **1215** AR, 4, 731 s. βαρύφρονος Αἰ. | κ. (cf. *AO*, 988 s.), 743 ὁμόγνιος || **1216** AR, 4, 971 θυγατρῶν Ἠελίοιο || δέ ἑ κ. : cf. ad 1081 s. || **1217** Nonn. 38, 25 ὑψιφανής... Ὑ.

1204 ἀνέτρεχε Ω : -τρεψε E || αἶψ' Ω : ἆψ Platt[1], frustra || ἀνορούων *ν* : ἀνορώων [-ρόων KA] Ω ἀναρώων Schneider, cl. 1257 ἀνακρούων Wiel[4] || **1206** κατ' εὐθὺ *c*E : κατευθὺ Ω κατ' ἰθὺ Herm. cf. 1038 || post δεξιὰ cett. om. H || ἦγε Ω : ἠτε V ἦιε F ἧκε M εἶργε E || **1208** λυγκαῖον Ω : λυκ- ζ λιγκ- E λυγαῖον T (et σκοτινήν O[gl]) Αἰαῖον Herm. fort. Κιρκαῖον || **1209** ῥά οἱ Ω : τότ' ἄρ' ζ || **1210** ἐκ δ' ἄρ' Ω : ἂν δ' ἄρ' Mosch.[s] αὐτὰρ Mosch.[G] || **1212** διζόμενος Ω : -ζομένους M[pc]*c* -ζήμενος Mosch.[GS] || σφε Ω : ἆρ ζ σφι Herm. || βροτῶν Ω : ἀνθρώπων ζ || ἀν' Ω : γ' E ἐπ' Mosch.[GR] || **1213** γνῶναι Herm. : γνῷεν Ω || δὲ Ω : τε Herm. || **1214** καταντίον Ψ : κατεναντίον K.

cendit rapidement au navire et tous restaient stupéfaits à sa vue, car ses cheveux qui flottaient autour de sa tête ressemblaient à des rais de flamme et son beau visage resplendissait, illuminé par l'haleine du feu *. Dès que ses yeux eurent aperçu Médée qui se cachait sous son voile — elle en avait ramené un pan sur ses joues par pudeur, car elle était angoissée au fond de sa poitrine à en être verte de peur —, Circé, prise de pitié, lui adressa alors la parole et lui dit * :

« O malheureuse, pourquoi faut-il que Cypris t'ait octroyé pareil destin ! Non, ils ne m'ont pas échappé *, les crimes qu'avant de venir — bien en vain * ! — sur mon île, vous avez commis à l'égard de ton vieux père et de ce frère qu'après un meurtre atroce <...>. Car, vous non plus, je pense, vous ne pourrez appro-

1221. Voir *Notes complémentaires*, p. 193.

1225. Aux v. 1222-1225, le récit est condensé au point de n'être intelligible que grâce à celui d'Apollonios. Circé dévisage Médée et la reconnaît aussitôt aux traits qui caractérisent la race d'Hélios (v. 1222 ; cf. AR, 4, 725-729). Médée, se sentant démasquée, se voile de honte et de peur (v. 1223 s.) ; malgré son silence, son comportement révèle à Circé tous ses forfaits (v. 1226-1229), de même que la magicienne perçait les réticences contenues dans le récit que faisait la jeune fille dans AR, 4, 730-738. Alors, prise de pitié (v. 1225 ; cf. AR, 4, 738), elle prend la parole. — Le texte présente des difficultés. Aux v. 1223-1224[a], il est parfaitement clair si l'on admet une parenthèse ; mais il a l'inconvénient de dissocier la formule d'origine homérique qui est attestée au v. 877. Homère connaît un substantif ἑᾱνός et un adjectif ἑᾰνός ; notre poète a pu vouloir faire preuve d'érudition en employant tour à tour ἑᾰνῷ comme adjectif et comme substantif. On est plus embarrassé par la fin du v. 1224 : le texte transmis n'est tolérable que si l'on fait de χλωρόν un adverbe à valeur proleptique : « au point d'en être verte (d'effroi) ».

1227. Pour l'hiatus après -σθε, cf. Keydell[1], 10 ; F. Vian, *Recherches sur les Posthom.*, 1959, 215. Λελάθεσθε a la valeur d'un actif : cf. Hés., *Th.*, 471, et la note de M. L. West *ad loc.*

1228. Πανετώσιον : apposition analogue dans AR, 3, 336.

ἥ ῥα θοῶς ἐπὶ νῆα κατήλυθεν. Ἐκ δ' ἄρα πάντες
θάμβεον εἰσορόωντες· ἀπὸ κρατὸς γὰρ ἔθειραι
πυρσαῖς ἀκτίνεσσιν ἀλίγκιοι ᾐώρηντο·
στίλβε δὲ καλὰ πρόσωπα, φλογὸς δ' ἀπέλαμπεν ἀυτμή.
Αὐτὰρ ἐπεὶ Μήδειαν ἐσέδρακεν ὀφθαλμοῖσι
λιτὶ καλυπτομένην — ἑανῷ δ' ἀμφέσχε παρειὰς
αἰδομένη· χλωρὸν γὰρ ὑπὸ στέρνοις ἀκάχητο —,
τὴν τότ' ἐποικτείρουσα προσηύδα καὶ φάτο Κίρκη·
« Ὦ δειλή, τί νύ σοι τοίην Κύπρις ὤπασε μοῖραν;
Οὐ γάρ τοι λελάθεσθε ἅ περ ῥέξαντες ἵκεσθε
νῆσον ἐφ' ἡμετέρην — πανετώσιον — εἵνεκα πατρὸς
γηραιοῦ κάσιός τε, τὸν ἐκπάγλως ὀλέσαντες
⟨.................................⟩
Οὐδὲ γὰρ ὔμμε πάτρῃσιν ὀίομαι ἆσσον ἱκέσθαι,

Loci sim. **1218** θ. ἐπὶ ν. : cf. ad 655 ; β 407, al. ἐπὶ ν. κατήλυθον (cf. *AO*, 619) || **1219-1221** θ. εἰ. : cf. ad 237 || *HH*, 31, 10-12 ἀκτῖνες... στίλβουσι, ... ἀπὸ κρ. ... πρόσωπον ; [Theoc.] 25, 244 πυρσαὶ... ἔθ. ; QS, 1, 59 ἀλίγκιον ἀκτ. (cf. 1, 658) ; T 285, al. καλὰ πρ. || *HHMerc.* 113 λάμπετο δὲ φλόξ || **1222** ἐσ. ὀφθ. : cf. ad 841 || **1223** λ. κ. ... ἑ. : cf. ad 877 || QS, 9, 372 παρηΐδας ἄμφεχ' (sic P) ἀυτμή || **1225** φ 67 μετηύδα κ. φ. || **1226** QS, 1, 100 ἆ δ. (ex Λ 441, al.) || **1227** K 525 ὅσσ' ἄνδρες ῥ. ἔβαν || **1228** s. δ 672 εἵ. πατρός ; πατρὸς | γ. : cf. *AO*, 199 || Α 268 ἐκπ. ἀπόλεσσαν || **1230** Ψ 44, al. ἆ. ἱ. ; cf. *AO*, 1166, 1306.

1220 ἀλίγκιοι Ψ : -ιγκίαν K || **1223** λιτὶ Pompella : λῖτι Ω || καλυπτομένην Ω : -νη Schneider qui post u. 1222 dist. || δ' ἀμφέσχε Ω : δ' ἔσχε E δὲ σχέθε Mosch.[GS] || **1224** χλωρὸν — στέρνοις suspectum : χλωρὸς (uel -ρὴ uel -ροῦ) γὰρ ὑπὸ δείους tentare possis || **1225** τὴν Sanctam. : ἣν Ω || προσηύδα *c* : -ηύδανε Ω || **1226** ὦ Ω : ἆ Mosch.[GR] || σοι Ω : τοι Mosch.[GR] || τοίην om. ζ post Κύπρις transp. A || **1227** ἅ Ω : τά Herm. || ἵκεσθε Herm. : ἱκνεῖσθε ζANM[sl]OE -σθαι KMVF om. H || **1228** πανετώσιον Ω : -ιοι ζ || εἵνεκα Ω : οὕν- E || **1229** ἐκπάγλως plerique : -άγγλως M[sl]VF || post ἐκπά cett. om. H || ὀλέσαντες Ω : -σατε ζ || post u. lac. stat. Ruhnken[3].

cher de votre patrie avant d'avoir lavé votre souillure dans de saintes purifications grâce à la science d'Orphée sur les galets du Malée, en observant scrupuleusement le silence à cause de votre crime sacrilège *. Et il ne vous est pas permis non plus d'entrer dans ma demeure en suppliants, tant est grande la puissance de ce sang dont vous êtes éclaboussés *. Néanmoins, dans ma bonté, je vous ferai porter sur l'heure des présents d'hospitalité, du pain, un vin délicieux, ainsi que des viandes à foison. »

A ces mots, elle s'en retourna d'un coup d'aile ; mais, au milieu de la nef, se trouvaient des vases de belle façon, pleins de vivres et de boisson *.

Et voici que *, répondant à notre hâte, une brise sonore accourait pour souffler. Alors, une fois les amarres détachées de cette île, nous parcourûmes les flots jusqu'à ce que nous arrivions à la bouche du Tartessos. Puis nous abordâmes aux colonnes d'Héraclès ; près des Caps Sacrés du Seigneur Dionysos, nous

1231. La conjecture de Hermann ἀχέοντας au v. 1231 n'est qu'un pis-aller et la faute qu'elle suppose s'explique mal. 'Ακέοντες retrouve sa légitimité si on déplace le v. 1231 : Circé indique par avance une prescription rituelle que les Argonautes devront observer pendant la cérémonie expiatoire : cf. AR, 4, 693 ἄνεῳ καὶ ἄναυδοι.

1235. Dans ces deux vers, le poète paraît polémiquer contre Apollonios qui a fait purifier Médée par la propre sœur d'Aiétès.

1239. Cf. μ 17-19. Ici Circé se comporte comme une véritable fée ; mais Homère lui prêtait déjà le pouvoir d'agir à l'insu des hommes (κ 571-574).

1240-1263. *Des Colonnes d'Héraclès en Sicile.* Voir la Notice, p. 42 s. Au v. 1240, on attendrait ἐν... πέσεν d'après le v. 651 et surtout AR, 1, 566 ἐν δὲ λιγὺς πέσεν οὖρος ; mais ἀναθέω, « accourir de nouveau » est acceptable : cf. K 437 (θέω pour le vent) ; Plat., *Tim.*, 60 c (ἀναθέω pour l'air avec le sens de « remonter »). — 'Αῆναι paraît s'imposer : aux passages cités dans l'apparat critique, ajouter *AO*, 361 conj. 'Αήτης doit être une glose ; cependant le pléonasme οὖρος ἀήτης pourrait s'autoriser de tours tels que ἄνεμον Βορέην (ι 67, *al.*) ou ζεφύρου... οὖρος (AR, 2, 900 ; 4, 768).

1232 μέσφ' ὅτ' ἂν ἐκνίψησθε μύσος θείοισι καθαρμοῖς
1233 Ὀρφέος ἰδμοσύνῃσι παρὰ κροκάλοισι Μαλείης,
1231 αἰὲν ἀναγνίστοισιν ἀλιτροσύναις ἀκέοντες.
Οὐδὲ γὰρ ἡμετέροιο δόμου θέμις ἐντὸς ἱκέσθαι
προστροπίους, τοίῳ κε λύθρῳ πεπαλαγμένοι ἐστέ.
Ἀλλά μιν αὐτίκ' ἐγὼ πρόφρων ξεινήια πέμψω,
σῖτον καὶ μέθυ λαρὸν ἔχειν, σὺν δὲ κρέα πολλά. »
Ὣς εἰποῦσ' ἄψορρος ἀπέπτατο· νηὶ δὲ μέσσῃ
δαιτός τ' ἠδὲ ποτοῖο τετυγμένα τεύχε' ἔκειτο.
Ἂν δ' ἄρ' ἐπειγομένοισι θέεν λιγὺς οὖρος ἀῆναι·
καὶ τότε λυσάμενοι κείνης ἀπὸ πείσματα νήσου,
κῦμα διαπρήσσοντες ἀνὰ στόμα Ταρτησσοῖο
ἱκόμεθα. Στήλαισι δ' ἐκέλσαμεν Ἡρακλῆος·
ἄκραις δ' ἀμφ' ἱεραῖσι Διωνύσοιο ἄνακτος

Loci sim. **1232** Aesch. *Ch.* 967 s. μύσος | καθ. ; Eur. *IT*, 1191 ἁγνοῖς καθ. ... νίψαι (cf. *AO*, 38) || **1233** ἰδμ. : cf. ad 609 || **1231** ἀλ. : cf. AR, 4, 699 || **1234** Σ 406 ἡμέτερον δόμον ἵκει || A 432, al. ἐ. ἵκοντο || **1235** λ. πεπ. : cf. ad 566 || **1236** πρ. ξ. : cf. AR, 1, 770 s. ? || **1237** δ 746 σ. κ. μ. ἡδύ ; AR, 1, 456 et 659 εἴδατα (ἤια) κ. μ. λ. || Θ 231, al. κρ. π. || **1238** ὣς εἰ. : cf. ad 392 || AR, 4, 686 ἄψορρον ἀπέστιχε || **1239** QS, 1, 120 ποτοῦ δ. τε (s.u.l.) ; cf. ad 233 || **1240** λ. οὖ. ἀῆναι : cf. ad 361-362[a] || **1241** λ. ... ἀ. π. : cf. ad 360 || **1242** κ. δ. : cf. ad 630 || **1243** Dion. Per. 64 στῆλαι... Ἡ. || **1244** ἄκρ. ... ἱ. : cf. ad 1167 || Simon. F 172, 3 Bgk[4] (= F 113, 3 Edmonds) Δ. ἄν.

1231 post 1233 (uel 1232) transp. Vian || **1232** ἐκνίψησθε Ω : -ψοισθε A || **1233** ὀρφέος AM^{pc}O : -έως Ω || κροκάλοισι Ω : -ῃσι Herm. cf. ad 186 || **1231** αἰὲν Herm. : εἰ ἐν Ω || ἀναγνίστοισιν Ω : -στῃσιν E || ἀκέοντες Ω : ἀχέοντας Herm. || **1234** ἐντὸς Herm. : ἐστὶν Ω || **1235** τοίῳ κε [γε ζ] Ω : τοιῷδε Abel || **1236** ἀλλά μιν suspectum : ἀλλά οἱ Herm. ἀλλ' ὔμμ' Weinberger || ξεινήια Crivelli (*hospita dona*) Sanctam. : ξυν- Ω || **1237** σὺν δὲ Ω : καὶ E σύν τε Schneider || **1238** ἄψορ(ρ)ος Ω : -ον Mosch.^{G} || **1240** ἀῆναι Herm., cl. γ 176 ; AR, 2, 1098 : ἀήτης Ω || **1242** Ταρτησσοῖο Esch. : τερνησοῖο Ψ' τερσηνοῖο K τερμησοῖο Mosch. || **1243** Ἡρακλῆος Schneider : -κλέηος Ω -κλέος N cf. ad 583 || **1244** Διωνύσοιο Schneider : -ύσσοιο Ω.

fîmes escale pendant un soir, car notre cœur avait besoin de nourriture. Mais, sitôt que la lueur annonciatrice du jour s'éveilla à l'orient, nous nous mîmes dès l'aube à fendre de nos rames l'onde glauque. Nous atteignîmes les profondeurs de la mer Sarde, les golfes des Latins, les îles d'Ausonie ; nous atteignîmes la côte tyrrhénienne. Quand nous fûmes en vue du détroit grondant de Lilybée * et de l'île aux trois pointes posée sur (?) Encelade que la flamme de l'Etna retient prisonnier malgré ses efforts (?) *, alors un funeste tourbillon, jailli de l'abîme, vint en bouillonnant recouvrir la proue — c'était Charybde qui éructait du plus profond du gouffre dans un fracas de vagues * — et sa

1250. Sur l'accusatif irrégulier ἠχέτα, cf. Vian[2], 126, n. 83.

1252. *Locus desperatus.* (1) La corrélation ἐπεὶ (1250)..., δὴ τόθ' (1253) interdit de penser avec Gesner et Dottin que le v. 1252 constitue une proposition principale. (2) Le pluriel μεμαῶτας peut suggérer que les flammes de l'Etna arrêtaient les Argonautes (on adoptera alors l'imparfait des *recentiores*). C'est le sens admis, après Gesner, par Voss qui conjecture : Αἰτναίη ὅθι φλὸξ κατερήτυεν μεμαῶτας, « là où la flamme de l'Etna nous arrêtait malgré notre impatience ». (3) Le présent ἐρητύει invite plutôt, en dépit de μεμαῶτας, à croire que le poète évoque la légende bien connue du Géant Encelade enseveli sous l'Etna (cf. par ex., Call., fr. 1, 35 s.). En ce cas, le passage ne serait pas sans rappeler Claud., *Rapt de Pros.*, 1, 153-159. C'est l'interprétation de Hermann : Αἰτναί<η τ>ὸν φλόξ μιν [ἄρ] ἐρητύει μεμαῶτα[ς]. Elle restitue apparemment le sens ; mais la formulation demeure singulière et on attendrait plutôt : ὃν φλὸξ Αἰτναίη κατερητύει (ou μιν ἐρητύει) μεμαῶτα. Aussi a-t-il paru prudent de maintenir la *crux* dans le texte.

1255. Le sujet d'ἵκανε est ὕδωρ plutôt que Χάρυβδις. La phrase gagne en clarté si on met entre parenthèses ἐκ — καχλάζοντι. Comme Homère (μ 104), le poète fait un rapprochement étymologique entre Χάρυβδις et ῥοιβδέω ; mais il donne au verbe non le sens d' « engloutir », mais celui de « vomir », comme Lyc., 247.

μίμνομεν ἑσπέριοι· δαιτὸς γὰρ ἐδεύετο θυμός.
Τῆμος δ' ἀντολίαισιν ἐγείρετο φωσφόρος αἴγλη,
ὄρθριοι εἰρεσίῃς γλαυκὴν ἐχαράξαμεν ἅλμην.
Σαρδῷον δ' ἱκόμεσθα βυθὸν κόλπους τε Λατίνων
νήσους τ' Αὐσονίας, Τυρρηνὰς δ' ἵξομεν ἀκτάς.
Αὐτὰρ ἐπεὶ Λιλύβαιον ἐπέσχομεν ἠχέτα πορθμὸν
τριγλώχινά τε νῆσον † ἐπέσχομεν † Ἐγκελάδοιο,
† Αἰτναῖον φλόξ σφιν ἄρ' ἐρητύει μεμαῶτας, †
δὴ τόθ' ὑπὲρ πρῴρης ὀλοὸν περιέζεεν ὕδωρ
νειόθεν — ἐκ μυχάτου δὲ βυθοῦ ῥοίβδησε Χάρυβδις
κύματι καχλάζοντι — καὶ ἱστίον ἄκρον ἵκανε.

Loci sim. **1245** Α 468, al. οὐδέ τι θ. ἐδ. δ. || **1246** Nonn. 12, 9 Φωσφόρος αἰγλήεις (et AR, 4, 885 φαεσφόρος... Ἠώς) || **1247** εἰ. ... ἐχ. : cf. ad 372 || **1248** AR, 4, 633 Σαρδόνιον πέλαγος καὶ... κόλπον || **1249** AR, 4, 553 Αὐσονίην νήσους τε..., 660 Αὐσονίης, ἀκτὰς Τυρσηνίδας || **1250** Opp. *Cyn.* 1, 272 Λιλυβήιον, cf. u. sq. || **1251** Call. F 1, 35 s. ἔπεστι | τριγλώχιν ὀλοῷ νῆσος ἐπ' Ἐγκελάδῳ ; Opp. *Cyn.* 1, 273 καὶ τρικάρηνον ὄρος, ... Ἐγκ. || **1253** Φ 365 ζέε δ' ὕδ. || **1254** ῥ. : cf. μ 104, 105, 106 (de Charybdi) ; Opp. *Hal.* 5, 219 s. περιστρέφεται (cf. *AO*, 1258)... | ... -ροίβδοισι Χ. || **1255** AR, 2, 570 καχλάζοντος... κύματος (et 4, 943 s.) || *HH*, 7, 38 ἀκρότατον... ἱ.

1245 γὰρ ἐδεύετο Ω : δ'ἐδ- θ δ' ἐπεδ- *c* et Keydell[1] δ' ἐνεδ- Mosch.[G] || **1246** δ' ἀντολίαισιν Ω : γὰρ τολ- ζ || φωσφόρος Ψ : -ρη K || **1247** ὄρθριοι KζANF : -θριος VHE -θιος θ -θριον Mosch.[GR] || ἐχαράξαμεν [-άσαμεν V] Ω : -άσσομεν Mosch.[GR] || **1248** δ' om. θ || κόλπους Ω : -που V (et M[ac] ?) || **1249** δ' Ω : θ' Sanctam. || ἵξομεν Vian : ἱξόμεθ' Ω ἱκόμεθ' Steph. || **1250** λιλύβαιον M[pc] Mosch. : -βηον ζA(V)F -βιον uel -βειον Nθ λίβειον K || post λιλύβ cett. om. H || **1251** ἐπέσχομεν Ω (ex 1250) : ἐπισχεδὸν West ὑπείροχον (i.e. imminentem) Vian || post Ἐγκελάδοιο dist. Herm., ante Ἐ. plerique || **1252** uersus corruptissimus || αἰτναῖον Ω : -αίη ζ -αία (-αῖα) O Mosch.[R] -αίαν M[sl] αἰγνὴν V Αἰτναίη τὸν Herm., praeeunte Schneider || φλόξ Ω : φλόγα M[sl] φλόξα F || σφιν [σφ. om. N] ἄρ' ἐρητύει Ω : σφιν ἄρ' ἐρητύειν M σφιν ἄρ' ἐρήτυεν E κατερητύει Schneider μιν ἐρητύει Herm.[2] || μεμαῶτας Ω : -τες M[sl] -τα Schneider Herm. || **1253** τόθ' KV : τότ' Ψ || ὑπὲρ Ω : ὑπὸ Herm., iniuria, cl. 1255.

lame atteignit la cime de la voile. Le courant nous immobilisait le navire sur place et ne le laissait ni poursuivre sa course ni non plus faire marche arrière * : dans le creux fatal, Argô tournoyait, à la dérive *. Elle n'aurait sûrement pas tardé à couler par le fond si la fille aînée du Vieillard de la mer n'avait eu le désir de voir son époux, le puissant Pélée. Dans sa miséricorde, elle sortit du gouffre * et garda du naufrage la nef Argô en l'arrachant à l'enlisement *.

Poursuivant alors notre course *, nous fûmes en vue, non loin de là, de la guette d'un promontoire : la falaise à pic qui surmonte de sa hauteur des cavernes aux parois lisses subit l'assaut de la mer * et, par-dessous, le flot azuré gronde en son sein. Juchées dessus, des vierges font retentir leur voix mélodieuse et charment les oreilles des mortels pour leur faire oublier

1257. Ἀναρρώσεσθαι : un futur « hypercaractérisant » (cf. la note au v. 286) n'a ici aucune justification. La correction de Platt semble s'imposer.

1258. Dans ce passage, le poète se souvient de l'épisode des roches Kyanées chez Apollonios : pour les v. 1255 s., voir aux *loci sim.* ; cf. en outre diverses réminiscences : v. 1253-1255 ~ AR, 2, 580-583 ; — v. 1256-1258 ~ AR, 2, 596 s. ; — v. 1257 s. (προπρο-, κοίλῳ) ~ AR, 2, 595 ; — *ibid.* (ἀλάλητο) ~ AR, 2, 589 (ἀλαλητῷ : homophonie).

1262. Ἔκδυτο : forme analogique d'ἔδυν et d'ἐκδῦμεν (Π 99), qui a parfois été considéré par les Anciens comme un infinitif.

1263. Transposition d'AR, 1, 10, où il est question de Jason qui sauve l'une de ses sandales *de la vase* alors qu'il passe un torrent grossi et tourbillonnant. Les deux situations présentent quelque analogie. Platt[1], 79, suppose qu'ἰλύος a été pris dans le sens de « tourbillon » et il l'orthographie en conséquence *ἰλλύος.

1264-1290. *Épisode des Sirènes.* Voir *Notes complémentaires*, p. 193-194.

1266. Χηραμόνεσσι : datif irrégulier de χηραμός ; cf. ἀκρεμόνεσσι ? — La conjecture δισσοῖς, faite à plusieurs reprises, est séduisante : les deux grottes marines seraient les demeures des deux Sirènes. On hésitera cependant à corriger : λισσός et λισσάς interviennent cinq fois dans les paysages marins

Νῆα δ' ἄρ' αὐτόθι οἱ κάτεχεν ῥόος, οὐδέ μιν εἴα
προπροθέειν οὐδ' αὖθις ἀναρρώεσθαι ὀπίσσω,
κοίλῳ ἐπὶ λυγρῷ δὲ περιστροφάδην ἀλάλητο.
Ἦ τάχα καὶ δύσεσθ' Ἀργὼ κατὰ βένθε' ἔμελλεν,
εἰ μὴ πρεσβίστη θυγάτηρ Ἁλίοιο Γέροντος
εὐρυβίην Πηλῆα πόσιν λελίητο ἰδέσθαι.
Μειλιχίη δ' ἔκδυτο βυθοῦ καὶ ῥύσατ' ὀλέθρου
Ἀργῴαν ἄκατον καὶ ὑπ' ἰλύος ἐξεσάωσε.
Δὴ τότε οἱ πλώοντες ἐπέσχομεν οὐ μάλα τηλοῦ
προβλῆτα σκόπελον· πέτρη δ' ἐφύπερθεν ἀπορρὼξ
λισσοῖς χηραμόνεσσιν ἐπιθρώσκουσα βιᾶται
πόντον ἔσω, χαροπὸν δ' ἄρ' ὑποβρέμει ἔνδοθι κῦμα.
Ἔνθα δ' ἐφεζόμεναι λιγυρὴν ὄπα γηρύουσι
κοῦραι, ἀνοστήτους δὲ βροτοὺς θέλγουσιν ἀκουᾷ.

Loci sim. **1256** AR, 2, 571 ν. δ'... εἶλει ῥ. || **1257** cf. Γ 218 ; AR, 3, 964 s. : QS, 5, 459 s. ; 9, 243 || **1258** περ. : cf. Opp. *Hal.* 5, 146 et uide ad 1254 || **1259** AR, 2, 116 ἦ τάχ' ἔμ. ; 4, 865 ἐδύσατο β. || **1260** πρ. : cf. ad 336 || A 538, al. θ. Ἁ. Γ. || **1261** AR, 3, 646 λ. νέεσθαι || **1263** AR, 1, 10 ἐξ. ὑπ' ἰ. || **1264** AR, 2, 807 μ. τηλόθι (ex Σ 99) || **1265** B 396 προβλῆτι σκοπέλῳ (et AR, 4, 1681) || Call. F 309, 2 s. ἀπ. | πέτρη... ὑπένερθε (cf. AR, 1, 995) || **1266** s. AR, 2, 730-732 πέτραι | λισσάδες et κῦμα... βρέμει || χαρ. ... κ. : cf. ad 272 || **1268** s. μ 44 Σειρῆνες λιγυρῇ θέλγ. ἀοιδῇ (et 40 ἀνθρώπους θέλγ.) ; ὄ. γ. : cf. ad 432 ; AR, 2, 772 θέλγετ' ἀκουῇ.

1256 οἱ κατέχεν (sic) Mosch. : οἱ κατέσχε Ω : κατέσχεν solum ζ || **1257-1258** horum uersuum duas partes commutat K || **1257** αὖθις Sanctam. : αὐτίκα Ω -ίκ' Mosch.[GS] || ἀναρρώεσθαι Platt[1] : ἀναρρώσεσθαι [ἀνερρ- F] Ω ἀναδύσεσθαι ζ || **1258** ἐπὶ Ω : fort. ἐνὶ || ἀλάλητο Ω : ἐλέλικτο Platt[1], cl. AR, 2, 571 || **1260** πρεσβίστη plerique : -βύστη N[ac]OVE cf. 336 || **1261** εὐρυβίην K[2sl]O Mosch.[GR] : -βία Ω -βίαν M[sl]E || **1262** ἔκδυτο Ψ : ὤχετεαις ut uid. K ἐκδῦτο Schneider || **1263** ἀργῴαν Ψ : -ώ K -ῴην K[2sl] cf. ad 224 || ἰλύος Ψ : ἰλίος KN ἰλλύος Platt[1] || **1266** λισσοῖς Ω : δισσοῖς Crivelli (*geminis*) *b*[mg] Perdrier || **1267** post χαροπὸν δ[cett. om. H || ὑποβρέμει Ω : -μων N || **1268** ἔνθα δ' E : ἐνθάδ' Ω || **1269** βροτοὺς Vian (post Herm. in notis) : -τῶν Ω || ἀκουᾶ Ω : -ουῇ M[sl] -ουάς Herm., sed cf. AR, 2, 772.

le retour *. Les Minyens n'avaient alors qu'un désir : connaître le chant des Sirènes ! Ils allaient renoncer à passer outre leur voix pernicieuse ; ils avaient déjà lâché des mains leurs rames et Ancaios mettait le cap sur la guette du promontoire, lorsque je tendis ma lyre entre mes mains et, inspiré par ma mère, je composai un chant à l'harmonie charmeuse.

Entonnant un air mélodieux, je chantais dans un hymne divin * comment jadis, pour des chevaux aux pieds de tempête, un conflit s'éleva entre Zeus qui tonne dans le ciel et l'Ébranleur du sol seigneur de la mer. Le Dieu à la coiffe d'azur, courroucé contre Zeus le Père, frappa la terre lycaonienne de son trident d'or et, brutalement, la dispersa sur les flots infinis pour en faire ces îles marines qu'on nomme la

d'Apollonios pour qualifier des rochers abrupts ou aux parois lisses : sur le sens du terme, voir l'éd. de la C.U.F., t. 3, p. 208, note à 4, 1717.

1269. 'Ανόστητος a le même sens dans QS, 1, 173. Il a valeur proleptique s'il porte sur βροτούς. Si on préfère le texte de Hermann (βροτῶν... ἀκουάς), il faut admettre une hypallage (cf. la note au v. 421) ; mais, en ce cas, le tour n'a aucune justification métrique.

1276. Voss, 533, qui lit διὰ θέσκελον αὐδήν, donne à διά une valeur causale (cf. 42, 601, 867) : « à cause de la voix enchanteresse (des Sirènes) ». D'autres ont suspecté le mot : Hermann le corrige en ὀπί ; Pompella le qualifie d'adverbe. En fait, le même tour insolite se trouve au v. 707 où διὰ θέσκελον αὐδήν équivaut à un datif d'après le parallèle fourni par le v. 265.

Δὴ τότε δὴ Μινύαισιν ἐφήνδανε πύστις ἀοιδῆς
Σειρήνων· οὐδέ σφι παραπλώσεσθαι ἔμελλον
φθογγὴν οὐλομένην, χειρῶν δέ οἱ ἧκαν ἐρετμά,
Ἀγκαῖος δ' ἴθυνεν ἐπὶ προβλῆτα κολωνόν,
εἰ μὴ ἐγὼ φόρμιγγα τιταινόμενος παλάμῃσι
μητρὸς ἐμῆς ἐκέρασσ' εὐτερπέα κόσμον ἀοιδῆς.
Ἤειδον δὲ λιγὺ κλάζων διὰ θέσκελον ὕμνον
ὥς ποτέ οἱ δήρισαν ἀελλοπόδων ὑπὲρ ἵππων
Ζεὺς ὑψιβρεμέτης καὶ πόντιος Εἰνοσίγαιος,
αὐτὰρ Κυανοχαῖτα χολωσάμενος Διὶ πατρὶ
τύψε Λυκαονίην γαῖαν χρυσέηφι τριαίνῃ
καί ῥ⟨α κατ⟩αΐγδην κέδασεν κατ' ἀπείρονα πόντον
νήσους εἰναλίας ἔμεναι, τάς ῥ' ἐξονόμηναν

Loci sim. **1270-1272** α 328, al. θέσπιν ἀοιδήν || μ 198 φθόγγον (u. l. φθογγὴν) Σειρ. et ἀοιδήν || χ. δέ οἱ ἧ. : cf. ad 533 s. || **1273** πρ. κ. : cf. ad 377-378ᵃ || **1274 s.** fere eadem *AO*, 251 s. || **1276** Hes. *Op.* 662 ἀθέσφατον ὕ. ἀείδειν ; Nonn. 4, 272 ὕ. ἀνέκλαγε || δ. θ. ὕ. : cf. *AO*, 707 || **1277** θ 76 ὥς π. δηρίσαντο || *HHVen.* 217 ἵπποισιν ἀελλοπόδεσσιν || **1278** Α 354, al. Ζ. ὑ. || π. Εἰν. : cf. ad 1280 || **1279** Ν 563, al. Κ. (nomin.) || Γ 350, al. Δ. π. || **1280** Claudian. Γιγ. 73 Λυκαονίης ἀπὸ γαίης || cf. fort. Nonn. 42, 519 s. (μὴ) πόντιος Ἐννοσίγαιος ... | γαῖαν ἀιστώσειεν ἑῆς γλωχῖνι τριαίνης || **1281** κατ. : cf. ad 1182 || Α 350 ἐπ' ἀ. π. (u. l.) ; cf. δ 510 ; QS, 5, 333 || **1282 s.** Call. *H.* 4, 32 ν. εἰν. εἰργάζετο (et 11 ἠνεμόεσσα, 20 Euboea, 21 Σαρδώ θ', Cyprus).

1271 παραπλώσεσθαι E : -ώεσθαι Ω || **1274** τιταινόμενος Ω : τιτηνάμ- Mosch. cf. 251 || **1276** λιγὺ Ω : ὕμνον E || κλάζων Ψ : -ζον K || ὕμνον Ω (et Mγρ) : ἀοιδὴν ME αὐδὴν Mosch. || **1278** om. ζ || εἰνοσίγαιος Ω (cf. 1367) : ἐννο- E (cf. 203) || **1280** τύψε KMᵖᶜE : -ψεν Ψ || λυκαονίην Crivelli (*Lycaoniam*) Mˢˡ E : λυκτο- Ω λητο- N λυητο- VF(?) || γαῖαν Schneider : γαίην Ω γαίης Herm. || χρυσέηφι Sloth. : -σῆνι Ω -σείῃ E κρηπῖδα Herm., cl. Nonn. 36, 100 (τριαίνῃ), 101 (χθονίων κρηπῖδα βερέθρων) || **1281** ῥα καταΐγδην Schrader² : ῥ' ἀΐγδην Ω || κέδασεν Ψ : κέρασεν K σκέδασεν O διεσκέδασεν ζ || πόντον Ω (et MγρEγρ) : γαῖαν ME || **1282** εἰναλίας Ψ : -ίους K || ἔμεναι Ψ : ἔμμ- Kθ || ἐξονόμηναν Ω : (ὀ)νόμ- Mosch.

Sardaigne, l'Eubée, ainsi que Chypre la venteuse *. Tandis que je jouais de ma cithare, les Sirènes, depuis la cime de leur guette *, furent prises de stupeur et mirent fin à leur chant. De leurs mains, elles lâchèrent, l'une les roseaux de sa flûte et l'autre sa lyre. Elles poussèrent d'affreux gémissements, car le triste jour de leur mort, fixé par le destin, était arrivé. Du haut de l'à-pic, elles se jetèrent dans le gouffre de la mer houleuse * et changèrent en pierres leur corps et leur orgueilleuse beauté.

Lorsque Argô *, dans sa course, eut évité ce nouveau coup du sort, quand elle eut franchi le flot du large et le vaste (?) golfe * grâce aux vents rapides qui tendaient ses écoutes, elle atteignit la divine Corcyre qu'habitaient les Phéaciens, ces maîtres rameurs experts dans les courses errantes sur mer : c'est Alkinoos qui, par ses arrêts, leur dictait ses lois, lui, le plus

1283. Voir *Notes complémentaires*, p. 194-195.

1284. Νιφόεντος peut être un enjolivement littéraire (cf. les *loci sim.*) ; je crois plutôt qu'il résulte d'une correction consécutive à une haplographie : σκοπελου[λο]φοεντος.

1289. La variante βυθὸν bien attestée en Ω 80 (voir les *loci sim.*) peut inciter à ne pas corriger ici le texte. Cf. W. H. Mineur, *Callim. Hymn to Delos*, 81, à propos de Call., *H.*, 4, 34.

1291-1346. *L'escale de Corcyre.* Voir *Notes complémentaires*, p. 195-196.

1292. Vers mutilé, complété *exempli gratia.* Comme dans le passage parallèle d'Apollonios, le poète distingue le large (cf. AR, 4, 980 ἁλὸς μέγα λαῖτμα) et la mer Ionienne (cf. AR, 4, 982 πορθμοῖο... Ἰονίοιο, et surtout 4, 308 κόλπον... πόντοιο... Ἰονίοιο). Un terme géographique comme Ἰόνιος serait préférable à εὐρέα ; mais, pour l'introduire, Voss, 533, a dû bouleverser le texte transmis. Faut-il supposer une lacune ? On notera une hardiesse de style au vers suivant : πλήθουσα convient à la voile gonflée par le vent et non au navire lui-même.

Σαρδώ τ' Εὔβοιάν τ', ἐπὶ δ' ⟨αὖ⟩ Κύπρον ἠνεμόεσσαν.
Δὴ τότε φορμίζοντος ἀπὸ σκοπέλου λοφόεντος
Σειρῆνες θάμβησαν, ἑὴν δ' ἄμπαυσαν ἀοιδήν.
Καί ῥ' ἡ μὲν λωτούς, ἡ δ' αὖ χέλυν ἔκβαλε χειρῶν·
δεινὰ δ' ἀνεστονάχησαν, ἐπεὶ πότμος ἤιε λυγρὸς
μοιριδίου θανάτου. Ἀπὸ δὲ σφέας ῥωγάδος ἄκρης
ἐς βυσσὸν δίσκευσαν ἁλιρροθίοιο θαλάσσης,
πέτραις δ' ἠλλάξαντο δέμας μορφήν θ' ὑπέροπλον.
Αὐτὰρ ἐπεὶ καὶ τόνδε πότμον παράμειψε θέουσα
Ἀργώ, κῦμα δὲ πόντου ⟨ἴδ' εὐρέα⟩ κόλπον ἵκανε
λαιψηροῖς πλήθουσα κατὰ προτόνων ἀνέμοισι,
Κέρκυραν ζαθέην ἐξίκετο, τήν σφιν ἔναιον
ἴδριες εἰρεσίης καὶ ἁλιπλάγκτοιο πορείης
Φαίηκες· τοῖσιν δ' ἄρ' ἐφημοσύναισι θέμιστας
Ἀλκίνοος κραίνεσκε δικαιότατος βασιλήων.

Loci sim. **1284** Aristoph. *Nub.* 273 σκόπελον νιφόεντα uel Nonn. 43, 113 σκοπέλῳ λοφόεντι || **1285** ἄ. ἀ. : cf ad 443 || **1286** O 468 ἔ. χειρός ; β 396 χειρῶν δ' ἔ. || **1287** QS, 2, 608 ; 5, 464, 569 μακρὸν (uel sim.) ἀν. || **1288** epigr. ap. Plut. *Cons. ad Ap.* 109d μοιριδίῳ θανάτῳ || AR, 4, 1448 ῥ. ἐκ πέτρης || **1289** Ω 80 ἐς β. (βυθὸν u. l.) ὄρουσεν || QS, 7, 395 πολυρροθίοιο (corr.) θ. || **1290** Nonn. 18, 340, al. ἠλλάξαο μ. ; 33, 349 δ. ἀλλάξασα || **1291** παρ. θ. : cf. ad 632 || **1292** κῦμα... π. : cf. ad 630 || Σ 140, al. εὐ. κόλ. ; cf. *AO*, 747 ; AR, 4, 1236 κόλ. ἱκέσθαι || **1293** λ. ... ἀν. : cf. ad 340 || Kaibel, *Epigr.* 779, 2 κ. πρ. || **1295-1296[a]** η 108 Φ. ... ἴδρ. ... | νῆα... ἐλαυνέμεν || Nonn. 43, 281 ἁλίδρομον... πορείην ; cf. *AO*, 1349 || **1296 -1297** Bacchyl. 13, 45 δίκας... κραίνων ; Π 387 κρίνωσι θ. ; AR, 4, 1179 διεκρίνοντο θ. (de Alcinoo) || δ. β. : cf. ad 378[b]-379.

1283 δ' αὖ Herm. : δὲ Ω || **1284** φορμίζοντος Ψ : -ντες KE || λοφόεντος Vian, cl. Nonn. 43, 113 : νιφόεντος Ω || **1288** θανάτου. ἀπὸ δὲ σφέας Herm. : θανάτοιο. σφέας δ' ἀπὸ Ω || **1289** βυσσὸν Schneider : βυθὸν Ω || **1291** αὐτὰρ KζM[pc]OE : αὐτὴ NM[ac]VFH (et Ψ) αὐτὴ δ' A || **1292** ἴδ' εὐρέα Vian e.g. : καὶ Ω || post u. fort. unius uersus lacuna || **1293** ante λαιψ. add. καὶ K || **1294** ζαθέην Ω : βα- θ || **1296** ἐφημοσ- Ω : ἐπιφροσ- Herm.[2] fort. recte || -σύναισι Ω : -σύνησι E.

juste des rois. Une fois les amarres attachées, nous offrîmes de saints sacrifices à Zeus, le Verbe universel, et à Apollon, le seigneur du rivage *. Mais voici que, faisant dans sa hâte force de rames, arrivait sur une flotte innombrable une puissante troupe envoyée par Aiétès : Colques, Erraues, Charandaies et Solymes *. Ils étaient à la recherche des Minyens afin de ramener Médée devant les yeux de son père Aiétès et de lui faire expier le meurtre de son frère victime de sa scélératesse. Quand ils furent parvenus au fond du port creux, comme leurs hérauts gagnaient sur l'heure le palais d'Alkinoos, les genoux de Médée se brisèrent et la peur fit pâlir ses joues * : elle craignait que le roi des Phéaciens ne la prît pour la renvoyer contre son gré dans sa demeure et que ses crimes ne fussent découverts *. Mais la Destinée qui toujours accomplit ses desseins n'y consentit point : il fallait d'abord que Jason apportât ruine et malheur à la maison de Pélias et un sort funeste au

1299. Ἀναψάμενος : Apollonios emploie toujours le composé ἀνάπτω (-τομαι) dans ce tour (8 exemples) ; cf. aussi *AO*, 242. On gardera donc cette forme au prix d'une asyndète. — ΘΕCΘΑΙ doit être une faute d'onciale pour ΘΥCΘΛΑ, bien qu'un tour du type ἱερὰ θέσθαι ne soit pas sans parallèle : cf. Pind., *O.*, 7, 42 θυσίαν θέμενοι ; *AO*, 307 ὅρκια... | θέσθαι. Si θύσθλα est correct, le deuxième emploi de πορσύνω + inf. se trouve éliminé comme le précédent (voir le v. 238).

1302. Sur ces peuples, cf. le v. 753. Les Erraues, dont le nom est suspect, n'apparaissent qu'ici.

1308. Ὠχράω est habituellement attesté à l'ao. ὤχρησε que le poète a pu rapporter à ὠχρέω, d'où, avec allongement métrique, un imparfait ὤχρειε que Voss, 533, a raison de défendre vigoureusement. Quelle que soit la forme, la construction transitive est isolée.

1310. Le second hémistiche s'inspire de formules épiques (voir aux *loci sim.*) ; mais ἀνάπυστα est impropre dans la version adoptée par les *AO* : voir la note aux v. 1291-1346 (*in fine*).

Πείσματ' ἀναψάμενοι πορσύναμεν ἱερὰ θύσθλα
Ζηνὶ Πανομφαίῳ καὶ Ἐπακτίῳ Ἀπόλλωνι.
Ἐν δ' ἄρ' ὑπ' εἰρεσίῃσιν ἐπειγόμενοι φορέοντο
νηυσὶν ἀπειρεσίαις βριαρὸς λόχος Αἰήταο,
Κόλχων Ἐρραύων τε, Χαρανδαίων Σολύμων τε,
διζόμενοι Μινύας, τόφρ' ἂν Μήδειαν ἄγοιντο
ὄψιν ἐς Αἰήταο πατρός, τίσειε δ' ἀμοιβὰς
σφῇσιν ἀτασθαλίῃσιν ἀδελφειοῦ κταμένοιο.
Ἀλλ' ὅτε δὴ κοίλου λιμένος μυχῷ ἆσσον ἵκοντο,
αἶψα δ' ἄρ' Ἀλκινόοιο δόμον κήρυκες ἔβαινον,
Μηδείης λύτο γοῦνα, δέος δ' ὤχρειε παρειάς,
μή οἱ ἑλὼν ἀέκουσαν ἑὸν πέμψειε δόμον δὲ
Φαιήκων βασιλεὺς ἀνάπυστά τε ἔργα γένοιτο.
Ἀλλ' οὔ οἱ τάδε Μοῖρα τελεσσίνοος κατένευσε,
πρὶν δή τοι Πελίαο δόμοις ἐπὶ λυγρὸν ὄλεθρον

Loci sim. **1298** AR, 2, 460, al. πείσμ. ἀνάψασθαι || **1299** Θ 250 Π. Ζ. ; cf. *AO*, 660 || AR, 1, 403 Ἐπακτίου (codd.) Ἀπόλλωνος || **1300** ὑπ' εἰ. : cf. ad 372 || **1302** Χ. Σ. τε : cf. *AO*, 753 || **1303 s.** AR, 4, 508 s. δίζεσθαι... | ... Μ. (de Colchis) || AR, 4, 378 πῶς ἵξομαι ὄμματα π., 1004 Μήδ. ... ἑοῦ ἐς π. ἄγεσθαι (et 399 s., 1079) || AR, 1, 619, al. τίσειαν ἀμοιβήν || **1305** σφ. ἀτ. : cf. ad 474 || Ω 736 ἀδελφεὸν ἔκτανεν || **1306** κ 92 ἔντοσθεν λ. κοίλοιο || ἆ. ἵ. : cf. ad 1230 || **1307** κήρ. : cf. AR, 4, 417, 435 ; Α 391 ἔβαν κήρ. || **1308** Φ 114, al. λ. γούνατα || Γ 35 ὦχρός τέ μιν εἷλε π. || **1309 s.** Σ 240 πέμψεν... ἀέκοντα ; Π 445 πέμψῃς... ὃν δὲ δόμον δέ || τ 390 s. μὴ ἑ λαβοῦσα | ... καὶ ἀμφαδὰ ἔ. γ. (unde AR, 3, 615 ; 4, 84) || **1312** AR, 1, 225 Π. δ. ἔνι, et praesertim 4, 242 (κακὸν Π. δόμοισιν) || λ. ὄ. : cf. ad 1083.

1298 πείσματ' ἀναψάμενοι Ω : πείσματα δ' ἀψ- ζ Mosch. || πορσύναμεν Ω : -νομεν E || θύσθλα Voss : θέσθαι Ω || **1300** ἐν δ' Ω : ἔνθ' Gesn. || ὑπ' Ω : ἐπ' Mosch.[RS] || εἰρεσίῃσιν Ψ : -ίῃν K || **1301** νηυσὶν Ω : ναυσὶν V || **1302** ἐρραύων [ἐρραόνω N] Ω : ἐράννων E Ἀσσυρίων Abel, cl. 754 || **1303** διζόμενοι plerique : -νος θΗ || **1306** μυχῷ Ψ : -χοῦ K || **1308** μηδείης Ω : -είας ME || ὤχρειε Ω : ὤχριε θ ὤχραινε Herm. frustra || **1310** γένοιτο Mosch.[RS] : γένηται Ω || **1311** μοῖρα τελεσσίνοος ΨK[2] : μοι τελεσίνοος K || **1312** τοι Ω : οἱ Herm.

souverain lui-même *. Quand Arété aux bras de rose et le divin Alkinoos eurent entendu le message du roi cruel, Alkinoos ordonnait aussitôt aux hérauts d'emmener hors de la puissante nef la jeune fille, objet du litige, afin qu'elle payât à son père le châtiment de ses crimes *. Mais Arété, la reine glorieuse, eut pitié et, dissuadant son époux par ses implorations, elle lui dit :

« Il n'est pas séant de séparer une femme de son époux *, de la priver de sa couche et d'éteindre le flambeau de l'amour *. Car Aphrodite, fille de Diôné, a grand courroux contre tous ceux, hommes et femmes, qui méditent de tels crimes. Allons ! si elle est vierge et a gardé sa pureté en venant ici, qu'elle s'en retourne au palais de son père et aux demeures des Colques ;

1313. L'expression est redondante comme aux v. 453 s. (voir la note au v. 328) ; elle demeure acceptable du point de vue grammatical si on abandonne l'anastrophe ἔπι pour admettre une tmèse ἐπὶ... φέροι.

1318. La correction que j'adopte évite de supposer tout à la fois une lacune et une corruption grave du texte au v. 1318. Elle implique que le moyen de τίνω est employé avec la valeur de l'actif, ce que l'usage du poète permet de concéder (voir p. 55-56) ; l'infinitif de but τείσεσθαι est au futur « hypercaractérisant » (cf. la note au v. 286) et pourrait d'ailleurs être aisément changé en τείσασθαι.

1321. Au lieu de ῥ', Hermann conjecture σφ', qui est inadmissible, car les v. 1321-1324 énoncent une sentence générale. On ne peut pas davantage supposer avec Platt[1], 80, l'existence d'un verbe ἀπορρώομαι dont le sens ne conviendrait guère ici. — Ὁμεύνου paraît nécessaire à moins de supposer qu'ὅμιλος équivaut ici à ὁμιλία, comme Voss, 533, qui le traduit par « Gesellschaft ».

1322. P. Chuvin observe que les v. 1321 s. ont été apparemment corrigés par un copiste qui les comprenait à l'envers, comme le montrent les leçons ὅμιλον et surtout λέκτρα τε στορέσαι. Ἐκλύειν πυρσὸν ἔρωτος, « laisser libre cours au flambeau de l'amour », est dans la logique des corrections précédentes. Dès lors, on n'hésitera pas à changer λῦσαι en σβέσσαι, qui est attendu : voir les parallèles cités par K. Kost, *Musaios*, 1971, p. 280.

αὐτῷ τε κρείοντι φέροι κακὸν οἶτον Ἰήσων.
Ἀλλ' ὅτε δὴ βασιλῆος ἀπηνέος ἔκλυον αὐδὴν
Ἀρήτη ῥοδόπηχυς ἰδ' Ἀλκίνοος θεοειδής,
Ἀλκίνοος μέν ῥ' ὦκ' ἐπετέλλετο κηρύκεσσι
κούρην ἀμφήριστον ἄγειν ἀπὸ νηὸς ἐρυμνῆς,
τείσεσθαι ᾧ πατρὶ δίκην ἀλιτημοσυνάων·
Ἀρήτη δ' ᾤκτειρεν ἀγακλειτὴ βασίλεια,
μείλιχα παρφαμένη δὲ τὸν ὃν πόσιν ὧδ' ἀγόρευεν·
« Οὐ μὲν δὴ φίλον ἐστὶν ἀπό ῥ' ὤσασθαι ὁμεύνου
λέκτρων τε στερέσαι σβέσσαι τ' ἐκ πυρσὸν ἔρωτος.
Θυμαίνει μάλα γάρ σφι Διωναίη Ἀφροδίτη,
ἀνδράσιν ἠδὲ γυναιξίν, ὅ τις τάδε μήσεται ἔργα.
Ἀλλ' εἰ μὲν κούρη πέλεται καὶ ἄχραντος ἱκάνει,
οἰχέσθω πατρός τε δόμον καὶ ἤθεα Κόλχων·

Loci sim. **1313** AR, 3,64 κακὸν οἶ. (de Pelia) || **1314** Α 340 β. ἀ. || ἔ. αὐ. : cf. ad 1178 || **1315** η 231 Ἀρ. τε καὶ Ἀλκ. θ. ; *HH*, 31, 6 Ἠῶ... ῥοδόπηχυν || **1316 s.** ὦκ' ἐ. : cf. ad 788 s. || AR, 4, 345 ἀμφ., 435 κηρ. || **1318** AR, 4, 1057 δίκης ἀλιτήμονος || **1319** ἀγ. β. : cf. ad 70 || **1320** κ 115 ὃν πό. || AR, 3, 567 ὧδ' ἀγ. || **1322** Nonn. 15, 402 ἔσβεσε π. Ἐρώτων (cf. Kost, *Musaios*, p. 280) || **1323** Dion. Per. 509 Διωναίης Ἀφροδίτης || **1324** τ 408 ἀ. ἠ. γ. || ω 199, al. κακὰ μήσατο ἔ. || **1325 s.** AR, 4, 1118 s. παρθενικὴν μὲν ἐοῦσαν, ἑοῦ ποτὶ δώματα πατρὸς | ἐκδώσειν (et 1025 ἄχραντος) || καὶ ἤθ. Κ. : cf. ad 1143.

1313 κρείοντι Mosch.[GR] : κρέοντι Ω || **1314** ἔκλυον Heyne -υεν Ω || **1317** ἐρυμνῆς ζ : -μνὴν Ω || post u. lac. susp. Herm. || **1318** τείσεσθαι (uel -σασθαι) ᾧ πατρὶ Vian : πατρί τ' [θ' ζΗ] ἑῷ πείσεσθαι [τίσ- ζ] Ω πατρί θ' ἑῷ τίσειε Herm. || ἀλιτημοσυνάων [ἀλ- Ε] ζΑΕ : ἀλυτη- Ω || **1321** ἀπό (ρ)ῥ' ὤσασθαι Ψ (cf. e.g. Δ 447 ; Η 256 ; γ 468) : ἀπό (ρ)ῥ' ὤσεσθαι Κ Mosch.[s] ἀπορρώσασθαι ζc || ὁμεύνου Herm. : ὅμιλον Ω || **1322** λέκτρων τε στερέσαι Sanctam. Wesseling[1] : λέκτρα τε στορέσαι Ω || σβέσσαι Schneider : λῦσαι Ω ἐρύσαι Voss || **1323** σφι Mosch. : σφιν Ω || **1324** ὅ Mosch.[GS] : ὅς Ω || **1326** καὶ ἐς Ω : ἐς om. Mosch.[G] et del. Wiel[2], cl. 1143 = 1213.

mais si elle a perdu sa virginité pour avoir connu la couche et l'union nuptiales *, que son époux l'emmène. »

Elle dit. Ses paroles agréèrent au cœur d'Alkinoos * et c'est ainsi que tout devait s'accomplir. Leur dessein n'échappa point aux Minyens, car aussitôt Héra, courant au navire, se hâta de dire et de rapporter en détail, en prenant l'aspect d'un esclave *, ce que les rois méditaient à leur sujet. Alors, pour Médée, on prépara le lit nuptial en haut du gaillard de poupe * : on étendit la couche à même le plancher et, par-dessus, on déploya la toison d'or. Puis, quand

1328. Au v. 1327, καί doit être une conjecture destinée à rétablir le mètre après la simplification de la géminée (δε[ν]νυμφ-). Δέ κε reste néanmoins possible, eu égard à la syntaxe de notre poète : cf. Gramm., p. 63.

1329. Ἤλυθεν est une homérisation du texte : cf. ι 362. Mis à part ce passage de l'*Odyssée* où le sens est différent, un tour du type περὶ φρένας ἤλυθε (ἵκετο) a normalement pour sujet un terme indiquant un sentiment : cf. par ex. *AO*, 1158, et voir les *loci sim.*

1333. Héra prend l'aspect du héraut d'Apollonios (4, 1114) : δμωί est masculin malgré Gesner, Dottin et F. Stössl, *Apollonios Rhodios* (1941), 153 s., que j'ai eu tort de suivre dans Vian², 145. — Noter μήτῖον, qui s'oppose à ἐμήτῖεν (v. 305).

1335. Θαλάμων = θαλαμήιον : voir la note au v. 58. Θάλαμος signifie « mariage » comme souvent chez Nonnos.

εἰ δ' ἐν νυμφιδίοις ὀάροις λέκτρῳ τε κλιθεῖσα
παρθενίην ἤσχυνεν, ἑὸς πόσις ἄμ μιν ἀγέσθω. »
῝Ως ἔφατ'· Ἀλκινόῳ δὲ περὶ φρένας ἥνδανε μῦθος·
καί ῥ' οὕτω τάδε πάντα τελευτήσεσθαι ἔμελλεν.
Ἀλλ' οὔ οἱ βουλὴ Μινύας λάθεν· αἶψα γὰρ Ἥρη,
νηὸς ἔπι προθοροῦσα, θοῶς φάτο καὶ κατέλεξε,
δμωὶ δέμας εἰκυῖα, τά οἱ μήτιον ἄνακτες.
Δὴ τότε Μηδείῃ θαλάμων πορσύνετο λέκτρον
πρύμνῃ ἐπ' ἀκροτάτῃ, περὶ δ' ἐστορέσαντο χαμεύνην,
ἀμφ' αὐτῇ χρύσειον ἐφαπλώσαντες ἄωτον.

Loci sim. **1327 s.** AR, 3, 617 λ. ἀνακλινθεῖσαν, 796 ἦσχ. ; 4, 1107 s. (ἑοῦ πόσιος) || Nonn. 48, 480 Κυπριδίοις ὀάροισιν (cf. Kost, *Musaios*, p. 322) ; de νυμφ., cf. ad 1334 || **1329** ν 16 ὣς ἔ. (cf. ad 293) Ἀλκίνοος· τοῖσιν δ' ἐπιήνδανε μ. (cf. ξ 337 ; AR, 1, 717 ; 2, 1068 ; 3, 912 ; 4, 1380) [uel, si ἤλυθε malis, ι 362 π. φρ. ἤ. οἶνος ; QS, 2, 261 π. φρ. ἤ. πένθος] ; cf. etiam ad 389 et 1158 || **1330** δ 485 ταῦτα μὲν οὕτω δὴ τελέω ; θ 510 τελ. ἔ. ; cf. etiam ad 693 || **1331 s.** ἀλλ' οὔ οἱ... λ. : cf. ad 1035 || AR, 4, 641 (Ἥρη)... πρ. || Κ 384, al. εἰπὲ καὶ... κατάλεξον || **1333** θ 194 ; ν 222 ἀνδρὶ δέμ. εἰ. || **1334** AR, 3, 840 λέκτρα... πορσύνουσαι (cf. 4, 1107, 1119) ; 4, 1130 κούρῃ θαλαμήιον ἔντυον εὐνήν ; cf. 1, 1031 νυμφιδίους (unde *AO*, 1327) θαλάμους καὶ λ. || **1335** πρ. ἐπ' ἀ. : cf. ν 74 s. νηὸς ἐπ'... | πρύμνης ; AR, 4, 188 || Theoc. 13, 33 στορέσαντο χαμεύναν (alio sensu) ; AR, 4, 1141 ἐστόρεσαν λέκτρον || **1336** AR, 4, 176 χρύσεον... ἄ., 1141 s.

1327 δ' ἐν Vian : δὲ καὶ Ω δέ κε Steph. δ' αὖ Herm. || **1328** ἄμ μιν West : ἄμμιν Ω || **1329** ἥνδανε Ruhnken[3], cl. ξ 337 ; AR, 1, 717 : ἤλυθε Ω || **1330** τελευτήσεσθαι Ω : -σασθαι N || **1331** βουλὴ ΚζΑΜ[pc] : -ὴν Ψ || μινύας Ω : -ύαις ΝΟ || **1332-1333** δμωὶ — εἰκυῖα (1332) et νηὸς ἐπιπροθοροῦσα (1333) ordinem inuertit Vian || **1332** ἔπι Herm. : ἐπι- Ω ἐπὶ ΝFΗ || κατέλεξε Schneider : -ένευσε Ω (ex 1311) || **1334** Μηδείῃ Sanctam. : -είῃ Ω || **1335** χαμεύνην Vian : -νας Ω || **1336** ἀμφ' αὐτῇ Ω : ἀμφ' εὐνῇ Herm. ἀμφαυγῇ West || ἐφαπλώσαντες ἄωτον ΚζΑF[2] : cum litterae ἐφα et ωτον euanidae factae essent ap. Ψ, uoces mutilas habent N[ac]M[ac]VF[ac] et ἐπιπλώσαντες uel ἐπιπλεύσαντες ci. N[pc]M[pc]OH.

ils eurent suspendu à leurs piques des boucliers en peau de bœuf et des armures afin de cacher pudiquement l'œuvre nuptiale *, Médée aux tristes noces abandonna la jeune fleur de sa virginité dans un hyménée de triste mémoire *. Puis, quand Colques et Minyens furent arrivés devant le roi sans reproche et qu'ils eurent tout exposé en détail, l'Aisonide obtint d'Alkinoos d'emmener Médée pour épouse et l'on eut tôt fait de délier les amarres de la nef. Alors, sous les rames, l'éloquente Argô courait en faisant route à travers le golfe d'Ambracie.

A quoi bon maintenant te conter en détail *, Musée, rejeton des dieux, tout ce que les Minyens ont enduré ensemble, à cause des vents de la Syrte *, et comment ils réchappèrent de leur course errante sur la mer ; toutes les peines qu'ils endurèrent patiemment en

1338. On peut lire κρύπτον τε ou κρύπτοντε (participe au duel valant un pluriel).

1340. Conserver la répétition expressive αἰνόγαμος-δυσαινήτοις. Δυσαίνητος s'autorise de Pind., *P.*, 4, 177 εὐαίνητος. Δυσάντητος, « dont l'approche est redoutable », que conjecturait Ruhnken[2], ne convient pas ici au contraire de Nonn., 42, 380, 406.

1347-1376. *Les dernières aventures*. Voir la Notice, p. 44.

1348. Ἔπαθον ne peut être qu'une troisième personne du pluriel : cf. 1349, 1350 ; d'ailleurs Orphée ne gémit jamais sur son propre sort. La correction Μινυῆες s'autorise du v. 279 où l'on retrouve cette forme insolite.

Αὐτὰρ ἐπεὶ δοράτεσσιν ἐπαρτήσαντο βοείας
τεύχεά τε, κρύπτοντε γάμων αἰδέσσιμον ἔργον,
καὶ τότε παρθενίης νοσφίζετο κούριον ἄνθος
αἰνόγαμος Μήδεια δυσαινήτοις ὑμεναίοις.
Αὐτὰρ ἐπεὶ βασιλῆος ἀμύμονος ὄψιν ἵκοντο
Κόλχοι καὶ Μινύαι καὶ ἐμυθήσαντο ἕκαστα,
ἐκ δ' ἔλαχ' Αἰσονίδης ἄλοχον Μήδειαν ἄγεσθαι
Ἀλκινόου, τοὶ δ' ὦκα λύοντ' ἐκ πείσματα νηός.
Δὴ τόθ' ὑπ' εἰρεσίῃσι θέεν πολυηγόρος Ἀργὼ
Ἀμπρακίου κόλποιο διαπρήσσουσα κέλευθα.
Ἔνθα τί τοι, Μουσαῖε θεηγενές, ἐξαγορεύσω
ὅσσ' ἔπαθον Μινυῆες ὁμοῦ ποτὶ Σύρτιν ἀήταις,
ἢ πῶς ἐξεσάωθεν ἁλιπλάγκτοιο πορείης,
ὅσσα δ' ἄρ' ἐν Κρήτῃ πάθον ἄλγεα τετληῶτες,

Loci sim. **1338** Nonn. 42, 388, al. ἔργα γ. ; 48, 763 κρύπτειν κρύφιον γάμον ‖ **1339** *HHCer.* 108 κουρήιον ἄ. ; *O.* F 98 παιδὸς ἀφείλετο κ. (corr., κούριμον codd.) ἄ. ; Nonn. 16, 282 s. ἐνοσφίσθη δὲ κορείης | παρθενικῇ ‖ **1340** αἰ. Μ. : cf. *AO*, 867 ‖ **1341** τ 109 β. ἀ. ; cf. *AO*, 281 ‖ **1342** AR, 3,355 ἕ. κε μυθησαίμην ‖ **1344** λ. ἐκ π. : cf. ad 360 ‖ **1345 s.** ὑπ' εἰ. : cf. ad 372 ‖ θ. π. Ἀρ. : cf. *AO*, 489 ; θ. ... | ... δ. κέλ. : cf. ad 630 ‖ AR, 4, 1228 κόλπον ἐπώνυμον Ἀμβρακιήων ‖ **1347** *O.* F 271, 1 Μ. θεοφραδές ‖ **1348** Φ 442 ὅσα δὴ πάθομεν ; cf. ad 859 ‖ Σ. : cf. AR, 4, 1235 ‖ **1349** AR, 4, 639 ἐξ. ‖ ἀ. π. : cf. ad 1295-1296a ‖ **1350** ὅ. ... π. : cf. ad 859 et 1348 ‖ α 4 ἐν πόντῳ πάθεν ἄ.

1337 ἐπεὶ Ω : ἐπὶ $Mosch.^{GS}$ ‖ δοράτεσσιν $KζAM^{pc}OF^{2γρ}H$: uocem mutilam habent $NM^{ac}V$ δορπ(ὸν) [uac.] F ‖ **1338** κρύπτοντε (-τε om. N] Ω : -ντες E ‖ αἰδέσσιμον O^{pc} $Mosch.^{G}$: -δέσιμον Ω -δήσιμον Steph. ‖ **1340** αἰνόγαμος Ω : αὐτόγ- F ‖ δυσαινήτοις Ω : δυσευνήτοις $Wiel^{4}$ δυσαγνίστοις West ‖ **1342** ἕκαστα $AM^{pc}OF$: -τοι Ω (et F^{sl}) ‖ **1344** νηός Ω : νήσου Pierson, cl. 1241 ; AR, 1, 1109 ; 2, 166, 536 ; 4, 1731 ‖ **1345** τόθ' Kζ Mosch. : τότ' Ψ ‖ **1346** ἀμπρακίου Ω : ἀμβρ- $M^{pc}O$ ‖ **1347** τοι Ω : μοι θ σοι $Mosch.^{GS}$ ‖ **1348** ὅσσ' ἔπαθον Ω : ὅσσα πάθον $Mosch.^{G}$ ‖ Μινυῆες Vian, cl. 279 : -ύαισιν Ω ‖ **1349** ἢ πῶς Ω (cf. 875) : ἠδ' ὡς Voss ‖ **1350** δ' Ω : τ' ζ.

Crète quand, à notre arrivée, ils durent épier l'abominable géant d'airain * qui ne les laissait pas entrer dans les ports ; comment aussi, assaillis par le flot hurlant du large, écrasés soudain sous une chape de noires nuées, nous imaginions déjà que notre nef rapide se dirigeait sur les écueils Mélantiens * ? Mais Paian, l'Archer qui frappe au loin, seigneur du voisinage, lança depuis la rocheuse Délos un trait qu'il fit apparaître, surgi du milieu des Sporades *, et, depuis lors, tous les gens d'alentour donnent à cette île le nom d'Ile de l'Apparition (Anaphé) *.

Il n'aurait pas été loisible au dieu de protéger jusqu'au bout l'Aisonide de la mer *, car l'expiation tardait (?) *. Derrière le héros bondissait la funeste Destinée : manifeste était le courroux d'Hypérion. Mais

1351. Vers difficile. État de la question dans Weinberger, 264 s. J'adopte l'interprétation de Venzke, 10, n. 15. — L'*hapax* τριγίγας a une valeur superlative comme τριγέρων.

1355. Nouvel exemple d'un verbe de mouvement construit avec le datif : cf. p. 60.

1358. Qu'on refuse ou admette la lacune (voir la note suivante), il n'y a pas lieu de corriger le génitif μεσσατίων : l'île jaillit « du milieu des Sporades » ; comparer Nonn., 45, 164 μεσσατίου... ὑψόθι πόντου, « (naviguant) au milieu de la mer ».

1359. Voir *Notes complémentaires*, p. 196.

1360. Ἐξ ἁλὸς ἔρξαι : si le texte est correct, on rapprochera le tour de μ 219 s. κύματος ἐκτὸς ἔεργε | νῆα.

1361. La conjecture simple λύθρον ne restitue peut-être pas le sens. Λύτρον convient au contexte (cf. v. 1366) et c'est plutôt le verbe qui est fautif. Je propose μένεν : « l'expiation restait en attente ».

χάλκειον τριγίγαντα δοκεύμενοι ὄφρ' ἱκόμεσθα,
ὅς ῥά οἱ οὐκ εἴα λιμένων ἔντοσθεν ἱκέσθαι,
ἠδ' ὡς θεινόμενοι βαρυηχέι κύματι πόντου
ῥίμφα τε κυανέῃσι βαρυνόμενοι νεφέλῃσιν
ἠλπόμεθα σκοπέλοισι Μελαντείοισιν ἱκέσθαι
νῆα θοήν; Παιὰν δ' ἄρ' ἑκηβόλος ἀγχόθι ναίων
Δήλου ἀπὸ κραναῆς ἧκεν βέλος, ἐκ δ' ἀνέφηνε
μεσσατίων Σποράδων· Ἀνάφην δέ ἑ πάντες ὀπίσσω
νῆσον ἐπικλήσκουσι περικτίονες ἄνθρωποι.
Ἀλλ' οὔ οἱ θέμις ἔσκε διαμπερὲς ἐξ ἁλὸς ἔρξαι
Αἰσονίδην· περὶ γάρ ῥα † λύτρον φέρεν †. Ἄλτο δ' ὀπίσσω
Μοῖρ' ὀλοή· κότεεν γὰρ ἀριφραδέως Ὑπερίων.

Loci sim. **1351** AR, 4, 1638 Τάλως χάλκειος || **1352** Α 432 λιμένος... ἐντὸς ἵκοντο ; κ 92 ἕ. λιμένος || **1353** θ. ... κύμ. : cf. ad 498 || *O.* F 168, 28 s. βαρυηχέος οἶδμα θαλάσσης | καὶ π. ; κ. π. : cf. ad 630 || **1354 s.** μ 405, al. κυανέην νεφέλην ; QS, 2, 194, al. κυανέοις νεφέεσσιν || AR, 4, 1706 s. ἵκεο πέτρας | ῥίμφα Μελαντείους (de Apolline) || **1356** νῆα θ. : cf. ad 1121 || AR, 1, 37 ἁ. ναίων (et 4, 1712 ἁ. [u. l.] νήσου) || **1357** *HHAp.* 16 κραναῇ ἐνὶ Δήλῳ || ἧ. β. : cf. ad 589 || AR, 4, 1718 ἀν. || **1358 s.** AR, 4, 1711 Σπ., 1717 s. Ἀν. δέ τε... ν. | ἴσκον || δέ ἑ... | ... ἐπ. : cf. ad 1081 s. || ἐπ. π. ἄ. : cf. ad 502, 600 || **1360** μ 219 s. κύματος ἐκτὸς ἔεργε | νῆα || **1362** Π 849 Μ. ὀ.

1351 χάλκειον ζM^{pc}O Mosch. : χαλκεῖον KNVH -κίον AM^{ac} -κίεῖον F || δοκεύμενοι Ω : -νον Wiel[4] || ὄφρ' ἱκόμεσθα Ω : ὄφρα κίχοιμεν Herm. || **1353** θεινόμενοι Pierson, cl. 498, 1033 : στειν- Ω || **1354** κυανέῃσι ζ M^{pc} : -νέεσσι Ω || **1355** Μελαντείοισιν Schrader[3], cl. AR, 4, 1707 : μαλαινείοισιν Ω μελαινείῃσιν E || ἱκέσθαι Ω : ἔχεσθαι Herm. || **1356** ἀγχόθι ναίων Sanctam. : ἀγχόθεν αἰέν Ω || **1357** δήλου ΨK^{pc} : δόλου K^{ac} || post u. fort. deest aliquid uide adn. || **1358** μεσσατίων Ω : -ατίην Schneider -άτιον Herm. || Ἀνάφην Esch. : κραναὴν (ex 1357) Ω || **1359** ἐπικλήσκουσι Ψ : ἐπικικλ- KE κικλ- uel ἐπικλήζουσι Herm. uide 16 || **1360** ἁλὸς Ω : ἄγος West || ἔρξαι Ψ : ἕ- KE || **1361** λύτρον φέρεν corruptum : λύθρον φέρεν Herm. λύτρον μένεν Vian || **1362** ἀριφραδέως Vian, cl. 936 : ἐπιφρ- Ω.

lorsque nous eûmes atteint à la rame le cap Malée, les héros se mirent en devoir, sur les conseils de Circé, de détourner par des purifications les imprécations d'Aiétès et l'implacable Érinys *. Alors donc j'accomplis pour les Minyens les saints rites expiatoires * et j'implorai le Maître de la Terre, l'Ébranleur du sol, de répondre à leur impatience en leur octroyant le retour et leurs doux parents.

Et tandis qu'ils voguaient rapidement vers la belle cité d'Iôlcos, de mon côté, je me rendis au Ténare venteux pour sacrifier des victimes aux très nobles Souverains qui détiennent les clefs des abîmes infernaux. Puis, parti de là, je m'élançai vers la Thrace neigeuse, vers le pays des Leibèthres, terre de ma patrie, et je regagnai l'antre fameux où ma mère m'avait enfanté dans le lit du magnanime Oiagros.

1365. Pour ἀπορρύπτομαι, « écarter par des purifications », cf. Philon, *De aetern. mundi*, 1, 2 (2, 487 Cohn-Wendl.) ; Jambl., *Protr.*, 21, 11 (p. 114, 11 Pistelli) ; id., *V. Pyth.*, 17, 74 ψυχῆς τε ἀπορρύψεις καὶ καθαρμούς ; 17, 76 (citation de Lysis) ; et comparer *AO*, 1232 ἐκνίψησθε. — Νηλιτόποινον, conjecturé par Ruhnken, doit s'analyser pour des raisons métriques νη-, ἀλῐτο-, ποινή, « qui ne manque pas de punir », et non νηλῑτής, ποινή, « qui châtie les coupables » : cf. Voss, 534. Bien que cette conjecture soit maintenant écartée d'Hés., *Th.*, 217 (cf. West *ad loc.*), elle paraît satisfaisante pour notre passage, car elle permet de garder Αἰήτεω. Si on préfère ἀρὰς Αἰήταο καὶ ἠλιτόποινον 'Ερινύν, on devra considérer ἠλιτόποινος comme un composé régressif, « qui châtie les coupables », analogue à γυναικό-, τεκνό-, ὑστερό-ποινος. On notera toutefois que les autres composés en ἀλιτο- ou ἠλιτο- sont progressifs : ἀλιτόξενος, ἠλιτοεργός, ἠλιτόμηνις, ἠλιτόμηνος, ἠλιτόμητις (Dion. *Bass.* 19 r 49 Livrea).

1367. Voss, 534, a bien vu que ἐφ' est le préverbe de ῥέξα : cf. ρ 211, *al.* — Pour le génitif καθαρμῶν, voir la note au v. 573.

Ἀλλ' ὅθ' ὑπ' εἰρεσίῃς Μαλεάτιδας ἱκόμεθ' ἄκρας,
Κίρκης ἐννεσίῃσιν ἀπορρύψεσθαι ἔμελλον
ἀρὰς Αἰήτεω καὶ νηλιτόποινον Ἐριννύν.
Δὴ τότ' ἐγὼ Μινύαισιν ἐφ' ἱερὰ λύτρα καθαρμῶν
ῥέξα καὶ ἐλλισάμην Γαιήοχον Εἰνοσίγαιον
νόστον ἐπειγομένοις δόμεναι γλυκερούς τε τοκῆας.
Καί ῥ' οἱ μὲν πλώοντες ἐυκτιμένην ἐπ' Ἰωλκὸν
θῦνον. Ἐγὼ δ' ἱκόμην ἐπὶ Ταίναρον ἠνεμόεντα,
ὄφρα κεν ἔντομα ῥέξω ἀγακλειτοῖς βασιλεῦσιν
οἵ τ' ἄρα νερτερίων βερέθρων κληῖδας ἔχουσιν.
Ἔνθεν δ' ὁρμηθεὶς ἐσύθην χιονώδεα Θρῄκην
Λειβήθρων ἐς χῶρον, ἐμὴν ἐς πατρίδα γαῖαν·
ἄντρον δ' εἰσεπέρησα περικλυτόν, ἔνθα με μήτηρ
γείνατ' ἐνὶ λέκτροις μεγαλήτορος Οἰάγροιο.

Loci sim. **1363** ὑπ' εἰ. : cf. ad 372 || Μ. ... ἄ. : cf. *AO*, 205 || **1364** Κ. ἐνν. : cf. ad 297 || **1365** Hes. *Th.* 217 Κῆρας... νηλεοποίνους (νηλιτοπ- coni.) ; Aesch. *Ag.* 58 s. ὑστερόποινον | ... Ἐρινύν || **1366** λ. κ. : cf. *AO*, 904 || **1367** Ψ 584, al. Γ. Ἐννοσ. || **1368** δ 172 ν. ἔδωκε || AR, 4, 203 γεραρούς τε τ., 1039 γλυκεροῖσιν... τ. || **1369** Β 712 ἐυκτ. Ἰαωλκόν || **1371** ἔ. ῥ. : cf. ad 571 s. || ἀ. β. : cf. ad 70 || **1372** *HO*, 18, 4 Πλούτων, ὃς κατέχεις γαίης κλ. || Nonn. *Par.* 8, 49 νερτερίοιο... βερέθρου || **1373** ἔ. δ' ὁ. : cf. ad 667 || Eur. *Hec.* 81 χιονώδη Θρ. ; AR, 1, 826 ; *HO*, 80, 2 || **1374** ἐ. ἐς π. γ. : cf. ad 940 || **1375** s. ἄ. δ' εἰσ. : cf. *AO*, 75 || Δ 474, 476 μήτηρ | ... | γ. ; de re, cf. *AO*, 77.

1363 ὅθ' Κζ Mosch. : ὅτ' Ψ || Μαλεάτιδας Holste : -εώτ- Ω cf. 205 || **1364** ἀπορρύψεσθαι Ω : -ρρίψασθαι E -ρρίψεσθαι Mosch.[GS] || **1365** αἰήτεω Ω : -τάο A || νηλιτόποινον Ruhnken[1] : ἠλιτο- Ψ ἠλυτο- K || **1366** μινύαισιν ἐφ' [ἶφ' F] ἱερὰ Ω : Μινύαις Herm. et εὐίερα Wiel[3] || **1367** εἰνοσίγαιον Ω : ἐννο- E cf. ad 1278 || **1369** πλώοντες Ω : πλείοντες Mosch.[G] || ἐπ' [ἐς Mosch.[G]] ἰωλκὸν KζANM[pc]OH : ἐπ' ὠλκὸν M[ac]VF ἰαωλκὸν Mosch.[S] || **1372** τ' ἄρα Ω : fort. ῥά τε || **1375** με om. K || **1376** γείνατ' ἐνὶ Herm. : γείνατο ἐν Ω.

NOTES COMPLÉMENTAIRES

10. Sur ὅταν et l'indicatif, cf. p. 62, § VIII 5. Le passage fait allusion à l' « aiguillon » du délire inspiré qui a possédé Orphée et dont il est maintenant guéri : cf. 47 s., 100-105. Si les v. 103 s. évoquent dans une certaine mesure le taon d'Iô, l'expression est surtout à rapprocher d'*Or. Sib.*, 11, 323 s., où la Sibylle, au terme de sa prophétie, demande à Apollon d'arrêter sa voix prophétique : οἶστρον ἀπωσάμενος καὶ ἐτήτυμον ἔνθεον ὀμφὴν | καὶ μανικὴν φοβεράν. Sur Orphée inspiré par Apollon, cf. Kern, F 49, 1-4. Dans le domaine bacchique, voir Kern, F 232, 5, où οἶστρος désigne le délire dont Dionysos Lyseus peut délivrer les hommes.

124. La phrase est contournée et maladroite. Construire : ὅ γε, τῆμος ἄγχουρος λαοῖς Σιφαέσι Θεσπιέων ἐφ' ὕδασι Τ., ῥεῖθρον ἄμειβεν. Ἀμείβω doit signifier ici « quitter » (cf. 1011 « partir ») : comparer Soph., *Phil.*, 1262 ; *Trach.*, 659 ; Eur., *Él.*, 750 ; *al.* ; le verbe a un sens différent dans la formule voisine du v. 792, ainsi que dans d'autres passages du poème (cf. Vian[4], 118, n. 40, qu'il convient de corriger sur quelques points). — Pour ἄγχουρος, outre les emplois cités dans le Liddell-Scott, cf. la variante d'AR, 3, 1386.

125. Ἀργήεσσιν : cf. 685, où la forme est contracte. L'adjectif signifie ailleurs « d'un blanc brillant » ; mais les mots de la famille d'ἀργός hésitent entre les sens de « blanc » et de « rapide ». Ce dernier s'impose ici. Pour l'accord entre un adjectif masculin (souvent en -εις, -εντος) et un substantif féminin, cf. E. Livrea, à Collouthos, 82-83 (p. 107), et F. Paschoud, à Zosime, C.U.F., t. 2, 2, p. 396. On trouve un accord analogue au v. 261. — Δέδαεν a ici valeur de plus-que-parfait (cf. P. Chantraine, *Gramm. hom.*, 1, 438 s.) avec le sens de « connaître » (cf. δεδαώς, ἐδάην), par opposition à δέδαε (Hom.), δάε, ἔδαε (AR), qui signifie « enseigner ». La correction δεδάει ne paraît pas indispensable.

138. Le premier hémistiche est corrompu. Αὐτίκα, « tout de suite », est déplacé dans le catalogue. En outre, si Ἀκτορίδης peut se réclamer d'Apollonios (1, 69, 72 ; 2, 911, 916), ce patro-

nyme isolé surprend et l'on s'étonne que le catalogue omette le constructeur d'Argô, Ἄργος Ἀρεστορίδης (AR, 1, 111 s.) ou Ἀλεκτορίδης (*ibid.*, variante). Ma conjecture, qui prolonge celle de Hermann, restitue le texte attendu au prix d'une asyndète qu'on retrouve aux v. 148 et 170 (?). — Pour Corônos, cf. AR, 1, 57. Pour expliquer son qualificatif de « mangeur de bœufs », J. G. Schneider rapproche Pind., fr. 168 Snell-Mähler, selon qui Héraclès, chez Corônos, avait dévoré un bœuf entier. D'après Apollonios, Corônos habite Gyrtôn en Thessalie dont les *AO* attribuent la fondation à l'Athénien Phaléros (v. 144 s.), ce qui peut se justifier : cf. *ad loc.* et ma note à AR, C.U.F., t. 1, p. 244, *N.C.* à 1, 100. Il paraît en revanche inadmissible que Périclymène, fils de Nélée, habitant de Pylos, soit transféré en Thessalie (v. 155-157). Bien que le poète ne recule pas devant des traits d'originalité aussi bizarres, on peut croire que les v. 156-157 se rapportent à Corônos et ont été déplacés dans les manuscrits ; on notera d'ailleurs que les v. 138 et 157 s'inspirent tous deux d'AR, 1, 57 (voir les *loci sim.*).

157. Pellène est une graphie pour Pallène de Chalcidique comme au v. 466 : outre Venzke, 39, n. 33, cf. Call., *Hécalé*, fr. 260, 27 Pf., avec le commentaire de H. Lloyd-Jones-J. Rea, *Harv. Stud. Class. Phil.*, 72, 1968, 137-140. Lipaxos est une ville de Chalcidique située sur le golfe Thermaïque : Hécatée de Milet, 1 F 149 Jacoby ; Hérod., 7, 113. Le toponyme fréquent de Colônai est attesté en Thessalie : Strab., 13, 1, 19 (589). Si l'on admet avec Hermann que la coordination est explicative, Colônai serait le nom de la ville habitée par Corônos.

147. Cf. AR, 1, 207 s. La mention de Tanagra est aberrante ; c'est une *lectio facilior* analogue à toutes celles qui déparent le catalogue (cf. v. 140, 144, 164, 166, 189, 195, 223). Voss, 515, a heureusement restitué le nom de Charadra, ville de Phocide « située sur une hauteur à pic » (Paus., 10, 33, 6 ; cf. 10, 3, 2 ; Hérod., 8, 33).

208. Hermann garde πλανῆτας qui formerait avec κύκλους une périphrase désignant les planètes. Mais les cas où κύκλος pourrait se dire de n'importe quel corps céleste en dehors du soleil et de la lune sont douteux : *HH* 6 (Arès), 6 (J. Humbert traduit par « char » [de feu]) ; Sulpicius Maximus, dans W. Peek, *Griech. Versinschr.*, 1, n° 1924, 9 (sur l'établissement et le sens du passage, cf. J. Diggle, *Eur. Phaethon*, 1970, 201). La phrase paraît mieux équilibrée si κύκλους signifie « orbites » et correspond à πορείας.

214. Cf. AR, 1, 172-175, qui est complété par la mention de Pise en Élide. — Le choix entre πυρι- et περι-φεγγής est

malaisé. Le second est un peu plus fréquent et attesté dans Kern, F 168, 22 (où existe néanmoins la variante πυριφεγγές) ; le premier qualifie le char du Soleil dans Nonn., 38, 25.

225. Cf. AR, 1, 224-227. Malgré un parallèle possible (voir la note à 138), il est étonnant qu'Acastos soit désigné par une périphrase. Si l'on garde ἄνακτος (v. 223), il faut supposer une lacune ; mais ἀγχιστεύς se trouverait alors bien loin de Πελίαο. On préférera rétablir Ἄκαστος : comparer la faute inverse commise par un papyrus dans AR, 1, 325. On notera d'ailleurs que les v. 223-225 paraissent avoir tous trois leur fin gâtée. Si la correction du v. 225 est aisée, on est plus embarrassé par γεγένητο qu'on n'ose traduire par « il était voulu par le destin » ; λελίητο donne un sens convenable, mais μεμέλητο serait plus satisfaisant pour la paléographie (pour une construction avec l'infinitif, cf. *Or. Sib.*, 1, 94). — Ἄξεινος, substantif ou adjectif, désigne toujours le Pont Euxin, si l'on néglige la formule ἄξενα φῦλα (53, 756). Ici aussi, Ἄξεινον pourrait être un substantif complément de lieu sans préposition, malgré le parallèle cité aux *loci sim.*

232. Τραπέζης paraît être un génitif qualificatif. Cf. v. 2 (et la note) ; Nonn., 13, 394 (et R. Keydell, *Nonni Dion.*, 1, 57*), et E. Schwyzer, *Griech. Gramm.*, 2, 122 δ, 124 δ, qui ne fournit aucun parallèle exact.

233. L'interversion des v. 233 et 234 rétablit l'ordre attendu : cf. α 145 ἑξείης ἕζοντο..., 150 αὐτὰρ ἐπεὶ πόσιος καὶ ἐδητύος ἐξ ἔρον ἕντο. Il paraît impossible de garder le tour insolite ἅλις εἶναί τινος, « être rassasié de qqech. », bien qu'on le retrouve au v. 406 ; le v. 100 présente la construction habituelle qu'on rétablira dans les deux passages. P. Chuvin propose de reconnaître dans ἔπλετο une forme de πίμπλημι, équivalant à πλῆτο : comparer d'autres formations anormales recensées dans l'*excursus* grammatical, p. 56, § III C 6.

314. Comparer le sacrifice plus banal de deux bœufs dans AR, 1, 425-431. La tête de l'animal est relevée, quand la victime est immolée aux divinités olympiennes : cf. A 459 et la schol. *ad loc.* ; schol. AR, 1, 587 ; et, en général, P. Stengel, *Griech. Kultusalt.*² (1898), 100, n. 10-11 ; id., *Opferbräuche der Griechen* (1910), 113-125.

319. Les principaux rites mentionnés aux v. 318-354 se retrouvent dans les scènes analogues. Les contractants plongent leurs armes ou leurs mains dans le sang de la victime additionné, le cas échéant, d'autres liquides (vin) ; parfois ils touchent la victime de la main. Puis ils prononcent les formules sacramentelles ou des imprécations avant de boire le breuvage. Voir en particulier Esch., *Sept*, 42-48 (serment prêté par les

sept chefs) ; Hérod., 4, 70 (serment des Scythes) ; Xén., *Anab.*, 2, 2, 9 (serment d'alliance entre les Grecs et Ariée) ; indications plus rapides dans AR, 2, 714-719 ; Paus., 3, 20, 9 (serment des prétendants d'Hélène) ; 5, 24, 10-11. Les deux scènes homériques de serment (Γ 264-311 ; T 249-268) comportent des rites assez différents. Sur le rituel du serment en général, cf. M. Nilsson, *Gesch. d. griech. Rel.*, 1 (1941), 128-131.

342. Προποδηγέτις : cf. *AP*, 6, 294, 1 προποδαγόν ; Paul le Sil., *Ecphr.*, 1, 198 Νύξ... προηγέτις εὔποδος Ἠοῦς ; et l'épithète d'Hécate à Sidyma en Lycie προκαθηγέτις (cf. *Tit. As. Min.*, 2, 189, l. 7). L'expression est ambiguë et pourrait désigner l'Aurore annonciatrice du Soleil (cf. *HO*, 78, 3) ; mais, d'après le contexte, c'est le Soleil lui-même qui est invoqué et Ἠελίοιο doit être construit avec αὐγήν plutôt qu'avec ἵππων.

378. Cf. la schol. *b* à Π 144 : « Le cap Chironien se trouve au-delà du cap Sépias, orienté vers le Zéphyr ; c'est là qu'habitait Chiron. »

384. Δικασπολίας, issu du v. 381, est sûrement fautif. La conjecture διδασκαλίας, que j'avais faite indépendamment de Sitzler, est nettement supérieure à θυηπολίας (cf. 470) ou à θεοπροπίας (cf. A 87). Les *Enseignements de Chiron* étaient fameux : cf., outre Pindare (voir aux *loci sim.*), J. Schwartz, *Ps.-Hesiodeia* (1960), 228-244.

404. Comme le note P. Chuvin, στιβάς au v. 402 ne désigne pas toujours un simple lit de feuilles : ce peut être aussi une couverture ou une peau de bête jetée à terre ou sur un matelas de feuilles : voir, par exemple, Plat., *Rép.*, 2, 372b ; Mén., *Dysc.*, 419 s. ; Théocr., 3, 34 (στιβάς vise les peaux mentionnées aux v. 50-57 et non un lit de feuilles qui ferait double emploi) ; 7, 67 s. (voir la note de P. Monteil *ad loc.*, coll. Érasme). C'est également le sens ici, comme le confirme l'emploi de ῥωγαλέος qui se dit en règle générale d'une étoffe ou d'une peau déchirée. Cette excellente interprétation justifie ὑπό et permet en même temps de comprendre son insertion fautive au vers suivant. — Au v. 403, j'édite πλεκταῖς, qui est proche du texte transmis ; mais ἀδαιδάλτοις (« dépourvu de ciselures ou d'ornements ») fait attendre la mention d'un plat de terre cuite plutôt que celle d'une claie en osier tressé ; j'ai proposé (Vian[4], 124, n. 71) πλασταῖς, terme rare qui désigne dans les papyrus un mur *façonné* (en terre ou en argile).

418. D'une manière plus explicite qu'au v. 380, le poète réunit les deux légendes les plus fameuses qui ont trait aux Centaures. L'une les oppose aux Lapithes en Thessalie ; l'autre, à Héraclès près de la caverne du Centaure Pholos en Arcadie.

420. Pour les v. 421-431, cf. les v. 12-20 et la Notice, p. 6-8.

Le parallélisme entre les v. 12 et 421 suggère qu'il ne faut pas chercher à remplacer ὕμνον par un verbe, malgré la rudesse de la construction.

421. Le poème comporte de nombreuses hypallages : 2 Παρνασσίδα, 124 Σιφαέσι, 254 Μινυήιον, 631 Μύσια, [871 τετράγυον (*codd.*)], 885 εὐήνορα, 1269 ἀνοστήτους (si on lit βροτῶν... ἀκουάς). Si on admet cette figure ici, μελανήφατος devient clair : cf. Hés., *Th.*, 814 χάεος ζοφεροῖο ; AR, 4, 1697 μέλαν χάος. L'adjectif est synonyme de μελαναυγής (*AO*, 513) ou de μελαμφαής ; l'élément -φατος se rattache à la famille de φαίνω ou a perdu sa signification propre comme dans ἀρηίφατος, « belliqueux ».

422. L'expression signifie sans doute que le Chaos engendre, par mutations successives, les diverses créatures ou plutôt les quatre éléments (sur ce sens, cf. Liddell-Scott, *s.* φύσις, IV 2), le ciel, la terre, la mer et l'Amour (= le feu ?). Sur cette doctrine chez les Orphiques, cf. Kern, F 55-56, et F 66b, où il est dit que le πελώριον χάσμα (= Chaos) ne comportait ni πεῖραρ ni πυθμήν ni ἕδρα, trois termes qui trouvent d'assez bons correspondants aux v. 422b-423 (la Terre « à la large poitrine » est dite πάντων ἕδος par Hés., *Th.*, 117).

423. Je n'ai pas osé renoncer à la conjecture de Hermann πυθμένας, qui est paléographiquement la plus économique. Mais, dans notre texte, on attend le singulier et non le pluriel ; en outre, πυθμένας implique une *correptio attica* que le poète évite ailleurs pour ce mot et qu'il pouvait éviter ici aisément. On trouvera dans l'apparat critique des conjectures plus audacieuses, mais peut-être meilleures.

441. 'Επισείειν τὴν χεῖρα peut signifier « faire un geste (discret) d'approbation » : cf. Liddell-Scott, *s.* ἐπισείω. Mais ce n'est pas le cas ici, malgré Fränkel, 396 : Chiron, dans son enthousiasme, rythme la cadence, comme l'a vu Venzke, 61. Χεῖρ' ἐπὶ καρπῷ ne résulte pas d'une homérisation du texte due aux copistes ; mais le poète a sans doute modifié le sens de la formule en désignant par καρπός la « paume » de la main. Cette traduction est requise dans certains passages de Nonnos : par ex., 2, 64, 464 ; 12, 198 ; 25, 35 ; 37, 682 ; cf. aussi *Etym. M.*, 492, 24 ss. καρπός· σημαίνει καὶ τὸ κοῖλον τῆς χειρός (avec référence à ω 397) et Hésych., *s.* πλατεῖαι· καρποὶ τῶν χειρῶν.

452. Pour les v. 452-454, comparer AR, 1, 553-558. La construction du passage a gêné Voss qui propose de corriger ἀρέσθαι en ὀπάσσαι ; en fait, l'infinitif dépend d'ἠρᾶτο et θεοὺς — πάντας constitue une parenthèse. — Pour le pléonasme Μινύαισιν... βασιλεῦσιν, comparer les v. 1312 s. et voir la note au v. 328.

454. Καί, adverbe et non conjonction, crée une ambiguïté

peu admissible ; il a dû être introduit par un lecteur gêné par l'accumulation des datifs. On éviterait cette accumulation en faisant d'ἐπ' une préposition ; mais les tours similaires (cf. les *loci sim.* et la note au v. 95) invitent à y reconnaître plutôt un préverbe.

484-489. *Passage de l'Hellespont.* Cf. AR, 1, 922-935. Chez Apollonios, les Argonautes franchissent le détroit pendant la nuit grâce au Notos (vent du sud) ; ici ils naviguent de jour, aidés par le Zéphyr (vent d'ouest), alors que celui-ci n'intervient chez Apollonios que dans la dernière partie du trajet (1, 953 s., où sont mentionnés les « vents de Thrace »). Sur ces modifications, cf. Venzke, 65. Tous les termes géographiques viennent d'Apollonios (cf. *loci sim.*), sauf Ilion (si cette leçon peut être gardée malgré la métrique : cf. Vian[2], 149 s.). Leur présentation comporte une erreur : ni Percôté ni Abarnis (dont l'ordre est inversé) ne sont arrosés par l'Aisépos qui coule plus à l'est. En revanche, le poète introduit deux précisions érudites : le bassin de l'Aisépos a des terres très fertiles et possède une ville Argyria dans laquelle Démétrios de Skepsis a voulu reconnaître l'Alybé homérique (B 857) riche en argent ; cf. Strab., 12, 3, 23 (552) ; 13, 1, 45 (603), et la note de F. Lasserre, C.U.F., t. 9 (livre XII), p. 187, qui signale, après G. Hirschfeld, une mine d'argent dans la région ; voir aussi P. Chuvin, *Mythol. et géogr. dans les Dion. de Nonnos* (Paris, thèse dactyl., 1983), t. 2, p. 118, n. 48.

643. Si le sens est clair, le texte est difficile à établir. On ne peut admettre avec Hermann et Voss qu'ἀφαμαρτάνω, « être privé de » (Z 411 ; X 505), prenne le sens de « s'éloigner » ni supposer, avec Schneider, Dottin et le dictionnaire Bailly, l'existence d'un *hapax* ἀφομαρτέω dont le préverbe ἀπο- aurait un sens privatif. Le choix paraît se limiter à deux conjectures dont aucune ne satisfait pleinement : ἀφορμηθέντος est irréprochable, mais peu satisfaisant du point de vue paléographique ; ἄφαρ ὁρμήσαντος est meilleur à cet égard, mais l'actif, tout en étant acceptable, n'est pas conforme à l'usage de l'auteur : cf. Vian[2], 151.

646. Ἐν δέ peut être une simple « particule de liaison » : cf. p. 62 ; la conjecture ἂν est cependant séduisante : cf. Vian[4], 118, n. 37. — On attend un marais plutôt qu'une prairie : l'*hapax* Λιμνακίδων est peut-être formé sur un *λίμναξ analogique de λεῖμαξ.

667-679. *Escale chez Phinée.* Le poète s'oppose à AR, 2, 172-530, selon lequel les Argonautes secourent le malheureux devin Phinée et obtiennent de lui en retour de précieux renseignements. Les deux auteurs s'accordent seulement sur la localisation de Phinée dont la demeure se situe avant le passage du Bosphore et non à Salmydesse sur le Pont Euxin. Mais on ne sait où placer la « grande ville des Bithyniens » ; celle-ci ne doit peut-être son existence qu'à un texte fautif d'Apollonios (2, 177 : cf. C.U.F., t. 1, p. 130, n. 6) ; la leçon amétrique d'Ω τὸ μέγα ἄστυ suggérerait même que l'expression vient d'une glose qui aurait éliminé le texte authentique. La version selon laquelle Phinée crève les yeux des enfants qu'il a eus de sa première épouse remonte à la tragédie : cf. AR, C.U.F., t. 1, p. 144, n. 4 ; il est possible qu'elle soit étrangère au cycle argonautique, comme le pense J. Rusten (cf. *infra*). Denys Skytobrachion l'introduit dans ce cycle, mais en modifiant sensiblement le récit : les enfants ne sont plus privés de la vue, mais emprisonnés et fouettés sans relâche ; à l'arrivée des Argonautes, ils sont délivrés par Héraclès qui tue ensuite Phinée : Diod. Sic., 4, 43-44 ; schol. à AR, 2, 206-208 b ; cf. J. S. Rusten, *Dionysius Scytobrachion*, 1982, 97 s., 148 ss., F 18-19. La variante la plus proche de celle des *AO* se trouve dans Apollod., *Bibl.*, 1, 9, 21, 2 ; 3, 15, 3 ; et Diod. Sic., 4, 44, 4 (Phinée crevant les yeux de ses fils, puis subissant le même traitement de la part de Borée [ou des Boréades ?] et des Argonautes) : sur l'établissement du texte d'Apollodore, voir les remarques, peut-être discutables, de J. Rusten, *o. c.*, p. 98, n. 20. Le poète ajoute deux détails nouveaux : les Boréades rendent la vue aux Phinéides (leur guérison était attribuée à Asclépios par Soph., fr. 710 Pearson/Radt, et par Phylarque, 81 F 18 Jacoby) ; Phinée est emporté par Borée à travers les forêts de Bistonie (cf. Serv. [Daniel] à Virg., *Én.*, 3, 209 : *Aquilo uentus propter nepotum iniuriam eum caecauit et ad pelagias insulas detulit adposuitque Harpyas*). Ce dernier épisode rappelle le sort réservé à Ixion selon Asclépiade de Tragilos, 12 F 3 Jac. (= schol. Pind., *P.*, 2, 40 b) ; le thème était déjà esquissé, à propos d'Héraclès, dans le *Prométhée délivré* d'Eschyle (fr. 327 Mette).

733-756. Dans ce passage, l'ordre des vers paraît avoir été troublé. On lira une défense inconditionnelle du texte transmis chez Venzke, 91-103, approuvé par Keydell[5], 3 ss. ; mais ce point de vue est d'autant plus contestable qu'une transposition est assurée dans les vers qui suivent immédiatement. La partie du périple qui occupe les v. 733-744 et 755-756 est claire, malgré l'état du texte, si l'on insère le v. 754 après le v. 735. A quelques exceptions près, les toponymes sont pris à Apollonios et la géographie est approximativement respectée. On relève néanmoins deux erreurs majeures. Les Mariandynes d'Héraclée sur lesquels règne Lycos se trouvent rejetés inexplicablement à la fin du v. 744. Il semble d'autre part que le poète n'ait pas reconnu un toponyme dans le Πολὺς Αἰγιαλός d'Apollonios, dont la localisation fait d'ailleurs problème : cf. C.U.F., t. 1, p. 221, note à 2, 945 ; il n'introduit l'expression que parce qu'il la lisait sur son modèle (si du moins on a raison de la restituer par conjecture). Pour le reste, la concordance avec Apollonios est remarquable :

Apollonios	*Arg. Orph.*
a. Paphlagonie (790, cf. 358) ; Carambis (943) ; Polys Aigialos (944 s.) ; Assyrie, Sinope (946).	*a.* Paphlagonie (734) ; Carambis (735) ; Assyrie, Sinope (754).
b. Halys (963) ; Thermodon (970).	*b.* Thermodon, Halys (736) ; *Polys Aigialos* (737 ?)
c. Amazones, Doias (987 s.) ; Thémiscyre (995).	*c.* Thémiscyre, Doias, Amazones (738-740).
d. Chalybes (1001) ; Tibarènes (1010) ; Mossynèques (1016).	*d.* Chalybes, Tibarènes, **Ékécheires**, Mossynes (741 s.).
e. Philyres (1231) ; Macrons, Bécheires, Sapeires, Byzères (1242-1244).	*e.* Macres, *Mariandynes* (744) - Philyres, **Napates** (?), Sapeires, Byzères, **Sigynnes** (755 s.).

[Dans la colonne de droite, les toponymes déplacés sont en italique et les additions en gras.]

Les trois additions viennent apparemment de la source utilisée aux v. 745-753. Les Ékécheires, qui se substituent aux Bécheires d'Apollonios (si ma conjecture est exacte), sont attestés par [Skylax], 83, et le *Périple anonyme du Pont Euxin*, 41. Pour les Napates et les Sigynnes, voir la Notice, p. 36, n. 1-2.

739. Le texte des v. 738 s. est gâté. Le poète transpose ici et au v. 745 l'expression qu'AR, 2, 360, utilise pour situer géographiquement le cap Carambis, Ἑλίκης κατεναντίον Ἄρκτου, « face au nord ». Mais deux difficultés demeurent. (1) En raison de la *crux* du v. 739, ὑποθρώσκουσι est équivoque. S'il s'agit d'un datif, on comprendra « en s'avançant (un peu) face au nord » ; l'*hapax* ὑποθρώσκω aurait en ce cas un sens voisin d'ὑπέρχομαι ou d'ὑποτρέχω. S'il s'agit d'un indicatif, on est tenté de corriger ἐπιθρώσκουσι, pris au sens de « faire saillie » : cf. 899, 1266, et comparer AR, 2, 369 s. κεῖθεν... Ἀγκὼν | ἐξα-

νέχει γαίης ; mais on voit mal dans cette hypothèse quel substantif sujet se cache derrière ἄψεα κεῖται. (2) Νέρθεν signifie apparemment « au-dessous de » : cf., dans un contexte géographique, γ 172 ; Dion. Per., 423 (variante) et 336 (ὑπένερθε). Ce sens est clair au v. 745 : « au-dessous d'Héliké », c'est-à-dire « au nord » ; on peut risquer d'interpréter de la même façon le v. 738 : « en s'avançant (un peu) au-dessous (de l'Ourse) face à elle ». Le poète distinguerait une région voisine du nord (Thémiscyre) et une autre, située en plein nord (v. 745), de même qu'Aristote, *Météor.*, 1, 350 b 4-7, oppose πρὸς ἄρκτον à ὑπ' αὐτὴν τὴν ἄρκτον. Une telle interprétation conduit à attribuer à l'auteur une erreur géographique d'autant plus étrange que ses héros devront parvenir plus tard, au sens strict, νέρθεν Ἑλίκης ; mais, si le sens des v. 738 s. est litigieux, celui du v. 745 semble parfaitement explicite.

745-753. A l'intérieur du cadre fourni par Apollonios, le poète insère, d'après une source inconnue, une notice géographique relative à la partie orientale du Pont. Ce chapelet de propositions indépendantes ou relatives a pu donner lieu à des interversions. Platt[2], 266 s., propose l'ordre suivant : 745, 750 (avec τ' † Ἀναίς †), 746-747, 751, 748-749, 752 ss. Je préférerais : 745, 749-750 (l'isthme et son système fluvial) ; 746-747 (les vallées qui descendent vers le golfe oriental du Pont) ; 751, 753 (les populations de ces vallées) ; 752, 755-756 (reprise de la narration) ; le v. 748, corrompu et énigmatique, pourrait prendre place après 745 ou 747. Dans le doute, j'édite le texte transmis en ne retenant que le déplacement du v. 754 après 735 et l'interversion des v. 752 et 753, qui sont peu contestables (cf. Bacon, 176, qui transfère en outre 755-756 après 744). Le texte paraît décrire l'isthme (αὐχήν) « nordique » (voir la note au v. 739) qui sépare le Pont de la Caspienne : cf. Dion. Pér., 695-696, qui le situe au nord-est du Phase. Ses quatre grands fleuves sont l'Araxès, le Thermodon, le Phase et le Tanaïs, ces trois derniers étant sans doute issus du premier, si ἐξ οὗ a pour antécédent ῥεῦμα ; sur ce réseau fluvial, voir la Notice, p. 31 s. Les v. 746 s. doivent évoquer les vallées (αὐλῶνες), visibles de loin (τηλεφανεῖς), qui descendent sur les flancs ou les contreforts du Caucase (ὑπωρείησιν ἐπὶ προβλῆσι) en dessinant un arc de cercle (κυκλοῦνται) autour du golfe.

853. Les trois éventualités envisagées par Aiétès dans son discours sont claires ; mais le texte soulève de nombreux problèmes : outre les éditions de Schneider, Hermann et Abel, voir notamment Huschke[2], 1220 s. ; Schubert, 480-482 ; Weinberger, 275-279. (1) Le texte des v. 844-847 paraît pouvoir être conservé intégralement ; il suppose cependant que ὡς +

indic. fut. est final ou consécutif, tour rare : cf. Liddell-Scott-Jones, *s.* ὡς, B II 1 b ; B III 1. On évite cette anomalie à l'aide des conjectures de Huschke et de Hermann :

εἰ μὲν δὴ Κόλχοισιν ἀρηιφάτοισιν ἐσάντα
μαρνάμενοι πεπίθησθον ἀποφθίσειν μένος ἀνδρῶν...
ἦ ἔλπεσθ' ὥς κεν ἀδήριτον γέρας ἔσσετ' ἐν ὑμῖν ;

« si, en combattant face aux Colques belliqueux, vous êtes persuadés de pouvoir abattre l'ardeur de nos guerriers (ou : de faire périr nos guerriers), ... (s.e. vous vous trompez) ; ou bien pensez-vous que cette récompense sera entre vos mains sans combat ? » (2) V. 848 s. Pour l'idée, cf. AR, 3, 437 s. ; 4, 339. Je suis Hermann pour l'essentiel. Il serait tentant de lire à la suite de Schneider :

εἰ δέ νυ παῦροι ἐόντες ὑποκλινθῆτε φάλαγγι,
ἡμέτερον τότε νῆα καταφθιμένοισι κεάξαι.

Mais l'ellipse d'ἔσται à côté d'ἡμέτερον (« il m'appartiendra ») paraît trop rude. (3) V. 850-853. La phrase est tourmentée, sans doute volontairement, mais elle demeure intelligible : pour l'ellipse de l'apodose, Hermann compare A 135 s. Je préférerais seulement γάρ à καί qui n'a guère de sens. En revanche, il n'y a pas lieu de corriger la clausule du v. 846 d'après celle du v. 853. Dans le premier cas, le sens est : « Cette récompense arrivera entre vos mains (par miracle) », alors qu'au v. 853, Aiétès dit : « Je *vous* donnerai cette récompense ».

861. L'hiatus au 5e trochée est rare (voir la note au v. 259) et surprenant après ῥα. Mais ὅς ῥά τε garde dans les *AO* une valeur généralisante qui est exclue ici : v. 170 (rappel d'une tradition célèbre), 1053 conj., 1121. On attend plutôt ὅν ποτ' : cf. v. 135, 194 (et 175, 682, 1157).

862. Ἐνιπῇ est indiscutablement la leçon de l'archétype : cf. Vian[1], 10. Le terme, qui signifie habituellement « reproches », « menaces », a pris ici le sens d' « ordre » qu'on retrouve dans les *Oracles Chaldaïques* (voir les *loci sim.*).

884. Πόθος au pluriel accompagné d'un génitif objectif est attesté : cf. Nonn., 11, 448 ; 48, 215. Mais une succession de deux génitifs choque et surtout le tour αἰδώς + gén. est insolite dans le sens de « honte due à qqech. » (cf. cependant Eur., *Iph. Taur.*, 713).

904. Θύσθλα καθαρμῶν : sur ce type d'expression, voir la note au v. 573. L'idée est reprise au vers suivant par καθάρματα d'une façon pléonastique : voir la note au v. 328.

906. Chez Apollonios, Médée est aussi la prêtresse d'Hécate et il semble qu'elle procède chaque jour, en compagnie de ses

servantes, à des rites auxquels participent les femmes Colques : 3, 250-252, 894 s. — Δεινολεχής peut être une glose pour αἰνολεχής ; dans la *Victoria Berenices* de Callimaque, αἰνολέων est glosé par δεινολέων : cf. H. Lloyd-Jones-P. Parsons, *Suppl. hell.*, 103 s., fr. 257, 21 et 258, 21. Mais une *variatio* n'est pas exclue : cf. δεινοβίην au v. 65.

922. Les v. 915-922 énumèrent vingt-cinq plantes dont la liste est tirée sans doute d'un traité (orphique ?) d'herboristerie. Beaucoup sont mentionnées par Nicandre pour leurs propriétés (elles sont notées ci-dessous de l'astérisque) ; voir aussi le *De uiribus herbarum* (Heitsch, *Griech. Dichterfragm.*, 2, n° 64), sur les vertus de la camomille (v. 1-6), de la verveine (v. 55-73), du dictamne (v. 74-91), de la centaurée dite πανάκεια (v. 114-127), de la pivoine (v. 140-172), de la germandrée (v. 173-178) et de la moutarde (partie perdue du texte ; cf. Heitsch, p. 38). On peut distinguer dans cette liste trois catégories de plantes. I. Certaines sont expressément mises en relation avec les *rhizotomoi*. Cf. Théophr., *HP*, 9, 8, 2 ; 9, 8, 5-8, pour le *clymenon* (chèvrefeuille ou plantain), la pivoine, la mandragore appelée aussi κιρκαία (cf. Steier, *Real-Encykl.*, 14, 1 (1928), *s. Mandragoras*), le pavot* et la panacée* (Théophraste mentionne l'espèce dite πάνακες ἀσκληπίειον). Pour la verveine* (*aristereôn* ou *peristereôn*), dite ἱερὰ βοτάνη, cf. Diosc., 4, 59-60 ; Pline, *Hist. nat.*, 25, 105-107. Pour le cyclamen*, cf. Pline, 25, 114 s. ; Hésych., *s.u.* ; J.-M. Jacques, *Nicandre* (Paris, thèse dactyl., 1979), 52 et n. 72. On peut y joindre l'asphodèle*, qui est associé aux divinités infernales et à Hécate et qui sert aussi d'antidote contre les sortilèges (cf. Wagler, dans *Real-Encykl.*, 2, 2 (1896), 1732, 22 ss. ; 1733, 16 ss.), l'ellébore blanc (cf. Olck, dans *Real-Encykl.*, 3, 2 (1899), 1574, *s. Carbasus*, n° 2) et le léontice, utilisé pour des philtres et par les mages (Diosc., 4, 133 ; Pline, 27, 57). II. D'autres plantes sont vénéneuses. Outre la mandragore et l'ellébore, déjà nommés, on relèvera l'aconit* (cf. Nic., *Alex.*, 13 ss. ; Wagler, dans *Real-Encykl.*, 1, 1 (1893), *s.* ἀκόνιτον). On y joindra le *thryon* qui, malgré le parallèle homérique (cf. *loci sim.*), doit désigner ici non pas le jonc, mais la stramoine ou στρύχνον μανικόν (cf. Diosc., 4, 73 ; Steier, dans *Real-Encykl.*, 4 A, 1 (1931), *s. Strychnos*, 389 s., § b). III. Treize espèces sont plutôt des plantes officinales : le capillaire* (cf. Olck, dans *Real-Encykl.*, 7, 1 (1910), *s.* Frauenhaar, 89, 37 ss.), le souchet* (Diosc., 1, 4 ; Pline, 21, 118), la sauge hormin* (aphrodisiaque ; cf. Diosc., 3, 129), la moutarde* (antidote ; cf. Diosc., 2, 158 ; Jacques, *o. c.*, p. 566), la lavande (antidote ; cf. Diosc., 3, 26), le basilic* (Diosc., 3, 94), la germandrée* (alexipharmaque ;

cf. Diosc., 3, 110 ; 4, 132), le dictamne (Théophr., *HP*, 9, 16, 1 ; Diosc., 3, 32), le safran (Diosc., 1, 26 ; Pline, 21, 137 s. ; cf. L. Robert, *Rev. Ét. Anc.*, 62, 1960, 333-342), le nasitort* (Diosc., 2, 155), la salsepareille (antidote ; cf. Diosc., 4, 142 ; Pline, 24, 82 s.), la camomille (Diosc., 3, 137 ; Pline, 22, 53 s.), l'*alcea* ou fausse-mauve, dite ἄλκυα (?) dans les *AO* (Pline, 27, 21).

Questions de détails. Sur εὐειδής (915), ἀμενηνά/ή (916), εὐερνές (918) et κάλπασον (922), cf. Vian[4], 119 s. — Κυκλαμίς (917) est un *hapax* pour κυκλάμινος, à moins qu'on ne lise κυκλαμίδας dans Nic., *Thér.*, 892 (cf. Jacques, *o. c.*, p. 304). L'épithète de la plante fait difficulté : la conjecture la plus vraisemblable est ἰοειδής (cf. Diosc., 2, 164 ἄνθη ῥοδοειδῆ, πορφυρίζοντα ; Pline, 25, 114 *floribus purpureis*) ; θυώδης pourrait s'autoriser des ἄνθη λευκά, εὐώδη, que Diosc., 2, 165, attribue à une variété de cyclamen, le cissanthème, qui est dépourvu de propriétés particulières ; θεουδής signifierait que la plante, appelée aussi « amulette », protège des maléfices (Pline, 25, 115). — Le dictamne (v. 919) est qualifié de ψαφαρός, sans doute parce qu'il a des « feuilles cotonneuses et des pousses laineuses », γναφαλοειδῆ τὰ φύλλα ἔχει καὶ ἐριώδη τινὰ ἐπίφυσιν (Diosc., 3, 32). — Le parfum du crocus (920) est très souvent mentionné. — Le σμῖλαξ (921) est habituellement l'if, *taxus baccata* ; mais il ne peut guère s'agir ici d'un arbre ; le terme désigne plutôt la salsepareille dont le nom grec exact est μῖλαξ τραχεῖα. — Ἄλκυα (922) est isolé ; le terme est peut-être une graphie pour ἀλκαία (ἀλκέα dans certains manuscrits de Diosc., 3, 147), qui désigne la « malope fausse-mauve » selon J. André.

933. Sur l'établissement du texte des v. 929-933, cf. Vian[4], 116-119, que je complète sur un seul point : Wiel[3], 11, corrige κανθόν parce qu'il fait, à son avis, pléonasme avec ὄσσοισιν ; en fait, les deux termes se retrouvent associés dans un fragment d'Ératosthène, d'ailleurs difficile (fr. 17, 2 Powell). — Pour l'idée, comparer Eur., *Héraclès*, 397-399 δράκοντα... ὅς <σφ'> ἄπλατον ἀμ|φελικτὸς ἕλικ' ἐφρούρει (dragon des Hespérides) ; Nonn., 40, 476 φυτὸν... ἕλιξ ὄφις ἀμφιχορεύει ; 45, 313 (κισσὸς) πρέμνον ἑλισσομένῳ σκολιῷ μιτρούμενος ὁλκῷ. — Selon AR, 4, 118-120, le bois sacré d'Arès comporte un autel élevé par Phrixos à Zeus protecteur des fugitifs. De même, ici, Zeus chthonien (v. 931) ou Xénios (v. 992) possède un monument (σῆμα) et un autel (v. 992), dont le dragon est le gardien et le desservant (ἀμφιπολεύει) infernal.

954. Le genévrier, le cèdre et le nerprun sont utilisés dans les cérémonies magiques : cf. A. D. Nock, *Journ. Hell. Stud.*, 46, 1926, 50-53. Les deux premières essences sont aussi des thériaques : AR, 4, 156 (et la note de E. Livrea, *ad loc.*) ; Nic.,

Thér., 53, 583 s. Sur le *rhamnos* ou nerprun, cf. l'anonyme *De uiribus herbarum*, 7-23 (Heitsch, *Griech. Dichterfragm.*, 2, n° 64) ; l'arbuste a donné son nom à la localité attique de Rhamnonte, célèbre par son sanctuaire de Némésis. La mention du peuplier s'explique moins bien ; mais l'arbre pousse dans le bois sacré de la Perséphone infernale selon κ 510. Πολυκλαύτων se réfère à la légende des Héliades qui, changées en peupliers, pleurent la mort de leur frère Phaéthon en versant des larmes d'ambre : cf. par ex. AR, 4, 603-611, 624-626.

962. Les ingrédients mêlés au sang sont pour la plupart des plantes ou des substances tinctoriales (l'*hapax* de sens inconnu χάλκιμος/ον désigne évidemment une substance en rapport avec le cuivre comme le χάλκανθον, « fleur de cuivre » ou « vitriol ») : cf. Nock, *l. c.*, 50-53 ; Vian[4], 124. Ce n'est pas le cas pour le plantain, ψύλλειον ; mais celui-ci est considéré comme une drogue par Lucien, *Trag.*, 157, et les *Cyranides*, 1, 23, p. 103 Kaimakis. — Σχιστή sert peut-être à caractériser une variété de safran. L'addition de τ' en ferait un substantif désignant le talc (Diosc., 5, 127 σχιστὸς λίθος) ou l'échalote (Pline, *Hist. nat.*, 19, 101 s. *schista* ; cf. Hésych., *s.* σχιστά· τὰ κρόμμυα) ; mais ces conjectures de Gesner et de Hermann manquent de vraisemblance.

973. Les deux déesses infernales appelées Θαμβήτειραι (substantif, comme l'a vu Hermann) sont Pandore et Hécate. Cette Pandore, inconnue par ailleurs, a quelque analogie avec Empouse, vampire doté d'une jambe d'airain (Aristoph., *Gren.*, 294), qui fait partie du cortège d'Hécate ou est identifiée à elle (Hésych., *s.* Ἔμπουσα).

980. Les textes magiques donnent à Hécate-Séléné le qualificatif de Ταρταροῦχος : cf. Heitsch, *o. c.*, n° 59, 9, v. 82, 91 ; Höfer, dans Roscher, *Myth. Lex.*, 5, 1916-1924, 128, *s.* Tartaruchos. Ici, elle est fille du Tartare, Ταρταρόπαις (terme que Voss rapproche du qualificatif de Triton, θαλασσόπαις). La déesse se présente souvent sous diverses apparences animales : elle est πολύμορφος (Heitsch, *o. c.*, n° 59, 10, v. 9) et πολυφάσματος (*Orac.*, 167 Wolff) ; cf. Lucien, *Philops.*, 14 (femme, bœuf, chien), 22 (pieds et cheveux formés de serpents) ; Porphyre, *De abstin.*, 3, 17, 2 (taureau, chien, lionne : voir la note de M. Patillon, C.U.F., t. 2, p. 243) ; 4, 16, 7 (cheval, chien, taureau, lion) ; Lydus, *De mens.*, 3, 8 Wünsch (cheval, taureau, hydre, chien) ; Heitsch, *o. c.*, 59, 9, v. 58 s. (cavale, jeune fille, dragon, ..., lionne, louve) ; 59, 10, v. 11-19 (serpent, taureau, chien, lion). Elle est aussi dotée de glaives : Lucien, *l. c.*, 22 ; *Pap. mag. Par.*, 2479 τὴν μεγίστην θεὸν... ξιφηφόρον. Voir en général W. H. Roscher, *Kynanthropie*, 1897, 43, n. 117 s.

982. Le texte transmis au v. 981 suppose un allongement devant occlusive qu'on ne retrouve que dans des passages corrompus (v. 315, 957, 1283) ; cf. aussi les v. 184 et 324, où Weinberger, 245, à la suite de Rzach, admet un allongement devant dentale sur la foi des *recentiores*. Πέριξ élimine l'irrégularité au prix d'une autre, car il suit habituellement son régime. La mise en ordre proposée par West est la plus satisfaisante malgré sa relative hardiesse ; on ne peut en tout cas objecter l'asyndète qui est fréquente dans les *AO* : cf. Gramm. p. 64.

984. Artémis lève l'interdit en laissant tomber ses torches : elle a été « désarmée » par les rites. Si elle lève les yeux au ciel, c'est peut-être pour ne pas voir les intrus, de même que la statue d'Athéna détourne les yeux lors du viol de Cassandre (cf. QS, 13, 420-429, et ma note *ad loc.*) ; peut-être au contraire veut-elle par bienveillance ne pas nuire aux Argonautes par son regard maléfique (comparer le geste de Médée chez AR, 4, 1661 s.).

1054. Comme l'Istros d'Apollonios (4, 282-293, 323-326), le fleuve, parvenu à l'Ile aux fleurs, se scinde : le Phase va se jeter directement dans le Pont ; le Sarangès, espèce de canal au cours lent comme celui de l'Océan (ἀκαλαρρείτης, cf. v. 1187), aboutit à des marais annexes du Marais Méotis qu'il fait déborder (πλημμύρουσα) et il se déverse ainsi dans le Pont (ἅλα) au sortir de cette « retenue ». Si le Sarangès est identique à l'Hypanis du Kouban, ces précisions sont d'une étonnante exactitude d'après une carte : voir la Notice, p. 32, n. 2. Καναχηδόν cependant fait difficulté, car il paraît contredire ἀκαλαρρείτης : faut-il comprendre que, pour le poète, le cours nonchalant du Sarangès s'achève par des rapides au moment où il se jette dans la mer ? ou faut-il donner un sens opposé à l'adjectif (cf. v. 1187) ? — Gesner interprétait autrement le passage : à son avis, le Sarangès serait un déversoir du Méotis qui ferait ensuite sa jonction avec le Phase.

1057. Passage gâté. Le premier hémistiche du v. 1056 doit donner une indication chronologique. J'écarte δισσαῖς δ' ἡμερίαισι qui met à contribution un *hapax* suspect de Soph., *Aj.*, 208. Peut-être le poète fait-il référence au vers fameux de K 253 : le voyage se serait achevé aux deux tiers (du jour) ; pour τρίμορον, « tiers », cf. les substantifs *hapax* τριτήμορον, τετράμορον (Nic., *Thér.*, 106, dans le sens de « quatre parts »). En ce cas, il faudrait lire δισσοῖς. Mais il ne s'agit là naturellement que d'une solution désespérée. — V. 1057 : Keydell[2], 191, observe justement que le Bosphore cimmérien se trouve non pas au milieu du Marais Méotis, mais entre (μεσηγύ) celui-ci et le Pont ; une lacune est donc vraisemblable.

1064. Sur ce catalogue de peuples et certains problèmes de texte que soulèvent les v. 1061-1063, voir la Notice, p. 34-37. Πολυπάμονα, heureuse conjecture de Gesner, fait allusion à l'or que les Arimaspes ravissent aux griffons. Sur ce peuple mythique, cf. J. Bolton, *Aristeas of Proconnesus* (1962) ; A. B. Pajares, *Fragm. de épica griega arc.* (1979), 344-354. — Au v. 1064, la leçon fautive ἐν γῇ s'explique apparemment par une haplo-
εν
graphie : γενεη > γεη > ἐν γῇ.

1066. Μυχοῦ paraît meilleur, mais βυθοῦ reste possible, car ce substantif équivaut à θάλασσα dans les *AO*. — Après le v. 1066, une lacune de plusieurs vers obscurcit le passage. On comprend que le navire, parvenu à l'extrémité septentrionale du Marais Méotis, est pris dans une espèce de maelstrom (les féminins ἐλαυνομένη, au v. 1068, et τῇ, au v. 1070, s'expliqueraient bien si le sujet d'ἀποϐλύει était un terme tel que δίνη). Ce tourbillon est manifestement dangereux ; mais la portée précise d'ὄχθῃσι χθαμαλῇσιν m'échappe. Il se déverse ensuite par une bouche (v. 1070 στόματος) et forme un fleuve qui dévale vers l'Océan arctique.

1072. Le terme corrompu ἀγνηνέα ne peut guère cacher un adjectif signifiant « voisin » (ἀγχήρεα). On attend plutôt une épithète de qualification : ἀστρηνέα, entendu au sens de « insolent », « arrogant » (cf. Chantraine, *Dict. Étym.*, *s.* στρηνής), conviendrait bien : cf. ἀγέρωχος aux v. 1046, 1073. On peut songer aussi à un nom de peuple : Wiel[3], 21, envisage une mention des Agrianes, peuple thrace qui serait ici transféré sur les rives du Marais Méotis.

1086. Au v. 1084, ὁρμαίνω a la valeur d'ὁρμάω, alors qu'il garde son sens habituel au v. 519. Au v. 1086, ἐπὶ δεξιόν étonne, puisque le navire poursuivra sa route vers l'ouest : cf. Diod. Sic., 4, 56 (suivant Timée) τὴν γῆν ἔχοντας ἐξ εὐωνύμων. Il est vrai que le navire sera halé par la poupe (v. 1097), comme lors de sa mise à flot (voir la note au v. 240). Voss, 529, propose une explication plus rationnelle que j'avais également envisagée : le pilote barrerait à droite pour virer à gauche, de même qu'il effectue l'opération inverse aux v. 1204-1206. Mais le texte ne semble pas pouvoir être compris de cette façon. — Je laisse à πιθήσας son sens homérique : cf. Δ 398. Keydell[2], 191, lui donne un sens actif (= πείσας) en se fondant sur le v. 1205 ; voir aussi le passage cité aux *loci sim.*

1090. Les Argonautes sont harassés par les neuf jours et les neuf nuits de navigation sur le « Tanaïs » : cf. v. 1071. Leur épuisement est compréhensible, bien que le navire ait été en fait porté par le courant (v. 1068-1070). L'emploi de l'imparfait laisse plutôt supposer néanmoins qu'après la manœuvre d'Ancaios ils se sont évertués à ramer sur la « mer morte » ; devant la vanité de leurs efforts, le pilote se résout alors à faire haler le navire. Le récit gagne en cohérence ; mais ἐπὶ δεξιόν reste tout aussi énigmatique.

1099. Cette traduction, qui rejoint celles de Voss et de Dottin, paraît imposée par le texte et confirmée par les parallèles (v. 239 s., 276 s.) ; mais son sens m'échappe. Si un gouvernail doit être fixé à la poupe par des cordages (v. 276 s.), il est évident que ceux-ci sont superflus pour y fixer un câble ; en outre, si βαλόντες est clair par lui-même, son association avec ἀρτήσαντο rend la phrase maladroite et l'on préférerait λαβόντες. Plus hardiment, Gesner donne pour complément d'objet à ἀρτήσαντο un νῆα dont la dernière mention remonte au v. 1087 (on peut, il est vrai, corriger ὦκα en νῆα au v. 1096). Cette construction suggère un sens plus cohérent. Ancaios et Argos commencent par ceinturer le navire avec des cordages, comme le font les Argonautes d'Apollonios avant la mise à l'eau d'Argô (1, 368) ; puis ils lancent du haut de la poupe le long câble de halage dont les héros saisissent les bouts (le pluriel implique que les fils de caret composant le câble sont détordus à l'extrémité pour offrir plusieurs prises). Comme lors de sa mise à flot, Argô est halée à contre-sens, la poupe en avant : pour une explication de cette bizarrerie, voir la note au v. 240. D'ordinaire, un navire est halé, la proue en avant, au moyen d'un ou de plusieurs câbles fixés à un petit mât situé dans l'axe du navire, à égale distance entre le mât principal et la proue ; quand le câble part de la poupe, il court d'abord au-dessus du navire jusqu'à la proue avant de se diriger vers la berge : cf. M. Deydier et Héron de Villefosse, *Bull. arch. du comité des travaux hist. et scient.*, 1912, 87-103 ; J. Le Gall, *Rev. arch.*, 22, 1944, 39-44 ; id., *Le Tibre* (1952), 228-230, 257 s. ; L. Casson, *Ships and Seamanship* (1971), 332 s.

1109. Sur les Macrobies, voir la Notice, p. 38. Le poète leur attribue la félicité, la sagesse et la longévité des Hyperboréens : cf. Pind., *P.*, 10, 37-44 ; Pline, *Hist. nat.*, 4, 89 ; Pomp. Mela, 3, 5, 36 s. D'après certains, ils vivaient mille ans : cf. Strab., 15, 1, 57 (711), citant Simonide (fr. 570 Page) et Pindare. C'est apparemment ce que signifie notre passage. Douze mille mois lunaires de vingt-neuf jours (348 000 jours) équivalent à peu près à mille années solaires de 365 jours (365 000 jours) : comparer l'équivalence établie entre 99 mois lunaires et une octaétéride : Ginzel, dans *Real-Encykl.*, 9, 1 (1914), *s.* Jahr, 605. L'énigmatique ἑκατονταετήρων devient plus intelligible si on change avec Hermann le génitif en accusatif : mille mois lunaires représenteraient un siècle, à condition de supposer une année de dix mois lunaires, conception aberrante, mais qu'on peut tirer d'une interprétation de λ 247. — Au v. 1109, il est séduisant de corriger avec Wiel μήνης en ἥϐης : les Macrobies jouiraient toute leur vie d'une pleine jeunesse jusqu'au moment où ils seraient pris par le sommeil de la mort.

1133. L'Achéron se jette donc dans le marais et non dans l'Océan.

1134. Malgré l'absence de vent (v. 1129), les arbres du pays des morts s'entrechoquent à grand fracas (παταγεῖ) comme dans l'Averne de Virgile (*Én.*, 3, 442 *Auerna sonantia siluis*) ; le même vacarme règne autour de l'Achéron voisin d'Héraclée du Pont (AR, 2, 740-745) ; et cf. déjà chez Homère, κ 515. Il est vrai que les v. 1133 s. sont gravement altérés : la conjecture de M. L. West (voir l'app. crit.) éliminerait le paradoxe. — Ποτισχεδόν (= ἐπισχεδόν ?), qui fait pléonasme avec παρ' ὄχθαισιν, semble corrompu. Peut-on risquer *ποτισχερώ (= ἐπισχερώ), « en file », d'après AR, 1, 30 ; 3, 201 ? Si l'on retient la conjecture de West au v. 1133, ce serait un verbe qui se cacherait derrière ce mot.

1135. Bien que la région soit glacée, les arbres ploient éternellement sous les fruits, alors que les saules des Cimmériens homériques ne produisent que des fruits stériles ou incapables de mûrir (κ 510 ὠλεσίκαρποι). Ce détail rejoint dans une certaine mesure ce que Théopompe de Chios rapporte au sujet de son non moins utopique pays des Méropes : les deux fleuves qui coulent au Pays sans retour (*Anostos*) sont bordés eux aussi par des arbres dont les fruits ont des vertus merveilleuses : cf. 115 F 75 c 7-8 Jac. (= Élien, *Var. hist.*, 3, 18). On rapprochera surtout avec P. Chuvin un fragment du *Thrène VII* de Pindare (fr. 129, 5 Snell-Maehler) qui évoque le pays des Bienheureux (εὐσεϐῶν χῶρος) « chargé d'arbres aux fruits d'or » (χρυσοκάρποισιν βέϐριθε <δενδρέοις>).

1141. Au v. 1139, la belle correction de Hermann se fonde sur Strab., 8, 6, 12 (373), qui traite d'Hermioné d'Argolide. La ville possédait une « descente dans l'Hadès » et c'est pourquoi les habitants ne mettaient pas dans la bouche de leurs morts le montant du naulage (ναῦλον) : cf. aussi Call., fr. 278 et le commentaire de Pfeiffer. Strabon rationalise en laissant entendre que les gens d'Hermioné bénéficiaient de ce privilège parce qu'ils avaient un accès direct aux Enfers (εἰς Ἅιδου κατάϐασιν σύντομον). En fait, ils le devaient à Déméter, parce qu'ils lui avaient donné des renseignements après le rapt de sa fille (cf. *Souda*, *s.* πορθμήιον). Les morts montaient donc, comme les autres, dans la barque de Charon ; mais ils passaient gratuitement, comme il ressort des v. 1138 s. — Au v. 1140, αὐταί paraît préférable à αἶψα (αὖ αἱ *codd.*) : les âmes gagnent l'Achéron d'elles-mêmes, sans l'aide d'Hermès psychopompe.

1142. Si on adopte πόληος, le pronom οἱ désigne les gens d'Hermioneia et δέ équivaut à γάρ : « en effet de leur ville sont proches les portes d'Hadès ». Une telle topographie des Enfers est connue : pour atteindre l'Achéron et le marais infernal, il faut franchir d'abord un vestibule habité par les Songes selon Virgile (*Én.*, 6, 268-284) ou des portes aux serrures de fer selon Eschine le Socratique (3, 19). Si on préfère ὀχῆες, la topographie est différente : οἱ désigne alors les âmes qui, après avoir franchi le marais et gagné l'Achéron, arrivent devant les portes infernales.

1145. D'ordinaire, le pilote embarque le premier, puis invite ses compagnons à monter à leur tour, d'où la conjecture de Gesner νῆ' ἐς : cf. v. 274-279 et les *loci sim.* Mais, dans les scènes de halage (références dans la note au v. 1099), le pilote est toujours à son poste pendant le halage pour maintenir le navire dans la bonne direction. De la poupe, il ne pourrait crier que quelques ordres brefs, comme aux v. 619 s. et 651 s. ; désireux d'adresser à ses compagnons un véritable discours pour les réconforter, il doit nécessairement descendre *du navire* et on gardera en conséquence νηός.

1153. Opération inverse de celle qui est décrite au v. 635. Λύσατε s'oppose à δήσατε et signifie « délier », « déployer » la voile, comme dans Pollux, 1, 107 ἐπλέομεν πάντα λύσαντες τὰ ἱστία. Le verbe signifie ailleurs « déverguer », « détacher » la voile : ο 496 ; AR, 4, 1632. On attend dans cette expression le datif προτόνοις (sur le sens du mot, voir la note au v. 635) : comparer *AP*, 10, 2, 7 λαίφεα δ' εὐυφέα προτονίζετε (et la note de Gow, *Hell. Epigr.*, v. 444) ; 10, 5, 6 πᾶν λαῖφος ὕφεσθε (corr., ἔφ- *codd.*) κάλοις. Le génitif serait admissible s'il équivalait à κατὰ προτόνων (v. 1293 ; cf. G. Kaibel, *Epigr. gr.*, n° 779 ; Lucien, *Amours*, 6 κατὰ τῶν κάλων) ou à ἀπὸ πρ. (Call., *Épigr.*, 6, 4).

1155-1181. Chez Apollonios, Argô révèle aux héros le courroux de Zeus et leur ordonne de se faire purifier par Circé (4, 580-591) ; c'est Héra qui, plus tard, leur évitera d'aller se perdre dans l'Océan (4, 636-644). Ici la poutre prophétique révèle pareillement aux Argonautes qu'ils sont poursuivis par les Érinyes (v. 1162-1164), ce qu'ils ignoraient (v. 1161 ἀιδρείῃ : cf. AR, 4, 561, 576 s., 584 s.) ; puis, comme l'Héra d'Apollonios, elle leur indique la voie à suivre pour ne pas s'égarer (v. 1167-1169). Elle ne fait pas allusion à la purification exigée ;

ce rôle reviendra à Circé (v. 1230-1235). La conduite des Argonautes est déterminée par la double information apportée par Argô : colère contre Médée responsable de leur malheur (v. 1170-1177), direction suivie par le pilote (v. 1178-1181).

1157. Τομή paraît être un *hapax* dans le sens de « poutre » et les parallèles donnés par le *Thesaurus* sont inadéquats. Je soupçonne que le mot est une réminiscence de Τομαριάς et qu'il a éliminé le terme propre : Ἀργῴαις στείραις ou mieux Ἀργῴῃ στείρῃ.

1206. L'île se trouve au fin fond de l'Océan (v. 1187), du côte du couchant. Quand le pilote l'aperçoit il gouverne vers la droite pour l'atteindre (v. 1197) ; averti du danger par Orphée, il fait demi-tour (ἀνέτρεχε) en manœuvrant le gouvernail de gauche (v. 1205ª : sur cette manœuvre, cf. J. Vars, *Art nautique*, 122 s.) ; il *persuade* (ἔπειθε : voir la note au v. 1086) ainsi le navire de ne pas cingler droit sur l'île (v. 1206ª) ; revenu près de la côte, il tourne de nouveau à droite pour reprendre sa route vers le sud. Sur le sens d'ἀνατρέχω, cf. par ex. Polybe, 7, 3, 6, et J. Taillardat, *Rev. Ét. Gr.*, 95, 1982, XVI-XVIII. Dans le passage, la seule difficulté réside dans la forme corrompue ἀνορώων. On a le choix entre ἀναρώων, ἀνακρούων et ἀνορούων. La première conjecture suppose une forme active inusitée de ῥώομαι ; la seconde introduit un terme technique adéquat (cf. AR, 4, 1650, *al.*), mais elle est peu satisfaisante pour la métrique et fait pléonasme avec ἀνέτρεχε. A tout prendre, j'adopte la troisième, bien qu'on attende l'aoriste : le pilote se lève en hâte pour mieux opérer la manœuvre.

1221. Les descendants d'Hélios se reconnaissent surtout à l'éclat de leur regard selon AR, 4, 683, 727-729. Les *AO* attribuent de surcroît à Circé le nimbe solaire, tradition attestée dans l'iconographie tardive : cf. Seeliger, dans Roscher, *Myth. Lex.*, 2, 1 (1890-1894), *s.* Kirke, 1197 ss. (fig. 3-4) ; O. Touchefeu-Meynier, *Thèmes odysséens dans l'art antique* (1968), p. 104 ss., nᵒˢ 204, 207, 211.

1264-1290. *Épisode des Sirènes.* Le poète est dans l'ensemble indépendant d'AR, 4, 891-919. Il adopte une localisation nouvelle et rare : voir la Notice, p. 43. Les Sirènes sont au nombre de deux comme chez Homère (v. 1286 : Apollonios n'en précise pas le nombre). Leur généalogie est passée sous silence et elles paraissent avoir une forme humaine (v. 1269 κοῦραι) au lieu d'être des femmes-oiseaux. Sur ce type de Sirènes fréquent surtout dans l'art étrusque, cf. H. Brunn, *Rilievi d. urne etr.*, 1 (1870), pl. 90-94 ; O. Touchefeu-Meynier, *Thèmes odysséens dans l'art antique* (1968), 182-184 (et les nᵒˢ 318-336 du catalogue). Elles jouent de la flûte et de la cithare comme sur de nombreux monuments figurés : outre les auteurs cités ci-dessus, voir Eur., *Hél.*, 170 s., et la note *ad loc.* de H. Grégoire (C.U.F.). Après leur défaite, elles se jettent dans la mer (cf. Lycophron, 714-716) et sont métamorphosées en rochers (cf. Steph. Byz., *s.* Ἄπτερα). D'après Apollod., *Ép.*, 7, 19, et Hygin, *Fab.*, 125, 13, leur destin (λόγιον, *fatum* ; cf. ici les v. 1287 s.) était de périr si un navire échappait à leurs sortilèges et c'est habituellement Ulysse qui causait leur mort (aussi Apollonios n'y fait-il pas allusion). Notre poète l'attribue à Orphée ; mais les Sirènes meurent non pas parce que les Argonautes les ont évitées, mais parce qu'elles ont été vaincues dans la joute musicale qui les oppose au fils de la Muse Calliopé. C'est là une variante de la tradition selon laquelle elles avaient voulu rivaliser avec les Muses elles-mêmes : cf. Paus., 9, 34, 3 ; Steph. Byz., *l. c.* ; Eust., à A 201 (p. 85, 37-40). Une autre variante est illustrée par un groupe en terre cuite du musée J. Paul Getty à Malibu, qui figure Orphée trônant entre deux Sirènes-oiseaux : cf. M. L. West, *Orphic Poems*, 25, pl. 4.

1283. Le chant d'Orphée prélude à la métamorphose des Sirènes en îlots. Il combine divers thèmes légendaires, peut-être empruntés à un seul et même poème cosmogonique. (1) Zeus et Poseidon se sont opposés en maintes circonstances ; outre A 397-400, on rappellera leur rivalité au sujet de Thétis (Pind., *I.*, 8, 27-47) et surtout leur dispute pour la possession d'*une île*, Égine, légende qui remonte à une tradition orphique (Kern, F 335). Ici le conflit porte sur des chevaux, ce qui ne surprend pas en raison des affinités entre Poseidon et le cheval. (2) Call., *H.*, 4, 30-35, attribue la création de toutes les îles à Poseidon et il se peut que le poète soit purement et simplement tributaire de ce passage (voir les *loci sim.*). Cf. cependant Strab., 1, 3, 19 (liste d'îles détachées du continent par des tremblements de terre) ; 14, 2, 10 (liste des sept grandes îles de la Méditerranée, dont les trois qui sont nommées ici) ; Pline, *Hist. nat.*, 2, 204 *auellit natura Siciliam Italiae, Cyprum Syriae, Euboeam Beotiae.* Sur ces catalogues d'îles, cf. W. H. Mineur, *Callim. Hymn to Delos*, 1984, 67-68. Les bribes d'un poème épique (*Suppl. Hell.*, fr. 910), où il est question d'une île et de Poseidon qui se déchaîne sur son char, pourraient avoir aussi quelque rapport avec notre thème. (3) Au v. 1280, l'inintelligible Λυκτονίην a été depuis longtemps corrigé en Λυκαονίην. Cette conjecture est assurée grâce au parallèle fourni par la *Gigantomachie* grecque de Claudien (cf. *loci sim.*). Dans ce poème, le Géant Encelade foudroyé fuit au sein de la mer pour éteindre les flammes qui le consument ; alors « le Cronide (Zeus ou Poseidon ?) détache un rocher de la terre lycaonienne » et le jette sur le Géant qui est ainsi enseveli à la fois par ce rocher et par l'île dont il s'était lui-même armé. Bien que la précision manque, il n'y a pas à douter que c'est la Sicile qui écrase ainsi Encelade. Les deux textes présentent des affinités et paraissent même plus ou moins complémentaires. On comprendrait alors qu'au v. 1283, la Sardaigne soit substituée à la Sicile mentionnée dans le catalogue de Pline : la naissance de celle-ci aurait été mise en rapport avec l'épisode (antérieur ?) de la Gigantomachie. En tout cas, le rapprochement suggère que « lycaonien » qualifie la terre du temps de Lycaon, donc antérieure au déluge (Ovide, *Mét.*, 1, 163-415 ; cf. Apollod., *Bibl.*, 3, 8, 2). Dès lors, le poème résumé dans notre passage était peut-être une cosmogonie (connue de Callimaque ?) qui réservait une place particulière à la création des îles : voir à ce sujet les remarques de M. L. West à propos d'Hés., *Th.*, 964 (éd. d'Oxford, p. 420 s.). — Au v. 1280, l'audacieuse correction de Hermann γαίης κρηπῖδα aurait le double avantage d'expliquer la graphie γαίην des manuscrits et d'éliminer un γαῖαν valant spondée à l'intérieur du vers : le poème n'en offre aucun exemple, alors que γαίης a cette valeur au v. 1168.

1291-1346. *L'escale de Corcyre.* Le poète résume et arrange librement le récit d'Apollonios (4, 982-1231) : 1300-1305 ~ AR, 4, 1001-1005 ; — 1308-1310 ~ AR, 4, 1011-1013 (et 1060-1067) ; — 1319-1320 ~ AR, 4, 1068-1072 ; — 1325-1328 ~ AR, 4, 1106-1109, 1118-1120 ; — 1329 ~ AR, 4, 1096 s. ; — 1331-1333 ~ AR, 4, 1111-1127 ; — 1334-1336 ~ AR, 4, 1128-1130, 1141-1143 ; — 1339-1340 ~ AR, 4, 1161-1169 ; — 1341-1344 ~ AR, 4, 1170-1183, 1201-1210 ; — 1345-1346 ~ AR, 4, 1223-1228. Les v. 1311-1313 reprennent un leit-motiv d'Apollonios (3, 64, 74 s., 1134-1136 ; 4, 242 s.), mais en substituant le Destin à Héra. La mention des messagers colques et quelques autres expressions (1307, 1316 s.) sont empruntées aux négociations qui précèdent le meurtre d'Apsyrtos (voir les *loci sim.*). Le poète opère divers transferts : c'est Arété et non Alkinoos qui a le mérite de dénouer la situation ; sur le plan divin, Héra fait place au Destin (cf. ci-dessus), mais ensuite c'est elle-même qui révèle aux Argonautes les intentions des souverains phéaciens et non plus un messager dépêché par Héra (voir la note au v. 1333). Le mariage n'a plus lieu dans un antre de Corcyre, mais sur la poupe d'Argô, peut-être en souvenir de divers épisodes d'Apollonios (Médée sur la poupe du navire : 4, 189, 1663) ou d'Homère (le lit d'Ulysse sur la poupe du vaisseau des Phéaciens : ν 73-75). Dans l'ensemble, le récit est cohérent et on ne peut parler ni d'imitation servile ni d'erreurs d'interprétation, malgré F. Stoessl, *Apollonios Rhodios*, 1941, 153 s. Une seule maladresse notable : Médée craint que « ses forfaits ne soient découverts » (v. 1310), si elle est ramenée dans sa patrie ; l'expression est impropre puisque Apsyrtos a été tué en Colchide et que ce meurtre est de notoriété publique (v. 1305).

1359. Pour la forme ἐπικλήσκω, cf. Vian[2], 137. — L'épisode d'Anaphé s'inspire d'AR, 4, 1694-1718. Cependant le poète paraît connaître aussi une autre version. Les Argonautes sont pris dans une tempête comme chez Conon (26 F 1, 49 Jac.) et non dans les ténèbres (Apollonios) ou dans une épaisse brume (Call., fr. 18, 8 ; 20 Pf. : cf. cependant *AO*, 1354). Chez Apollonios, Apollon se borne à faire apparaître Anaphé dans la nuit ; chez Conon, il brandit son arc et en fait jaillir une lueur du ciel, cependant qu'Anaphé émerge du fond de l'eau. D'après notre texte, il semble que le trait (βέλος) du dieu se change en île surgissant du milieu des Sporades ; si on supposait une lacune d'un vers après le v. 1357, il serait aisé de retrouver les deux éléments du récit de Conon (trait de feu, naissance d'Anaphé). Il n'y a peut-être pas lieu d'attacher grande importance à la mention de Délos, normale dans ce contexte (cf. d'ailleurs AR, 4, 1705) ; on doit cependant noter que les rocs Mélantiens sont parfois situés non entre Théra et Naxos, mais entre Myconos et Icaria, donc au voisinage de Délos (cf. ma note C.U.F. à AR, 4, 1708) ; en ce cas, il existerait une nouvelle divergence entre les *AO* et Apollonios.

APPENDICE

ESSAI DE MISE EN ORDRE DES V. 12-32

(voir la Notice, p. 6-13).

12 Ἀρχαίου μὲν πρῶτα Χάους ἀμέγαρτον ἀνάγκην,
13 καὶ Χρόνον, ὡς ἐλόχευσεν ἀπειρεσίοισιν ὑφ' ὁλκοῖς
14 Αἰθέρα καὶ διφυῆ περιωπέα κυδρὸν Ἔρωτα,
15 Νυκτὸς ἀειγνήτης πατέρα κλυτόν, ὅν ῥα Φάνητα
16 ὁπλότεροι κλῄσκουσι βροτοί — πρῶτος γὰρ ἐφάνθη —·
21 τιτθείαν τε Ζηνός, ὀρεσσιδρόμου τε λατρείαν
22 Μητρός, ἅ τ' ἐν Κυβέλοις ὄρεσιν μητίσατο κούρην
23 Φερσεφόνην περὶ πατρὸς ἀμαιμακέτου Κρονίωνος·
28 χρησμούς τ' ἀρρήτους Νυκτὸς περὶ Βάκχου ἄνακτος,
17 Βριμοῦς τ' εὐδυνάτοιο γονάς, ἠδ' ἔργ' αἴδηλα
18 Γιγάντων, οἳ λυγρὸν ἀπ' Οὐρανοῦ ἐστάξαντο,
19 σπέρμα γονῆς τὸ πρόσθεν, ὅθεν γένος ἐξεγένοντο
20 θνητῶν οἳ κατὰ γαῖαν ἀπείριτον αἰὲν ἔασι·
31 ὄργια Πραξιδίκης καὶ ὀρεινῆς νύκτας Ἀθηλῆς·
26 Δήμητρός τε πλάνην καὶ Φερσεφόνης μέγα πένθος,
27 Θεσμοφόρος θ' ὡς ἦν· ἠδ' ἀγλαὰ δῶρα Καβείρων,
24 Κασμίλου τε καὶ Ἡρακλέος περίφημον ἄμυξιν,
25 ὄργιά τ' Ἰδαίων, Κορυβάντων τ' ἄπλετον ἰσχύν,
29 Λῆμνόν τε ζαθέην ἠδ' εἰναλίην Σαμοθρᾴκην·
30 αἰπεινήν τε Κύπρον καὶ Ἀδωναίην Ἀφροδίτην·
32 θρήνους τ' Αἰγυπτίων καὶ Ὀσίριδος ἱερὰ χύτλα.

(12) D'abord l'implacable nécessité de l'antique Chaos et le Temps — comment celui-ci enfanta, sous l'immensité de ses anneaux, l'Éther et l'Amour à la double nature, dieu glorieux au regard partout présent, père illustre de la Nuit éternelle, lui que la jeune race

des mortels nomme Phanès, car il apparut le premier — ; (21) et la mise en nourrice de Zeus, et le culte de la Mère coureuse des montagnes, et le dessein que, dans les monts Cybèles, elle avait tramé pour la jeune Perséphone à cause de son père, l'invincible Cronide ; (28) les oracles ineffables de la Nuit au sujet du Seigneur Bacchos, (17) et la descendance de la puissante Brimô et les œuvres funestes des Géants, triste fruit des gouttes distillées par le Ciel, semence de la race d'antan d'où naquit l'espèce des mortels qui se succèdent sur la terre infinie ; (31) les mystères de Praxidiké et les nuits d'Athélé la montagnarde ; (26) et l'errance de Déméter et son grand deuil pour Perséphone et comment elle fut la Législatrice ; et les dons splendides des Cabires, (24) et la lacération mémorable de Casmilos et d'Héraclès, les mystères des génies de l'Ida et la force immense des Corybantes, (29) et la sainte Lemnos et Samothrace la marine ; Chypre l'escarpée et Aphrodite l'Adonéenne ; (32) et les chants funèbres des Égyptiens et les saintes libations en l'honneur d'Osiris.

Si la mise en ordre ci-dessus est la plus logique, elle suppose un jeu complexe de permutations difficile à expliquer. On peut concevoir une reconstruction moins audacieuse. Rien n'interdit de laisser en place le v. 31. En outre, comme l'observe P. Chuvin, on peut conserver dans leur ordre les v. 24-27 : le rapt de Perséphone est alors bizarrement inséré au milieu des Dactyles, des Corybantes et des Cabires ; mais ceux-ci se trouvent opportunément rapprochés de Lemnos et de Samothrace. Dans cette hypothèse, il suffirait d'imaginer que les v. 21-22-23-28 ont été omis et inscrits en marge, puis rétablis dans le texte aux places fautives qu'ils occupent présentement.

INDEX NOMINVM

Les lemmes ou articles entre crochets [ ] concernent des leçons manuscrites qui n'ont pas été retenues dans le texte, mais ont paru mériter une mention.

D

R

S

T

INDEX RERVM NOTABILIVM

Cet index renvoie non aux vers du texte grec, mais à la numérotation des notes ou, à l'occasion, aux pages de la Notice (à l'exclusion des « Particularités grammaticales » rassemblées aux p. 53-64). Les Notes complémentaires sont signalées par un astérisque.

INDEX GREC

TABLE DES MATIÈRES

Ce volume,
le trois cent dixième
de la série grecque
de la Collection des Universités de France,
publié aux Éditions Les Belles Lettres,
a été achevé d'imprimer
en avril 2023
sur les presses
de La Manufacture Imprimeur
52205 Langres Cedex, France

N° d'édition : 10535
N° d'impression : 230274
Dépôt légal : avril 2023